훈민정음과 파스파 문자

훈민정음과 파스파 문자

이 저서는 2011년도 정부(교육과학기술부)의 재원으로
한국학중앙연구원의 지원을 받아 수행된 연구임(AKS-2011-AAA-2101).

역락

훈민정음과 파스파 문자

정 광

역락

이 책은 필자가 그동안 훈민정음의 창제에 관하여 여기저기에서 구두로 발표하고 또 논저(論著)로 간행한 것들 가운데 파스파 문자와 관련된 것만을 발췌하고 여기에 새로 집필한 것을 보완한 것이다. 따라서 전에 발표된 논저(論著)와 중복되는 것이 많다. 특히 졸저『몽고자운 연구—훈민정음과 파스파 문자의 관계를 해명하기 위하여—』(2009, 서울 박문사)에 의존한 바가 많다. 이 책에서 이미 필자가 말하고 싶은 것을 대략적으로 쓴 것 같지만 <몽고자운>에 관한 것이 너무 장황하게 설명되어서 이 책을 읽는 독자들은 훈민정음과의 관련에 대하여는 그다지 크게 느끼지 못한 감이 있었다.

한글의 발명으로 보는 훈민정음의 창제에 대하여 대부분의 국어학도가 관심을 갖고 연구에 도전한다. 그러나 너무나 심오(深奧)한 이론에 의하여 만들어진 문자이기 때문에 섣불리 연구를 시도하다가는 오류(誤謬)에 빠질 수가 있어 참으로 조심스럽다.

필자가 훈민정음의 창제에 관심을 갖게 된 것은 대학에서 {해례본}『훈민정음』의 강독을 담당하면서부터다. 10년 가까이 해례본을 강독하면서 해마다 새로운 사실을 발견하여 그 전의 강의 노트를 여러 번 바꿔써야했다. 기존의 연구를 보면 볼수록 허점이 보이고 납득이 되지 않는 부분이 많아졌기 때문이다. 그러나 본격적으로 훈민정음에 대하여 파스파 문자와 관련시켜 공부를 해야겠다는 생각은 의외의 일로부터 시작되었다.

1979년 컬럼비아대학 동아시아 언어문화과(Dept. of East Asian Languages and Cultures)의 방문교수로 갔을 때에 하버드대학의 New England Korean Studies Colloquium의 연사로 초청되어 훈민정음에 대하여 특강을 하게 되었다. 그러나 강의가 끝난 다음 청중들로부터의 반응이 너무나 싸늘했던 기억이 있다. 특히 전설적인 하버드대학의 한국학 교수인 고(故) 와그너박사가 한글은 파스파 문자에서 나온 것이 아닌가 하는 질문에 당시 파스파 문자에 대하여 지식이 없었던 필자는 『성호사설(星湖僿說)』의 이익(李瀷)과 『언문지(諺文志)』의 유희(柳僖)가 그런 주장을 한 일이 있다는 말밖에 할 수가 없었다. 그러나 이때의 일은 아직 30대의 패기가 남아있던 필자에게 대단한 충격을 주었다. 즉시 파스파 문자의 학습에 들어갔으나 학습 참고서를 구하는 일이 난감하였다. 컬럼비아대학이 자랑하는 버틀러 도서관을 샅샅이 뒤졌지만 파스파 문자에 대한 참고서는 많지 않았다. 본서에서도 여러 번 언급이 되겠지만 Poppe 교수의 파스파 문자 연구가 가장 이용에 편리하였으나 읽으면 읽을수록 앞뒤가 맞지 않았고 저자도 여기저기에 파스파 문자는 아직 알 수 없는 부분이 너무 많다는 말만 계속 써 놓았다.

그도 그럴 수밖에 없는 것이 그는 주로 파스파자의 금석문(金石文) 자료를 갖고 몽고어에 맞추어 파스파 문자를 연구한 것이다. 다른 학자들도 거의 같은 상태였다. 문헌자료라고는 『법서고(法書考)』, 『서사회요(書史會要)』가 전부였는데 본서에서 밝힌 것처럼 이 두 책의 파스파 문자에 대한 기사는 오류(誤謬) 투성이어서 문자도 잘못된 것이 많다. 이를 이용한 중국의 고(故) 주나스트(照那斯圖) 박사도 역시 많은 잘못을 저질렀다.

　필자가 파스파 문자에 대하여 신용할 수 있는 자료로 인정하는 것은 『몽고자운(蒙古字韻)』의 런던초본(鈔本)이다. 지금은 대영(大英)도서관에 소장되었지만 전에는 대영(大英)박물관에 수장(收藏)되었던 것인데 필자는 런던대학 SOAS의 Y교수를 통하여 전편의 선명한 복사본을 손에 넣었다. 아마 마이크로필름으로 갓 촬영한 것을 그대로 프린트한 것 같았다. 필자는 이 복사본을 책상 서랍에 넣어두고 수시로 꺼내서 파스파자를 익혔다. 당시 훈민정음에 대하여 『동국정운』의 편찬을 중심으로 연구를 수행하던 필자에게는 『몽고자운』은 또 하나의 『동국정운』이었다. 체재와 편운, 반절(反切)과 파스파자 표음이 『동국정운』에서 훈민정음과 똑 같은 역할을 했기 때문이다.

　그런데 놀랍게도 그동안의 파스파 문자의 연구에 이 『몽고자운』은 거의 이용이 되지 않았다. 필자도 참으로 불가사의하게 생각하지 않을 수가 없을 정도로 이 자료는 알려지지 않았는데 당시 대영(大英) 박물관에 소장된 『몽고자운』을 1956년 8월에 일본 간사이(關西)대학의 동서연(東西學術硏究所)에서 영인 출판하였다.

　이 복사본은 사진으로 찍은 것을 영인한 것이라 접히는 부분이 있고 선명하지 않은 부분이 많아서 조잡하였다. 전술한 중국 사회과학원의 주나스트 박사의 『몽고자운 교본(蒙古字韻校本)』(楊耐思 교수와 공저, 1987, 북경 : 민족출판사)의 권말(卷末)에 붙인 영인본도 일본 간사이대학 동서연(東西學術硏究所)의 영인본이었는데 더욱 인쇄 상태가 좋지 않아서 거의 이용이 불가능하였다. 이런 상태가 2008년까지 계속되었다.

그러다가 한국학중앙연구원에서 필자의 주도로 "훈민정음과 파스파 문자"라는 주제의 국제학술워크숍을 개최하면서 대영도서관의 『몽고자운』을 영인 출판하였다. 그러나 역시 필자가 소장하고 있는 복사본보다 상태가 좋지 않았다. 아마도 전에 촬영해 둔 마이크로필름을 여러 번 복사해서 그 선명도가 많이 떨어진 것 같다. 필자가 소장한 복사본은 대영도서관의 공식적인 허가를 얻어 졸저(2009)에 부록으로 붙여 공개하였다.

본서는 1979년 하버드대학 코리안 콜러키움에서 발표한 이래로 필자의 오랜 숙원(宿願)을 풀기 위한 것이다. 그리고 2008년 11월에 한국학중앙연구원에서 열린 '훈민정음과 파스파 문자'라는 주제의 국제 학술 워크숍에서 필자가 발표한 것을 마무리 짓는다는 의미도 있을 것이다. 본서의 간행으로 훈민정음과 파스파 문자와의 관계가 좀 더 확실하게 밝혀지고 그로부터 훈민정음 창제에 대한 많은 사실들이 분명해지기를 바랄 뿐이다.

끝으로 본서의 간행을 위해 원고의 오자와 탈자를 교정한 것은 물론 내용에 대하여도 조언을 아끼지 않은 문하(門下)의 교수님들, 이창호, 김양진, 이상혁, 장향실, 김일환, 이승연, 최정혜, 김현주, 박미영 박사에게 감사의 뜻을 전한다. 올 여름 35도가 넘는 폭염 속에서 어려운 교정 작업을 해 준 것을 단지 고맙다는 말만으로는 부족할 것 같다.

2012년 8월 末伏日에 佛岩齋에서 저자 씀

| 차례

제1장 서론

1.0. 우리가 쓰고 있는 한글은 훈민정음이라는 이름으로 제정되었다. 따라서 한글의 발명에 대한 연구는 훈민정음 제정에 대한 연구로 귀착된다. 그러나 이에 대하여는 너무 많은 연구가 있어 오히려 한글 발명의 진실을 호도(糊塗)하는 지경에 이른 것 같다. 한글의 창제에 대한 수많은 연구의 저변에는 "영명하신 세종대왕이 사상(史上) 유례(類例) 없는 과학적인 문자를 처음으로 만드셨다"는 국수주의적(國粹主義的)인 주장이 깔려있어서 여기에서 조금이라도 벗어나는 어떠한 연구도 용납되지 않는 것 같다.

또 우리 학계의 풍토도 한글의 위대성, 과학성, 편의성에 대한 연구라면 얼마든지 환영을 받지만 이에 반하는 연구는 철저하게 외면하거나 배척하였다. 그리하여 한글의 우수성에 대한 비슷비슷한 연구가 반복되었고 이제는 누가 어떻게, 얼마나 더 한글의 우수성을 찬양하는지 경쟁하는 지경에 이르렀다. 그리고 지금도 계속해서 훈민정음 <해례본>을 이해하는 수준의 연구논문이 학회지를 뒤덮고 있는 것이다.

많은 국어학자가 처음에는 한글에 대하여 단순히 문자론적인 연구로서 논문을 발표하다가 {해례}『훈민정음』을 읽고 놀라서 다시 성리학(性理學)적인 방법과 성운학(聲韻學)적인 연구를 통한 논문을 발표하기 시작한다. 그리고 해례에서 보여주는 그 과학적인 제자(製字) 원리(原理)나 문자 운용의 방법에 현혹되어 또 다시 감동에 찬 찬양(讚揚)의 감상문을 연구 논문이라는 이름으로 다시 발표하는 경우가 계속 반복되고 있다.

그러나 한국을 벗어나 서양(西洋)이나 동양(東洋)의 문자학 학계에서는 이러한 한글의 독창적 제정설을 거의 믿지 않는다. 문자학(graphology)에서는 한글의 계통을 남셈(Southern Semitic) 계통의 문자로 보고 이 계통의 인도 문자의 브라아미 문자, 또는 굽타(Gupta) 문자로부터 티베트(西藏) 문자가 나왔고 여기서 다시 파스파 문자가 나왔으며 이로부터 한글은 발달한 것이라고 본다. 문자학을 전공하는 어느 누구도 한글을 독창적인 문자로 보지 않는다.[1]

필자는 신(神)이 아니신 세종대왕이 정말 사상 유례(類例) 없는 놀라운 문자를 혼자서 창제하였을까 하는 의문을 가졌었고 대학 시절에 은사(恩師)의 가르침에서 당시 세종은 여러 가지 병마(病魔)에 시달려 연구에 몰두할 수 없었다는 강의 내용이 늘 머리에서 떠나지 않았다. 그래서 한글 제정 당시의 동북아 여러 민족들이 사용한 여러 문자와 문화의 교류를 주의 깊게 살펴보았다.

1.1. 동북아 지역에서 중국의 한족(漢族)이 사용하는 한자(漢字)는 가장 강력한 문자였으며 중국의 고도로 발달한 문화를 배경으로 하여 동북아 모든 민족에게 그 사용을 강요하였다. 본론에서 본격적으로 논의하겠지만 그러나 한자는 중국어와 같은 고립적(孤立的)인 문법 구조의 언어를 기록하기 위하여 자생적으로 만들어진 표의문자(表意文字)이어서 다

---

1) 최근에 일본인 학자가 한글을 "소리로부터 문자를 만든 '奇蹟'의 문자"로 보았다. 외국인으로서는 매우 이례적인 일이다(野間秀樹, 2010).

른 문법 구조의 언어, 예를 들면 교착적(膠着的) 문법 구조의 언어를 기록하기에는 불편하기 짝이 없는 문자였다.

따라서 중국 주변의 교착적 문법 구조의 언어를 사용하는 민족들, 주로 알타이어족이라 불리는 여타의 민족어들은 이러한 불편을 해소하기 위하여 다양한 방법으로 자민족의 언어를 기록하여왔다. 예를 들면 한자를 표음적인 기호로 바꾸거나 처음부터 표음적인 새 문자를 만들기도 하고 때로는 위구르문자와 같이 이미 표음문자로 당시 널리 알려진 문자를 빌려서 자신들의 언어를 적기도 하였다. 특히 불경(佛經)을 들여오면서부터 산스크리트어(梵語)를 기록한 범자(梵字), 즉 산스크리트 문자와 같은 표음문자의 영향을 받아 이러한 경향은 급속하게 동북아 여러 민족의 언어 기록에 퍼져나가게 되었다.

이와 같은 세 가지 동북아 여러 민족의 문자를 사용하는 패턴, 즉 하나는 한자의 발음과 새김을 이용하여 자국어를 표음하는 방법과 아예 처음부터 새 문자를 제정하는 방법, 그리고 다른 표음문자를 빌려 쓰는 방법이 있었다. 이 가운데 훈민정음, 즉 한글의 사용은 새로운 문자 제정의 범주에 들어간다. 새로운 문자를 제정하여 자국어를 기록하는 것은 7세기 경 토번(吐蕃) 왕조(王朝)의 송찬감포(Srong-btsan sgam-po, 한자로 松贊岡保, 또는 松贊干布)가 그 선편(先鞭)을 잡았다고 본다.[2]

---

2) 동아시아에서 漢字 이외의 표음문자를 사용한 민족들의 문자를 北部 文字群, 中部 문자군, 남부 문자군으로 나누어 고찰할 수 있다. 북부 문자군은 중앙아시아에 분포하고 있는 소그드문자(Sogdian script)와 그로부터 파생하여 발달한 위구르 문자, 몽고 문자, 만주 문자, 시보(錫伯) 문자 등을 말하고 이들은 고대 인도의 가로슈디(Kharoṣṭhī), 브라아미(Brāhmī lipi) 문자로부터의 발달로 본다. 중부 문자군은 7세기 경 제정된 티베트 문자를 위시하여 元의 파스파 문자('ḥPɑgs-pa script), 시킴의 레프챠 문자(Lepcha scrip), 네팔의 림부 문자(Limbu script) 문자 등을 말한다. 아마도 한글도 여기에 속할 것이다. 남부 문자군은 북부와 중부보다 매우 넓은 지역에 분포된 문자들로 서쪽의 퓨 문자(Pyu script)와 몬 문자(Mon script), 그리고 그로부터 발달한 버마 문자, 샨 문자(Shan script), 카렌 문자(Karenish

그는 대신(大臣) 톤미 삼보타(Thon-mi Sam-bho-ta), 또는 톤미 아누이브(Thon-mi Anu'ibu)를 인도에 파견하여 고도로 발달한 음성학을 배우게 한 후에 귀국시켜 표음적인 티베트문자를 만들게 하였고 이를 토번(吐蕃) 왕국(王國)의 문자로 삼았으며 티베트어를 이 문자로 기록하는데 성공하였다. 뿐만 아니라 주변의 여러 민족어를 기록하는데도 이 문자를 차용하였는데 이것이 오늘날까지 티베트어의 표기에 사용되는 티베트 문자, 즉 서장문자(西藏文字)이다.

이후 동북아 북방민족 사이에서는 새로운 나라를 건국하면 새 문자를 제정하는 관례가 생겨났다. 예를 들면 거란족(契丹族)이 세운 요(遼)의 거란문자가 그러하였고 여진족(女眞族)이 세운 금(金)의 여진문자가 그러하였으며 몽골의 칭기즈 칸(成吉思汗)이 위구르 문자를 차용하여 몽고어를 기록한 몽고 외올(畏兀)문자와 청(淸)의 누르하치(奴兒哈赤)가 도입한 만주문자도 그런 맥락에서 이해할 수 있다.

특히 원(元)을 건국한 쿠빌라이 칸(忽必烈汗)이 티베트의 라마승 팍스파(帕克斯巴, 八思巴)를 시켜 전혀 새로운 문자를 만들어 몽고어와 한자의 발음을 표기하게 한 것이다. 이 책에서는 이 문자의 제정이 훈민정음의 창제와 깊은 관련이 있는 것으로 보았다. 고려 후기(後期)와 조선 전기(前期)에 지대한 영향을 미친 몽고 문화를 등에 업고 이 새로운 표음 문자가 고려와 조선의 지식인들에게 이용되면서 훈민정음을 창제하게 한 것으로 필자는 오랫동안 생각해 왔던 것이다.

이것은 필자만의 주장이 아니다. 이미 조선시대 몇몇 지식인들은 훈

---

script)가 있다. 또 동쪽으로는 크메루 문자가 있고 그로부터 발달한 라오스·샴 문자, 즉 라오 문자(Lao letter)와 타이 문자(Tai khün)가 있다(河野六朗·千野榮一·西田龍雄, 2001 : 794~795).

민정음이 몽고 문자의 영향을 받은 것에 관하여 언급하고 있다. 서양에서는 미국 컬럼비아대학의 레쟈드(Geri Ledyard) 교수, 동양에서는 중국의 북경사화과학원(北京社會科學院) 민족연구소의 주나스트(照那斯圖, Junast) 박사 및 북경(北京)대학의 슈안데우(宣德五) 교수 등이 훈민정음을 파스파 문자의 모방으로 간주하고 있고 많은 해외의 문자학자(文字學者)와 역사학자, 언어학자들이 이를 추종하고 있다.

1.2. 필자는 이러한 학계의 움직임에 대하여 과연 훈민정음과 파스파 문자와의 관계는 어떠한가? 정말로 외국학자들이 주장하는 바와 같이 훈민정음이 파스파 문자를 모방한 것인가? 이런 문자를 해명하기 위하여 면밀하게 이 두 문자를 비교하여 검토하였다.

그러나 이러한 연구에는 무엇보다도 훈민정음과 파스파 문자에 대한 깊은 지식이 필요하였다. 그런데 훈민정음은 제정 당시에 편찬된 {해례}『훈민정음』이 온전하게 남아 있어 이 문자의 제정에 대하여 많은 사실들이 알려졌지만 파스파 문자는 어느 누구도 분명하게 문자 제정의 원리나 문자의 음가, 정서법, 후대의 문자 변천에 대하여 명확하게 알고 있지 못하다.

따라서 훈민정음과 파스파 문자의 비교는 이 두 문자의 제정에 있어서 동기(動機)나 제자(製字) 원리(原理), 문자의 음가(音價), 문자 운용법 등에 대한 연구가 선행되어야 한다. 특히 파스파 문자는 아직 그 제정의 동기나 문자의 음가도 불분명하고 그 정서법도 제대로 파악되지 않았다. 필자는 파스파 문자 제정에서 훈민정음의 『동국정운(東國正韻)』에 해당하는 『몽고자운(蒙古字韻)』을 통하여 먼저 파스파 문자의 이해에 주력하였다.

그리고 훈민정음 제정에 대하여 종래의 찬양(讚揚) 위주의 고찰보다는 어떻게 이러한 문자를 제정하게 되었는지를 그 실용적인 목적과 동기, 그리고 문자사용의 실제에 대하여 살펴보았다. 훈민정음의 창제에 대한 세종대왕의 어제서문(御製序文)과 같은 표면적 창제 동기보다는 실제로 이 신문자(新文字)를 창제한 다음에 어디에 어떻게 사용하였는가를 중점적으로 고찰하고 그 목적과 동기를 밝히려는 연구를 그동안 계속하여 왔다.

1.3. 이 책은 앞에서 언급한 바와 같은 방법으로 그동안 필자가 여기저기에서 발표한 훈민정음과 파스파 문자에 대한 논의를 한 데 모은 것이다. 특히 졸고(2008c)의 발표를 전후하여 중점적으로 고찰된 파스파 문자에 대한 연구를 바탕으로 하고 그 전에 수행하여 왔던 훈민정음의 창제에 대한 연구를 상호 비교하여 그 영향 관계를 검토한 것이다.

따라서 이 책은 크게 세 부분으로 이루어졌다. 첫째는 중국의 한자와 동북아에서 사용된 여러 문자에 대한 고찰이다. 둘째는 파스파 문자와 훈민정음의 제정에 대하여 새로운 시각에서 고찰한 것이다. 셋째는 이 두 문자의 상호 연관성에 관한 것으로 본서의 결론에 해당한다.

첫째 부분은 동북아에서 가장 강력한 문자인 한자에 대하여 고찰하고 주변 민족들이 어떻게 한자를 이용하여 자국의 언어를 기록하여 왔는지 살펴볼 것이다. 주지하는 바와 같이 아득한 옛날부터 한자는 고립적인 중국어의 표기에 자생적으로 발달한 문자로 한자의 제정은 신화(神話)와 전설(傳說)로 전해진다.

주변 민족들은 한문화(漢文化)의 영향을 받으면서 한자를 수입하여 자국(自國)의 역사와 언어를 기록하였다. 이때에 당연히 중국의 한자(漢字)와 한문(漢文)은 지민족의 언어를 기록하기에 편리하도록 변질(變質)되었다. 예를 들면 중국 북방민족들이 한문을 변형하여 새로운 문자를 만들거나

자국어의 문법에 맞추어 한문 문법을 변개하는 경우가 있었다. 앞에서
언급한 거란문자의 거란대자나 여진문자의 여진대자 등은 한자를 변형
시킨 것이고 고려의 구결약자(口訣略字)도 그러한 부류에 속한다.

또 한문이 주변 민족어의 문법에 맞추어 변형되는 경우도 있었으니
넓은 의미에서 돈황(敦煌)의 변문(變文)이나 좁은 의미에서 원대(元代)의 한
이문(漢吏文), 그리고 한반도에서의 조선이문(朝鮮吏文) 등이 이에 속하며
일본의 변격한문(變格漢文) 등도 여기에 속할 것이다. 이러한 한문의 변형
은 무엇보다도 중국어가 고립적(孤立的, isolated) 문법구조임에 비하여 주
변의 민족어들이 교착적(膠着的, agglutinative) 문법구조를 가졌기 때문에
일어난다.

둘째 부분은 주변민족들이 새로운 문자를 제정하여 사용하게 된 동기
와 그 가운데 가장 성공적이었던 티베트 문자의 제정에 대하여 고찰하
고 이 티베트 문자로부터 발달한 원대(元代) 파스파 문자의 제정에 대하
여 살펴보기로 한다. 최근 필자는 파스파 문자에 대하여 적극적으로 많
은 논저를 발표하였다. 이를 정리하여 이 문자가 어떻게 제정되었으면
그 반포(頒布)는 어떠하였고 어떤 목적과 동기로 만들어졌는가를 고찰하
고자 한다.

그리고 훈민정음의 창제 대하여도 그동안 학계의 연구와는 다른 시각
에서 살펴보려고 한다. 특히 훈민정음 창제에 대한 정설과 속설, 그리고
야사(野史)에 등장하는 신문자(新文字) 제정에 대한 여러 가지 전설을 고찰
하고 그 타당성 여부를 검토하고자 한다.

셋째 부분은 실제로 파스파 문자의 제정과 반포, 그리고 훈민정음의
창제와 시용(施用)을 중심으로 서로 비교하여 파스파 문자의 제정이 훈민
정음 창제에 어떠한 영향을 주었는지 고찰하려고 한다. 우리가 상상하

기 어려운 만큼 문자의 제정에 영향을 받았음을 감지(感知)하면서 파스파 자의 성모자(聲母字)와 훈민정음의 초성자(初聲字), <몽고자운>의 파스파 자 7개 유모자(喩母字)와 <훈민정음> 예의(例義)의 11개 중성자(中聲字), <몽고자운 총괄변화지도(總括變化之圖)>의 13개 입성자(入聲字)와 <훈민정 음> 예의(例義)의 '종성부용초성(終聲復用初聲)'의 17개 종성자(終聲字), 또는 파스파자의 6개 운미자(韻尾字)와 <훈민정음> 해례(解例) 종성해(終聲解)의 8종성(終聲) 등으로 나누어 고찰한다.

실제로 훈민정음의 초성(初聲, onset)과 중성(中聲, vowel), 그리고 종성(終 聲, coda)은 중국 성운학(聲韻學)의 술어이다. 이것은 이미 인도의 음성학에 서 이를 구별하여 음운을 이해한 것으로 소그드 문자로부터 발달한 위 구르 문자를 통하여 당시 운학(韻學)을 전공하는 사람들에게 널리 알려졌 으며 훈민정음에서 이를 들여다가 문자 제정에 이용한 것이라는 주장이다.

그러므로 본서는 모두 7개의 장(章)으로 나누어 '한자와 중국어 및 동 북아 제 민족 언어의 문자표기'를 시작으로 '티베트 문자의 제정과 북방 민족의 표음문자'를 살펴보고 이 책의 중심이 되는 파스파 문자의 제정 과 훈민정음의 창제를 고찰하였다. 그리고 마지막으로 훈민정음과 파스 파 문자를 초성과 중성, 그리고 종성으로 나누어 비교하여 이 두 문자의 제정이 어떤 관계가 있었는지를 검토하였다.

실제로 서론과 결론을 제하면 이 세 부분을 좀 더 세분하여 모두 5 개 장(章)으로 나누어 서술한 것이다.

1.4. 그동안의 훈민정음 연구에서 필자는 좀 다른 주장을 펴 왔다. 훈민정음은 처음에 한자음 표음을 위한 발음기호로 시작하여 구결의 '변음(變音) 토착(吐着)'을 해결하고 고유어 표기에 착안하여 먼저 수양대

군(首陽大君) 등으로 『석보상절(釋譜詳節)』을 짓게 하여 신문자로 동국정운식 한자음 표기와 고유어 표기를 시도하게 하고 다시 세종 스스로가 『월인천강지곡(月印千江之曲)』을 지으면서 이러한 표기가 매우 유용한 것임을 확인하였다. 그리고 이 둘을 합편(合編)하여 {구권(舊卷)}『월인석보(月印釋譜)』란 이름으로 간행하면서 권두에 「훈민정음」을 부재하여 반포(頒布)에 대신하였다고 보았다(졸고, 2002a, 본서의 제5장). 대체로 세종 30년 경의 일이다.

여기서 「훈민정음」은 후일 세조(世祖)의 {신편(新編)}『월인석보』에서 「세종어제훈민정음(世宗御製訓民正音)」으로 제목을 바꿔서 역시 권두에 부재한다. 세조의 신편(新編)은 역시 그의 어제서문(御製序文)에서 밝힌 바와 같이 '천순(天順) 3년, 세조 5년(1459)'에 간행되었다. 그러나 세종의 주관 아래 『석보상절』과 『월인천강지곡』을 합편하여 『월인석보』란 이름으로 간행하였으며 자신은 여기에 몇 편의 불경을 추가하여 '신편(新編)'의 『월인석보』를 간행하였음을 세조(世祖)의 어제 서문에 분명하게 밝혀 놓았다.

이러한 필자의 주장은 본서에서도 그대로 유지되었다. 몇 가지 새로운 자료가 이러한 주장을 뒷받침할 수 있지만 아직 검토가 끝나지 않아 이번에 인용할 수 없었음은 유감이라고 아니 할 수 없다. 이러한 문제가 제5장에서 논의될 것이다.

파스파 문자에 대하여도 그동안 새로운 주장을 계속하였다. 중요한 것만 적기(摘記)해 보면 파스파 문자가 초성(初聲)으로 32자를 제정하였고 모음으로 유모(喩母)자 7개를 제자하여 중성(中聲)으로 간주하였다고 본 것이다. 그러나 몽고어 모음을 표기하기 위하여 제정한 /ö, ü/의 두 자는 Poppe(1957, 1965)에서 보인 것처럼 'ꡯ [ö]', 'ꡮ[ü]'인데[3] 이것은 세 자모가 결합 한 것으로 'ꡧ [모음표시]+ ꡐ [e]+ꡡ [o]'와 'ꡧ [모음표시]+

ㅌ [e]+ㅂ[u]’로 보아야 할 것이다.4)

이것은 한글로 ‘외(/ㅇ/+/ㅗ/+/ㅣ/)’와 ‘위(/ㅇ/+/ㅜ/+/ㅣ/)’와 같은 구조로 보인다. 다만 한글의 경우는 전설 표시음 /ㅣ/가 뒤에 왔으나 파스파 문자의 경우는 /ㅌ [e]/가 앞에 온 것이 다르다. 이렇게 본다면 파스파자의 모음자, 즉 중성자(中聲字)는 5개만 제자한 것이 된다. 실제로 훈민정음이 중성의 기본자 3개를 만들고 이를 결합하여 초출자, 재출자를 만든 것도 파스파자의 이러한 제자 원리에 기인한 것으로 볼 수 있다.

『몽고자운』의 유모(喩母)의 7개 중성자가 있고 그 가운데 /ö, ü/가 전설 모음자와의 결합이어서 애초에 파스파자는 중성자를 5개만 만들었다는 주장은 필자에 의하여 처음으로 제기된 것이다. 훈민정음에서 재출자 ‘요, 야, 유, 여’를 제자하고 이것을 28자에 포함시킨 것은 바로 파스파자에서 /ö, ü/를 7개 유모(喩母)자에 넣었기 때문이다. 이 문제에 대하여 제4장에서 논의될 것이다.

1.5. 훈민정음과 파스파 문자를 비교 검토한 결과는 전자가 후자로부터 많은 영향을 받았음을 알게 한다. 우선 초성(初聲), 중성(中聲) 종성(終聲)으로 나누어 문자를 정하고 그 음가를 밝힌 것은 나이만(乃蠻)을 정복하고 대양가한의 신하(臣下) 타타퉁아(塔塔統阿)를 잡아서 그로 하여금 몽고 외올(畏兀)자를 만들 때에 위구르인들의 음절 인식에서 가져온 것이다.

그 외에도 훈민정음이 중성자가 기본자와 초출자(初出字)를 합하여 7개

---

3) 인쇄의 편의를 위하여 複字들은 왼쪽 문자를 뉘었다.
4) 『몽고자운』의 ‘字母’에 보이는 歸喩母의 6字에는 /ü/가 [ㄹ]이어서 /iu, ü/로 轉寫하였다. 필사할 때에 일어난 誤謬이거나 시대적으로 변화된 異体字로 보아야 할 것이다.

로 한 것이라든지 어두(語頭)에서 음가가 없는 욕모(欲母) /ㅇ/의 인정은 모두 파스파 문자의 제정에서 연유된 것이다. 그리고 전탁(全濁) 표시의 쌍서자(雙書字)들은 모두 /ㄲ/처럼 전청자(全淸字)를 쌍서(雙書)하는데 후음(喉音)만 /ㆅ/으로 차청자(次淸字)를 각자병서(各字並書)한 것은 『몽고자운』 후음(喉音)의 사성(四聲)에 맞춘 것이다.5)

그러나 자형(字形)만은 파스파자가 티베트 문자를 모방한 것임에 비하여 훈민정음은 발음기관(發音器官)이나 삼재(三才)를 상형(象形)하여 독창적으로 제자(製字)하였다. 그리고 이 사실은 {해례}『훈민정음』에 확실하게 밝혀놓았다. 신문자의 창제자가 그 이론적 해설서에서 언급한 것은 다른 무엇보다 우선한다고 생각한다. 그것이 설혹 기일성문도(起一成文圖)의 문자 제자와 일치하더라도 해례의 제자해에서 글자 제자의 원리를 분명하게 밝혔으며 더욱이 그 원리가 실제로 만들어진 문자와 잘 부합하는데 굳이 이를 부인하고 다른 곳에서 그 원형을 찾으려는 태도는 잘못된 것으로 생각한다.

그동안 해외 학자들이 훈민정음의 자형(字形)이 파스파자와 유사함을 주장하고 모방설을 제창(提唱)하였다. 그 가운데 대표적인 학자는 전술한 바와 같이 미국 컬럼비아대학의 레쟈드(Gari Ledyard) 교수와 중국 북경사회과학원(北京社會科學院)의 고(故) 주나스트(照那斯圖) 박사였는데 필자는 이 두 사람을 학회에 불러 그들의 면전에서 이 사실을 강조하였다.6) 이 문자의 창제자가 생존해 있을 때에 아무런 모방이 없이 발음기관과 삼재

---

5) 여기서 四聲은 平, 上, 去, 入의 四聲을 말하는 것이 아니라 全淸, 次淸, 不淸不濁, 全濁을 말한다.

6) 이 국제 워크숍에 참석했던 쥬나스트 교수가 중국으로 돌아가서 몇 달 후에 他界하셨다 위대한 파스파 문자의 전문가를 잃은 슬픔은 이 방면의 연구가 너무 외롭기 때문에 더욱 가슴에 닿는다. 이제 누가 내 논문을 읽어줄까 하는 생각으로 그가 보내준 여러 책을 만지면서 한숨으로 밤을 새웠다.

(三才)를 상형(象形)하여 독창적으로 글자를 만들었다고 명확하게 밝혔는데 왜 이것을 믿지 않는가 하고 일갈(一喝)하였다(졸고, 2008c).

이로부터 본서에서는 훈민정음에 관한 온갖 기원설 내지 모방설을 불신하였다. 창제자가 생존 시에 이 문자를 어떻게 만들었는가를 분명하게 밝혔으며 그로부터 훈민정음은 실록(實錄)의 기사와 정인지(鄭麟趾)의 후서(後序), 최만리(崔萬理)의 반대상소 등에서 세종(世宗)의 친제(親制)이고 무소조술(無所祖述)이며 또 "至爲神妙, 創物運智夐出千古[언문의 제작이] 지극히 신묘하고 새로운 일을 만드는 지혜의 움직임이 아득히 먼 옛날에서 나왔고"라고 인식한 이상 문자의 독창성은 인정되어야 한다(졸고, 2009a). 여기에 다른 현학적(衒學的)인 기원설, 모방설을 덧붙이는 것이야 말로 사족(蛇足)이라고 아니 할 수 없다.

본서에서는 훈민정음 자형의 독창성에 대한 논의는 제외하였다. 이미 필자가 여러 차례 강조한 사실이므로 훈민정음과 파스파 문자의 관계를 고찰하는 여기에 다시 그것을 반복할 필요가 없었기 때문이다. 이미 제4장에 보인 파스파 문자의 자형과 제5장의 훈민정음 제자에 대한 설명을 살펴보면 훈민정음 자형(字形)의 독창성(獨創性)은 자명(自明)해 질 것이다.

제2장 한자와 중국어 및 동북아 제 민족어의 문자표기

2.0.1. 훈민정음 이전에 중국 북방 민족 사이에는 적지 않은 표음문자가 사용되었다. 그것은 고대 인도의 범어(梵語), 즉 산스크리트어를 기록한 표음적인 범자(梵字), 즉 산스크리트 문자가 불경(佛經)을 통하여 끊임없이 중국과 주변 민족들에게 전달되었기 때문이다. 중국어 표기를 위하여 자생적으로 발달한 한자에 대하여 주변 민족들은 표음적인 문자의 효용성(效用性)을 이미 알고 있었기 때문이다.

동북아 여러 민족들이 표음적인 범자(梵字)의 영향을 받았던지 그렇지 않던지 표음적인 문자를 많이 사용하였다. 그 가운데는 몽고 위구르 문자처럼 외래 표음 문자의 차용도 있었고 토번(吐蕃)의 티베트 문자처럼 스스로 제정한 문자도 있었다.

2.0.2. 그러나 대부분은 한자를 변형시키거나 한자의 발음과 뜻을 빌려 자국어를 표기하는 경우가 많았다. 대표적인 것으로 일본의 가나(假字, 보통 假名으로 많이 쓴다) 문자를 들 수 있고 앞으로 논의할 거란문자나 여진문자도 그러하다. 아마도 한반도(韓半島)에서의 구결문자도 그 범주에 들어갈 것이다.

본 장에서는 먼저 한자의 발달에 대하여 살펴보기로 한다.

1. 문자의 발달과 한자

2.1.0. 중국을 중심으로 하는 동북아시아 지역에서는 아득한 옛날부터 그림 문자를 사용하여 사물(事物)을 기록하였다. 이것은 인류 문명의 발달과 궤를 같이 하는 것이다. 인류는 의사소통의 수단인 음성 언어의 공간적, 시간적 제약을 극복하기 위하여 문자를 사용하여 왔다. 즉 시각(視覺) 형상(形象)을 음성(音聲)으로 변환시켜서 언어가 이루어진다면 이를 기호로 나타내어 언어가 가진 제약을 극복하려는 것이 문자다.

문자는 시각 형상을 음성으로 변환시킨 다음에 이 음성들을 문자로 표기하는 표음문자(表音文字, phonogram)와 시각 형상을 그대로 추상화시켜 문자로 나타내는 표의문자(表意文字, logogram)로 나뉜다. 후자는 보다 직접적인 표기이고 전자는 일단 언어로 전환하여 해석되는 간접적인 표기다. 인류 문자의 발달과정을 보면 표의문자로부터 표음문자로 발달하는 것이 일반적인 현상이다.

또 표음문자는 하나의 음운(音韻)을 문자로 기호화시킨 단음 문자(單音文字)와 하나의 음절을 단위로 하여 기호화시킨 음절 문자가 있다. Sampson(1985)에서는 변별적 자질을 기호화한 문자도 있다 하여 한글을 예로 들었다. 그리하여 표음문자는 음절문자로부터 단음문자로, 그리고 변별적 자질의 문자로 발전한다고 보았다.

세계의 문자는 그 기원(起源)을 한자와 알파벳(alphabet) 문자로 나누기도 하지만 원래 인류 4대 문명의 발상지, 즉 메소포타미아 문명의 설형문자(楔形文字, cuneiform)와 이집트 문명의 성각문자(聖刻文字, hieroglyph),[1] 그

---

1) 이에 대하여, 특히 楔形文字와 聖刻文字의 관계에 대하여는 Jean(1987)을 참고할 것.

리고 황하(黃河) 문명의 한자(漢字)에서 인류문자가 시작되었다고 본다.[2] 이 가운데 설형문자와 성각문자가 결합하여 셈(Sem) 문자가 되고 이것이 다시 남셈(Southern Semitic) 문자와 북셈(Nothern Semitic) 문자로 나뉘어 오늘날의 다양한 알파벳 문자가 발달한 것으로 본다.

즉, 북셈 문자로부터 서양의 다양한 알파벳이 발달하였고 남셈 문자로부터 인도의 여러 문자들이 발달한 것으로 문자학에서는 보고 있다.

2.1.1. 그런데 필자는 남셈 문자 계통인 인도(印度)의 카로스디(Kharoṣṭhī) 문자와 브라아미(Brāhmī) 문자에 대하여 언급하지 않을 수 없다. 이 두 문자 체계로부터 발달한 몇 개의 문자가 인도를 중심으로 동양의 여러 언어를 기록하는 문자의 기초가 되었고 특히 동북아에서 한자를 대적하는 문자로 자주 등장한다. 본서에서 논의하고자 하는 파스파 문자가 바로 이로부터 발달한 것이기 때문이다.

브라아미 문자는 현재 인도에서 널리 사용되는 산스크리트어와 힌디어(Hindī)를 표기하는 데바나가리 문자(Devanagari lipi)의 모체(母體)였다. 이 문자는 음절문자로 힌디어와 네팔어, 도그리어(Ḍogrī),[3] 마이티리어(Maithilī)[4] 등의 표기에 사용되고 있다.

데바나가리 문자(Devanagari lipi)는 보통 나가리(Nagari) 문자로도 불리는데 이 말은 산스크리트어의 'nagara' "마을"의 여성형 'nāgarī' "마을의"

---

[2] 남미의 잉카 문명에서도 문자를 사용하였으나 이 문자는 후에 단절되어 오늘날 전하는 것이 없다.

[3] 인도의 판잡주의 일부 산악지역에서 사용되는 언어.

[4] 인도 비하루주의 미티이라(Mithilā) 지방의 마이티리어 방언. 이 방언을 표기하는 문자는 마이티이리((Maithilī) 문자로 옛날에는 梵語로 쓰인 문헌도 이 문자로 표기하였으나 현재는 데바나가리 문자를 많이 쓰고 있어 이 문자는 매우 제한적으로 사용된다(河野六朗・千野榮一・西田龍雄, 2001 : 922).

에서 온 것으로 뒤에 붙는 문자를 의미하는 'lipi'가 여성형이기 때문에 그에 붙은 형용사도 여성형을 취한 것이다. 19세기 이후에는 힌디어를 네팔어와 같이 데바나가리 문자로 기록하는 것이 보통이었다.

그러나 나가리 문자는 멀리 6세기경에 북인도에 널리 보급되어 사용된 싯다마드리카(Siddahamātṛkā) 문자를 계승한 문자로 구르자라(Gurjara) 왕조 때에 제작된 산스크리트어의 비문(碑文)이 이 문자로 쓰였다. 이 비문은 628년, 또는 633년경에 세운 것으로 추정된다.5) 이 문자는 불경(佛經)에서도 사용되어 한·중·일(韓·中·日) 삼국에도 수입되었다.

제4장에서 언급할 파스파 문자는 티베트 문자로부터 발달한 것이어서 여기서 조금 더 검토하기로 한다. 티베트 문자는 토번(吐蕃)의 송찬 감포 (Srong btsan sgam po, 이 명칭은 왕의 미칭으로 본래는 데이 송찬 왕임.) 때에 톤미 삼브호타(Thon mi Sambhota)라는 대신(大臣)을 서기 632년(혹은 639년이라고도 함-필자 주)에 인도(印度)에 파견하여 고대 인도의 고도로 발달된 성명학(聲名學, 음성학을 말함-필자 주)을 배우고 돌아와서 음절문자에 가까운 티베트 문자를 만들었다고 한다.

그때까지 티베트에는 문자가 없었다.6) 티베트 왕가(王家)의 『연대기(年代記)』에는 송찬 감포의 사적(事跡)을 기리면서 "티베트에는 예부터 문자가 없었지만 지금의 왕 때에 만들어져서"(J. Bacot, F. W. Thomas, & Ch.

---

5) 다만 이 비문의 대부분은 브라아미 문자를 사용하였고 나가리 문자는 소수이어서 이 문자가 이 시대에 유행했다고는 말하기 어렵다. 이 문자로 제작된 것은 라슈트라구타(Rāṣṭrakūta) 왕조의 단티두르가(Dantidurga) 王이 제작한 銅版의 것을 들 수가 있는데 이것은 754년에 제작된 것이다.

6) 중국측 자료인 『舊唐書』「吐蕃傳」의 冒頭에 "문자가 없고 나무에 새기거나 끈을 묶어서 약속을 정한다."라고 하였고 또 같은 사료에 처음으로 唐을 방문한 티베트의 宰相 가르-통-찬(mGar stong rtsan)에 대하여 "문자를 알 수 없다"라고 하여 데이 송찬 왕까지는 문자가 없었다고 본다.

Toussaint, 1940 : 118)라는 기사가 있다. 또 『편년기(編年期)』의 655년 기술에는 "재상(宰相) 갈·톤첸이 문자(文字)를 쓰기 시작한지 1년"이란 기사가 있어(Ibid : 13) 송찬 감포 때인 654년경에 처음으로 문자를 만들어 사물을 기록하였음을 알 수 있다.

이 티베트 문자는 주지하는 바와 같이 브라아미 문자(Brāhmï, 영어 Brahmi script)의 계통인 굽타(Gupta) 문자에서 발달한 것이다. 이에 대하여는 제4장에서 다시 상론될 것이다.

2.1.2. 황하(黃河) 문명으로부터 발달한 한자(漢字)는 그 시원(始源)을 은대(殷代)의 갑골문(甲骨文)부터라고 해도 지금부터 4,000년 전의 일이다. 따라서 누가 어느 시대에 한자를 제정하였는가를 따지는 것은 무리한 일이다. 신화(神話)와 전설(傳說)에서 복희씨(伏羲氏) 때에 만들어졌다는 팔괘(八卦) 기원설이나 황하(黃河)의 낙수(洛水)에서 나왔다는 하도(河圖)와 낙서(洛書)의 기원설, 그리고 황제(黃帝) 때에 사관(史官)인 창힐(倉頡)의 제작으로 보는 조족(鳥足) 문자설(說) 등도 모두 증명이 불가능한 것들이다.

일반적으로 문자의 발달을 앞에서 언급한 대로 그림 문자(Pictograph)에서 표의문자(ideogram), 표음 문자(phonogram)의 순서라고 한다. 인류 문명사에서 그림문자로부터 표의문자로의 전환은 대단히 길었던 것으로 보인다. 아메리카 인디언 사이에서, 그리고 중국의 나시(納西)족들은 최근까지도 그림문자를 사용하였다.

동아시아 지역에서 그림문자로부터 표의문자로의 전환은 매우 이른 시기에 일어난 것으로 알려졌다. 최근 동아시아의 거의 전역에서 그림문자가 발견되고 있다. 중요한 것을 들어보면 한반도(韓半島)에서도 울주군 반구대의 암각화나 천전리의 각석(刻石)이 있고 내몽고(內蒙古) 음산(陰

山), 감숙성(甘肅省) 오가촌(吳家村), 사천성(四川省) 공현(珙縣), 운남성(雲南省) 창원(滄源)의 암각화(岩刻畵) 등이 있다. 이들은 문자 이전의 그림으로 사물 (事物)을 표시한 것이다.

인류 4대 문명의 발상지 가운데 하나인 황하(黃河)에서는 위와 같은 암 화(岩畵) 이외에 도기(陶器)에 새겨진 부호(符號)가 있어 부호(符號) 도문(陶文), 또는 도부(陶符)라고 부르며 암각화(岩刻畵)와 더불어 문자의 전 단계의 것 으로 보고 있다. 즉 황하(黃河)의 지류(支流)인 위하(渭河)의 남쪽에 신석기 시대의 모계(母系) 씨족사회(氏族社會)의 유적지가 1953년 서북 문물 청리 대(西北文物淸理隊)에 의해서 처음으로 발견되었는데 여기서 도자기에 새겨 넣은 도부(陶符)가 다수 발견되었다. 1954년 9월부터 이 지역의 발굴이 시작되어 1957년까지 5차에 걸쳐 발굴이 이루어졌고 보고서가 작성되 었다.7)

신석기시대 인류의 주거지로 보이는 중국의 유적지에서 도부(陶符)가 있는 곳은 열 곳이 발견되는데 서안 반파유지(西安半坡遺址, 477~4290 B.C.) 의 도부(陶符)는 20종 이상 확인된다. 그 의미는 아직 확실히 모르지만 선형(線形)을 주제로 하는 부호(符號)로서 한자의 원초 형태로 간주한다.

이러한 도부(陶符)가 출토되는 유적지는 이곳만이 아니고 이곳과 멀지 않은 임동강채(臨潼姜寨)에서도 129점의 도기가 발굴되었으며 이 가운데 38종의 도부가 발견되었다. 기타 보계 북수령유지(寶雞北首領遺址)에서도 유사한 도부가 발견되어 이 지역의 고대 신석기 문화를 앙소문화(仰韶文 化)로 부른다. 대체로 이 문화는 4840 B.C.부터 4085 B.C. 사이에 존재 했던 것으로 추정한다.8) 지금으로부터 7,000년 전의 일이다.

---

7) 이에 대하여는 중국사회과학원 고고연구소 편집 『中國田野考古報告書』(北京 : 文物出版社, 1982) 및 半坡博物館 편 『半坡遺址畵冊』(陝西人民美術出版社, 1987) 등 참조.

2.1.3. 이러한 한자의 전 단계를 거쳐 기원전(紀元前) 10수세기경(數世紀頃)에 중국의 황토(黃土)지대에서 활약한 상(商) 민족이 은(殷) 왕조(王朝)를 세우고 갑골문(甲骨文)과 금문(金文)을 만들어 문자로서 한자(漢字)를 사용하게 된다. 이 문자는 육서(六書, 象形, 會意, 形聲, 指事, 假借)의 방법으로 제자(製字)되었는데 갑골문 1225자 가운데 상형 276자, 회의 396자, 형성 334자, 지사 20자, 가차 129, 불상(不詳) 70자의 구성을 보인다.

은(殷) 왕조는 신흥 세력인 주(周) 왕조에 의하여 교체된다. 은(殷) 왕조에서 널리 애용되던 갑골문(甲骨文)은 주대(周代)에는 전승되지 않고 금문(金文)이 주(周)의 공용 문자가 되었다. 그리하여 중원(中原)의 넓은 지역(地域)을 차지한 주(周) 왕조는 다종다양한 민족의 공용 문자로서 금문(金文)의 한자를 보급하였다. 이후 춘추 전국 시대를 통하여 일시적으로 자형(字形)이 분산되었으나 진시황(秦始皇)의 통일로 문자도 소전(小篆)으로 압축되어 중원(中原) 전역에 사용되었다. 이후 중국의 통일 왕조(王朝)는 한자의 통일에도 관심을 갖고 부단하게 이를 국가의 중요 정책으로 삼아 오늘날까지 전해진다.

2.1.4. 한자는 중국만이 아니고 주변의 여러 민족어 표기에도 사용되었다. 중국은 원래 다민족 국가여서 여러 민족어가 혼재되어 있었다. 그러나 고도로 발달한 한자 문화에 흡수되어 자민족의 언어를 버리고 중국어에 흡수되는 경우도 있었고 자국어를 살리면서 한자를 들여와 언어를 기록하는 민족도 있었다.

---

8) 이 외에도 河南 龍山文化(2515 B.C.~2340 B.C.)와 二里頭文化(1625 B.C.~1450 B.C.) 등에서도 陶符는 발견된다. 그러나 아직 해독이 되지 않은 陶符 몇 개로 과연 文化라고 할 수 있을지 필자는 의구심을 갖는다.

예를 들면 중국 대륙과 연접하고 있는 서쪽의 티베트, 동족의 한반도, 남쪽의 월남(越南) 등은 한자를 들여와 한자 문화를 이루었으나 언어는 그대로 유지하고 급기야는 자국의 언어를 기록하는데 편리한 문자를 스스로 제정하거나 차용하여 사용하였다. 북방 민족들은 여러 번 중국을 정복하고 자신들의 제국을 건설하였다. 그들은 제국의 건설과 함께 한자와 다른 자신들의 문자를 개발하여 자민족의 문화를 유지하려고 노력하였으나 결국은 한문화(漢文化)에 흡수되어 멸망한다. 또 중국 문화의 영향을 깊이 받은 일본은 한자를 받아 들였을 뿐만 아니라 한 술 더 떠서 한자를 변형시킨 가나(假名) 문자를 스스로 개발하여 사용하였다.

2.1.5. 이들이 한자를 받아 드리기 어려웠던 것은 한자는 어디까지나 고립적인 문법 구조의 중국어를 표기하기 위하여 발달된 문자이므로 교착적 문법 구조를 가진 한반도의 여러 언어와 일본, 월남(越南), 티베트어의 표기에는 매우 불편하였기 때문이다. 또 한자(漢字) 문화권(文化圈)으로부터 스스로의 정체성(正體性)을 지키려는 민족의식이 작용한 것도 한 원인이 될 것이다.

2. 한반도에서의 한자 사용

2.2.0. 중국어는 언어 유형론(類型論, linguistic typology)에 의하면 한 음절(音節)의 형태(形態, form)가 하나의 단어(word)가 되는 고립어(孤立語, isolating language)로서 굴절(屈折, inflection)이나 첨가(添加, annexation)가 없는 언어, 즉 단어 형성의 유형(type of word formation)에서 문법적 변화에 의하여 어간

(語幹, the stem of a word)이 굴절하거나 어기(語基, the base of a word)에 형태의 첨가되는 일이 없는 매우 독특한 언어로 분류된다.9) 중국어에서의 문법적 변화는 어순(語順, word order)이나 다른 단어의 추가로 이루어진다.

이러한 중국어의 표기를 위하여 발달한 문자가 바로 한자(漢字)다. 하나의 형태가 하나의 단어로서 독립된 의미와 자형을 갖고 있다. 한자는 이와 같이 문법적 변화를 보이지 않는 중국어의 독립된 어형을 표기하는 데 매우 유용(有用)한 문자다. 따라서 한자는 각개 글자가 대체로 1음절로 된 형태로 이루어졌으며 매자(每字)가 독립된 의미를 갖는다.

2.2.1. 그러나 이러한 한자를 이용하여 중국 주변의 여러 민족어를 기술하는 데는 많은 문제가 발생한다. 특히 불경(佛經)의 범어(梵語)는 굴절적(屈折的)인 언어여서 이를 한문으로 번역할 때에 어려움이 있었으며 중국 북방 민족들과 같이 교착적 문법 구조의 언어를 한자로 기술할 때에 형태부(形態部)만이 아니라 의미부(意味部)의 표기에서도 많은 문제가 생겼다. 즉 굴절적(屈折的) 문법 구조의 산스크리트어에서 나타나는 어간(語幹, stem)의 곡용(曲用, declension)이나 활용(活用, conjugation)의 표기를 한자로 표기하기 어려웠고 교착적인 북방 민족어의 조사(助詞, declinable ending)와 어미(語尾, conjugational ending)의 표기가 불가능하였다.

한반도에서는 일찍부터 한자를 도입하여 사물을 기술하였다. 졸저(2011)에 의하면 고조선 시대에 이미 한자를 사용한 흔적들이 보이지만 본격적인 한자의 유입은 위만조선(衛滿朝鮮) 시대에 이루어진 것으로 보았다.10) 그러나 한자가 대량으로 유입되어 서민들의 일상생활에서까지 사

---

9) 이러한 문법 특징을 가진 언어를 屈折語(inflectional language)와 膠着語(agglutinative language)로 구분한다.

용된 것은 한사군(漢四郡) 시대부터라고 본다.

졸저(2011 : 137~8)에서는 이에 대하여 다음과 같이 주장하였다.

전한(前漢)의 무제(武帝)가 위만조선(衛滿朝鮮)을 멸망시키고 그 영토에 낙랑(樂浪), 진번(眞番), 임둔(臨屯), 현토(玄菟)를 설치한 한사군(漢四郡, BC. 108~AD. 313) 때에도 비록 지배족은 한어(漢語)를 사용하였더라도 원주민들은 고조선의 언어를 이어받아 사용하였을 것으로 추정한다.

그러나 이 시대에 적지 않은 중국의 문물(文物)이 한사군(漢四郡)의 세력이 미치는 한반도의 한강(漢江) 이북에 유입되었을 것으로 보인다. 이때에 중국어와 토착어와의 접촉이 있어 언어에 대한 새로운 의식이 생겨났을 것이며 또 중국 한자가 본격적으로 전래되어 사용되면서 외래 문자의 표기에 있어서 여러 가지 문제점이 대두되었겠지만 자료의 부족으로 현재로서는 자세한 언급이 불가능한 형편이다.

졸고(2006b)에서는 한반도에 한자가 유입된 것은 기자(箕子)·위만(衛滿) 조선 때에도 부분적으로 들어 왔을 것이나 본격적인 유입(流入)은 한사군(漢四郡) 때일 것으로 추정하였다. 현재로는 평안남도 용강(龍岡)의 점제현(黏蟬縣) 신사비(神祠碑, AD. 85?)의 비문이 이 시대의 자료로 보인다. 점제현(秥蟬縣, 또는 黏禪縣, 黏碑縣?)은 본래 낙랑군(樂浪郡)의 속현(屬縣)이었으며 점제현 신사비(神祠碑), 일명 점제비(秥碑碑)는 우리나라 최고(最古)의 비석으로 평남 용강군(龍岡郡) 해운면(海雲面)에 소재한다.

점제비(秥蟬碑)에 판독이 가능한 59자의 비문을 옮겨 보면 다음과 같다.

(元)(和)(二)年四月戊午秥蟬(淳)(興)□建丞屬國會(議)(爲)(衆)(修)(秥)(蟬)神祠刻
石辭曰 : (昆)平山君 德配代嵩 威如(雷)(電)(福)佑秥蟬 興甘風雨 惠(潤)土田 (百)
(姓)壽考 五穀豊成 盜賊不起 (妖)(邪)(蟄)臧 出入吉利 咸受神光

---

10) 졸고(2003a, b)와 졸저(2011 : 166)에서는 고조선의 衛滿朝鮮 때에도 통치문자로 한자가 유입되어 사용되었다고 보았다.

이 비문은 탈자가 많아 ( ) 안의 것은 복원한 글자인데 이 비문은 높이 1.51m, 너비 약 1.1m가 되는 화강암 비석에 예서체(隷書体)로 음각되었으나 상부와 첫 줄이 마멸되어 약 59자 정도가 판독이 가능하다. 내용은 토속 산신(山神)에게 풍년과 백성의 안녕을 비는 것이며 이 비석의 발견으로 점제현의 위치가 용강(龍岡)이고 열수(列水)가 대동강을 지칭함을 알게 되었다. 이것으로 보면 한사군(漢四郡) 시대에 상당한 수준의 한문이 사용되었음을 알 수 있다.

이에 의하면 한사군 시대에 본격적으로 유입된 한자는 고구려, 백제, 신라에서 널리 사용되었다. 그리하여 고구려, 백제, 신라의 삼국(三國)에서는 국초(國初)부터 학교를 세우고 유교 경전(經典)을 통하여 한문을 교육하였으며 국사(國史)를 기술하는 등 한자 사용이 일반화되었다.

2.2.2. 한자를 사용하여 교착적 문법 구조인 우리말을 기술하는 데는 많은 문제가 있음을 앞에서 살펴보았다. 이들을 극복하기 위하여 고구려, 백제, 신라에서는 다양한 방법을 고안하여 자국어의 한자 표기에 대처하였다. 졸저(2011 : 293~297)에서는 신라어의 형태부 표기에 대하여 언급한 것이 있다. 이것을 예로 들어 여기에 옮겨보면 다음과 같다.

신라어의 문법에 대하여는 문장 자료가 없기 때문에 그 기술이 매우 어렵고 부정확하다. 그러나 오늘날 참고할 수 있는 25수의 향가(鄕歌)는 비록 운문자료지만 어느 정도의 윤곽을 보여준다.

한국어는 교착적 문법 구조의 언어이기 때문에 서양의 굴절어의 문법 체계로 이를 기술하는 것은 매우 불합리하다. 그러나 지금 학계는 서양 문법 이론에 입각하여 한국어 문법도 기술하기 때문에 그에 따르지 않을 수 없다. 예를 들면 명사나 동사의 굴절은 인구어(印歐語)에서는 어간(語幹)까지 어형이 변화하지만 교착어에서는 어형의 변화보다는 문법 요소가 첨가된다.

　신라어에서 체언의 굴절도 격어미(격조사)가 첨가되어 문법적 의미를
더한다. 향가(鄕歌)의 분석에서 얻어낸 신라어의 격조사는 이기문(1998)
에 의하면 다음과 같다.

　① 곡용어미(격조사)
　　가. 주격 *-이(-伊, -是)
　　　　예. -伊　　脚烏伊四是良羅-ᄀ두리 네이러라(<處容歌>)
　　　　　　　　　佛伊衆生毛叱所只-부톄 衆生못도록(<隨喜功德歌>)
　　　　　-是　　民是愛尸知古如-民이 ᄃ술 알고다(<安民歌>)
　　　　　　　　　雪是毛冬乃乎尸花判也-서리 몯 누올 花判여(<讚耆
　　　　　　　　　婆郞歌>)

　　나. 속격 *-익/-의(-衣, -矣), -ㅅ(-叱)
　　　　예. -衣　　於內人衣善陵等沙-어느 사ᄅ믹 선ᄃ올ᄉᆞ(<隨喜功德歌>)
　　　　　-矣　　耆郞矣皃史是藪邪-기랑의 즈싀 이슈라(<讚耆婆郞歌>)
　　　　　-叱　　栢史叱枝次高支好-잣ㅅ가지 노파(<讚耆婆郞歌>)
　　　　　　　　　*무정체의 속격
　　　　　　　　　千手觀音叱前良中-천수관음ㅅ전아힉(<禱千手觀音
　　　　　　　　　歌>) *존칭 속격

　　다. 처격 *-힉(-中), -아힉(-良中), -여힉(-也中)
　　　　예. -中　　衆生叱海惡中-중생ㅅ바닥힉(중생의　바다에)(<普皆
　　　　　　　　　廻向歌>)
　　　　　-良中　千手觀音叱前良中-천수관음ㅅ전아힉(<禱千手觀音
　　　　　　　　　歌>)
　　　　　-也中　沙是八陵隱汀里也中-새파란 나리여힉(샛파란 냇물
　　　　　　　　　에)(<讚耆婆郞歌>)

라. 대격 *-ㄹ(-乙), -흘(-肹)

예. -乙　佛前燈乙直體良焉多衣-불전등을　고티란디(<廣修供
養歌>)

-肹　吾肹不喩慚肹伊賜等-나흘　안디　붓ᄒ리샤둔(<獻花
歌>)

마 호격 *-아(-也), -하(-下)

예. 郞也　慕理尸心未行乎尸道尸-낭여　그릴　ᄆᅀᅮ미　여올　길
(<慕竹旨郞歌>)

月下伊底亦-달하　이뎌(<願往生歌>)

바 조격 *-로(-留)

예. 心未筆留慕呂白乎隱佛體前衣-ᄆᅀᅮ미　부드로　그려술본　부톄
전의(<禮敬諸佛歌>)

② 후치사(後置詞)

가. -ㄴ, -은/-는(-隱)

예. 善化公主主隱-선화공주님은(<薯童謠>)

君隱父也 臣隱愛賜尸母史也-군은 아비여 신은 ᄃᆞᅀᅲ샬 어ᅀᅵ
여(<安民歌>)

나. -도/-두(-置)

예. 倭理叱軍置來叱多-옛군두　왔다(<彗星歌>)

③ 대명사

가. 인칭대명사(人稱代名詞)

1인칭　나(吾)　　　　　　복수 우리(吾里)
2인칭　너(汝)

예. 本矣吾下是如馬於隱-미틔　내해다마ᄂᆞᆫ(<處容歌>)

吾里心音水淸等－우리 ᄆᄋᆞᄆᆞᆯ 몱가둔(＜請佛住世歌＞)

汝於多支行齊敎因隱－네 엇뎌 니져이시ᄂᆞᆫ(＜怨歌＞)

　나. 자칭대명사(自稱代名詞)

　　*의(矣), 의네(矣徒)　　哀反多矣徒良－서럽다 의네여(＜風謠＞)

이상의 기술을 보면 중세한국어와 크게 차이가 나지 않는다.

　용언(用言)의 활용에서도 역시 활용어미가 첨가되는 굴절을 보여주는
데 신라어에서 보이는 활용어미로는 역시 향가의 형태분석에서 다음과
같은 것을 추출할 수 있다.

活用語尾

가. 동명사어미　－ㄹ(－尸), －ㄴ(－隱), －이, －ㅁ(－音)

　예. －ㄹ　慕理尸心未行乎尸道尸－그릴 ᄆᆞᅀᆞ미 여올 길(＜慕竹旨郎歌＞)

　　　－ㄴ　去隱春－간 봄(＜慕竹旨郎歌＞)

　　　－이　明期月良－ᄇᆞᆯ기 달아(＜處容歌＞)

　　　－ㅁ　火條執音馬－블혀 자ᄇᆞ마(＜廣修供養歌＞)

나. 부동사(副動詞) 어미　－라(－良), －미(－米), －며(－旀), －다가(－如可),

　　－라(－良)(目的) 功德修叱如良來如－공덕 닷ᄃᆞ라 오다(＜風謠＞)

　　－미(－米)(原因) 此矣有阿米次肹伊遣－이에 이샤미 저희시고(＜祭亡妹歌＞)

　　－며(－旀)(列擧) 膝肹古召旀－무르플 고초며(＜禱千手觀音歌＞)

　　－다가(－如可)(先後) 夜入遊行如可－밤드리 노닐다가(＜處容歌＞)

　　－고(－遣)(同時) 抱遣去如－안고 가다(＜薯童謠＞)

　　－아/－어(阿)(前後) 花肹折叱可獻乎理音如－고즐 갓가 받ᄌᆞ보오림다

　　　　(＜獻花歌＞)

다. 문장 종결어미

　　정동사(定動詞)　－제(－齊)

心未際叱肹逐內良齊-모슴미 가슬 좇누아져(<讚耆婆郎歌>)

평서문(平敍文)　-다(-如)

功德修叱如良來如-공덕 닷ᄃ라 오다(<風謠>)

의문문(疑問文)　-고(-古)

放冬矣用屋尸慈悲也根古-노티 뿔 자비여 큰고(<禱千手觀音歌>)

명령문(命令文)　-라(-羅)

彌勒座主陪立羅良-彌勒座主 뫼셔롸(<兜率歌>)

라. 경어법(敬語法)

① 존경법(尊敬法, 主體尊待法)　*-시-, -샤-(-賜-, -史-, -敎-)

月下伊底亦西方念丁去賜里遣-달하　이데　서방ᄭᅥ뎡　가시릿고
(<願往生歌>)

② 겸양법(謙讓法, 客體尊待法)　*-ᄉᆞᆸ-(-白-)

禮爲白齊-예ᄒ숩져, 邀里白乎隱-뫼시리ᄉᆞᆯ본(<禮敬諸佛歌>)

③ 공손법(恭遜法, 主體謙讓法)　*-ㅁ-(-音-)

花肹折叱可獻乎理音如-고즐 갓가 받ᄌᆞ보오림다(<獻花歌>)

　　이와 같은 용어의 활용어미도 중세한국어와 크게 차이가 나지 않는
다. 여기에 신라어를 고대한국어로 보는 이유가 있다.

　　소위 향찰(鄕札) 표기라고 불리는 신라에서의 한자 차자표기의 방법은
후대에도 계속되었으며 고려시대에 들어와서는 우리말의 형태부만을 기
술하는 구결(口訣)의 방법이 고안되었다. 그리고 중국 원대(元代)에 발달한
이문(吏文)의 영향으로 향찰 표기는 고려시대 후기에 이두(吏讀)라는 명칭
으로 바뀌게 된다.11)

3. 한아언어(漢兒言語)와 한이문(漢吏文)

2.3.0. 그러나 한반도에서 한문도 문어(文語)로 사용되었다. 졸고(2006)에 의하면 한문(漢文)은 원래 중국의 언어를 한자(漢字)라는 표의문자로 기록한 것이다. 언어학적인 분류에 의하면 중국어, 즉 한어(漢語)는 구어(口語)를 말하고 한문은 문어(文語)를 말한다. 모든 자연 언어(自然言語)는 구어가 있은 다음에 이를 기록한 문어가 있기 마련이다. 즉 살아있는 언어를 문자로 기록할 때에는 문자가 가진 여러 가지 제약에 의하여 약간의 변화를 입게 된다.

뿐만 아니라 문어(文語)는 독자적인 발달을 하면서 상당한 기간이 지나면 구어(口語)와는 매우 다른 언어가 된다. 한문(漢文)도 구어인 중국어를 모태로 하여 생겨난 문어인 것이며 그 후에 독자적 발전을 거듭하였다.

그런데 여기서 중국어가 어떤 언어인가는 그렇게 간단하게 정의할 수 없다. 우선 역사적으로 중국어는 몇 천 년의 변화를 거듭한 것이어서 각 시대별로 매우 다른 언어의 모습을 보여준다. 또 하나 중국어는 지역적으로 많은 방언(方言)을 갖고 있다. 실제로 방언 이상의 차이를 보이는 언어도 여럿이 있다. 뿐만 아니라 중원(中原)의 공용어(公用語)는 패권(覇權)을 잡은 민족의 언어나 정치 중심지의 방언에 의하여 수시로 변하였다. 여기서 우리는 "한문(漢文)이 중국어를 한자(漢字)로 기록한 문어(文語)"라는 정의가 매우 애매함을 깨닫게 된다.

---

11) 이에 대하여는 졸고(2006)를 참고할 것. 이 논문에서 필자는 신라시대의 한자 차자표기를 鄕札이라 하였고 吏讀라는 명칭은 元代 吏文의 발달과 더불어 생겨난 것이라고 보았다. 그리고 '吏讀'는 <조선왕조 실록> 이전의 자료에는 보이지 않음을 지적하였다. 즉 고려시대에 편찬된 <삼국유사>와 <삼국사기>에는 물론, 조선시대 전기에 간행된 <고려사> 등에도 吏讀라는 명칭은 전혀 나타나지 않는다.

우리가 보통 한문(漢文)이라고 부르는 것은 선진(先秦) 시대에 고문(古文)을 말한다. 보통 사서삼경(四書三經)으로 불리는 초기 유교(儒敎) 경전(經典)의 한문(漢文)을 고문(古文)이라고 하는데 이 문어(文語)는 동주(東周)의 수도(首都)인 낙양(洛陽)의 언어를 기본으로 하여 형성된 것이다.12) 중국어의 역사에서 '아언(雅言)'이라고 불리는 주대(周代)의 공용어(公用語)가 선진(先秦) 때까지는 학문(學文)의 언어였고 주(周)의 행정언어(行政言語)이기도 하였다. 고문(古文)은 간결성(簡潔性)과 암시성(暗示性)을 특징으로 하는 기록과 의사 전달이 주된 목적으로 형성된 문장어(文章語)였다.13)

그러나 이러한 고문(古文)은 시대의 변화에 따라 바뀌게 된다. 춘추전국(春秋戰國)시대에 각국(各國)의 언어가 독자적으로 발전하였고 진(秦)의 통일 이후에 장안(長安)의 언어가 새로운 공용어(公用語)로 부상하게 되었다. 보통 '통어(通語)'라고 불리는 이 새로운 언어는 그동안 중원(中原)의 공용어(公用語)로 사용되었던 아언(雅言)의 권위에 도전하였다.

유교(儒敎) 경전(經典)의 언어였던 고문(古文)은 다른 종교의 경전(經典)의 언어처럼 매우 보수적이었고 다른 언어로의 변화를 받아드리지 못하였다. 따라서 통어(通語)는 유교(儒敎) 경전(經典)의 언어를 바꾸지는 못하였고 이후에 시문(詩文)의 언어로 발전한다. 즉 고문(古文)의 간결성(簡潔性)과 암시성(暗示性)으로부터 장식성(粧飾性)이 추가된 통어(通語)를 바탕으로 생겨

---

12) B. Karlgren(高本漢, 1940)에서는 『詩經』 이전 시기를 '太古 漢語', 『詩經』 이후부터 東漢 시기까지를 '上古 漢語', 六朝 시기부터 唐末까지를 '中古 漢語', 宋朝 시기를 近古 漢語, 元明 시기를 '老官話'로 구분하였다(蔣紹愚 : 1994). 그러나 이런 분류는 어떤 왕조가 中原의 霸權을 갖고 그들의 통용어를 중원의 공용어로 삼는 경우를 고려하지 않아서 의미가 없다.

13) 古文은 先秦시대에 만들어진 『論語』, 『孟子』, 『莊子』, 『荀子』, 『韓非子』 등의 諸家의 議論文에서 기틀이 잡혔고 漢代에 賈誼의 『治安策』, 『過秦論』 등의 論策文과 左丘明의 『春秋左氏傳』, 司馬遷의 『史記』 등에서 서사문으로 발전하였다.

난 새로운 문어(文語)는 육조(六朝) 시대에 이르러 더욱 장식성이 두드러지게 나타났다. 이렇게 변형된 한문을 '변문(變文)'이라고 부른다.

졸저(2011 : 171~173)에 의하면 변문(變文)의 시작을 당대(唐代) 중기 이후 불경 번역문에서 찾을 수 있다. 문법 구조가 다른 범어(梵語)를 번역하면서 그 문법에 이끌렸고 특히 불승(佛僧)들의 속강(俗講)에서 고문(古文)의 아언(雅言)과는 다른 대중적인 통어(通語)가 사용되었다.

이때에 불교의 교리(教理)를 대중(大衆)에게 전파하기 위하여 곡조를 붙일 수 있는 운문(韻文)과 교리를 설명하는 산문(散文)을 혼합하여 연창대강(連唱帶講)하는 경우가 있었는데 변문(變文)은 이와 같이 운문(韻文)과 산문(散文)이 혼합된 것이 특징이다. 소박하고 간결하며 고립적 문법 구조인 고문(古文)에 비하여 변문(變文)은 시문(詩文)에 사용된 것이기 때문에 화려하고 장식적이다. 당(唐), 송(宋), 원(元)과 그 이후에 발달한 평화(平話), 사화(詞話), 백화소설(白話小說), 보권(寶卷), 탄사(彈詞), 고자사(鼓子詞) 등이 모두 변문으로부터 나온 것으로 본다.[14]

그러나 변문(變文)은 동 시대에 한자를 빌려서 자신들의 민족어(民族語)를 기록한 이민족(異民族)의 한문 표기에서도 나타난다. 그것은 한문 고문의 문법에서 벗어나 자신들의 언어에 맞추어 표기했기 때문이다. 이 변문은 주로 동북아 알타이제어의 한문표기에서 나타난다. 예를 들면 남송(南宋) 시대에 금(金)의 사절(使節)로 회령(會寧, 지금의 吉林)에 간 홍매(洪邁, 1123~1201)는 거란(契丹)의 어린이들이 한시(漢詩)를 읽을 때에 우리의 이두문(吏讀文)과 같이 여진어(女眞語)의 어순(語順)에 맞추어 읽는다고 하였다.

---

14) 淸의 光緒 25년(1899)에 중국 甘肅省 敦煌의 千佛洞 石室에서 2만여 권의 장서가 발견되었다. 그 가운데 佛經의 俗講 교재로 보이는 變文으로 된 사본이 다수 포함되었다. 이것이 소위 敦煌 變文 자료로서 盛唐(8세기 후반)부터 宋 太宗 2년(977)의 것이 가장 새로운 것이라고 한다. 따라서 變文은 唐代 中葉부터 발달한 것으로 본다.

그는 예를 들어 금(金)나라 사신으로 갔을 때에 자신을 영접한 부사(副使) 비서소감(秘書少監) 왕보(王補)가 퇴고(推敲)의 고사(故事)로 유명한 당대(唐代) 가도(賈島)의 '題李凝幽居'의 절구(絶句) "鳥宿池中樹, 僧敲月下門"을 "月明裏和尙門子打, 水底裏樹上老鴉坐"라고 읽어 웃음을 금치 못했는데 왕보(王補)는 금주(錦州)사람으로 거란인(契丹人)이었다는 기사가 있다(『夷堅志』「丙志」第18 '契丹誦詩' 조).[15]

물론 이와 같은 '거란송시(契丹誦詩)'를 변문(變文)에 넣지는 않는다. 오히려 이것은 우리의 이두문(吏讀文)과 같은 어순(語順)으로 쓰이기는 한자로 쓰였지만 읽기는 아마도 여진어로 읽었을 것이다. 당시 중국 대륙과 그 주변의 여러 민족이 그들의 다양한 언어를 한자로 기록하였으며 그 가운데는 고문(古文)의 문장 구조와 일치하지 않는 일종의 변문(變文)도 적지 않았던 것으로 보인다.

전술한 중당(中唐) 이후에 발달한 변문들은 고문(古文)에서 조금 일탈(逸脫)한 것으로 그 문법 구조는 중국 상고어(上古語), 즉 고문(古文)의 그것에 맞춘 것이다. 그러나 수(隋), 당(唐)을 거치면서 통어(通語)의 세력은 더욱 커져 이 언어를 모태로 한 새로운 문어(文語)가 등장하였으니 그것이 백화(白話), 또는 백화문(白話文)이다. 보다 구어적(口語的)인 이 새로운 문체는 산문(散文)에 쓰였으나 일부는 문학작품의 언어가 되었다. 당(唐), 송(宋)에

---

15) 淸格爾泰(1997)에서는 이 "月明裏和尙門子打 水底裏樹上老鴉坐 — 달 밝은 가운데 화상이 문을 두드리고 물 밑 나무 위에 갈가마귀가 앉았다—"에 해당하는 몽고어 "saran-du xoošang egüde toʏsixu-du naʏur taxi modun-du xeriy-e saʏumui"를 들면서 중국사신 洪邁가 듣기에는 우스운 중국어 語順이지만 契丹語로는 당연한 것이고 이 어순은 몽고어와도 일치함을 주장하였다. 물론 이것은 우리말의 어순과도 일치하며 아마도 우리의 吏讀文도 이와 같이 '우스운' 중국어의 하나이었을 것이다. 이러한 현상은 고립적인 중국어 문법에 의한 한문과 교착적 문법 구조의 契丹文이나 吏讀文의 차이에서 생겨난 것이다(졸저, 2011 : 172 주74).

이르러 구어적(口語的)인 이 문체로 고문의 유교 경전(經典)들이 주석(註釋) 된다.16)

　　2.3.1. 다음은 원대(元代)의 한아언어(漢兒言語)에 대하여 역시 졸고(2006) 를 통하여 살펴보기로 한다. 중국어의 역사에서 가장 특기할 만한 일은 몽고족에 의하여 건립된 원(元)의 건국으로 인하여 언어 중심지가 북방 (北方)의 연경(燕京), 즉 지금의 북경(北京)으로 옮겨진 것이다. 쿠빌라이 칸 (忽必烈汗), 즉 원(元) 세조(世祖)가 연경(燕京)에 도읍을 정할 때에 이 지역은 동북아의 여러 이민족이 한족(漢族)과 각축을 벌리던 곳이어서 여러 언어 가 혼용(混用)되었다.

　　13세기 초에 몽고족이 세력을 얻어 이 지역의 패권을 차지하면서 몽 고어가 많이 혼입된 형태의 중국어가 등장하게 되었는데 이것이 종래 몽문직역체(蒙文直譯体), 또는 한문이독체(漢文吏牘体)로 불리던 한아언어(漢兒 言語)다.17) 이 언어는 종래의 아언(雅言)이나 통어(通語)와는 의사소통이 불

---

16) 이러한 儒敎 經典의 註釋은 後漢시대 鄭玄의 <十三經奏疏>까지 거슬러 올라가지만 唐・宋代 通語에 의한 經典의 주석은 朱子에 의해서 본격적으로 이루어진 것으로 볼 수 있다.
17) '漢兒言語'는 필자에 의하여 세상에 알려진 元代 北京지역의 口語로서 실제 이 지역의 공통어이었다. 元代 高麗에서는 이 언어를 학습하는 '漢語都監'을 두었고(졸저 : 1988) 이 언어를 학습하는 <老乞大>, <朴通事>를 편찬하였는데 조선 太宗조에 간행된 것으로 보이는 『老乞大』가 최근 발견되어 소개되었고 필자에 의하여 이것이 漢兒言語를 학 습하던 교재이며 거의 原本으로 추정되었다(졸저 : 2002a, 2004). <原本老乞大>의 발견 과 이것이 漢兒言語의 교재라는 주장은 중국과 일본의 중국어 역사를 전공하는 많은 연 구자들에게 충격적인 것이었을 것이다. 이미 中宗조에 崔世珍에 의하여 소개된 바 있는 元代 漢兒言語와 그 교재의 존재에 대하여는 졸고(1999, 2000, 2003, 2004)에 의해서 여 러 차례 주장되었고 이제는 많은 중국어 연구자들에게 사실로 받아들이고 있는 것으로 보인다(金文京 외 : 2002). 졸고(1999)는 일본어로 동경에서, 졸고(2000)는 국어로 서울에 서, 그리고 졸고(2003)는 영어로 ICKL에서 발표한 것이며 졸고(2004)는 중국어로 北京 에서 발표되었다.

가능할 정도의 다른 언어였던 것이다.

김문경 외(2002 : 369~370)에서는 북송(北宋)의 허항종(許亢宗)이 선화(宣和) 7년(1125)에 금(金) 태종(太宗)의 즉위식(卽位式)에 축하(祝賀)의 사절(使節)로 다녀오면서 쓴 여행기『허봉사행정록(許奉使行程錄)』을 인용하면서 어떻게 이런 언어가 생겨났는지를 소개하였다.

즉 허봉사(許奉使) 일행이 요(遼)의 황룡부(黃龍府, 지금 하얼빈에서 남서쪽으로 약 100km 지점) 부근을 지날 때의 기록으로 "거란(契丹)이 강성(强盛)했을 때에 이 부근으로 여러 민족을 이주시켰기 때문에 여러 나라의 풍속이 섞여 있어서 서로 말이 통하지 않았는데 '한아언어(漢兒言語)'를 써서 처음으로 의사가 소통했다는 기록이 있다"(『三朝北盟會編』권20)고 하여 이 지역에 이주해온 여러 이민족들이 한아언어(漢兒言語)로 의사를 소통했음을 지적하였다. 실제로 북경(北京) 지역에 모여 살게 된 동북아 여러 민족들이 일종의 코이네(Koinē)로서[18] 한아언어를 사용하였고 이것은 종래 중원(中原)의 공용어였던 장안(長安)의 토착어를 기본으로 한 통어(通語)와는 매우 다른 엉터리 중국어였던 것이다.

한아언어(漢兒言語)는 앞에서 언급한 '거란송시(契丹誦詩)'와 같이 거란어의 어순에 맞추고 몽고어의 조사와 어미를 삽입한 상태의 언어로서 졸저(2004)에서 필자는 일종의 크레올로 보았고 金文京 외(2002)에서는 이를 '호언한어(胡言漢語)'라 불렀다.[19] 원(元)에서는 이 언어를 공용어로 하여

---

18) 코이네(κοινη, Koinē)는 알렉산더대왕 이후 지중해 지역을 석권한 대 희랍제국의 공용어로서 아티카 방언을 기본으로 한 것이다. 이로부터 大帝國의 공용어를 '코이네'라고 한다.

19) 金文京 외(2002 : 370~371)에 '胡言漢語'에 대하여 "南宋人이 '漢人', '漢兒'라고 말하는 경우 그것은 반드시 北方의 金나라 治下에 있는 중국인을 가르친다. 따라서 '漢語'도 북방에서 사용되는 중국어를 의미하지만 그 언어는 南宋人에게는 奇妙한 말로 들린 것 같다. 南宋의 저명한 철학자 陸九淵(1139~93)의 『象山語錄』(卷下)이나 禪僧의 傳記集인

고려가 중국과의 교섭에서 사용하게 하였다. 따라서 고려에서는 원(元)이 건국(建國)한 이후에 한어도감(漢語都監)을 두어 이 언어를 별도로 교육하게 되었다.[20]

　원(元)은 몽고인(蒙古人)에 의하여 국가가 통치하였지만 실제 한족(漢族)의 백성을 다스리는 일은 한인(漢人)들이었고 몽고인들은 이들을 감독하는 일을 하였다.[21] 따라서 한인(漢人)들은 몽고인 통치자에게 보고서를 올리게 되었는데 이 보고서에 사용된 것은 고문(古文)이 아니라 한아언어(漢兒言語)를 모태로 하여 새롭게 형성된 문어(文語)였다. 이렇게 새롭게 생겨난 문어(文語)를 그동안 '한문이독체(漢文吏牘体)', 또는 '몽문직역체(蒙文直譯体)'라고 불렀는데 이에 대하여 전게(前揭)한 金文京 외(2002 : 372)의 설명에 의하면 다음과 같다.

　　金의 王族은 몇 마디라도 '漢語'를 말할 줄 알았지만 몽고의 王族이나 貴族은 일반적으로 漢語를 알지 못하였으며 또 배울 생각도 없는 것 같았다. 그렇기 때문에 특히 汗의 命令과 같이 중요한 사항은 汗이 말한 몽고어를 번역하여 기록할 필요가 생겨났다. 거기에는 원래 엉터리 중국어이었던 '漢兒言語'를 사용하는 것이 가장 간편하였고 또 정확하였을 것이다. 만일 정규 중국어, 혹은 文言(古文이나 후대의 백화문 등)으로

『五灯會元』(卷 16) '黄檗志因禪師' 조 등에 엉터리, 이상한 말이라는 의미로 '胡言漢語'라는 말투가 보인다"라고 기술하였다.

20) 고려시대의 '漢語都監' 및 '吏學都監'의 설치와 운영에 대하여 졸고(1987, 1990)를 참고할 것.

21) 예를 들면 元代 各省에는 몽고인의 감독관이 있어 漢人 官吏를 지휘하였는데 大都省에는 '札魯忽赤, 達魯花赤, 首領官, 六部官, 必闍赤' 등의 몽고인이 있어 漢人 官吏를 감독하게 되었다. 『元典章』延祐 7년(元 英宗 卽位年, 1320)의 '中書省 奏過事內 1件'에 이들이 출근을 게을리 하므로 皇帝가 일찍 출근하고 늦게 퇴근할 것을 申飭하는 聖旨가 실려 있다. 여기서 '자르구치(札魯忽赤, Jarghuchi)'는 "몽고인 斷事官"을 말하고 다르구치(達魯花赤, Darguchi)는 '首領官'을 말하며 '비칙치(必闍赤, Bichigchi)'는 中書省의 書記를 말한다. 제4장 4.0.4 참조.

번역하려고 생각하면 意譯에 의하여 의미의 어긋남이 없을 수가 없게 된다. 더구나 이것을 읽는 사람들이 契丹人, 女眞人 등 漢兒言語를 사용하고 있을 '漢人'들이었다. 이리하여 '漢兒言語'는 口語에서 文章語가 되었다. 소위 '蒙文直譯体'라는 漢文이 바로 그것이다.

그러나 이러한 설명들은 이 문장어가 모두 한아언어(漢兒言語)라는 당시 실존한 구어(口語)를 반영한 것이라는 점을 간과(看過)한 것으로 이제는 빛바랜 주장이라고 아니할 수 없다. 이미 필자의 여러 논저(졸고 : 1999, 2000, 2003, 2004)에서 당시 한아언어(漢兒言語)와 몽고어(蒙古語)가 혼효(混淆)된 한어(漢語)가 일종의 코이네(공통어)로서 실제로 존재하였고 '몽문직역체(蒙文直譯体)'란 이 구어(口語)를 그대로 기록한 것이며 한문이독체(漢文吏牘体)는 북방지역의 공용어인 한어(漢語)를 기반으로 하여 새롭게 형성되어 사법(司法)과 행정(行政)에서 사용된 문장어(文章語)의 문체를 말하는 것이라고 밝혔다.

몽고제국(蒙古帝國)의 제2대 대한(大汗)인 태종(太宗) 오고타이(窩闊大)가 몽고인 서기관(書記官, 必闍赤人)의 자제(子弟)에게는 '한아언어(漢兒言語)'와 그 문서를 배우고 한인(漢人)의 자제에게는 몽고어를 학습시키라는 성지(聖旨)를[22] 내린 것은 이 한·몽(漢·蒙) 관리(官吏)들이 몽고어와 그를 번역할 한아언어, 그리고 그 문어(文語)까지를 서로 학습하여 의사소통에 지장이 없도록 할 목적으로 내린 것이었다.

---

22) 이 오고타이 大汗의 聖旨는 北京의 地誌인 『析津志』(『析津志輯佚』, 北京古籍出版, 1983)에 실려 있으며 元 太宗 5년(1233)에 내린 것이다. 그 내용은 燕京(元의 首都)에 '四教讀'이란 학교를 설립하고 그곳에서 몽고인 必闍赤의 子弟 18인과 중국인의 자제 22인을 함께 起居시키면서 몽고인의 자제에게는 '漢兒言語·文書'를, 중국인의 자제에게는 몽고어와 弓術을 교육하게 하라는 것이었다. 여기서 '漢兒言語'는 당시 漢人들의 口語를 말하며 또 '文書'는 文語인 漢吏文을 말하는 것으로 이해할 수 있다. 金文京 외(2002) 참조.

2.3.2. 다음은 한이문(漢吏文)과 한문이독체(漢文吏牘体)에 대하여 역시 졸고(2006)에 의하여 고찰하여 보기로 한다. 원대(元代)의 구어(口語)인 한아언어(漢兒言語)를 기반으로 하여 형성된 문장어를 '몽문직역체(蒙文直譯体)'와 '한문이독체(漢文吏牘体)'로 나누어 생각한 학자가 있다. 田中謙二(1964)에서는 그 논문 모두(冒頭)에 다음과 같이 언급하였다.

「元典章」, 정확하게는 「大元聖政國朝典章」에 수록된 문서의 스타일은 크게 나누어서 漢文吏牘体와 蒙文直譯体의 2종으로 나누어진다. 전자는 행정·사법의 실무에 종사하는 胥吏의 손으로, 적어도 北宋 때에는 거의 완성된 法制文書用의 문체이다. 이에 대해서 후자는 몽골족이 지배하는 元 王朝의 특수 情況 아래 발생하였고 몽고어로 쓰인 法制문서를 譯史(飜譯官)가 중국어로 번역할 때에 사용한 문체를 가르친다. 蒙文直譯体라는 말은 임시로 지은 이름에 지나지 않고 이것도 역시 한자로 쓰인 일종의 漢文이다. 다만 이들 2종의 문체는 통상의 중국문과 조금씩 樣相을 달리하기 때문에 일반적으로 「元典章」의 문장은 難解하다고 하여 살아있는 사료를 많이 가지고 있지만 지금도 충분하게 활용하지 못하고 있다(田中謙二, 1964 : 47).

이러한 주장은 한문이독체(漢文吏牘体)가 북송(北宋) 때부터 시작되었고 몽문직역체(蒙文直譯体)는 원대(元代)에 발생한 것으로 보았으나 필자는 후자가 원대(元代) 북경 지역(北京地域)의 구어(口語)인 한아언어(漢兒言語)를 그대로 기록한 것이고 전자는 이를 문어화(文語化)한 것으로 본다. 이에 대하여 吉川幸次郞(1953)에서는 원대(元代) 이독문(吏牘文)의 대표적 자료인 <원전장(元典章)>의 문체에 대하여 다음과 같이 언급한 것은 비록 그가 한아언어(漢兒言語)의 존재를 몰랐다 하더라도 당시 현실을 꿰뚫어본 것이다.

(전략) かくきわめて僅かではあるが、あたかも元曲の白のごとく、口語
の直寫を志した部分が存在する。なぜこれらの部分たけ口語を直寫しよう
とするのか。それは恐らく、いかなる言語に誘導されての犯罪であるか
が、量刑に關係するからであり、その必要にそなえる爲であろうと思われ
るが、要するに吏牘の文が、必要に応じてはいかなる言語をも受容し得る
態度にあることを、別の面から示すものである。(후략) －[元典章에는] 아
주 정말 적기는 하지만 마치 <원곡(元曲)>의 '白'과 같이 구어(口語)를
그대로 적으려고 한 부분이 존재한다.23) 그것은 아마도 어떤 언어로 유
도된 범죄인가가 형량을 정하는데 관계됨으로 그러한 필요에 대비하기
위한 것일 수도 있다고 생각된다. 요컨대 이독(吏牘)으로 된 문장이 필요
에 응하기 위하여 어떤 언어라도 수용할 수 있는 태도라는 것을 다른
면에서 보여준 것이다.

이 언급은 원대 이독문(吏牘文)이 사법(司法)에서 사용될 때에는 죄인(罪
人)의 공초(供招)라든지 소송(訴訟)의 소장(訴狀)에서 사실을 파악하기 위하
여 그들이 사용하는 구어(口語)를, 그것이 어떤 언어이든지 그대로 기록
하려고 한 부분이 있다는 것이다.24) 여기서 어떤 언어라는 것은 두말할
것도 없이 당시 북경 지역에서 코이네로 사용되던 한아언어(漢兒言語)이며

---

23) 吉川幸次郎(1953)은 <元典章>에서 사건 관계자의 회화를 본래대로 기록하려고 한 부분
   은 거의 刑部조에만 보이지만 간혹 戶部에도 보인다고 하였다.
24) 吉川幸次郎(1953)에는 당시 口語를 <元典章>에 그대로 기록한 예를 몇 개 들었는데 그
   중 하나를 소개하면 다음과 같다. <元典章>(권)「殺親屬」제5의 예로 妻를 죽인 범인의
   供招가 있는데 皇慶 元年(1312) 6월 12일 池州路 東流縣으로 饑饉을 피하여 온 霍牛兒가
   乞食의 동무인 岳仙과 싸움하여 여지없이 얻어맞았는데 그것을 본 妻가 "你喫人打罵。
   做不得男子漢。我每日做別人飯食。被人欺負。－당신은 사람들에게 얻어맞고 욕을 먹네.
   사내로서 자격이 없어. 내가 매일 다른 사람의 밥을 얻어먹으니(?) 사람들로부터 바보라
   고 하지."라고 하여 화가 나서 처를 죽였다는 심문 내용에 나오는 문장이다. 이것은 구
   어체로서 古文과는 매우 다른 문장이며 형식을 갖춘 漢文吏牘体와도 다름을 지적하였다.
   실제로 이 문장구조는 필자가 漢兒言語의 자료로 소개한 『原本老乞大』의 그것과 일치한
   다. 蒙文直譯体란 당시 北京지역에서 실제 口語로 사용되던 漢兒言語를 말한다. 졸저
   (2004) 참조.

원대(元代) 이독문(吏牘文)에는 이러한 구어(口語)를 몽문직역체(蒙文直譯体)란 이름으로 잠정적으로 규정한 것이다.

그러나 후대의 학자들은 요시가와(吉川幸次郞)와 다나까(田中謙二)의 이러한 잠정적 용어를 마치 실제로 한문(漢文)에 그러한 문장체가 존재하는 것처럼 신봉하여 왔다. 이것은 모두가 한아언어(漢兒言語)의 존재를 미처 이해하지 못한 결과라고 할 수 있다.

필자는 지금까지 논의한 원대(元代)에 사법(司法)이나 행정(行政)에서 주로 사용한 한문이독체(漢文吏牘体)를 '한이문(漢吏文)'으로 보고자 한다. 다시 말하면 지금까지 일본인 학자들에 의하여 주장된 '한문이독체(漢文吏牘体)', '몽문직역체(蒙文直譯体)'라는 한문의 변문(變文)은 실제로 원대(元代)에 사용된 이문(吏文)으로 구어(口語)를 직사(直寫)한 것을 말하는 것이다. 특히 '한문이독체(漢文吏牘体)', 즉 원대 이후 발달한 중국의 '이문(吏文)'을 조선(朝鮮) 시대, 한반도에서 널리 쓰이던 이문(吏文)과 구별하여 필자는 '한이문(漢吏文)'으로 불러왔다.25)

지금까지 한문이독체(漢文吏牘体)의 원대(元代) 문장어가 고문(古文)과 다른 문체를 보이며 이를 한이문(漢吏文)임을 언급한 일이 없다. 그러나 조선 초기까지 원대(元代)에 시작된 이문(吏文), 즉 한이문(漢吏文)을 시험하는 한이과(漢吏科)가 있었으며 『세종실록(世宗實錄)』(권47) 세종 12년 경술(庚戌)

---

25) 成三問의 <直解童子習序>에 의하면 조선시대 초기에는 漢吏文을 承文院에서 교육하여 事大文書 작성에 임하게 하였고 司譯院에서는 구어, 즉 漢兒言語를 학습하여 통역을 담당하게 하였다는 기사가 있다. 즉 그 序文에 "(前略) 自我祖宗事大至誠 置承文院掌吏文 司譯院掌譯語 專其業而久其任(下略)—(전략) 우리 조종으로부터 사대에 지성이시매 承文院을 두어서는 이문을 맡기시고 司譯院을 두어서는 언어의 통역을 맡기시어 그 업을 한갓지게 하고 그 직을 오래게 하시니((하략)"에 의하면 司譯院에서는 구어를 배워 통역을 담당하고 承文院에서는 吏文, 즉 漢吏文을 학습하였음을 알 수 있다. 본문의 해석은 洪起文(1946)을 참고함.

3월조의 기사에는 상정소(詳定所)에서 제학(諸學)의26) 취재(取才)에 사용할 출제서(出題書)를 규정하여 등재(謄載)하였는데 여기에 한이과(漢吏科)의 과시(課試) 방법이 상세히 설명되었다.

그 가운데 한이학(漢吏學)의 출제서로는 '서(書), 시(詩), 사서(四書), 노재대학(魯齋大學), 직해소학(直解小學), 성재효경(成齋孝經), 소미통감(少微通鑑), 전후한(前後漢), 이학지남(吏學指南), 충의직언(忠義直言), 동자습(童子習), 대원통제(大元通制), 지정조격(至正條格), 어제대고(御製大誥), 박통사(朴通事), 노걸대(老乞大), 사대문서등록(事大文書謄錄), 제술(製述) : 주본·계본·자문(製述 : 奏本·啓本·咨文)'을 들었는데 이 취재에 사용된 출제서야 말로 한이문(漢吏文)을 학습하는 교재임이 틀림없다.

위의 취재서 가운데 '서(書), 시(詩), 사서(四書)'는 선진(先秦) 시대의 고문으로 작성된 것이고 <박통사(朴通事)>, <노걸대(老乞大)>는 당시의 구어(口語)인 한아언어(漢兒言語)를 학습하는 교재이며 나머지는 한이문(漢吏文)을 학습하는 교재임이 분명하다. 이 각각에 대하여 소개하면 다음과 같다.

먼저 <노재대학(魯齋大學)>은 원(元)의 허형(許衡)이 편찬한 『노재유서(魯齋遺書)』 3권 가운데 <대학직해(大學直解)>를 말하는 것으로 사서(四書)의 하나인 <대학(大學)>을 당시 원대 한아언어(漢兒言語)로 풀이한 것으로 보이며 <성재효경(成齋孝經)>은 원대(元代) 북정(北庭) 성재(成齋)의 『효경직해(孝經直解)』을 말한다.27) <직해소학(直解小學)>은 여말(麗末) 선초(鮮初)에 거

---

26) 여기서 말하는 諸學이란 조선시대의 十學을 말하는 것으로 文武 양학, 즉 "儒學, 兵學"과 그리고 雜學으로 "律學, 風水陰陽學, 醫學, 樂學, 譯學, 算學, 吏學, 字學"등을 말한다.

27) 『成齋孝經』은 精文研(1986 : 484)에 "明의 陳璚이 지은 책. 兒童의 敎訓을 위하여 지은 것이다"라는 설명이 있어 정광 외(2002 : 18)의 주3에서 "『成齋孝經』은 元代의 『直解孝經』을 明代 陳璚(號 成齋)이 당시 북경어로 주석한 것이다. (중략) 精文研(1986) 참조"로 보았다. 그러나 이것은 잘못된 것으로 『直解孝經』은 元代에 北庭의 成齋, 즉 위구르인 小雲石 海涯(自號 酸齋, 一名 成齋)의 작이다. 일본에 전해지는 『孝經直解』는 그 서명이 '新

란(契丹)의 요(遼)에서 귀화한 설장수(偰長壽)가 훈몽교재인 <소학(小學)>을
당시 한아언어로 풀이한 것으로 당시 한어(漢語) 교재로 널리 사용되었던
것이다.28)

<대원통제(大元通制)>는 원(元)의 건국초기부터 연우연간(延祐年間, 1314~
1320)에 이르기까지 원대(元代)의 법률제도를 집대성한 책으로 원(元) 황경
(皇慶) 1년(1312)에 인종(仁宗)이 아산(阿散)에게 개국 이래의 법제사례(法制事
例)를 편집하도록 명하여 지치(至治) 3년(1323)에 완성된 것으로 원대(元代)
에서 유일하게 체계적으로 편찬된 법전(法典)이다.

<지정조격(至正條格)>은 원(元) 지정(至正) 6년(1346)에 <대원통제(大元通
制)>를 산수(刪修)한 것이다. <어제대고(御製大誥)>는 명(明) 태조(太祖)가 원
대(元代)의 악풍(惡風)을 바로잡기 위하여 관민(官民)의 범법(犯法) 사례를 채
집하여 이를 근거로 홍무(洪武) 18년(1385) 10월에 '어제대고(御製大誥)' 74
조를 반포하였으며 이듬해 다시 '어제대고속편(御製大誥續編)' 87조(1권)와
'어제대고삼(御製大誥三)'의 47조(1권)를 만들었는데 이를 통칭하여 <어제
대고(御製大誥)>라고 한다.

<사대문서등록(事大文書謄錄)>은 조선시대 승문원(承文院)에서 중국 조정
(朝廷)과 왕래한 문서를 모아놓은 것으로 『세종실록(世宗實錄)』의 기사(권51
세종 13년 1월 丙戌조, 동 권121, 세종 30년 8월 丙辰조)와 『단종실록(端宗實錄)』(권

　　刊全相成齋孝經直解'이며 卷尾에는 '北庭成齋直說孝經終'으로 되었고 서문의 말미에 '小
　　雲石 海涯 北庭成齋 自敍'로 되었다. '北庭''은 지금의 新彊省 孚遠縣으로 唐代 위구르족
　　의 본거지였다. 필자의 여러 논문에서 精文研(1986)을 인용하여 실수한 경우가 많은데
　　이것도 그 가운데 하나다. 참으로 독자 제위에게 미안하게 생각한다.

28) 偰長壽가 <小學>을 漢語로 풀이하여 <直解小學>을 편찬한 것에 대하여는 『세종실록』
　　세종 23년 8월조에 "判三司偰長壽, 乃以華語解釋小學, 名曰直解小學, 以傳諸後。"라는 기
　　사와 『定宗實錄』 定宗 元年 10월 乙卯조에 偰長壽의죽음을 애도하면서 "天資精敏剛强,
　　善爲說辭爲世所稱, 自事皇明朝京師者八, 屢蒙嘉賞。所撰直解小學行于世, 且有詩藁數帙。"
　　이라는 기사가 있다.

13, 단종 3년 1월 丁卯조)의 기사에 의하면 5년마다 한 번씩 서사(書寫)하고 10년마다 한 번씩 인쇄하여 출간하였다고 한다(鄭光·鄭丞惠·梁伍鎭, 2002 참조).

따라서 '노재대학(魯齋大學), 직해소학(直解小學), 성재효경(成齋孝經), 소미통감(少微通鑑), 전후한(前後漢)'은 '대학(大學), 소학(小學), 효경(孝經), 통감(通鑑), 전한서(前漢書), 후한서(後漢書)' 등의 경사서(經史書)를 한아언어(漢兒言語)로 풀이한 것이고 '이학지남(吏學指南), 충의직언(忠義直言), 대원통제(大元通制), 지정조격(至正條格), 어제대고(御製大誥)'는 그동안 한문이독체(漢文吏牘体)라고 불러왔었던 한이문의 교재들로서 원대(元代)에 발생한 새로운 문어(文語), 즉 한이문(漢吏文)으로 작성된 것인데 이 가운데 '이학지남(吏學指南)'은 이러한 한이문(漢吏文)의 학습에 필요한 참고서라고 할 수 있다.[29]

그리고 '충의직언(忠義直言), 대원통제(大元通制), 지정조격(至正條格), 어제대고(御製大誥)'는 앞에서 살펴본 <원전장(元典章)>과 같은 부류의 책으로 원대(元代)의 법률(法律), 조칙(詔勅), 상소(上疏) 등의 행정문서(行政文書)를 모아 놓은 문헌이다. '노걸대(老乞大), 박통사(朴通事)'는 구어(口語)인 한아언어(漢兒言語)를 학습하는 교재인데 이 언어가 한이문(漢吏文)이란 문어(文語)의 모태가 되었음을 누차 언급하였다.

그러면 위에서 한이문(漢吏文), 즉 한문이독체(漢文吏牘体)와 몽문직역체(蒙文直譯体)의 교본으로 본 '노재대학(魯齋大學), 직해소학(直解小學), 성재효경(成齋孝經), 소미통감(少微通鑑), 전후한(前後漢)'을 중심으로 한이문(漢吏文)이 어떠한 한문인가를 살펴볼 수 있다. 이들 한이문(漢吏文) 교재 가운데 필

---

29) 『吏學指南』에 대하여는 정광 외(2002)를 참조할 것. 元 大德 5년(1301)에 徐元瑞가 편찬한 <吏學指南>을 조선 세조 4년(1458) 경에 경주에서 복간하였는데(奎章閣 소장) 鄭光·鄭丞惠·梁伍鎭(2002)에서는 이 책을 영인하여 공간하면서 상세한 해제와 색인을 붙였다.

자가 자유롭게 이용할 수 있는 <성재효경(成齋孝經)>을 예로 하여 한이문(漢吏文)의 정체를 찾아보기로 한다.

2.3.3. 다음은 <성재효경(成齋孝經)>의 몽문직역체(蒙文直譯体)에 대하여 고찰하고자 한다. 앞에서 살펴본 바와 같이 <성재효경>은 원대(元代) 소운석해애(小雲石海涯)가 <효경(孝經)>을 갖다가 노재(魯齋, 元의 許衡)가 <대학(大學)>을 당시 북경어로 직설(直說)한 것을 본 따서 역시 당시 북경(北京) 지역의 구어(口語)인 한아언어(漢兒言語)로 풀이한 것이다.30) 이 책의 저자 소운석해애(小雲石海涯)는 『원사(元史)』(권143)에

小雲石海涯家世, 見其祖阿里海涯傳, 其父楚國忠惠公, 名貫只哥, 小雲石海涯, 遂以貫爲氏, 復以酸齋自號, [중략] 初襲父官爲兩淮萬戶府達魯花赤, [중략] 泰定元年五月八日卒, 年三十九, 贈集賢學士中奉大夫護軍, 追封京兆郡公, 諡文靖。有文集若干卷, 直解孝經一卷, 行于世。 — 소운석 해애의 가세(家世)는 그 조부 아리해애의 전기를 보면 아버지가 초국(楚國)의 충혜공(忠惠公)으로 이름이 관지가(貫只哥)이었으며 그리하여 소운석해애(小雲石海涯)는 '관(貫)'으로 성을 삼았다. 또 자호(自號)를 '산재(酸齋)'라 하였다. [중략] 처음에는 아버지의 관직을 세습하여 '양회 만호부 다루가치(兩淮萬戶府達魯花赤)'이 되었다. [중략] 태정 원년(1324) 5월 8일에 돌아갔다. 나이는 39세였으며 집현학사(集賢學士) 중봉대부(中奉大夫) 호군(護軍)을 증직(贈職)하였고 경조군공(京兆郡公)으로 추증되었다. 시호(諡號)는 문정(文靖)이며 문집 약간 권과 <직해효경> 1권이 있어 세상에 유행하였다.

---

30) 이에 대하여는 일본에 전해지는 『新刊全相成齋孝經直解』의 권두에 붙은 自敍에 "(전략) 嘗觀魯齋先生, 取世俗之□直說大學, 至於耘夫竟子皆可以明之。世人□之以寶, 士夫無有非之者於以見, 云云。[하략]"라는 기사를 참조할 것. □부분은 훼손되어 글자가 보이지 않는 부분임. 일본에 전해지는 <孝經直解>에 대하여는 太田辰夫・佐藤晴彦(1996) 참조.

이 기사를 보면 소운석해애(小雲石海涯, 1286~1324)가 『직해효경(直解孝經)』 1권을 지어 세상에 유행시켰는데 그는 원래 위구르인으로 한명(漢名)을 관운석(貫雲石)이라 하였으며 이것은 <효경(孝經)>을 당시 북경어, 즉 한아언어(漢兒言語)로 알기 쉽게 풀이한 것임을 알 수 있다. 그는 관산재(貫酸齋)란 이름으로 악부가곡(樂府散曲)의 작자로도 널리 알려졌다.

『직해효경(直解孝經)』은 당시 매우 인기가 있었던 것으로 전대흔(錢大昕)의 『보원사(補元史) 예문지(藝文志)』(권1)와 김문조(金門詔)의 『보삼사(補三史) 예문지(藝文志)』에 "小雲石海涯直解孝經一卷"이란 기사가 보이며 예찬(倪燦)의 『보요금원(補遼金元) 예문지(藝文志)』와 노문초(盧文弨)의 『보요금원(補遼金元) 예문지(藝文志)』에 "小雲石海涯孝經直解一卷"이란 기사가 보인다. 명대(明代) 초굉(焦竑)의 『국사경적지(國史經籍志)』(권2)에는 "成齋孝經說 一卷"으로 기재되었다(長澤規矩也, 1933).

관운석(貫雲石)의 <성재효경(成齋孝經)>은 그의 자서(自敍) 말미(末尾)에 "至大改元孟春旣望, 宣武將軍, 兩淮萬戶府達魯花赤, 小雲石海涯, 北庭成齋自敍。"라 하여 지대(至大) 원년(元年, 1308) 정월(正月) 15일에 완성되었음을 알 수 있다. 그는 허형(許衡)의 『노재대학(魯齋大學)』과 같이 <효경(孝經)>을 당시 한아언어(漢兒言語)로 풀이하여 직설(直說)한 것으로 필자가 소개한 『원본노걸대(原本老乞大)』(이하 <原老>로 약칭)와 <孝經直解>(이하 <孝解>로 약칭)는 당시 북경어를 동일하게 반영한다.

<孝解>가 <原老>와 같이 한아언어(漢兒言語)의 문체를 갖고 있는 예를 <孝解>의 직해문에서 찾아보면 다음과 같다.

『新刊全相成齋孝經直解』「孝治章 第八」
원　문：治家者不敢失於臣妾, 而況於妻子乎? 故得人之懽心, 以事其親。

직해문 : 官人每, 各自家以下的人, 不着落後了, 休道媳婦孩兒。因這般上頭, 得一家人懽喜, 奉侍父母呵, 不枉了有, 麽道－관인들은 각기 자신의 아랫사람을 홀대하지 않는다. 아내나 아이들에게는 말할 것도 없다. 이러한 차례로 일가 사람들의 기쁨을 얻어 부모님에게 시중을 들면 굽힘이 없다고 말할 것이다.

이 예문에서 밑줄 친 ①每와 ②上頭, ③呵, ④有, ⑤麽道는 모두 몽고어의 영향으로 한문에 삽입된 것이다. 이제 이들을 고찰하여 <孝解>가 <原老>와 같이 당시 구어(口語)인 한아언어(漢兒言語)로 직해(直解)한 것임을 살펴보기로 한다.

① 每

이 직해문의 "官人每"에 보이는 '每'는 명사의 복수접미사로 후대에는 '每 > 們'의 변화를 보였다. 조선 중종(中宗)조 최세진의 『노박집람(老朴集覽)』에서는 <原老>에 '每'가 사용되었음을 알고 있었고 이에 대하여 다음과 같이 언급하였다.

每、本音上聲, 頻也。每年、每一箇, 又平聲, 等輩也。我每、咱每、俺每우리、恁每、你每너희, 今俗喜用們字。(<單字解> 1 앞)－每의 본음은 상성(上聲)이고 [뜻은] "빈번하다"이다. [예를 들면] '每年－해마다', '每一箇－하나씩'이다. 또는 평성(平聲)으로 읽으면 '등배(等輩, 같은 무리)'와 같은 의미를 나타낸다. [예를 들면] '我每(우리들), 咱每(우리들, 청자 포함), 俺每(우리들), 恁每(당신들), 你每(너희들)' 등이다. 지금은 일반적으로 '們'자를 즐겨 쓴다."

이 해설에 의하면 '每'가 복수접미사임을 말하고 있고 <노걸대>의 신본(新本), 즉 산개본(刪改本)에서는 이미 ‘每’가 ‘們’으로 바뀌었음을 증언하고 있다. 실제로 <原老>의 ‘每’는 {刪改}『老乞大』[31]와 {飜譯}『老乞大』(이하 <飜老>로 약칭)에서는 ‘們’으로 교체되었다.

別人將咱每做甚麼人看(<原老> 2앞)　別人將咱們 做甚麼人看(<飜老> 上 5 뒤)
漢兒小廝每 哏頑(<原老> 2 앞)　　漢兒小廝們 十分頑 漢兒(<飜老> 上 7 앞)
俺這馬每不曾飮水裏(<原老> 9 앞)　我這馬們不曾飮水裏(<飜老> 上 31 앞)

복수의 의미로 ‘們’이 사용되기 시작한 것은 송대(宋代)부터였으며 ‘懣(滿, 瞞, 門(們)’ 등의 형태로 나타난다. 원대(元代)에 이르러서도 ‘們’이 부분적으로 사용되었으나 대부분은 ‘每’로 바뀌었다. 그러다가 명대(明代) 중엽부터 다시 ‘們’의 사용이 많아지기 시작하였다. 이처럼 송(宋)·원(元)·명대(明代)에는 ‘們 > 每 > 們’의 형태로 변화하여 반복되는 과정을 거쳤으며 그 원인에 대해서는 정확히 밝혀지지 않고 있다.

주목되는 것은 원대(元代)에 이르러 북방계 관화(官話)가 표준어로 되면서 ‘每’가 통용되었지만 남방계 관화(官話)에서는 여전히 ‘們’을 사용하였으며 원대 이후에는 또한 북방계 관화에서조차 ‘每’가 점차 사라지게 되었다는 것이다(呂叔湘, 1985 : 54). 따라서 <孝解>가 <原老>와 같이 북방계 한아언어(漢兒言語)를 반영함을 알 수 있다.

② 上頭

앞에서 예로 보인 직해문의 “因這般上頭”에 나오는 ‘上頭’는 후치사로서 이 시대의 한아언어(漢兒言語)에서만 사용되고 후일에는 ‘上頭 > 因此上

---

31) 고려 말에 편찬된 『原本老乞大』를 조선 성종 14년(1483) 경에 漢人 葛貴 등이 刪改한 것으로 『飜譯老乞大』와 『老乞大諺解』의 저본이 되었다.

(-까닭에)’으로 바뀌었다. 『노박집람(老朴集覽)』에 “上頭 젼츠로 今不用(累字解 2 앞)-‘上頭’는 ‘까닭으로’라는 의미로 지금은 사용하지 않는다.”라는 주석이나 “因此上 猶言上頭(累字解 2 뒤)-‘因此上’은 ‘上頭’(까닭으로)와 같은 의미이다.”라는 주석은 ‘上頭’와 ‘因此上’이 같은 의미였음을 말하고 있다.

‘因此上’은 원인을 나타내는 접속사의 형태이며 ‘上頭’는 ‘上’에 ‘頭’가 첨가된 형태로서 원인을 나타낸다. 모두 몽고어의 영향을 받은 후치사의 형태로 분석된다. 『원조비사(元朝秘史)』의 대역문에는 ‘禿剌(tula)’로 대응되는데 이를 余志鴻(1992 : 6)에서 옮겨보면 다음과 같다.

注　音：騰格裏因　札阿隣　札阿黑三　兀格　黍貼昆　禿剌(『元朝秘史』
　　　　206-567)
對譯文：天的　　　神告　告了的　　言語　明白的　上頭
意譯文：天告你的言語 明白的上頭(『元朝秘史』 206 앞013)

따라서 <孝解> 자주 쓰인 ‘上頭’는 몽고어 ‘禿剌(tula)’에 대응되어 삽입된 것이다. 이 예는 <효해>의 직해문을 몽문직역체(蒙文直譯体)라고 보는 것을 이해하게 한다.

③ 呵

다음으로 직해문의 “奉侍父母呵”에 나오는 ‘呵’는 역시 후치사로서 몽고어에 이끌려 삽입된 것이다. 후대에는 ‘呵 > 時(-면)’로 변화되었는데 이에 대하여 『노박집람(老朴集覽)』에서는 “時, 猶則也。古本用呵字, 今本皆易用時字, 或用便字。(<單字解> 5 앞)-‘時’는 ‘則’과 같다. 고본(古本)에서는 ‘呵’자를 사용하였는데 금본(今本)에서는 모두 ‘時’자로 바꾸거나 또는 ‘便’자를 사용하였다.”32)라고 하여 옛 책의 ‘呵’를 이번 책에서 ‘時’로 교체하였음을 밝히고 있어 <原老>에서는 '呵'이었음을 알 수 있다. 예를 <原老>에서 찾아보면 다음과 같다.

> 身已安樂呵, 也到。 (몸이 편안하면 도착하리라. (<原老> 1 앞)
> 旣恁賣馬去呵, 咱每恰好做伴當去。 (이제 네가 말을 팔러 간다면 우리들
> 이 벗을 지어 가는 것이 좋다. (<原老> 3 앞)33)

'呵'는 어기조사(語氣助詞)로 분석될 수도 있겠으나 예문이 보여 주는 바와 같이 가정의 의미를 나타내는 후치사 형태로 보는 것이 더욱 타당할 것이다. 이것은 몽고어에서 그 흔적을 찾아 볼 수 있는데 『원조비사(元朝秘史)』에 의하면 '阿速'(-[b]asu/esü)의 대역문(對譯文)으로 '呵'가 사용되었고 이 몽고어는 국어의 '-면'과 같이 가정의 의미를 나타내고 있으며 '[b]'는 모음 뒤에서만 사용된다(余志鴻, 1992 : 3).

④ 有

졸저(2004)에서 <原老>의 특징으로 몽고어의 시제(時制)와 문장종결을

---

32) 『老朴集覽』에는 '呵'에 대한 <音義>의 주석을 옮겨놓았다. 이를 인용하면 "音義云 : 原本內說的[呵]字不是常談。如今秀才和朝官是有說的。那箇[俺]字是山西人說的, [恁]字也是官話不是常談, 都塗(弔)了改寫的。這們助語的[那][也][了][阿]等字, 都輕輕兒微微的說 順帶過去了罷 若緊說了時不好聽。南方人是蠻子, 山西人是豹子, 北京人은 태子, 入聲的字音是都說的不同。 -<음의(音義)>에 의하면 원본에서 사용한 '呵'자는 일상용어가 아니라고 하였다. 현재는 수재(秀才)나 조정의 관리 중에 그 말을 사용하는 사람들이 있다. 그 '俺'자는 산서인(山西人)이 사용하는 말이며 '恁'자 역시 관화(官話)로서 일상용어가 아니므로 모두 지워버리고 고쳐서 쓴 것이다. 어조사인 '那', '也', '了', '阿' 등 글자들은 가볍게 발음하여 지나가야 하며 만일 발음을 분명히 할 경우 듣기가 좋지 않다. 남방인(南方人)은 '蠻子', 산서인(山西人)은 '豹子', 북경인(北京人)은 '태子'라고 하는데 이들은 입성자(入聲字)의 발음을 각기 다르게 한다."라고 하였다.

33) 이들은 <飜老>에서는 모두 '呵 > 時'로 교체되었다. 예. 身已安樂時, 也到。 (<飜老> 上 2 앞), 你旣賣馬去時, 咱們恰好做火伴去。 (<飜老> 上 8 앞)

나타내는 'a-(to be)', 'bayi-(to be)'를 '有'로 표기하였고 이것이 원대 한아
언어(漢兒言語)의 영향임을 최세진이 『노박집람』에서도 밝힌 바 있음을 소
개하였다. 즉, 『노박집람』에 '漢兒人有'의 설명에서 "元時語必於言終用有
字, 如語助而實非語助, 今俗不用。 —원대어에서는 반드시 말이 끝나는 곳
에 '有'자를 사용하는데 어조사(語助辭)인 듯하나 실은 어조사가 아니다.
지금은 세간에서 사용하지 않고 있다"(<노걸대집람> 上 1앞)라고 하여 어
조사(語助辭)처럼 사용되는 문장 종결어미의 '有'가 원대 언어에 있었으나
최세진 당시에는 더 이상 사용되지 않음을 말하고 있다.

　　몽고어의 動詞 'bui(is), bolai(is), bülüge(was)'와 모든 동사의 정동사형
(all finite forms of the verbs)인 'a-(to be)', 'bayi-(to be)', 그리고 동사 'bol-(to
become)'은 모두 계사(繫辭, copula)로 쓰였다.34) 따라서 <原老>에 쓰인 문
장종결의 '有'는 몽고어의 'bui, bolai, bülüge, a-, bayi-, bol-'가 문장의
끝에 쓰여 문장을 종결시키는 통사적 기능을 대신하는 것으로 몽고어의
영향을 받은 원대 북경어의 특징이라고 보았다(졸저, 2004 : 518~ 519).

　　<孝解>의 직해문에서 '有'가 사용된 용례가 많으며 그 가운데 몇 개
를 추가하면 다음과 같다.

　　　㉠ 원문 : 夫孝德之本也。 <孝解> 「開宗明義章 제1」
　　　　직해문 : 孝道的勾當是德行的根本有。 —효행이라는 것은 덕행의 근
　　　　　　　본이다

　　　㉡ 원문 : 敬其親者, 不敢慢於人。 <孝解> 「天子章 제2」

---

34) 이에 대하여는 Poppe(1954 : 157)의 'The Simple Copula' "The verbs *bui* "is," *bolai* "is,"
bülüge "was," and all finite forms of the verbs *a-*"to be," *bayi-* "to be," and bol- "to
become" usually serve as copula."라는 설명을 참조하라.

직해문 : 存着自家敬父母的心呵, 也不肯將別人來欺負有。 ―스스로 부
모를 존경하는 마음을 갖고 있는 사람은 다른 이를 업신
여기지 않는다.

ⓒ 원문 : 君親臨之厚莫重焉。 <孝解>「聖治章」 제9
직해문 : 父母的恩便似官裏的恩, 一般重有。 ―부모의 은혜는 마치 천
자의 은혜만큼 무겁다)

ⓔ 원문 : 宗廟致敬不忘親也。 修身愼行恐辱先也。 <孝解>「感應章 제16」
직해문 : 祭奠呵, 不忘了父母有。 小心行呵, 不辱末了祖上有。 ―제를 지
내는 것은 부모를 잊지 않으려는 것이다. 수신하여 행동
을 조심하는 것은 선조를 욕되게 함을 두려워하기 때문
이다.

이 예문의 직해문 문말에 쓰인 '有'는 志村良治(1995 : 384)에서는 入矢
義高(1973)의 주장에 따라 원대(元代) 초기부터 사용되기 시작하였으며 확
정적인 의미를 나타낸다고 주장하였다. 한편 太田辰夫(1991 : 179)에서는
'有'자의 이러한 용법은 원대(元代)부터 명초(明初)에 걸친 자료들에서 많
이 찾아 볼 수 있는데 실제 구어체(口語體)에서 사용되었던 것임에 틀림
이 없다고 하였다. 그리고 원곡(元曲)에 이르러서는 더 이상 사용되지 않
았으나 '一壁有者(한 쪽에서 기다리고 있다)'와 같은 관용어적 용법은 원곡에
서도 찾아 볼 수 있으며 따라서 '有'는 어휘적 의미가 없는 문장 말 종
결어미였을 것으로 추정이 된다고 하였다.

<原老>에서는 문장 말에 '有'가 대량으로 사용되었음을 발견할 수 있
다. 이것은 『노박집람(老朴集覽)』의 해설과 같이 바로 원대의 대도(大都) 지
역의 언어임을 보여주는 유력한 근거라 할 수 있다.35) <原老>에 나오

는 예를 두 개만 들어보자.

    ㉤ 我也心裏那般想著有。 －나도 마음에 이렇게 여기노라)(＜原老＞ 3뒤)

    ㉫ 您是高麗人, 却怎麽漢兒言語說的好有? －너는 고려인인데 어떻게 漢
       兒言語로 잘 말하느냐?(＜原老＞ 1앞)36)

이 예문들을 보면 '有'가 문장종결어미로서 과거 완료 시상(時相)을 나
타내는 것으로 보인다.37)

⑤ 麽道

'麽道'는 ＜孝解＞만이 아니고 원대(元代)의 성지(聖旨)나 그를 새긴 비문
(碑文)에서도 발견된다. 이것은 몽고어의 'ge'e(말하다)'를 표기한 것으로
몽한대역(蒙漢對譯) 한아언어(漢兒言語) 비문(碑文)을 보면 몽고어의 "ge'en,
ge'eju, ge'ek'degesed aju'ue"를 대역한 것이다. 즉 '麽道'는 "～라고 말씀
하셨다"에 해당하는 몽고어를 대역한 것이다. 그 예를 대덕(大德) 5년
(1301) 10월 22일의 상주문(上奏文)에서 찾으면 다음과 같다.

    大德五年十月二十二日奏過事內一件,

    陝西省官人每, 文書裏說將來, "貴(責)赤裏愛你小名的人, 着延安府屯田有, 收

---

35) 『元朝秘史』의 경우를 살펴 보면 '有'는 '-UmU'에 대응되는데 다음과 같은 예문에서 보
　여 주는 바에 의하면 과거에서 현재까지(미래까지 지속 가능한) 지속되는 시제를 나타낸
　다고 하였다(余志鴻, 1988).
　貼額周 阿木'載着有'(『元朝秘史』 101, 948) 迭兒別魯 梅'顫動有'(『元朝秘史』 98, 947)
　莎那思塔 木'聽得有'(『元朝秘史』 101, 948)
36) 『飜譯老乞大』에서는 이 '有'가 없어진다.
　我也心裏這般想着。(＜飜老＞ 上 11앞)
　你是高麗人, 却怎麽漢兒言語說的好?(＜飜老＞ 上2앞)
37) 몽고어의 "ge'ek'degsed aju'ue(말 하고 있다)"가 '說有, 說有來'로 표시되는 예를 들 수
　있다(田中謙二, 1962).

拾贖身放良不蘭奚等戶者 麽道, 將的御寶聖旨來有, 敎收拾那怎生?" 麽道 '與將
文書來' 麽道, 奏呵 '怎生商量來' 麽道, —대덕 5년 10월 22일에 상주(上奏)
한 안건(案件) 하나 : 섬서성 관인들이 문서로 전해 와서 "귀적(貴赤, 弓
兵)의 아이니(愛你)라고 하는 사람이 연안부(延安府)의 둔전(屯田)에 와서
'속량금으로 평민적을 회복한 보론기르(不蘭奚, 옛 南宋 지구에서 몽고군
에 포로로 잡혀 와서 노예로 일하는 사람을 말함. 孛蘭奚로도 씀)를 돌아
가라'고 말한 어보성지(御寶聖旨)를 휴대하고 있습니다만 돌아가게 시키
면 어떨까요?"라고 하는 문서를 보내 왔다고 상주(上奏)하였더니 "어떻
게 상담하였는가? 라고 하여—. 밑줄 친 부분은 '麽道'를 번역한 곳.

이 예를 보면 밑줄 친 '麽道'가 3번 나오는데 모두가 인용문 형식을
취하고 있다. 물론 <原老>에는 이러한 인용문이 없기 때문에 '麽道'는
사용되지 않는다. 필자는 <孝解>의 이러한 문체가 <原老>의 한아언어
(漢兒言語)로부터 문어(文語)로서 한이문(漢吏文)으로 발전해 가는 과정을 보
여주는 것으로 본다. 여기서 <노걸대>의 한아언어(漢兒言語)는 구어(口語)
로서 일상 회화에 사용되는 언어였고 <孝解>의 직해문은 문어의 모습
을 보이는 것으로 장차 이문(吏文)으로 발전한 것이다.

이와 같이 <孝解>에는 보통 한문에서 사용되지 않는 '每, 上頭, 呵,
有, 麽道' 등의 어휘를 사용하였으며 문장 구조도 고문(古文)과는 상당한
차이를 보인다. 그러나 <孝解>가 조선 전기(前期)에 시행된 한이과(漢吏科)
의 출제서임으로 이러한 한문, 다시 말하면 한이문(漢吏文)을 실제로 학습
하였고 이것으로 사대문서를 작성하였음을 알 수 있다.

2.3.4. 다음은 <원전장(元典章)>의 한문이독체(漢文吏牘体)를 역시 졸고
(2006)를 통해 살펴보기로 한다. 위에서 언급한 『세종실록』(권47) 세종 12

년 3월 경술(庚戌)조의 기사에는 상정소(詳定所)에서 한이과(漢吏科), 즉 한이문(漢吏文)을 시험하는 출제서로 '충의직언(忠義直言), 대원통제(大元通制), 지정조격(至正條格), 어제대고(御製大誥)'가 있었고 이들은 <원전장(元典章)>과 같은 부류의 책으로 원대(元代)의 법률(法律), 조칙(詔勅), 상소(上疏) 등의 행정문서(行政文書)를 모은 문헌이었다.

吉川幸次郎(1953)에서는 <원전장(元典章)>, 즉 『대원성정국조전장(大元聖政國朝典章)』(60권)과 『신집지치조례(新集至治條例)』(不分卷)의38) 한문 문체(文體)를 고찰하였다. 그리고 이 자료에 보이는 한문은 몽문직역체(蒙文直譯体)로 보이는 것도 없지는 않지만39) 대부분은 한문이독체(漢文吏牘体)로 보인다고 하였다.40) 예를 들어 <원전장(元典章)>(권42) 「형부(刑部)」 '잡례(雜例)' 가운데 "사람을 치어죽이고 시체를 옮긴 일"이란 제목에서 다음과 같은 예를 골랐다.

看碾子人李鎭撫家驅口閻喜僧狀招. 至元三年八月初八日. 本宅後碾黍間. 有小
厮四箇. 於碾北四五步地街南作要. 至日高碾儱. 前去本家. 取墊碾油餠回來. 到
碾上. 見作要小厮一箇. 在西北碾槽內. 手脚動但掙揣. 其餘三箇小厮. 碾北立地
喜僧向前抱出小底. 覷得頭上有血. 抱於西墻下臥地. 恐驢踏着. 移於碾東北房門

---

38) 약칭하여 <元典章>이라고 하는 이 자료는 正集에 2,400餘例, 新集에는 200餘例의 勅令, 判決例를 모아놓은 방대한 元代의 法律集이다.

39) <元典章>에서 蒙古語直譯体를 보이는 예로 제19 戶部의 「房屋」에 "관리가 房屋을 사는 것을 禁함"이란 條에 "至元二十一年四月. 中書省奏過事內一件. 在先收附了江南的後頭. 至元十五年行省官人每. 管軍官每. 新附人的房舍事産. 不得買要呵. 買要呵. 回與他主人者麼道. 聖旨行了來. 如今賣的人. 用着鈔呵. 沒人敢買. 生受有. 人待買呵. 怕聖旨有. 依着聖旨. 官人每不得買. 百姓每買呵. 賣呵. 怎生麼道. 闊闊你教爲頭衆人商量了. 與中書省家咨示來. 中書省官人每. 俺衆人商量得. 依已前體例. 官吏不得買者. 百姓每得買賣者麼道. 奏呵. 那般者麼道. 聖旨了也. 欽此.."(띄어쓰기, 구두점은 吉川의 것을 따름)를 들었다(吉川幸次郎, 1953). 역시 '每, 呵, 麼道'등의 漢兒言語의 어휘가 쓰였다.

40) 그는 <元典章> 자료의 예문 가운데 4분에 3인 蒙古語直譯体가 아니라고 주장하였다(吉川幸次郎, 1953 : 1)

東放下. 倚定痲楷坐定. 手動氣出. 喜僧委是不知怎生碾着. 避怕本使問着. 走往
阜城縣周家藏閃. 在後却行還家. 干證人殷定僧等三人狀稱. 崔中山於碾內弄米來.
俺三箇碾外要來. 趕碾的人無來. 法司擬. 旣是殷定僧等稱. 崔中山自來弄米. 別
無定奪. 止據閻喜僧不合移屍出碾. 不告身死人本家得知. 合從不應爲. 事輕. 合
笞四十. 部擬三十七下. 呈省准擬(띄어쓰기, 구두점은 吉川의 것을 따름)

내용은 방앗간을 지키는 사람으로 이진무(李鎭撫)의 노예인 염희승(閻喜
僧)의 장초(狀招, 문초한 내용)인데 "지원 3년(1266) 8월 초팔일 이진무(李鎭撫)
댁의 뒤편에서 기장을 맷돌에 돌릴 때에 남자 아이 4명이 맷돌의 북쪽
4~5보 되는 곳의 길 남쪽에서 놀고 있었다. 해가 높게 이르렀을 때에
맷돌이 잘 돌지 않아서 집으로 가서 맷돌에 칠 기름덩어리(油餠?)를 갖고
돌아왔더니 길가에 놀고 있던 남자 아이 하나가 서북쪽에 있는 절구 속
에 넘어져 팔다리가 늘어져 움직이지 않고 나머지 세 명의 아이들을 방
아의 북쪽에 서 있는 것을 보았다. 염희승은 앞으로 나아가서 그 아이를
안아 내었는데 머리에 피가 난 것을 보고 안아서 서쪽 담 밑으로 데려
가서 땅에 뉘었지만 나귀가(아마도 나귀가 맷돌을 돌리는 방아인 것으로 보인다)
밟을지 모르기 때문에 맷돌의 동북쪽에 있는 집 문 앞의 동쪽에 옮겨
내려놓았다. 염희승은 아이가 죽은 것이 맷돌에 치였기 때문이어서 관
청에 잡혀갈 일을 걱정하여 부성현(阜城縣) 주가(周家)의 집으로 달려가 숨
어서 집에는 돌아가지 않는다고 하였다. 이에 대하여 증인이 된 은정승
(殷定僧) 등 3인의 아이들의 심문에 의하면 "최중산(崔中山, 맷돌에 치여 죽은
아이를 말함)은 맷돌 안에서 쌀을 갖고 놀고 있었고 우리 세 사람은 맷돌
밖에서 놀고 있었습니다. 맷돌을 돌리는 사람은 없었습니다."라고 하였
고 법사(法司)에서는 "이미 이것은 은정승 등이 말한 바와 같이 최중산이
스스로 와서 쌀을 갖고 놀다가 치인 것이라면 별로 정탈(定奪)할 것이 없

다. 다만 염희승이 못되게 시체를 움직여 맷돌에서 끌어내었고 죽은 애의 본가에 아려서 알게 하지 않은 것은 확실히 범죄라고 판단한다. 가벼운 일이므로 40대의 태형을 쳐야지만 37대로 한다."는 내용이다.[41]

이 한문 문장은 당시의 구어(口語)를 그대로 채용한 것으로 보이는 어휘가 보이고 고문(古文)이라면 다른 단어를 사용하였을 것으로 보이는 어휘가 빈번하게 혼용되었다. 예를 들면 고문(古文)이라면 '男兒'라고 할 것을 '小廝, 小底'라고 하고 '어린 아이들이 노는 것'은 '作戲'라고 해야 할 것을 '作要'라고 한다든지 운동(運動)을 '動但', '발버둥치는 것'을 '掙揣', '서는 것'을 '立地'라고 하고 '보는 것'을 '見, 看'이라고 하지 않고 '覷得'라고 하며 '어떻게 하든지'를 '如何'라고 하지 않고 '怎生'이라 하는 것들이 바로 그런 예들이다.

이러한 예로부터 필자는 원대(元代)의 한문(漢文) 이독(吏牘)이 '한아언어(漢兒言語)'라는 구어(口語)를 바탕으로 형성된 것으로 보는 것이다. 다시 말하면 한아언어(漢兒言語)가 구어(口語)라면 원대(元代) 이문(吏文)은 그에 의거한 문어(文語)라 할 수 있다. 따라서 한이문(漢吏文), 즉 한문(漢文)의 이독(吏牘) 문체는 어디까지나 중국어이며 문법적으로는 고문(古文)의 그것과 그렇게 크게 다르지 않다.[42] 왜냐하면 한아언어는 비록 어휘나 문법 요

---

41) 『南村輟耕錄』(권2) 「五刑」조에 "大德中刑部尙書王約數上言, 國朝用刑寬恕, 笞杖十減其三, 故笞一十減爲七。"이라 하여 3대를 감하는 제도에 의하여 40대의 笞刑을 37대로 한 것이다(梁伍鎭, 1998 : 31). 明代 葉子奇의 『草木子』에 의하면 元 世祖가 인심을 얻으려고 모든 笞刑은 그 대수에서 3대를 감하였는데 한 대는 하늘이 감해주고 또 한대는 땅이 감해주면 마지막 한 대는 세조 자신이 감한다는 것이다(鄭光·鄭丞惠·梁伍鎭, 2002 : 91).

42) 이에 대하여 吉川幸次郎(1953 : 7)에서는 "元典章中の漢文の吏牘、その語法の基礎となっているものは、古文家の古文のそれとそんなに違ったものでない。口語的な語彙の混用から、語法的にも口語に近いものを多く含むと豫想するならば、この豫想はあたらない。語法の基礎となるものは、やはり大たいに於いて古文家のそれである。"라고 하여 元代의 한문 吏牘이 문법적으로는 古文 계통임을 강조하였다.

소에서 몽고어의 영향을 받았지만 문법구조는 중국어이기 때문이다.

이 한문 이독(吏牘) 문체는 한인(漢人) 하급 관리가 통치자인 몽고인에게 올리는 일체의 행정 문서에서 일괄적으로 사용되었다. 따라서 고전적 교양을 중시하던 옛 중국의 관습은 무너지고 실무의 지식과 기능이 중시되었다. 여기서 '사(士, 선비)'보다는 실제 법률 지식이 풍부한 '서리(胥吏)'가 우대를 받았다. 몽고인의 통치를 받고 있는 원대(元代)에 한인(漢人)이 출세(出世)하는 길은 법률(法律), 행정(行政), 문서작성(文書作成)과 같은 실무 지식과 한이문(漢吏文)에 정통하는 길밖에 없었다(宮崎市定, 1987).

여기서 필자는 원대(元代)에 유행하기 시작한 이독(吏牘)의 한문 문체를 한이문(漢吏文)으로 보려고 한다. 조선 전기(前期)에 한이과(漢吏科)를 개설한 것은 사대문서(事大文書)를 작성하는데 한이문(漢吏文)에 정통한 인원이 필요하였기 때문이며 이때의 출제서로 전술한 한이문(漢吏文) 교재들이 선택된 것이다. 중국에서는 이러한 한이문을 학습하는 것을 '이도(吏道)'라고 하였으며 '이독(吏牘)'은 원래 한이문(漢吏文)으로 쓰인 문서였으나 점차 한이문 작성 자체를 말하게 된다. 즉 일정한 공문서 서식에 의하여 작성된 이문을 이독(吏牘)이라 한 것이다. 전자에 대하여 한반도에서는 '이두(吏頭)'로, 후자에 대하여는 '이두(吏讀)'로 한 글자를 고쳐서 술어(術語)로 사용하게 된 것으로 본다.

4. 조선이문(朝鮮吏文)과 이두문(吏讀文)

2.4.0. 한반도에서도 원대(元代) 이후에 발달한 한이문(漢吏文)을 본 따서 행정, 법률 등의 공문서에 사용하는 이문(吏文)을 만들어 사용하였다.

그러나 이문(吏文)은 후대에 이두문(吏讀文)과 혼용되어 양자의 구별이 불가능하게 되었다. 또 1970년대 중반에 <구역인왕경(舊譯仁王經)>의 석독(釋讀) 구결 자료(口訣資料)가 발견된 이래 구결(口訣)에 대한 관심이 높아져 구결문(口訣文)과의 구별도 있어서 혼란이 가중되었다. 본 항에서는 우선 이러한 술어(術語)의 정리로부터 한반도의 이문(吏文)에 대하여 고찰하고자 한다.

2.4.1. 먼저 이두(吏讀)와 구결(口訣)에 대하여 역시 졸고(2006)에 의거하여 살펴보기로 한다. 한반도(韓半島)에서는 오래 전부터 중국의 문물(文物)을 받아들이면서 중국어를 배우고 한자를 익혀 한문(漢文)으로 된 각종 문헌(文獻)을 읽고 또 스스로 한자를 빌려 우리말을 기록하였다. 한문은 고립적인 문법 구조를 가진 중국어를 표의문자인 한자(漢字)로 기록한 것이기 때문에 이것을 읽을 때에는 우리말로 풀어 읽거나 교착적인 우리말의 문법 구조에 따라 조사와 어미를 첨가하여 읽었다(졸고, 2003a,b). 이런 한문 독법 가운데 전자를 석독(釋讀)이라 하고 후자를 순독(順讀), 또는 송독(誦讀)이라 하며 이때에 삽입(揷入)되는 우리말의 문법 요소, 즉 조사와 어미를 구결(口訣, 입겿)이라 한다.

반면에 우리말을 한자로 기록하는 경우에는 먼저 중국어로 번역하여 한자로 쓰는 방법이 있다. 이것은 중국어를 기반으로 한 한문(漢文)과 다름이 없다. 그러나 중국어로 번역하여 표기하는 경우 번역이 불가능하거나 어려운 것이 있는데 인명(人名), 지명(地名), 그리고 고유의 관직명(官職名)이 그러하다. 이 경우에는 한자로 번역하거나 발음대로 표기하는 방법이 있다. 예를 들면 신라 무장(武將) '居柒夫'를 '荒宗'으로, '奈乙'을 '蘿井'으로, '舒弗邯, 舒發翰'을 '角干'으로 적는 방법이다. 이것은 한자를 빌려 실제 신라어를 발음대로 표기하고 이를 중국어로 번역한 예이다.

이와 같이 고대 국어의 고유 명사를 표기하는 방법에서 한걸음 나아가서 우리말의 어순(語順)으로 한자를 나열(羅列)하는 방법이 있는데 이것은 이미 널리 알려진 바와 같이 임신서기석(壬申誓記石)의 표기 방법으로부터 발전한 것이다. 이렇게 우리말 어순에 맞추어 한자로 표기한 문장을 지금까지 '향찰문(鄕札文)', 또는 '이두문(吏讀文)'으로 불렀고 여기에 사용된 한자들을 '향찰(鄕札)', 또는 '이두자(吏讀字)'라고 보았다.43)

이와 같이 우리말을 한자로 어순(語順)에 맞추어 표기하는 이두문(吏讀文)에는 중국어에 없는 고유명사나 문법 요소와 같은 것을 한자의 뜻과 발음을 빌려 표기하는 경우가 있다. 예를 들어 갈항사(葛項寺) 조탑기(造塔記, 758)의 "二塔天寶十七年戊戌中立在之-두 탑은 천보 17년 무술에 세우겨다."의 '在之'는 시상(時相)과 문장 종결을 나타내는 문법부의 표기를 위하여 사용된 것이다. 이때의 '在'나 '之'는 구결(口訣)과 많이 유사하다.

그러나 중요한 차이는 이두(吏讀)가 한자로 우리말을 기록하는 데 사용된 것이라면 구결(口訣)은 한문을 읽을 때에 삽입(揷入)되는 것이다. 따라서 이두문(吏讀文)은 문법 구조가 우리말에 기반을 둔 것이며 구결문(口訣文)은 어디까지나 중국어의 문법 구조에 따른 한문 문장에 우리말의 문법부인 구결(口訣)을 삽입한 것이다. 또 하나의 차이는 구결(口訣)이 우리말의 문법부(文法部)를 기록하는 것에 국한(局限)되는 반면 이두는 고유명사를 표기하는 경우에 의미부(意味部)를 기록하는 경우도 있다.44)

---

43) 이승재(1992 : 14)에서는 吏讀文은 문장으로서 創作文의 實用文에 해당하는 것으로 보아 文藝文의 鄕札文과 구별하였다. 또 口訣文은 창작문이 아니라 飜譯文으로 이두문과 구별하였다. 그러나 이두와 향찰은 동일한 것으로 고려전기까지 唐文에 대한 鄕札이란 명칭으로 불렸다.

44) 吏讀와 口訣은 혼동한 예로 류렬(1983)을 들 수 있다. 그는 口訣에 대하여 "구결은 리두의 퇴화된 특수한 한 형태이다. 구결은 엄격한 의미에서는 조선말을 기록하는 서사수단

그리고 '토(吐)'가 있다. 이것은 이두(吏讀)나 구결(口訣)에서, 특히 우리 말의 문법부, 즉 조사(助詞)나 어미(語尾)를 한자를 빌려 표기한 것을 말하 는 것으로 '구결토(口訣吐)'와 '이토(吏吐)'가 있게 된다. 이토(吏吐)의 경우 는 이두(吏讀)가 간혹 의미부를 기록하는 경우가 있음으로 따로 독립되어 구별될 수 있지만 '구결토(口訣吐)'는 구결(口訣)이 대부분 문법부를 기록하 는 것임으로 구별이 쉽지 않다.[45]

2.4.2. 다음은 이문(吏文)과 이두(吏讀)에 대하여 고찰하여 본다. 이두문 (吏讀文)이 바로 이문(吏文)이 아님은 지금까지의 논의에서 이해하였을 것 이다. 즉 중국의 한이문(漢吏文)과 같이 한반도에서도 한자를 이용하여 공 문서의 작성에 유용한 문체를 만들어 사용하게 되었다. 조선이문(朝鮮吏 文)이[46] 언제부터 정식으로 공문서의 공용(公用) 문어가 되었는지는 아직 아무런 연구가 없다. 그러나 한이문(漢吏文)의 영향을 받아 조선선이문(朝 鮮吏文)이 이루어졌다면 고려 말이나 조선 초기의 일로 볼 수 있다.

이 이문(吏文)이 조선시대의 공문서의 공용문(公用文)이므로 모든 공문서 는 이문(吏文)으로 작성되어야 효력을 발생했다. 『수교집록(受教輯錄)』(1698) 「호부(戶部)」 '징채(徵債)'조에 "出債成文, [중략] 諺文及無證筆者, 勿許聽理." 이라 하여 언문으로 쓴 것, 증인이 없거나 쓴 사람이 분명하지 않은 경

이 아니다. 그것은 한갓 한문을 우리말식의 줄글로 읽기 위하여 덧보태는 문법적인 보충 수단으로서의 일정한 토를 표기하기 위한 수단으로만 쓰이게 퇴화하여 굳어진 리두의 '화석' 형태에 지나지 않는다"(띄어쓰기 표기법은 원문대로, 류렬, 1983 : 31)라고 하여 구결과 이두를 혼동하고 있다.
45) 남풍현(1980)에서는 구결과 토를 구별할 것을 주장하고 '口訣=漢文＋吐'라고 보았다. 그 리고 이어서 "吐는 口訣에 소속되는 하나의 형식이지 그 자체가 체계적인 의사전달의 내 용을 갖는 것은 아니다"라고 하여 구결의 방법으로 懸吐하는 것으로 보았다.
46) 고려시대에도 吏文이 존재하였는지는 확인할 수 없다. 따라서 잠정적으로 漢吏文에 대하 여 朝鮮吏文으로 구별한다.

우에는 채권(債券)의 효력을 인정하지 않았음을 알 수 있다.

이문(吏文)이 이두문(吏讀文)과 구별된 사실을 다음 『세조실록(世祖實錄)』의 다음 기사에서 알 수 있다.

> 吏曹啓 : 吏科及承蔭出身, 封贈爵牒等項文牒, 皆用吏文。獨於東西班五品以下告身, 襲用吏讀, 甚爲鄙俚。請自今用吏文。從之。 —이조에서 계하기를 이관(吏科) 및 승음(承蔭) 출신으로 작첩(爵牒) 등을 봉증(封贈)하는 문서에 모두 이문(吏文)을 사용하지만 홀로 동반(東班) 서반(西班)의 5품 이하 고신(告身)에서만 이두(吏讀)를 답습(踏襲)하여 심히 비루하고 속되었습니다. 이제부터 이문을 사용하도록 청합니다. 따르다.

여기에서 말하는 이문(吏文)은 한이문(漢吏文)에 근거하여 고려 말과 조선 전기에 마련하여 관청에서 사용하던 것이며 이두(吏讀)란 한자의 음과 훈을 빌려 우리말을 기록하는 것을 말한다.

조선이문(朝鮮吏文)의 전형을 보여주는 것으로 중종(中宗)조 최세진(崔世珍)이 편찬한 『이문대사(吏文大師)』(이하 <吏師>로 약칭)를 들 수 있다. 이것은 말할 것도 없이 조선 이문(吏文)의 학습서로서 한이문(漢吏文)에 정통했던 최세진이 그것과 비견(比肩)되는 조선이문(朝鮮吏文)의 학습서로 편찬한 것이다.

조선 초기의 이문(吏文)은 한이문(漢吏文)의 문체 맞춘 것으로 이두문(吏讀文)과는 구별되었다. 다만 <吏師>에서 볼 수 있는 것처럼 투식(套式)이 있고 특수한 관용구(慣用句)를 사용하며 공문서에 사용하는 한문을 이문(吏文)이라 부른 것이다. 그런데 이문(吏文)의 특수 관용구는 놀랍게도 이두문(吏讀文)에서 가져온 것이 많았다.

<吏師>의 권두에 소개된 관용구 가운데 대부분은 이두(吏讀)로 된 것이다. 예를 들면 '右謹言所志矣段'는 소지(所志, 陳情書, 또는 告訴狀)의 서두(序

頭)에 붙는 관용구인데 통사구조가 우리말이고 '矣段(-이똔)'과 같은 이두(吏讀)가 들어있다. 내용은 "앞으로 삼가 말씀드릴 소지(所志)라는 것은"의 뜻이다. 또 '右所陳爲白內等(앞으로 말씀드리려고 하는 것은)'도 고문서의 첫머리에 사용하는 관용구인데 여기에도 '爲白內等(ᄒᆞ숣ᄂᆡᄃᆞᆫ)'과 같은 이두가 들어있다.

그러나 내용에 있어서는 한이문(漢吏文)의 문체를 사용한다. 예를 들어 <吏師>에는 조선(朝鮮) 이문(吏文)에 자주 쓰이는 사자성구(四字成句)가 다수 실려 있다.

> 合行牒呈－첩정(牒呈), 즉 공문서를 보내기에 합당하다는 뜻.
> 照驗施行－대조하여 시행하는 것.
> 他矣財穀－남의 재물과 곡식, 즉 타인의 재산.
> 夜間突入－밤에 무단으로 남의 집에 들어가는 것.
> 偸取恣意－투취(偸取), 즉 남의 물건을 훔치는 것을 자의(恣意)로 한다
> 　　　　　는 것.
> 連名資生－겨우 목숨을 이어갈 정도로 살아가는 것.
> 現露辭緣－모두 드러난 내용.
> 依律施行－법률에 따라 시행함.[47]

이와 같이 사자성구(四字成句)를 많이 사용하는 한문 문체는 한이문(漢吏文)의 특징으로서 조선이문(吏文)이 이를 본받은 것이다.

吉川幸次郎(1953)에서는 <원전장(元典章)>에서 사용한 한문(漢文) 이독(吏牘)의 문체적 특징으로 긴장감(緊張感)을 들고 긴장을 유발하는 요인으로

---

47) <吏師>에는 이 이외에도 吏文에 자주 쓰이는 四字成句를 많이 소개하였다. 필자가 고대 도서관 소장본으로 헤아려 본 결과 140여개가 넘었다. 개중에는 '物故公文'과 같이 이두에 의한 것도 없지 않지만 대부분 漢吏文에서 사용되는 四字成句를 표제어로 하였다.

써 다음 두 가지를 들었다.

① 사자구(四字句), 또는 그 변형을 기본으로 하는 리듬.
② 어떤 종류의 구어적 어휘를 포함한 이독(吏牘) 특유의 말을 빈번
하게 사용함.48)

이에 의하면 조선 이문도 한이문(漢吏文)과 같이 사자구(四字句)를 기본
으로 하는 문체적 리듬을 가졌고 구어적 표현을 가미하였으며 이문에만
사용되는 관용구를 빈번하게 사용하여 공문서로서의 권위와 긴장감을
유발한 것으로 보인다. 이것은 조선 이문(吏文)이 전혀 한이문(漢吏文)의 문
체를 본받은 때문인 것으로 본다.

조선 후기에 들어오면 이문(吏文)의 투식(套式)은 그대로 유지하였으나
이두(吏讀) 표기가 늘어난다. 필자가 역관(譯官)의 명문(名門)인 천령(川寧) 현
씨가(玄氏家)의 고문서에 찾은 현계근(玄啓根)의 진시(陳試, 시험을 연기하는 것)
소지(所志)를 예로 들면 다음과 같다.

원문
譯科初試擧子喪人玄敬躋49)
右謹言所志矣段 矣身今甲子式年譯科初試 以漢學擧子入格矣 五月分遭父喪是

---

48) 吉川幸次郎(1953)에서는 이를 포함한 한이문의 특징을 "元典章中の漢文吏牘の文體は、
(1) 古文家の文語と文法の基本をおなじくしつつも、古文家の文語のごとく藝術的緊張
をめざさない。(2) しかも吏牘の文をしての緊張をめざす。(3) 緊張を作る要素として
は ⓐ 四字句もしくはその變形を基本とするリズム、ⓑ ある種の口語的語彙をふくむ
吏牘特有の語の頻用、(4) しかしその緊張は、容易に弛緩をゆるすのであって、往往、
更に多くの口語的要素を導入して、緊張をやぶる。(5) さればといつて緊張を全くくず
し去ることはない。"로 정리하였다. 이와 같은 문체적 특징은 조선 이문에도 그대로 적
용된다.
49) 玄敬躋는 玄啓根의 兒名임(拙著, 1990).

如乎 依例陳試 事後考次立旨 成給爲只爲 行下向敎是事

　禮曹 處分 手決 依法典

　　甲子 十月 日 所志

　해석

　역과 초시의 거자로서 상제(喪祭)인 현경제가

　이제 소지(所志)할 것은 이 몸이 이번 갑자 식년시 역과 초시에 한어
학으로 응시하여 입격하였으나 5월에 부친상을 당하였기 때문에 전례에
따라 시험을 연기하고 사후에 시험함. 이를 입증하는 문서를 만들어 주
도록 분부를 내리옵실 일.

　예조에서 법전에 의거하여 처분하고 수결을 둠.

　갑자년(1744) 10월 일 소지

이 소지(所志)는 건륭갑자(乾隆甲子) 식년시(式年試)의 상식년(上式年, 1743)
역과(譯科) 초시(初試)에 부거(赴擧)하여 합격하였으나 이듬해에 실시하는
역과(譯科) 복시(覆試)에는 부친상(父親喪)으로 참여할 수 없어서 시험 응시를
늦춰달라는 진시(陳試)의 소지(所志)로서 1744년 10월에 작성된 것이다.[50]

이 이문(吏文)에는 모든 행정 소지(所志)의 모두(冒頭)에 붙는 관용구(慣用
句) "右謹言所志矣段"이 있고 "矣身(의 몸, 제가), 是如乎(이다온, 이라고 하는),
立旨(신청서의 말미에 이 사실을 입증하는 뜻을 부기한 관아의 증명),[51] 爲只爲(ᄒ
기슴, 하기 위하여), 行下向敎是事(힝ᄒ아이샨일, 명령하옵실)" 등의 이두(吏讀)와
이문(吏文)으로 된 관용어(慣用語)가 쓰였다.

---

50) 譯科의 初試와 覆試, 그리고 倭學 譯官 玄啓根의 譯科 應試와 喪故에 의한 陳試에 대하여
　는 졸저(1990 : 210)를 참조할 것.

51) '立旨'는 所志의 말미에 붙여 신청한 일을 관아에서 증명한다는 附記로서 토지문기나 노
　비문서 등에 사용되는 관용어이다. 예. "本文段, 失於火燒是遣 立旨一張乙, 代數爲去乎,"
　(安東 金俊植 宅 토지문기)과 "各別, 立旨成給爲白只爲, 行下向敎是事。"(海南 尹泳善 宅
　<所志>) 등이 있다. 장세경(2001 : 432)에서 재인용.

따라서 조선 이문(吏文)은 한이문(漢吏文)의 영향을 받아 형성된 것이며 한이문(漢吏文)이 소위 몽문직역체(蒙文直譯体)로 알려진 한아언어(漢兒言語)를 기반으로 형성된 문어(文語)인 것처럼 조선 이문(吏文)은 신라시대의 향찰(鄕札) 표기에 기반을 둔 이두문(吏讀文)을 기반으로 형성되었고 한이문(漢吏文)의 한문 문체를 수용한 것이다.

이 조선 이문(吏文)은 갑오경장(甲午更張, 1894)에서 한글을 공문서에 사용할 수 있다는 칙령(勅令)이 내려지기 전까지 조선시대의 유일한 공용 문어(文語)였다. 몇 백년간 계속된 유일한 공용 문어인 조선 이문(吏文)에 대한 연구가 그렇게 많지 않은 것은 국어연구의 발전을 위해서 참으로 안타까운 일이다.

2.4.3. 이두(吏讀) 명칭의 연원(淵源)에 대하여 고찰하면 이두(吏讀)는 앞에서 언급한대로 우리말을 중국어로 번역하지 않고 우리말 어순에 따라 한자로 기록하고 한자가 없는 조사와 어미는 한자의 발음과 뜻을 빌려 차자 표기하는 방법을 말한다. 한반도에서 '이두(吏讀)'란 명칭이 언제부터 사용되었는지 명확하지 않다.

지금으로는 『세종실록(世宗實錄)』(권103) 세종 25년(1444) 2월 경자(庚子, 20일)조에 부재된 최만리(崔萬理) 등의 훈민정음 반대 상소문(上疏文)에 "吏讀行之數千年, 而簿書期會等事, 無有防礙者, —이두가 행해진 지 수천 년에 문서를 기록하고 날짜를 정하는 등에 아무런 문제가 없는데,"라는 기사나 『훈민정음(訓民正音)』(1446)의 권말(卷末)에 부재된 정인지(鄭麟趾)의 후서(後序)에 "薛聰始作吏讀, 官府民間至今行之。 —설총이 이두를 시작하여 관부와 민가에서 오늘에 이르기까지 행하고 있다."에 나타나는 이두(吏讀)란 지칭이 가장 오래된 것으로 보인다.

이두에 대하여 류렬(1983 : 13)에서는

리두는 비록 한자로 씌여있으나 그것은 결코 한문이 아니며 따라서 한문으로는 제대로 읽을수 없는 어디까지나 조선말을 적어놓은 독특한 조선글의 하나였다. 조선말을 적어놓은 조선글의 하나이기는 하면서도 또한 한자를 전혀 모르고는 제대로 읽을수 없는 특수한 류형의 글이였다. [중략] '리두'라는 이름은 그 자체의 발전력사와 관련되여있으며 그 기능의 내용, 성격과도 관련되여있다. '리두'란 이름은 '吏讀, 吏頭, 吏道, 吏吐, 吏套' 등으로도 쓰이고 '吏札, 吏書' 등으로도 쓰이였다. 이 여러 가지로 쓰인 이름들은 모두가 그 첫 글자를 '官吏'를 뜻하는 '吏'자를 쓰고 있으며 그 둘째 글자는 대체로 '글자'나 '글'을 뜻하는 글자들이나 또는 그런 글자들과 그 음이 비슷한 글자를 쓰고있는 것이 특징적이다. 이것은 곧 이 이름들이 모두 '관리들의 글', '관리들이 쓰는 관청의 글'이라는 말이다. [하략] (띄어쓰기, 맞춤법, 한자는 원문대로)

라고 정의하였다.

그리고 '이두'라는 명칭에 대하여는 류렬(1983)의 같은 곳에서 "그러므로 '이두'라는 이름은 7~8세기 이후에 쓰이기 시작한 것이라 볼 수 있다. 그러나 '이두'의 발생, 발전 역사는 이보다 훨씬 오랜 이전부터 시작되었던 것이다"라고 하여 '이두(吏讀)'란 명칭이 신라시대에 이미 사용된 것으로 보았다.

그러나 '이두(吏讀)'는 전술한 『세종실록』의 기사가 가장 앞선 것으로 『삼국사기(三國史記)』나 『삼국유사(三國遺事)』는 물론 고려시대의 어떤 문헌에서도 발견되지 않는다. 물론 신라시대에도 한자의 음훈(音訓)을 빌려 신라어를 기록하는 방법이 있었으며 설총(薛聰)이나 강수선생(强首先生)이 이를 정리하였다는 기록이 남아있지만 그것은 어디까지나 '향찰(鄕札)'이었지 이두(吏讀)라는 명칭은 보이지 않는다. 따라서 한자의 음(音)과 훈(訓)을 빌려 우리말을 기록하는 방법은 멀리 삼국시대부터 있었지만 이를 '이두(吏讀)'라고 부른 것은 조선 초기의 기록이 현재로는 가장 이른 시기의 것이다.

현재로는 다음에 언급할 조선 '이문(吏文)'이 한이문(漢吏文)의 영향으로 고려 후기에 생겨났고 그의 영향으로 한이문(漢吏文)의 독특한 문체의 표기인 '이독(吏牘)'을 '이두(吏讀)'로 바꿨고, 한이문(漢吏文)을 학습하는 한이학(漢吏學)을 '이도(吏道)'로 한 것에 대하여 이를 한반도에서는 '이두(吏頭)'로 바꾸어 적은 것으로 본다. 따라서 류렬(1983)의 '이두(吏讀), 이두(吏頭), 이도(吏道), 이토(吏吐), 이투(吏套), 이찰(吏札), 이서(吏書)'는 각기 다른 뜻을 가진 술어로서 다음과 같이 설명할 수 있다.

> 吏讀－한이문(漢吏文)의 '이독(吏牘)'에 해당하는 술어로 '이두문을 표기하는 것' 자체를 가르친다.
> 吏頭－한이문의 '이도(吏道)'에 해당하는 술어로 '이문(吏文)을 학습하는 것'을 말한다.
> 吏吐－이두문에 삽입되는 '문법 요소, 토(吐)'를 말한다.
> 吏套－이문류(吏文類)의 문체를 말함.
> 吏札－이두문(吏讀文)에 쓰이는 한자 차자(借字)들을 말함.
> 吏書－이두로 쓴 문서, 또는 글월

따라서 이상의 술어는 한이문(漢吏文)의 영향으로 한반도에서도 이문(吏文)이 생겨난 다음의 일이며 고려 말에서 조선 전기에 확립된 것으로 본다.

 티베트 문자 및 북방 민족의 제 문자와
향찰(鄕札) 및 구결(口訣)

3.0. 다음으로 티베트의 서장(西藏) 문자를 위시하여 중국 북방 민족의 고유문자 제정에 대하여 살펴보고 한자로부터 만들어진 이 문자들과 신라의 향찰(鄕札) 및 고려의 이두(吏讀), 구결(口訣) 문자를 비교하여 보기로 한다.

필자는 앞에서 언급한 바와 같이 티베트 문자를 위시하여 중국 북방 민족들 사이에 새 왕조의 건설과 함께 신문자(新文字) 제정의 전통이 생겨났다고 보았다(졸저, 2009). 이 장(章)에서는 이들이 한자의 변형, 또는 축약(縮約)에 의해 만들어 진 것으로 보고 우리말 표기에 사용한 향찰(鄕札), 이두(吏讀), 구결자(口訣字)와 비교하여 그 유사점과 차이점을 고찰하기로 한다.

3.1. 티베트의 토번(吐蕃) 왕조 이후에 옛 발해(渤海)의 고토(故土)에 거란족의 국가를 건설한 요(遼)가 건국 초기에 거란(契丹) 문자를 제정하여 사용하였고 요(遼)의 뒤를 이어 같은 영토에 여진족(女眞族)의 국가를 건설한 금(金)에서도 국초(國初)에 여진(女眞) 문자를 제정하여 국자로서 사용하

였다.

  이어서 금(金)를 정복하고 중앙아시아의 스텝지방을 통일하여 대제국
(大帝國)을 건설한 칭기즈 칸은 나이만(Naiman)으로부터 위구르 문자를 빌
려 몽고 외올(畏兀)자를 만들게 하고 이를 제국(帝國)의 국자(國字)로 삼아
몽고어와 제 언어를 기술하게 하였다. 이 몽고 외올자는 누르하치(奴兒哈
赤)가 세운 만주족의 청(淸)에서도 역기 건국 초기에 수입되어 만주(滿洲)
문자로 청(淸)의 공식 문자가 된다.

  3.2. 요(遼)의 거란(契丹) 문자나 금(金)의 여진(女眞) 문자는 한자를 변
개하여 만든 것이지만 표음문자이거나 표의(表意)-표음(表音) 문자여서 신
라의 향찰(鄕札)이나 고려의 이두(吏讀), 구결(口訣)과 어떤 관련이 있을 수
있다. 또 표음문자라는 의미에서 훈민정음 제정에도 영향을 줄 수 있는
데 먼저 티베트 문자의 제정에 대하여 살펴본다. 이에 대하여는 졸저
(2009)에서 부분적으로 언급한 바가 있으나 본서에서는 이를 보완하여
좀 더 구체적으로 고찰하여 본다.

1. 티베트 서장(西藏) 문자의 제정

  3.1.0. 먼저 티베트 문자의 제정에 대하여 졸저(2009 : 142~152)에서
다음과 같이 서술하였다. 티베트 문자는 토번(吐蕃) 왕조의 송찬 감포
(Srong-btsan sgam-po) 시대에 대신(大臣)이었던 톤미 삼보다(Thon-mi Sam-bho-ṭa)
를 인도에 파견하여 고대인도의 음성학을 배우게 하고 그에 의거하여
티베트어를 표기하기 위하여 만든 표음문자로 알려졌다.

앞에서 살펴 본 바와 같이 중국 측 자료인 『구당서(舊唐書)』「토번전(吐蕃傳)」에 의하면 티베트에는 "문자는 없고 나무를 조각하거나 끈을 묶어서 약속을 한다."고 하였으며 처음으로 당(唐)을 방문한 토번 왕조의 재상(宰相)인 갈 통 찬(mGar- stong-rtsan)이 "문자를 알지 못하지만…"이라고 한 것으로 보아 토번 왕조의 초기, 송찬 감포 이전에는 문자가 없었던 것을 알 수 있다.[1] 다만 전술한 송찬 감포(Srong-btsan sgam-po)가 죽은 지 6년째인 서기 655년에는 분명히 티베트어를 기록하는 문자가 있었다는 기록이 돈황(敦煌) 출토의 티베트 문헌에서 확인할 수 있다.[2]

3.1.1. 그러나 티베트 문자를 만든 사람이 상술한 톤미 삼보다(Thon-mi Sam-bho-ṭa)라는 주장은 아직 확인되지 않았다. 그는 문자만이 아니라 인도 파니니(Pānini)의 문법서인 『팔장(八章, Aṣṭādhyāyi)』을 본 따서 티베트어 문법서 『삼십송(三十頌, Sum-cu-pa)』와 『성입법(性入法, rTags-kyi 'jug-pa)』을 편찬한 것으로 알려진 인물이다(山口瑞鳳, 1976).[3] 그러나 그가 송찬 감포 시대의 대신(大臣)이라는 것 이외에 어떤 것도 사적(史籍)에서 확인할 수가 없다.[4]

---

1) 이에 대하여는 티베트의 敦煌(돈황) 자료를 정리한 Bacot & Toussaint(1940)(이하 DTH로 약칭)에 "티베트에는 옛날에 문자가 없었다."와 같이 동일한 기사가 실렸다.

2) 敦煌(돈황) 출토의 티베트어 문헌의 연구가 진전되어 티베트에서 문자의 성립에 대한 보다 더 정확한 연구가 가능하게 되었다. 돈황 출토의 문헌 가운데 티베트 王家(왕가)의 『年代記(연대기)』에서 송찬 감포王의 사적을 나열한 곳에 "티베트에는 옛날에 문자가 없었는데 이 왕 시대에 와서…"(DTH : 118)라는 기사가 있고 또 같은 敦煌(돈황) 출토의 『編年期』의 655년 조에 "宰相 갈 통 찬(mGar-stong-rtsan)이 갈 티에서 欽定大法의 문자를 쓴지 1년"(DTH : 13)라는 기사가 있어서 655년에는 문자가 존재했던 것을 확인할 수 있다.

3) 톤미 삼보다의 문법은 파니니의 『八章(팔장, Aṣṭādhyāyi)』에 맞추어 『八論』으로 되었지만 『三十頌(Sum-cu-pa)』와 『性入法(rTags-kyi 'jug-pa)』, 또는 『添性法』의 2권에 완결되어 전해진다. 내용은 파니니의 『八章』과 같은 짧은 운문으로 된 티베트어의 문법서다.

4) 전술한 敦煌 出土의 문헌에는 얼마간의 상세한 大臣이나 官吏의 목록이 있지만 어디에도

부톤(Bu ston rin chen grub, 1729~33)의 bDe bar gshegs pa'i gsal byed chos kyi 'byung gnas gsung rab rin po che'i mdzod(이하 『부톤의 불교사』, 또는 SRD로 약칭)에서는 문자의 성립에 대하여 별도의 항목에서 [외국으로부터의 문서 이외에는] 티베트에 문자가 없었기 때문에 톤미 아누이브(Thon-mi Anu'ibu)와 함께 16인을 인도에 문자 연수를 위하여 파견하였으며 이들은 인도(印度)의 판디타 헤리그 셍 게(Pandita lHa'i rigs seng ge) 밑에서 인도 문법을 배워서 티베트어에 맞도록 자음(子音) 문자 30개, 모음(母音) 기호 4개를 정리하여 티베트 문자를 만들었다고 한다. 문자의 모습은 카시미르(Kashmïrï, Kashmir) 문자를 본떴고 라사르성(城) 마르에서 수정한 다음 문자와 문법의 팔론(八論)을 만들었으며 왕은 4년간 이것을 배웠다고 한다(SRD : f.118).

카시미르 문자란 인도의 서북부 카시수미르 지역의 언어인 카시미르 언어를 표기한 사라다(Śāradā, Sarada)5) 문자를 말하는 것으로 8세기경에 당시 갠지스 강 중류 지역과 동인도, 서북 인도, 카시미르 지역에 보급되었던 쉬다마드리카(Siddhamātṛkā) 문자의 서부파(西部派)에서 만들어진 것이다. 카시미르의 카르코다카(Karkoṭaka) 왕조는 3세기에 걸쳐 이 지방을 지배하였고 이 세력에 의거하여 사라다 문자는 카시미르에서 펀자브, 서인도, 북인도에 퍼져나갔다.6)

톤미 삼보다의 이름은 보이지 않는다.
5) 사라다(Sarada)라는 명칭은 카시미르 지역의 守護 女神인 사라다 데뷔(Śāradā Devī)에서 온 것이다. '사라다'는 시바神의 부인 '파라웨디'를 말한다.
6) 인도의 대표적인 문자 데바나가리(Devanagari script)와 티베트 문자가 字形을 달리 하는 것은 사라다 문자의 영향을 받았기 때문으로 생각한다.

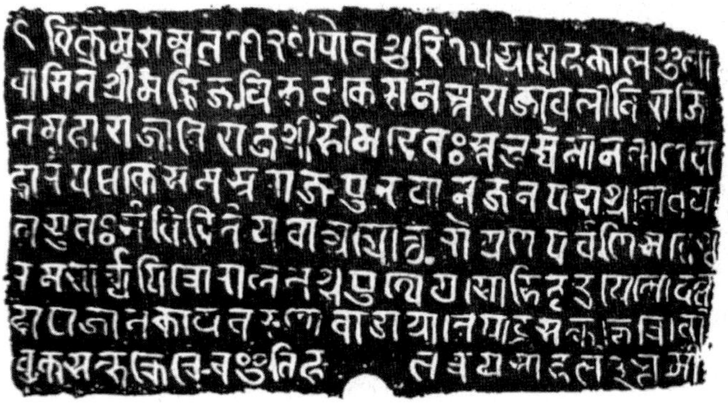

[사진 3-1] 사라다 문자 비문(碑文, 8세기)[7]

위에서 언급한 『부톤의 불교사(SRD)』의 기사에서 톤미 아누이브 (Thon-mi Anu'ibu)란 인물이 티베트 문자의 제정에 관련이 있음을 분명히 하였는데 그가 톤미 삼보다(Thon-mi Sam-bho-ta)라는 주장도 있다. 일부 서 양학자들 사이에는 "톤미 아누이브(Thon mi Anu'ibu)"의 'Anu'ibu'를 티베 트어로 "톤미 아누의 아들"이라고 보고 그의 아들 톤미 삼보다를 가리 키는 것으로 보기도 하였다.[8]

그러나 톤미 삼보다(Thon-mi Sam-bho-ta)는 9세기의 역경승(譯經僧)으로 실제 사서(史書)에 등장하는 인물이어서 위에 말한 톤미 아누이브(Thon-mi Anu'ibu)와는 다른 시대의 인물이며 문자가 제정된 시기로 보는 송찬 감 보의 시대와도 거리가 있다. 따라서 톤미 삼보다는 티베트 문자의 제정 과 관계가 있는 인물로 보기가 어렵다. 다만 그가 티베트에서 처음으로 구족계(具足戒)를[9] 받은 7인(Sad mi mi bdun) 가운데 한 사람을 제자로 데

---

7) Diringer(1948) Vol. 2, p.263의 것을 河野六郎・千野榮一・西田龍雄(2001 : 483)에서 재인용.
8) "톤미 아누이브(Thon mi Anu'ibu)"의 '아누이브(Anu'ibu)'에서 '-i'가 티베트어에서 속격이 므로 "톤미 아누의 아들(bu)"로 본 것이다.
9) '具足戒'란 불교에 歸依하여 僧伽에 들어가서 比丘가 될 때에 250戒를 受持할 것을 맹세 하는 儀式을 말함.

리고 있을 정도로 불가(佛家)의 역경승(譯經僧)으로 매우 유명한 인물이었기 때문에 9세기 이후 어느 시대에 톤미 아누이브가 톤미 삼보다로 바뀌었을 가능성이 높다(河野六郎·千野榮一·西田龍雄, 2001 : 595~596).[10]

3.1.2. 티베트문자는 인도 파니니의 문법과 음성 연구에 의거하여 제정된 것이므로 음절 초(onset) 자음은 29개의 문자로 표기되고 이들은 각기 발음 위치와 발음 방법에 따라 연구개 정지음[ka, kha, ga, nga], 경구개 마찰음[ca, cha, ja, nya], 치경 정지음[ta, tha, da, na], 양순 정지음[pa, pha, ba, ma], 경구개 파찰음[tsa, tsha, dza, wa], 同 유기음[zha, za, 'a, ya], 유음[ra, la, sha, sa], 후음[ha, a]의 순서로 정리되었다. 이를 사진으로 보이면 다음과 같다.

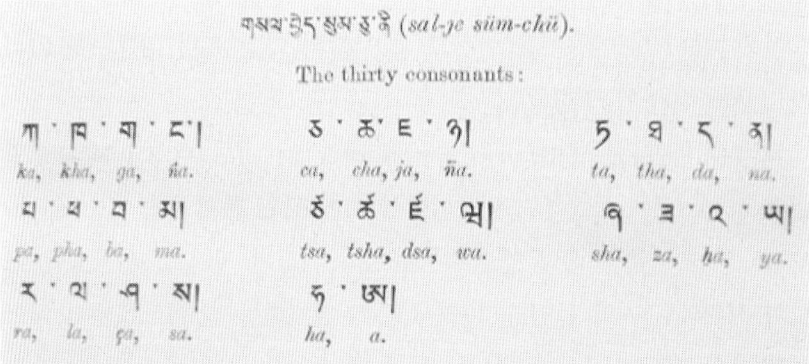

[사진 3-2] 티베트 문자의 30 자음

10) 한국 내에서 톤미 삼보다(Thon-mi Sam-bho-ṭa)에 대하여 언급한 것은 김민수(1980)가 처음인 것으로 보인다. 이 책에서는 "7세기 초에 佛教를 수입한 西藏에서는 곧 이어 톤미 삼보다가 印度에서 파니니文法을 배우고 『西藏語 文法』을 저술하였다. 中國과 다른 점은 당시에 처음으로 西藏文字와 함께 西藏語文法을 제정하고 이로써 佛經을 번역하였다"(김민수, 1980 : 24)라고 하여 그가 티베트어 문법서를 편찬한 것으로 보았다. 티베트의 몇 역사서에서는 톤미 삼보다와 톤미 아누이브를 동일 인물로 보았다.

이를 로마자로 정리하면 다음과 같다.

발음위치 발음방법	西藏문자 (로마자전사)	중국 聲韻學과의 對音	五音
연구개음	ka, kha, ga, nga	牙音의 全淸, 次淸. 全濁, 不淸不濁 음에 해당	牙音
경구개음	ca, cha, ja, nya	齒音의 위와 같음	齒音
치 경 음	ta, tha, da, na	舌頭音의 위와 같음	舌音
양 순 음	pa, pha, ba, ma	脣音의 위와 같음	脣音
파 찰 음	tsa, tsha, dza, wa	齒頭音의 위와 같음	齒音
마 찰 음	zha, za, 'a, ya	부분적으로 正齒音의 위와 같음	齒音
유 음	ra, la, sha, sa	半舌半齒의 不淸不濁	半舌半齒
후 음	ha, a	喉音의 次淸, 불청불탁에 해당	喉音

[표 3-1] 티베트 문자의 중국 성운학적 배열(配列)

이러한 문자의 제정은 파니니 문법으로 대표되는 고대 인도 음성학의
영향을 받은 것으로 파스파 문자의 제정에서도 '아설순치후(牙舌脣齒喉)'의
조음 위치와 전청(全淸), 차청(次淸), 전탁(全濁), 불청불탁(不淸不濁)의 조음 방
식에 따라 자음 문자를 배치하는 방법에 따른 것이다.

티베트 문자는 기본적으로 음절(音節)문자이고 자체(字体)에 따라 유두
체(有頭体, dbu can)와 무두체(無頭体, dbu med)로 나눈다. 여기서 '두(頭, dbu)'
라는 것은 글자를 쓸 때에 글자의 맨 위에 수평으로 줄을 긋고 그에 따
라서 글자를 쓰는 방법을 말하는 것으로 유두체(有頭体)는 한자의 해서(楷
書), 즉 정자체(正字体)에 가까운 명칭이고 무두체(無頭体)는 필기체, 초서체
(草書体)에 가깝다.

티베트 문자의 자체는 크게 유두체와 무두체로 나누는 것에는 아무런
문제가 없으나 시대별로 다양한 자체를 가졌었다. 10세기경에 많은 역
경승(譯經僧) 겸 서예가(書藝家)가 나타나 다양한 자체(字体)를 선 보였지만

그 가운데 3대 역경승의 하나인 가와 베쯔에(Ska-ba dPal-brtses)의 서체를 모범으로 하여 그것을 체계화한 것이 유두체(dbu can)라고 한다. 옛날의 불교 경전의 역경(譯經)판본은 거의 모두 이 서체로 쓰였으며 현대의 활자 인쇄도 이 서체가 일반적이다.

그러나 티베트인들이 일상적으로 사용하는 서체는 무두체(dbu med)로서 사용 방법에 따라 초서('khyug yig) 4종, 즉 속자(速字, mgyogs), 쯔구 충(tshugs chung), 국 티(rgyug bris), 최속자(最速字, 'khyug yig)로 나눈다. 티베트인들이 무두체(dbu med)로 쓰인 것을 읽지 못한다는 것은 속설(俗說)로서 대부분의 티베트인은 오늘날에도 무두체를 사용하고 있다. 다만 인쇄되는 경우는 거의 없어서 영어 알파벳의 필기체와 매우 유사하다.

문자는 주로 자음자이고 모음은 자음자의 위나 아래에 붙는다. 다음에 티베트 29 자음자와 4개 모음부호를 사진으로 보인다.

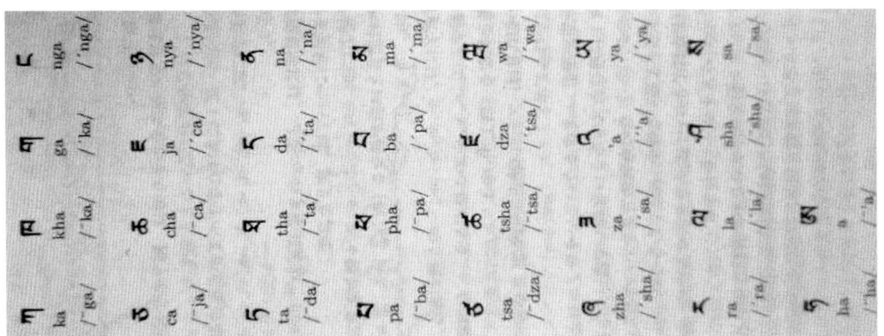

[사진 3-3] 티베트 문자 29자음과 /a/의 자모표. 편집의 편의상 옆으로 뉘였음.

[사진 3-4] 티베트 문자 4개 모음기호(위나 아래에 붙임)[11]

3.1.3. 티베트 문자의 정서법은 토번(吐蕃) 왕조의 초기에는 불완전하였다. 7세기 중엽부터 여러 차례 철자의 개정을 거쳐 오늘날과 같은 정서법(正書法)으로 정비하게 되었다. 특히 불경을 티베트어로 번역하여 이를 간행하면서 티베트 문자의 표기는 점차 정밀하게 되었다. 특히 티ー송 데ー첸(Khri-srong Ide-brtasan) 왕(재위 755~797)의 치세(治世)에 다수의 현교(顯敎)와 밀교(密敎)의 경전이 티베트어로 번역되어 간행되었으며 불경(佛經)의 번역을 위하여 정서법이 정비되었다.

7세기 후반부터 9세기 초엽에 이르는 180년간 산스크리트어로 된 불경을 티베트어로 번역하는 작업과 더불어 티베트 문자 정서법의 개정(改訂)이 자주 있었으며 이때의 개정을 제1차 이정(釐定)이라고 할 수 있다. 9세기 초엽 토번왕조 제3대 왕인 랄 파첸(Ral-pa-can) 때에 번역의 전문가들이 당시 장(gTsang) 방언에 의거하여 정서법과 불교역어(佛敎譯語)의 개정을 시행하였다. 이것을 제2차 이정(釐定)이라고 부른다.

이때에 대부분의 불경 번역 문체가 완정되어 금석문(金石文), 죽간(竹簡), 목독(木牘) 등에 기록을 남겼다. 이때를 기준으로 하여 그 이전의 정서법을 '구정서법(brda rning-pa)'이라고 하고 그 이후의 것을 '신정서법(brda gsar-pa)'이라고 한다.

제3차 이정(釐定)은 11세기 말 가리(mNgah-ris) 왕 이에셰ー오(Yeshes-hod) 시대에 대역경사(大譯經師) 린ー첸ー산포에 의하여 시작되어 300여 년에 걸쳐 수행되었다. 그간 160여 인의 역경사(譯經師)들에 의하여 불경의 번역과 교감(校勘)이 이루어졌지만 이때의 티베트문자의 정서법 개정은 제2차에 비하여 그렇게 대단한 것이 아니었다. 다만 불교 부흥기에 불경의

---

11) [ka]에는 아무런 모음 기호가 없으나 [ki, ku, ke, ko]에는 위나 아래에는 모음 [i, u, e, o]의 區分符號를 붙였음.

번역이 성행하면서 자연적으로 언어의 변천에 맞추어 정서법도 변한 것이다.

3.1.4. 티베트 문자는 위와 같이 비교적 과학적으로 제정된 표음문자이기 때문에 서사(書寫)하기가 편리하여 7·8세기 이후 티베트어만이 아니라 티베트 문화권을 넘어 다른 문화권의 경계지역에서도 사용되었다. 티베트 자치구(自治區), 청해성(靑海省), 사천성(四川省), 감숙성(甘肅省), 운남성(雲南省)에서는 오래전부터 이 문자를 사용하였고 네팔, 시킴, 부탄 등의 히말라야 산맥의 남록(南麓)에서도 사용되었다.

이 문자로 기록된 언어도 티베트어, 남(Nam)어, 쟝중(Zhangzhung)어, 갸롱(Gyarong)어, 토스(Tosu)어 등이 있다. 13세기에 파스파 문자와 18세기의 레프차(Lepcha) 문자도 티베트 문자를 개변한 것이라고 한다. 레프차 문자는 인도에서 시킴의 착도르 남기에(Phyag rdor rnam rgyal) 왕(재위 1704-1707)에 의하여 1720년에 제정되었다. 이곳 사람들은 스스로 롱(Rong) 민족이라 부르며 이 문자도 그들은 롱 문자(Rong script)라고 부른다. 모음을 함유(含有)한 음절문자의 형태를 취하며 티베트문자와 관련이 없는 문자도 없지 않다.

갸롱어는 중국 사천성(四川省) 서북부의 갸롱지역에서 사용되며 200년 전부터 티베트문자를 빌려 이 언어를 기록하는 방법이 발달하여 청대(淸代)의 공문서에는 대부분 이 문자로 기록되었다. 현재에도 일부 원주민들 사이에서는 이 문자가 사용된다.

쟝중어(Zhangzhung)의 티베트 문자 표기도 있는데 이것은 쟝중어로 된 폰교 경전의 서사(書寫)에만 사용되고 일반인은 쓰지 않는 문자다.

3.1.5. 티베트 문자의 기원은 아직 확실하지 않다. 니시다 다쯔오(西田龍雄, 1987)에 의하면 자형(字形)의 유사성으로 보아 서기 5, 6세기 경 인도 북방에서 널리 사용되던 굽타(Gupta) 문자의 계통으로 추측하고 있고 티베트의 역사서 rGyal rabs gsal ba'i me long에서는 고대 인도의 란챠(Lañtsha−神의 문자) 문자가 티베트 문자 유두체(有頭體, dbu can)의 원형이라고 하기도 하고 우르두(Urudu) 문자가 무두체(無頭體, dbu med)의 원형이라고도 하나 이에 반대하는 학설도 적지 않다(河野六郎・千野榮一・西田龍雄, 2001 : 599~600).

이 세 문자를 사진으로 보이면 [사진 3-5, 3-6, 3-7]과 같다.

[사진3-5] 굽타 문자(牙音)　　　　　　[사진 3-6] 우르두 문자(牙音)

[사진 3-7] 란챠 문자(牙音)[12]

그 가운데 하나가 Bühler(1980)로써 란차 문자와 우르두 문자가 11세기에 성립되었다고 보기 어려우므로 티베트 문자가 이로부터 왔다고 볼 수 없다는 것이다. 그리고 Narkyid(1983)에서는 유두체에서 무두체로 옮아갔다고 보는 것이 자연스럽다고 하여 유두체와 무두체의 자형이 서로

___

12) 河野六郎・千野榮一・西田龍雄(2001 : 597)에서 재인용.

다른 기원을 가진 것에 대하여 비판적이었다. 더욱이 굽타 문자와도 얼마간 서로 다른 자형이 있어 두 문자가 반드시 같은 기원이라고 보기 어렵다고 하였다.

돈황(敦煌) 문헌에 보이는 유두체와 무두체의 자료를 보면 이 두 서체(書體)가 티베트 문자에서 확립된 것을 11세기경이라고 보아야 하며 그렇다면 란차 문자나 우르두 문자와의 관계는 인정하기 어렵다. 그러나 유두체와 무두체가 서로 다른 원형으로부터의 발달이라고 보는 것은 두 서체의 자형이 근본적으로 다르므로 어느 정도 타당성이 있다고 본다(河野六郎·千野榮一·西田龍雄, 2001 : 600).

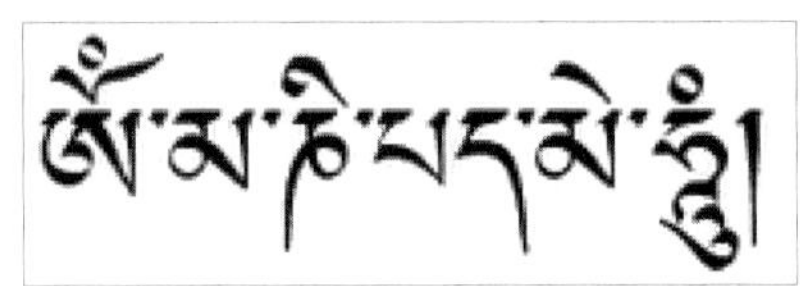

[사진 3-8] 티베트 문자(옴마니받메옴)

2. 거란(契丹) 문자의 제정

3.2.0. 다음으로 티베트 문자의 영향을 받아 중국 북방 민족 가운데 고유의 문자를 제정한 첫 예로 요(遼)의 거란문자를 들 수가 있다. 거란문자의 제정에 대하여 졸고(2010)에서 논의된 내용을 중심으로 고찰하기로 한다.13)

앞에서 살펴 본 바와 같이 7세기경에 티베트의 토번(吐蕃) 왕국(王國)에

---

13) 이 부분은 졸저(2009 : 104~132)의 '4.1. 역사적으로 본 몽고 주변의 표음문자'에서 논의한 내용을 수정 보완하여 옮긴 것이다.

서 송찬 감포(Srong-btsan sgam-po)가 톤미 아누이브(Thon-mi Anu'ibu)를 인도에 파견하여 고대 인도의 음성학, 즉 파니니(Pāṇini)의 비가라론(毘伽羅論), 즉 성명학(聲明學)을 배우게 하고 돌아온 다음에 그로 하여금 티베트 문자를 만들게 하여 그 문자로 티베트어는 물론 주변의 다른 언어까지 기록한 것은 널리 알려진 사실이다.

이후 유라시아대륙의 북방 민족들이 중국의 한자(漢字)문화에 대응하여 표음적인 신문자를 제정하는 것이 하나의 전통처럼 되었다. 다음에 기술할 요(遼) 태조(太祖) 야율아보기(耶律阿保機)가 제정하게 한 거란문자를 위시하여 금(金)의 태조(太祖) 아구타(阿骨打)의 여진문자, 몽골 제국의 太祖 칭기즈 칸(成吉思汗)의 몽고외올(蒙古畏兀) 문자, 원(元) 세조(世祖) 쿠빌라이 칸(忽必烈汗)의 파스파 문자, 청(淸) 태조 누르하치(奴兒哈赤)의 만주문자(滿洲文字) 등이 중국에 새로운 국가를 건설하고 한자문화에 대항하여 자민족의 언어를 기술하기 위해 제정한 신문자이다.

3.2.1. 이러한 전통은 토번(吐蕃) 왕조를 대신하여 세력을 갖고 국가를 건립한 유라시아 동북부의 여러 유목민족(遊牧民族) 사이에서도 그대로 유지되었다. 그 최초의 것으로 토번(吐蕃) 왕조 이후에 이 지역과 중국 화북(華北)지역을 석권(席捲)한 거란족(契丹族)의 요(遼) 나라가 문자를 제정한 것을 들 수 있다. 중국의 역사에서 당(唐) 왕조(王朝) 말년(末年)에 중원(中原)이 분란(紛亂)하여 번진(藩鎭)이 활거(割據)하였는데 거란(契丹) 귀족의 수령(首領)인 야율아보기(耶律阿保機)가 이 기회를 타서 각 부족을 통일하고 서기 907년에 황제(皇帝)라 칭하였으며 916년에 나라를 세웠다. 이것이 역사상 '거란(契丹)'이라고 부르기도 하는 '요(遼)' 왕조다.

거란(契丹) 왕조는 오대(五代)에 이어 북송(北宋)에 이르기까지 한족(漢族)

과는 남북으로 대치한 국가다. 이 왕조의 역사를 기록한 『요사(遼史)』는 <이십사사(二十四史)>의 하나로, 요국(遼國)이 극성(極盛)할 때에는 그 영토가 서쪽으로 금산(金山)과 유사(流沙)에 이르고 남쪽으로는 하북성(河北省) 중부, 산서성(山西省) 북부에 이르며 북으로는 외흥안령(外興安嶺)에 이르렀다. 오경(五京)을14) 설치하고 6부(臨潢府, 大定府, 遼陽府, 析津府, 大同部, 興中部)를 두었다. 주(州)와 군(軍), 성(城)이 156개, 현(縣)이 209개, 부족(部族)이 52개, 속국이 60개였다(淸格爾泰 外 4人, 1985).

요(遼)는 태조(太祖, 耶律阿保機), 태종(太宗, 耶律德光), 세종(世宗, 耶律阮), 목종(穆宗, 耶律璟), 경종(景宗, 耶律賢), 경종(經宗, 耶律隆緖), 흥종(興宗, 耶律宗眞), 도종(道宗, 耶律洪基), 천조황제(天祚皇帝, 耶律延禧)의 9제(帝)를 거쳤고 1125년에 금(金)에 망하였다. 금(金)이 바야흐로 요(遼)를 멸하려고 할 때에 요(遼)의 종실(宗室)인 야율대석(耶律大石)이 스스로 왕이 되어 서쪽으로 부족을 이끌고 가서 기올만(起兀漫, 현재 舊蘇聯 境內의 사마르칸트 부근)에서 황제(皇帝)라 칭하고 호사알이타(虎思斡耳朵, 지금 구소련의 타크마크 以東)에 도읍을 정하였으니 이것이 서요(西遼)다. 영토는 지금의 신강(新疆) 및 그 부근 지역을 포함하였다. 1211년 정권을 나이만(乃蠻)의 왕인 굴출율(屈出律)에게 빼앗겼어도 서요(西遼)의 국호를 계속 사용하였고 1218년에 몽고에게 멸망하였다.

거란(契丹) 왕조는 중국역사에서는 말할 것도 없고 세계 역사에서도 큰 영향을 주었는데 오로지 서쪽을 통제하여 중국과 서역(西域)의 교통을 이어주는 중요한 길을 터 주었기 때문이다. 이로 인하여 거란(契丹)이란 하나의 국가(國家), 또는 민족(民族)이 중국 전체를 통칭하기에 이르렀으며

---

14) 五京은 上京, 中京, 東京, 南京, 西京을 말한다. 上京은 臨潢으로 지금의 林東을 말하고 中京은 大定으로 지금의 寧城 경내를 말하며 東京은 遼陽, 南京은 析津으로 지금의 北京이고 西京은 大同을 말함.

이에 대하여는 유명한 마르코 폴로의 『동방견문록(東方見聞錄)』에서 자세하게 기록하였다.

아주 흥미 있는 것은 15세기 콜럼버스가 신대륙을 발견한 일도 거란(契丹)과 관계가 있는데 콜럼버스는 마르코 폴로의 『동방견문록』의 영향을 많이 받아서 스페인 국왕의 지령을 얻고 거란(契丹)과 인도(印度)를 방문할 수 있는 빠른 길을 찾아 서쪽으로 갔으며 그러다가 대서양을 건너서 아메리카 신대륙을 발견한 것이다(당시는 그곳을 契丹과 印度로 믿었다). 오늘날에 이르러는 어느 국가, 또는 한 민족의 언어에서, 예를 들면 러시아어 칼카 몽고어(蒙古人民共和國) 등에서는 거란(契丹)이란 단어의 발음만 바꾸어 중국을 부르는데 사용한다.15) 거란(契丹)의 요(遼) 왕조가 선 다음에 정치, 군사, 경제, 문화의 발전에 부응하고 한자(漢字) 문화로부터의 독자성을 유지하려는 민족적 자각(自覺)에서 거란대자(契丹大字)와 거란소자(契丹小字)를 제정하였다. 이 문자는 서로 유형적(類型的)으로 같지 않으며 그 해독이나 이해가 아직도 부족하다. 문자는 말을 기록하는 부호이어서 거란 문자를 연구하려고 한다면 반드시 먼저 거란어(契丹語)를 알아야 한다. 그것도 거란어의 역사적 연구가 있어야 하기 때문이다. 그러나 이에 대한 연구는 지지부진하다.

3.2.2. 요대(遼代) 거란인(契丹人)들의 언어 자료로 보존되어 내려온 것은 많지 않다. 『요사(遼史)』의 「국어해(國語解)」에 수록된 200여항 정도가 있는데 그 가운데 일부는 한어(漢語)의 어휘에 포함될 것이다. 인명, 지명 등 고유명사를 제거하면 겨우 100항에도 미치지 못할 것이다. 100항도 안 되는 이 어휘 가운데는 또 많은 관직(官職), 또는 관부(官府)의 명칭이

---

15) 고려 말기에 편찬된 중국어 교과서 '老乞大'의 '乞大'도 契丹을 지칭하는 것이다.

있어서 진정한 의미의 거란어(契丹語)의 기본 어휘는 겨우 40여개 항이 남을 뿐이다.16) 또 청대(淸代)에 편찬한 『삼사어해(三史語解)』의 「요사어해(遼史語解)」는 비록 수록한 어휘는 비교적 많다하더라도 단어 해석에 너무 주력하여 증거가 될 자료가 매우 적을 뿐만 아니라 예문(例文)의 인용도 부족하다.

북송(北宋) 유반(劉攽)의 『중산시화(中山詩話)』에서는 "거란(契丹)으로 가는 두 사신(使臣)이 호어(胡語)에 능하였네."라고 한 송(宋)나라 사신(使臣) 여정(余靖)이 거란어(契丹語)와 한어(漢語)를 섞어서 지은 칠언(七言) 율시(律詩) 한 수가 있다고 하였다.17) 이 시(詩)는 "夜宴設還(厚盛也) 臣拜洗(受賜)、兩朝厭荷(通好) 情感勤(厚重)、微臣雅魯(拜舞) 祝若統(福祐)、經壽鐵擇(崇高) 俱可忒(無極)。"(汲古閣『津逮秘書』 제5집)이라 하여 거란어(契丹語)와 한어(漢語)를 대작(對作)하여 섞어 놓은 것인데 "設還(厚盛也)、拜洗(受賜)、厭荷(通好)、感勤(厚重)、雅魯(拜舞)、若統(福祐)、鐵擇(崇高)、可忒(無極)"과 같은 대작어(對作語)에서 거란어(契丹語)를 추출할 수 있다(淸格爾泰 外 4人, 1985).

또 같은 책에서 심괄(沈括)의 『몽계필담(夢溪筆談)』에도 북송(北宋)의 사신이었던 조약(刁約)의 유사한 대작시(對作詩)가 있다고 하며 그로부터 몇 개의 거란어를 건질 수가 있다. 즉 "押燕移离畢, 看房賀跋支, 錢行三匹裂, 密賜十貔貍。"라는 시(詩)의 말미(末尾)에 주(註)를 붙이기를 "移离畢、官名, 如中國執政官。賀跋支、如執衣防閤。匹裂、小木罍、以色棱木爲之, 如黃漆。貔貍、形如鼠而大, 穴居、食果穀、嗜肉狄人爲珍膳, 味如狘子而脆。"이라 하여 "移离畢, 賀跋支, 匹裂, 貔貍" 등의 거란어를 추출하였다. 이때의 이 어휘

---

16) 예를 들면 '女古'(金), '孤穩'(玉), '阿斯'(大), '監母'(遺留), '耐'(首), '耶魯碗'(興旺), '陶里'(免), '捏褐'(犬), '爪'(百), '達剌干'(縣官), '幹魯朶'(官) 등이 있다.

17) 이 시는 叶隆禮의 『契丹國志』(권24)에도 수록되었으나 양자에는 글자의 차이가 있다.

들은 한자의 발음을 빌어 표기한 것으로 볼 수밖에 없다.

거란어와 중국어의 차이는 어휘만이 아니다. 기본적으로 고립적(孤立的)인 문법구조의 중국어에 대하여 교착어(膠着語)인 거란어는 어간(語幹)이 문법적 차이에 의하여 어형이 변할 뿐만 아니라 다른 문법요소들이 첨가되며 어순(語順)도 거란어(契丹語)가 'S(主語)＋O(目的語)＋V(敍述動詞)'의 문장구조를 가진 반면 중국어는 'S(主語)＋V(動詞)＋O(目的語)'의 구조를 보인다. 따라서 거란어로 중국 한문을 읽으려면 목적어를 먼저 읽고 서술동사를 읽어야 하기 때문에 거꾸로 읽게 된다. 이에 대하여는 다음과 같은 증언(證言)이 있다.

송대(宋代) 홍매(洪邁)의 『이견지(夷堅志)』 「병지(丙志)」(卷18)에 "契丹小兒初讀書, 先以俗語顚倒其文句而習之。 至有一字用兩三字者。 ―거란의 어린 아이들이 처음 글을 읽을 때에 먼저 속어(거란어를 말함)를 거꾸로 하여 그 문구를 배운다. 한 글자에 두 세자를 쓰기도 하여 [풀이한다.]"라 하여 거란어로 한문을 풀이할 때에 중국어의 뒤 부분을 먼저 읽는 문장 구조임을 밝히고 있다.

그리고 이 책에서는 이어서 퇴고(推敲)의 고사(故事)로 유명한 당(唐) 가도(賈島)의 오언율시(五言律詩)의 "조숙지중수(鳥宿池中樹), 승고월하문(僧敲月下門)"의 두 구(句)를 거란(契丹)의 아이들은 "月明里和尚門子打, 水底里樹上老鴉坐。 ―달 밝은데 스님이 문을 두드리고 물 밑 나무 위에 늙은 갈가마귀가 앉았다."라고 읽는다고 하는 이야기를 그가 송(宋)의 사신(使臣)으로 금(金) 나라에 갔을 때에 접반사(接伴使)이었던 비서소감(秘書少監) 왕보(王補)가 우스갯소리로 했다고 썼다. 이 왕보(王補)는 금주(錦州) 사람으로 거란인이라고 하였다.

거란어(契丹語)는 알타이어족에 속하는 몽골 계통의 언어다. 따라서 위의 소화(笑話)는 한자의 어순을 ·거란어에 맞추어 읽은 것을 말하는 것이다. 이것은 한반도의 신라(新羅)에서 임신서기석(壬申誓記石)의 한자 표기와 향찰(鄕札) 표기에서, 그리고 일본의 망요(萬葉) 가나 등에서도 흔히 발견되는 예들이다. 이러한 거란어를 한자로 기록하는 데 많은 어려움이 따랐고 그들은 새 나라의 건국과 더불어 자국의 언어를 표기하기 쉬운 새로운 문자를 만들었는데 이를 거란문자(契丹文字)라 한다.

3.2.3. 그러면 다음으로 契丹 문자의 제정과 사용에 대하여 살펴보기로 한다. 고구려(高句麗)의 후예(後裔)들이 세운 발해(渤海)는 중앙(中央)아시아의 강자(强者)로서 이 지역의 여러 민족을 다스렸으나 이미 발해는 한(漢) 문화의 영향을 받아서 한자(漢字)를 사용하였다.[18]

그러나 나라가 망하자 한문(漢文)을 사용하던 발해(渤海)의 유족도 뿔뿔이 흩어졌다. 당시 이 지역의 여러 민족은 한(漢) 문화의 영향으로 한문(漢文)을 사용하였고 그 한자(漢字)를 이용하여 자국의 문자를 만들어 사용하였다. 이런 한자의 변형(變形) 문자는 역사 기록으로 남아있는 자료 가운데 거란(契丹) 문자가 가장 이른 시기의 것으로 알려졌다.

거란문자(契丹文字, Khitan script)는 대자(大字, large)와 소자(小字, small)가 있다. 서기 916년에 요(遼) 태조 야율아보기(耶律阿保機)가 나라를 세운 뒤에 얼마 되지 않은 신책(神冊) 5년(920) 정월(正月)에 거란대자(契丹大字)를 만들기 시작하여 9월에 완성하고 이를 반행(頒行)하라는 조칙(詔勅)을 내렸다고 한다.[19] 이때에 요(遼) 태조를 도와 거란대자(契丹大字)를 만든 사람은 돌

---

18) 渤海에도 고유한 문자가 있었던 것으로 알려졌다. 渤海 遺蹟地에서 發掘되는 瓦當(기와) 등의 편린에 한자와 유사한 문자가 발굴되고 있어 이를 渤海문자로 보는 연구가 있다. 졸고(2012) 참조.

19) 『遼史』(권2) 「太祖紀」에 “神冊、春正月乙丑、始制契丹大字。[중략] 九月壬寅大字成、詔

려불(突呂不)과 야율노불고(耶律魯不古)인 것 같다.

즉 『요사(遼史)』(권75) 「돌려불전(突呂不傳)」에 "突呂不, 字鐸袞, 幼聰敏嗜學事, 太祖見器重。及制契丹大字, 突呂不贊成爲多。未几爲文班林牙, 領國子博士, 知制誥。 —돌려불은 자(字)가 탁곤(鐸袞)이며 어려서 총민하고 학문하는 일을 좋아므로. 태조[遼 太祖 耶律阿保機를 말함]가 그릇이 무거움을 알았다. 거란문자를 지을 때에 도와서 이룬 것이 많았고 문반에 들어가 한림(林牙)에 이르지는 못하였으나 국자학 박사, 지제고를 지냈다."이라는 기사(記事)가 이를 말한다.

또 동서(同書, 卷75) 「야율노불고전(耶律魯不古傳)」조에 "耶律魯不古, 字信貯, 太祖從侄也。初太祖制契丹國字, 魯不古以贊成功, 授林牙, 監修國史。 —야율노불고는 자(字)가 신저(信貯)이고 태조의 종질(從姪)이다. 처음에 태조가 거란 국자(國字)를 만들 때에 도와서 성공시켜서 임아(林牙)를[20] 주고 국사(國史)를 감수(監修)하게 하였다."라는 기사를 보면 그가 태조(太祖)의 신문자 제정(制定)을 도운 것임을 알 수 있다.

이들이 태조(太祖)를 도와 만든 문자는 신책(神冊) 5년(920)에 요(遼) 태조의 조칙(詔勅)으로 반포되었는데 이 거란국자(契丹國字)가 바로 '거란대자(契丹大字, Khitan large script)'이다.

거란대자로 알려진 자료로는 1951년 여름 요녕성(遼寧省) 금서현(錦西縣) 서고산(西孤山) 요묘(遼墓)에서 출토된 거란문(契丹文) 묘지명(墓誌銘)이 있다. 요(遼) 대안(大安) 5년(1089)에 사거(死去)한 정강군절도사(靜江軍節度使) 소효충(蕭孝忠)의[21] 무덤에서 나온 비문(碑文)은 길이 67cm, 폭 67cm, 두께 7.5cm

---

頒行之。"이란 기사 참조.

20) 遼나라의 관직으로 翰林에 해당함.

21) 蕭孝忠은 『遼史』에 등장하는 蕭孝穆의 아우다. 이 형제는 遼 阿古只의 5世孫으로 遼 成宗 太平년간에 大延琳이 東京(遼陽)에서 반란을 일으키자 형인 蕭孝穆이 延琳을 잡아 반

의 비신(碑身)에 1행 30자 전후로 모두 18행의 거란문자가 새겨져 있다. 한문으로 쓴 묘지(墓誌)도 있어서 3행에 "靜江軍節度使 蕭孝忠"이란 기사와 마지막 행에 "大安五年 歲次己巳十二年一月酉朔二十五日辛酉日辛時葬訖"이란 기사로 보아 그가 대안(大安) 5년에 사거하였으며 정월(正月) 25일에 장례를 마쳤음을 알 수 있다. 여기에 실린 거란대자는 아직 해독이 안 된 부분이 있다.

거란대자의 자료로는 전술한 적봉시(赤峯市) 아로과니(阿魯科尒) 심기(沁旗)에서 1975년에 발굴된 '북대왕묘지(北大王墓誌)'를 들 수 있다[사진 3-9] 참고).

[사진 3-9] 북대왕(北大王) 묘지(墓誌)(契丹大字)

3.2.4. 거란소자(契丹小字)는 이보다 몇 년 후에 요(遼) 태조의 황제(皇弟)인 질랄(迭剌)이 위구르의 사절(使節)들을 만나 그들의 표음적인 위구르 문자를 배워서 만든 문자다. 즉 원대(元代) 탈탈(脫脫)이 찬수(撰修)한 『요사(遼史)』(권 64) 「황자표(皇子表)」에 "迭剌, 字云獨昆。[중략] 性敏給, [중략] 回鶻

____

란을 진압하여 공을 세웠다. 형은 東京 留守를 지내고 말년에 北院樞密使를 지내었다.

使至, 無能通其語者。太后謂太祖曰, '迭剌聰敏可使'遣迓祖。相從二旬, 能習其言與書, 因制契丹小字, 數少而該貫。 —질랄은 자(字)가 독곤(獨昆)이다. [중략] 성격이 총민하고 원만하였다. 위구르(回鶻)의 사신이 도달하였는데 그 말에 능통한 사람이 없었다. 태후(太后)가 태조(太祖—遼의 太祖 야율아보기를 말함)에게 말하기를 '질랄(迭剌)이 총민하니 가히 쓸 만합니다'하니 [그를] 보내어 [使臣들을] 맞이하게 하였다. 서로 상종하기를 20일간 하여서 능히 그 말과 글을 배워 거란(契丹) 소자(小字)를 제정하였는데 글자 수는 적으나 모두 갖추고 꿰뚫었다."라고 하여22) 위구르(回鶻) 사신들에게 위구르 문자를 배워 거란소자를 지었음을 말하고 있다.

거란 대자(大字)와 소자(小字)는 요대(遼代)에 계속해서 함께 사용한 것으로 보인다. 즉 대자(大字)가 불편하여 이를 없애고 소자(小字)를 제정한 것이 아니라 이 두 문자는 일정기간 병용(併用)된 것으로 보인다. 중국의 사서(史書)에는 거란문자를 시험하는 제도를 소개하고 있다. 이 문자들은 요(遼)가 멸망할 때까지, 아니 오히려 요(遼)가 망한 이후에도 쓰였다. 즉 금대(金代)에 들어와서도 이 문자의 사용을 폐지하는 '詔罷契丹字'의 조칙(詔勅)이 금(金) 명창(明昌) 2년(1191)에 내려질 때까지 300년에 걸쳐 계속해서 사용되었다.

다만 거란문자를 기록한 서책이나 문서는 오늘날 거의 없다. 명대(明代)에 요(遼), 금(金), 원(元) 등 북방민족이 독자적인 문자를 제정하여 사물이나 역사를 기록한 자료들을 대부분 폐기(廢棄)하였다. 한자문화를 보전하기 위하여 한족(漢族)의 명(明)이 얼마나 철저하게 이러한 이문자(異文字)의 기록물을 파괴하였는지는 졸저(2009)에서 파스파 문자의 기록을 예로

---

22) 清格爾泰 외 4인(1985 : 4)에서 재인용함.

하여 상세하게 다루었다.

현재 잔존(殘存)하는 자료 가운데 어느 것이 대자(大字)이고 소자(小字)인지 분명하지 않았다. 그동안은 경릉(慶陵)식23) 문자가 대문자이고 서고산(西孤山) 요묘(遼墓)식24) 문자가 소문자라고 인정하여 왔다. 그러나 최근에는 반대로 경릉(慶陵)식이 소자(小字)이고 요묘(遼墓)식이 대자(大字)라는 것이 밝혀졌다. 그것은 경릉(慶陵)식 문자는 얼핏 보기에는 필획(筆劃)이 매우 많아 '대문자(大文字)'처럼 보이지만 이 글자들은 분해(分解)할 수가 있는데 분해가 가능한 대문자를 더 나눈 작은 단위를 '원자(原字)'라고 부른다.25) 이 원자는 필획(筆劃)이 많지 않고 하나의 음절을 문자화 한 것이어서 표음문자라고 할 수 있다.

이 거란소자의 원자(原字)는 약 400자로 추정되는데 칭걸타이(淸格爾泰) 외(1985)에서는 378개의 원자를 추출하여 제시하였다. 이를 사진으로 보이면 다음과 같다.

---

23) 遼의 皇陵인 慶陵은 내몽고자치구 赤峯市 巴林右旗 경내의 白塔子 부근에 위치하고 있다. 1920년에 이 능이 발굴되었는데 능 안의 사면에 돌비석이 있었고 그 비석에는 한자와 거란문자로 보이는 글자가 새겨져 있었다. 당시 赤峯市 일대에서 선교를 하고 있던 벨기에 선교사 게르빈(L. Kervyn)이 이를 베껴서 1923년에 Le Bulletin Catholique de Pekin(vol. 10, No. 118, 『北京天主敎會雜誌』 제10권 제118호)에 발표하였으며 후에 뻬이오(P. Peillot)가 편찬한 『通報(Toung Pao)』에도 게재되었다. 이것은 당시로서는 대 사건이었다. 이 慶陵에 새겨진 거란문자를 경릉식 문자라고 하며 최근에 이것은 契丹小字임이 최근 밝혀졌다(淸格爾泰, 1997 : 103).

24) 1939년에 일본의 稻田君山씨가 골동품 상인에게서 『故太師銘石記』를 구입하여 여기에 쓰인 알 수 없는 문자가 契丹문자라는 논문을 발표하였다. 당시에는 이 문자가 慶陵식 거란문자와 차이가 있어 이를 거란문자로 인정하지 않았으나 1951년 중국 遼寧省 錦西縣 西孤山의 遼墓에서 역시 해독할 수 없는 墓誌가 출토되었는데 이것이 거란대자이며 赤峯市 寧城縣 경내에서 발굴된 「大遼大橫帳蘭陵郡夫人建靜安寺碑」의 비문과 동일 계통이고 앞서 稻田君山씨가 발굴한 것도 같은 계통의 문자임을 알 수 있게 되었다고 한다(淸格爾泰, 1997 : 104).

25) 최소 서사 단위인 原字는 서로 결합하여 하나의 음절을 만들 수 있는데 현재로서는 약 400자 가량의 原字를 추출하였다(淸格爾泰, 1997 : 124).

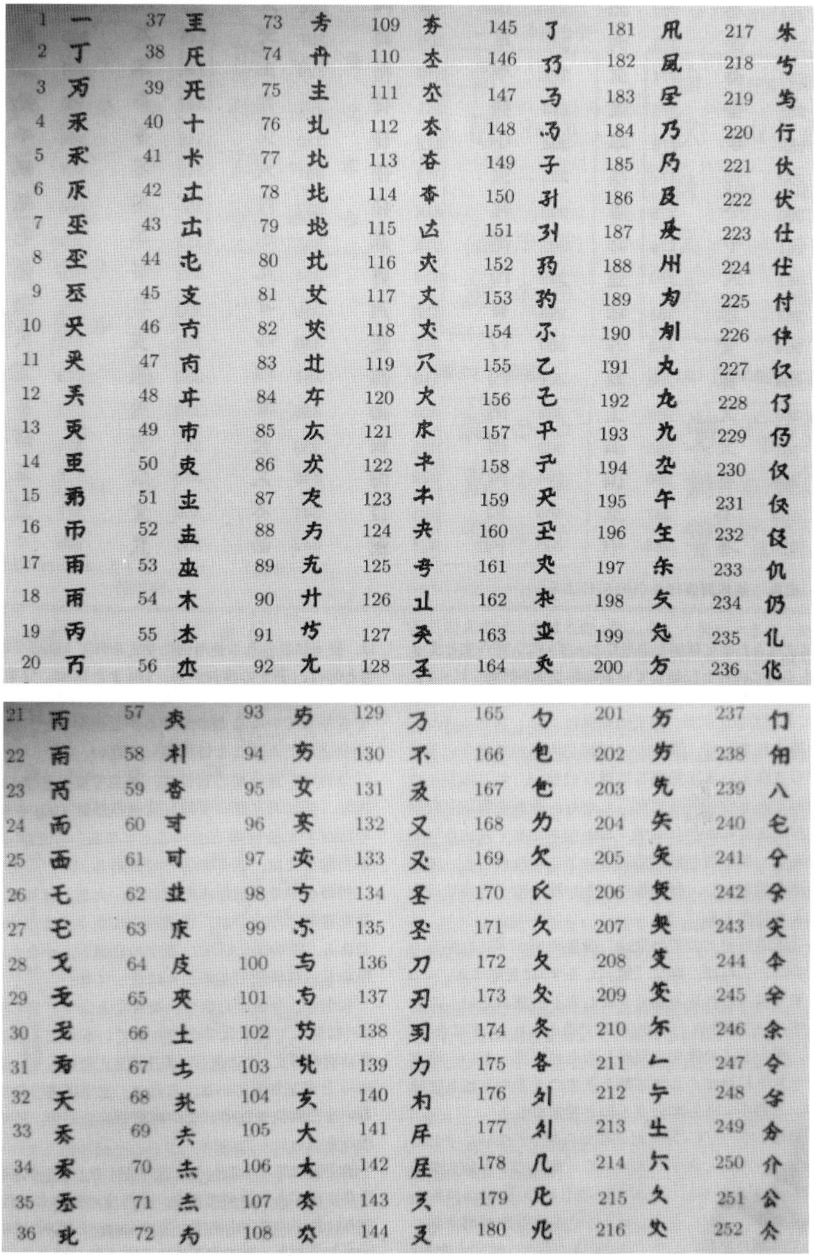

No.		No.		No.		No.	
1	一	37	王	73	秀	109	秀
2	丁	38	厈	74	丹	110	本
3	丙	39	死	75	主	111	杰
4	采	40	十	76	圠	112	杰
5	釆	41	卡	77	比	113	吞
6	尿	42	圡	78	毗	114	奋
7	巫	43	击	79	地	115	击
8	坙	44	屯	80	仳	116	夹
9	巠	45	支	81	艾	117	丈
10	哭	46	内	82	艾	118	丈
11	哭	47	肉	83	圠	119	尺
12	关	48	年	84	存	120	丈
13	戛	49	市	85	灰	121	床
14	亘	50	更	86	犾	122	卉
15	弱	51	圭	87	友	123	本
16	帀	52	盐	88	方	124	共
17	雨	53	血	89	无	125	亏
18	雨	54	木	90	升	126	止
19	丙	55	本	91	竹	127	癸
20	万	56	林	92	尤	128	壬
21	雨	57	夹	93	劣	129	乃
22	雨	58	利	94	劣	130	不
23	丙	59	杏	95	女	131	丞
24	而	60	可	96	英	132	又
25	西	61	可	97	卖	133	叉
26	毛	62	业	98	丂	134	圣
27	毛	63	床	99	亦	135	坚
28	戋	64	皮	100	与	136	刀
29	毛	65	夹	101	丂	137	刃
30	我	66	土	102	劣	138	剄
31	雨	67	去	103	扰	139	力
32	天	68	共	104	支	140	利
33	委	69	共	105	大	141	屈
34	界	70	杰	106	太	142	屋
35	委	71	杰	107	夵	143	叉
36	玭	72	丙	108	交	144	叉

No.		No.		No.		No.	
145	了	181	凧	217	朱		
146	丐	182	風	218	兮		
147	马	183	屋	219	鸟		
148	丙	184	乃	220	行		
149	子	185	乃	221	伏		
150	升	186	及	222	伏		
151	列	187	疫	223	仕		
152	狗	188	州	224	仕		
153	狗	189	匀	225	付		
154	示	190	削	226	伸		
155	乙	191	丸	227	仪		
156	毛	192	九	228	行		
157	平	193	九	229	仍		
158	子	194	坐	230	仅		
159	灭	195	午	231	仮		
160	壬	196	生	232	伇		
161	夹	197	朵	233	仉		
162	本	198	矢	234	仍		
163	业	199	气	235	化		
164	灸	200	方	236	化		
165	勺	201	劳	237	门		
166	包	202	劣	238	佣		
167	包	203	先	239	八		
168	为	204	矢	240	宅		
169	欠	205	矢	241	今		
170	氏	206	气	242	令		
171	久	207	奂	243	炎		
172	久	208	烖	244	伞		
173	久	209	笑	245	伞		
174	冬	210	朱	246	余		
175	各	211	厶	247	令		
176	列	212	宁	248	守		
177	利	213	生	249	分		
178	几	214	六	250	介		
179	凡	215	久	251	公		
180	北	216	攵	252	仐		

[사진 3-10] 거란소자의 378개 원자(原字)[26]

　　반면에 서고산(西孤山) 요묘(遼墓)식 거란자는 필획(筆劃)이 비교적 적어 '소자(小字)'로 인정되었지만 매자(每字)가 하나 또는 몇 개의 음절을 기술하며 대부분 뜻글자로서 더 이상 분해(分解)가 불가능하다. 이 서고산 요묘(遼墓)식 거란자는 문자가 매우 많아 현재까지 발견된 자수가 1,800여 자가 된다(淸格爾泰, 1997 : 124)고 한다.[27]

---

26) 칭걸타이(淸格爾泰, 1985)에 정리된 것을 河野六朗·千野榮一·西田龍雄(2001 : 299~ 300)에서 재인용함.

27) 이상의 조건으로 보아 慶陵식 거란자는 "數少而該貫"이란 『遼史』에 언급된 소문자의 특징과 부합되는데 '數少'는 글자수가 적다(400자)는 뜻이고 '該貫'은 거란어의 발음을 잘 표기한다는 뜻으로 볼 때에 이 두 표현에 맞는 것은 慶陵식 거란문자로 보아야 한다는 것이다(淸格爾泰, 1997 : 124).

3.2.5. 거란 대자(大字)와 소자(小字)를 제정한 정확한 이유에 대하여
아직 확실한 설명은 찾기 어렵다. 다만 칭걸타이(淸格爾泰, 1997 : 106)에서

> 爲什麼創制了兩種文字呢?　這可能和契丹語的特點和契丹人的文化交流情況有
> 關. 起初契丹人模仿漢字創制了契丹大字. 漢字是形、音、義結合的單音節字, 這
> 點很適合漢語的特點.　但契丹語是阿爾泰語系語言類型的黏着語,　多音節詞較多,
> 附加成分較多. 用漢字類型的字來表達, 不但需要有形、音、義結合的表示實體詞
> 的多音節字,　而且還需要有表示語法意義的表音字.　如像日本文中的漢字加假名,
> 朝鮮文中的漢字加諺文. 可是這類文字體系的發展和完備, 非短時期所能完成. 在
> 契丹大字還有發展到完備的時候, 契丹族又接觸到了拼音文字的回鶻文. 於是受到
> 啓發, 在漢字字形基礎上創制了基本上是表音的契丹小字. 形成了外形上雖都像漢
> 字, 但性質上不同的兩種文字體系. ─이 두가지 문자를 창제한 이유는 무엇
인가? 아마도 거란어의 특징과 거란인의 문화교류 상황과 관련될 것이
다. 처음에 거란인들은 한자를 모방하여 거란대자를 창제하였다. 한자는
형(形), 음(音), 의(義)가 결합된 단음절 문자이어서 한어의 특징에 매우
적합한 문자다. 그러나 거란어는 알타이어계 언어로서 유형적으로 교착
어이다. 따라서 다음절 어휘가 비교적 많고 부가되는 성분도 비교적 많
다. 그러므로 한자와 같은 유형의 문자로 표기할 경우 실사(實辭)를 표기
하기 위하여 형(形), 음(音), 의(義)가 결합된 다음절 문자가 있어야 하고
또 문법적 의미를 갖는 [허사(虛辭)를 표기하기 위한] 표음문자도 있어야
할 것이다. 그러나 이런 문자 체계의 발전과 완성은 단시일 내에 이루어
질 수 있는 것이 아니다. 거란대자가 아직 성숙되기 이전에 거란족은 표
음문자인 위구르 문자와 접하게 된다.[28] 거기에 착안하여 그들은 한자
자형(字形)의 기초 위에서 표음문자인 거란소자를 창제하게 된 것이다.
그리하여 비록 외형상으로는 모두 한자와 비슷하나 성격이 다른 두 문
자 체계가 형성된 것이다.

---

28) 이 언급은 거란소자가 遼 태조 아구타의 皇弟 迭剌이 위구르의 使節들을 만나 그들의 표
    음적인 위구르 문자를 배워서 만든 문자라는 3.2.3의 기술을 말하는 것이다.

라고 거란대자와 거란소자의 제정에 대하여 언급하였다. 한반도에서 신라의 향찰(鄕札)과 고려의 석독(釋讀) 구결(口訣)의 두 계통으로 나뉜 한자의 차자표기를 암시하는 것 같은 매우 중요한 발언이었으나 당시에는 아무도 이를 이해하지 못한 것은 매우 유감스러운 일이 아닐 수 없다.

위의 발언을 감안하면 신라의 향찰(鄕札)은 거란(契丹) 대자(大字)와 유사한 표기체계이고 거란 소자(小字)는 석독(釋讀) 구결(口訣)과 같은 표기체계로 볼 수 있다. 한반도에서 향찰(鄕札)과 구결(口訣)은 고려시대와 조선시대 전기에 동시에 사용되었다. 예를 들면 남풍현(1994)에서 소개된 『시경석의(詩經釋義)』가 신라의 향찰 표기를 계승하여 사용하였다면 고려시대에 시작된 구결(口訣) 표기, 특히 석독 구결과 구결 약자(略字)는 거란소자와 같은 이유로 제정되어 사용되었을 가능성이 없지 않다. 한자 문화권(文化圈)과 인접한 중국 북방민족들의 문자 생활은 대동소이한 면이 있었음을 알 수 있다.

3.2.6. 거란문자(契丹文字)에 대하여는 송대(宋代) 왕역(王易)의 『연북록(燕北錄)』과 도종의(陶宗儀)의 『서사회요(書史會要)』에 기재된 "朕, 勅, 走, 馬, 急"에 해당하는 5개의 거란자(契丹字) 자형(字形) 이외에는 알려진 것이 없었는데 1920년 전후로 중국 내몽고(內蒙古) 자치구(自治區) 적봉시(赤峰市) 파림우기(巴林右旗) 경내(境內)의 백탑자(白塔子) 부근에서 경릉(慶陵)이 발굴되었고 1922년 여름에 역시 적봉(赤峰) 일대에서 선교(宣敎)하던 게르빈(L. Kervyn)에 의하여 중릉(中陵)의 묘실(墓室)에서 발견된 요(遼) 제7대 흥종(興宗, 在位 1031~1055)의 비문(碑文)과 그의 비(妃)인 인의황후(仁懿皇后)의 비문('哀冊'으로 불림)이 초사(抄寫)되어 학계(學界)에 보고한 다음부터 거란문자(契丹文字)의 실체가 확실해졌다.

이때에 발굴되어 공개된 '애책(哀冊)' 등의 거란문(契丹文) 자료는 대부분 거란소자(契丹小字)의 것으로 거란대자(契丹大字)는 1951년 여름 요녕성(遼寧省) 금서현(錦西縣) 서고산(西孤山)의 요묘(遼墓)에서 출토된 거란문 묘지명(墓誌銘)이 대표적이다.[29]

[사진 3-11] 거란소자로 된 『도종애책(道宗哀冊)』의 책 덮개(탁본)[30]

거란소자(契丹小字)의 자료로는 금(金) 천회(天會) 12년(1134)에 제작된 「대금황제도통경략낭군행기석각(大金皇弟都統經略郎君行記石刻)」(이하 '郎君行記'로 약칭)이 널리 알려졌다. 원래 이 비문(碑文)은 여진대자(女眞文字)가 공포(公布)된 1119년 이후의 것이어서 여진문자로 인식되었으나 전술한 거란문 자료인 애책(哀冊)의 자형과 일치하므로 거란문자의 자료로 밝혀졌다. 이 비문은 거란문과 한문 문장이 좌우로 대조(對照)되게 새겼다. 한문은 왼

---

29) 예를 들면 '北大王墓志' 등을 말한다.
30) 이것은 遼 제8대 道宗(재위 1056~1100)을 추모하는 '哀冊' 뚜껑의 탁본이다. 淸格爾泰 외 4인(1985 : 권두)에서 재인용한 것이다.

쪽에 작은 글씨로 쓰였으며 거란문을 번역하여 오른쪽에 새긴 것이다. 다음 [사진 3-12]는 그 대역의 방법을 보여준다.

[사진 3-12] 「낭군행기(郎君行記) 석각(石刻)」의 '大金皇弟都統經略鄓君'에 해당하는 거란소자(契丹小字)

[사진 3-12]에서 본 바와 같이 거란대자(契丹大字)는 한자(漢字)의 필획(筆劃)을 줄여서 표기하였지만 역시 표의(表意) 문자이며 약 1800여 자가 있었던 것으로 추정된다. [사진 3-11], 그리고 [사진 3-12]의 위쪽에 보이는 거란소자(契丹小字)는 표음문자의 형태를 갖고 있어서 한자가 한 음(音), 또는 한 음절(音節)을 표시한다. 현재 인정되는 거란소자는 원자(原字)가 378자 정도이다([사진 3-10]을 참조). 거란대자(契丹大字)는 물론이고 거란소자(契丹小字)의 해독(解讀)도 아직 완전하지 못하다.

거란대자(契丹大字)의 해독은 1980년대에 다수의 자료가 발굴되고 나서 많은 진전이 있었으나[31] 아직도 핵심 부분의 해독은 이루어지지 않았다. 지금까지 알려진 거란대자의 자료로는 1980년 경 중국 요녕성(遼寧省)에서 발굴된 야율연녕묘지(耶律延寧墓誌, 986년 제작), 북대왕묘지(北大王墓誌, 1041), 고태사명석기(故太師銘石記, 1056), 소효충묘지(蕭孝忠墓誌, 1089), 소포로묘지(蕭袍魯墓誌, 1090), 야율습열묘지(耶律習涅墓誌, 1114)가 있으며 이를 대상으로 하는 해독이 활발하게 진행되었으나 여러 차례 시행착오를 거쳐

---

31) 예를 들면 1983년에 발굴된 「耶律仁先墓誌」를 비롯하여 1991년 발굴된 「海棠山契丹小字墓誌殘石」(요녕성 阜新몽고족자치현)과 역시 1991년에 발굴된 「耶律宗教墓誌銘」(요녕성 北滿族자치현), 1993년의 「契丹小字金代博洲防禦使墓誌殘石」(赤峯市 敖汗旗), 1995년의 「三山鄕契丹小字墓誌殘石」(적봉시 巴林左旗) 등이다.

어느 정도의 성과를 얻었지만 해명되는 범위는 한정되어 있고 아직 문
자 해독의 중핵 부분은 알지 못한다(河野六郎・千野榮一・西田龍雄, 2001 : 297~
298).

3.2.7. 거란대자는 어디까지나 한자와 같은 표의문자로써 신라(新羅)
향찰(鄕札)의 석독자(釋讀字)와 같이 거란어(契丹語)로 읽어야 하는 부분도
있고 또 중국어의 동북(東北) 방언음(方言音)으로 읽어야 하는 음독자도 많
기 때문에 그 연구와 해독은 지지부진하다.[32] 또 거란 사회 조직의 특
수성에 따라 여러 다른 계급(階級)과 관직(官職), 부족명(部族名) 등의 고유
명사가 있는데 이것도 향찰(鄕札)과 같이 음독자(音讀字)와 석독자(釋讀字)를
섞어서 표기하였다.

그에 비하여 거란소자(契丹小字)는 거의가 음독자(音讀字)를 변형한 것이
기 때문에 그 해독은 거란대자(契丹大字)에 비하여 비교적 용이하다. 거란
소자의 자형이 약간 돌궐(突厥) 문자와 유사하고 표음적(表音的) 성격을 가
졌다는 점에서 상술한 바와 같이 요(遼) 태조의 동생 질랄(迭剌)이 위구르
의 사자(使者)들과 만나서 위구르의 말과 글을 배운 후에 만들었다는 내
용을 뒷받침한다.

거란문자는 요(遼)가 멸망(1125)한 이후에도 사용되었으며 금(金)의 명창
(明昌) 2년(1191)에 이 문자를 폐지하라는 조령(詔令, 詔罷契丹字)이 있기 전까
지 300여 년간 북방 지역의 문자로 사용되었다.

3.2.8. 거란문자(契丹文字)의 해독과 연구는 1920년대의 발굴에서 시작

---

32) 1996년에 거란대자가 표음적인 음절문자라는 주장이 제기되었다. 劉鳳翥 ; “契丹大字中
若干官名和地名之解讀,”『民族語文』 4期(1996), 北京 참조.

되어 1930년대 이후 중국에서의 뤄후우청(羅福成), 뤄후우이(羅福頤), 왕찡루(王靜如), 리딩쿠이(厲鼎煃)와 일본의 야마지 히로아키(山路廣明), 오타기 마쓰오(愛宕松男), 다무라 지쓰조(田村實造), 오사다 나쓰기(長田夏樹), 무라야마 시치로(村山七郎), 도요타 고로(豊田五郎) 등의 연구가 있었으며 구소련에서는 나제르야에프(B. M. Наделяев), 스타리코프(B. C. Стариков)의 연구가 있었으나 이때의 연구는 탐색(探索)의 단계에서 실험적(實驗的)인 연구였다.

1970년대에 중국의 내몽고대학(內蒙古大學) 몽고어문(蒙古語文) 연구실과 중국 사회과학원(社會科學院) 민족연구소(民族硏究所)가 중심이 되어 거란문자(契丹文字)에 대한 본격적인 연구가 이루어졌다.33) 1985년에 간행된 칭걸타이(清格爾泰) 외(外) 4인(1985)의 연구, 즉 『거란소자 연구(契丹小字硏究)』(中國社會科學院出版社, 北京)에서 거란 문자에 대한 연구의 한 획을 그었다.

이 논저에는 그때까지 발견된 거란문자의 자료들이 수록되었다. 그러나 그 이후에도 중요한 자료들이 발견되었는데 전게서에 미처 수록되지 못한 자료를 소개하면 「야율인선묘지(耶律仁先墓誌)」(遼寧省 北票에서 1983년 발견, 1991년 발표), 「해당산거란소자묘지잔석(海棠山契丹小字墓誌殘石)」(遼寧省 阜新몽고족자치현에서 1991년 발견), 「야율종교묘지명(耶律宗敎墓誌銘)」(요녕성 北鎭滿族자치현에서 1991년 발견), 「거란소자 금대 박주방어사 묘지잔석(金代博洲防禦使墓誌殘石)」(赤峯市 敖汗旗에서 1993년 발견), 「삼산향(三山鄉) 거란소자묘지잔석」(적봉시 巴林左旗에서 1995년 발견) 등이 발견되어 이에 대한 연구가 지금까지 계속되고 있다(清格爾泰, 1997 : 23).

---

33) 內蒙古大學 蒙古語文연구실에는 清格爾泰, 陳乃雄, 邢夏禮 등의 契丹語文의 전문가가 있었고 社會科學院 民族研究所에는 劉鳳翥, 于寶林 등의 연구자가 있었다.

3. 여진문자(女眞文字)

3.3.0. 다음으로 여진족(女眞族)의 금(金)에서 제정된 여진문자(女眞文字, Jurchin or Jurchen script)에 대하여 살펴보기로 한다.[34] 여진어(女眞語)는 남 퉁구스 계통의 만주어(滿洲語)와 나나이어(語)의 중간 위치에 있는 퉁구스 어로 중국에서 금대(金代)와 명대(明代)에 만주지역에 거주하던 여진족의 언어다.

전술한 바와 같이 스텝의 여진 지역에서는 거란문자(契丹文字)가 통용 된 지 수백 년 후에도 여진족(女眞族)은 각전(刻箭, 화살대에 새김—필자)의 방 법으로 통신하였으며 여진의 일족이 금(金) 나라를 세운 후에도 초기에 는 문자가 없었다. 李德啓(1931 : 1)에 의하면

[전략] 自建國稱金之後, 始漸知契丹文及漢字。王圻續文獻通考一八四卷三一 頁云; "金初無字, 及獲契丹漢人, 始通契丹漢字。太祖遂命谷神依漢人楷字, 因 契丹字制度, 合本國語, 製女眞字行之。後熙宗製女眞小字, 谷神所製爲大字。"— 나라를 세워 금(金)이라 칭한 다음부터 [여진족은] 점차 거란 문자 및 한 자를 알기 시작하였다. 왕기(王圻)의 『속문헌통고(續文獻通考)』(권184 : 31)에 말하기를 "금(金)나라는 처음에 글자가 없었으나 거란인(契丹人)과 한인(漢人)을 얻어 거란 문자와 한자로 소통하기 시작하였다. [금(金)] 태 조가 명을 내려 곡신(谷神)으로 하여금 한인(漢人)들의 해자(楷字)[35]에 의 거하고 거란 문자의 제도에 따르며 본국의 말에 맞추어 여진 문자를 만 들어 사용하였다. 후에 희종(熙宗)이 여진 소자(小字)를 만들었는데 곡신 (谷神)이 지은 것은 대자(大字)라고 하였다"라고 하다.[36]

---

34) Lie(1972 : 192~202)에 등장하는 Jürčenn(복수형 Jürčet)은 바로 여진족을 말하며 중국 이나 한반도의 역사서에서는 '女眞'으로 기술되었다.

35) 한자의 자체 가운데 楷書体를 말함.

36) 비슷한 내용이 陶宗儀의 『書史會要』에도 전한다. 그것을 옮겨보면 "金人初無文字。國勢

라고 하여 여진대자(女眞大字)와 소자(小字)가 금(金)의 국초(國初)에 만들어졌
음을 알 수 있다.

　3.3.1. 여진족(女眞族)의 동여진(東女眞) 안출호(安出虎)의 완안부(完顔部) 추
장(酋長)이었던 아구다(阿骨打)가 송화강(松花江) 유역의 영고탑(寧古塔, Ningguta)
지역에서 주변 여러 부족을 통합하여 요(遼)를 멸하고 나라를 세워 금(金)
이라 하였으며 황제에 올라 태조(太祖)가 되었다.37) 그는 통치를 위한 문
자가 없어 완안희윤(完顔希尹, 本名은 谷神)에게 명하여 한자의 해서체(楷書字)
를 변형하여 표음적인 여진자(女眞字)를 만들게 하였는데 이것이 여진대
자(女眞大字)인 것이다.
　즉『금사(金史)』(권73)「완안희윤전(完顔希尹傳)」에 "太祖命希尹撰本國字備制
度, 希尹依漢人楷字, 因契丹字制度, 合本 國語, 制女眞字。天輔三年八月字書
成, 太祖大悦命頒行之。 —태조(아구타를 말함—필자)가 희윤(希尹)에게 명하여
이 나라의 글자를 제도에[맞추어] 편찬하라 하니 희윤이 한인의 해서자
(楷書字)에 의거하여 제도에 따라 거란자를 이 나라의 말에 맞도록 여진
자를 만들었다. 천보(天輔) 3년(1119) 8월에 문자가 이루어져서 태조가 크
게 기뻐하고 반행(頒行)할 것을 명하다."라는 기사가 있어 위의 사실을
확인할 수 있다.
　이 기사에 의하면 한자의 해서자(楷書字)에 의거하고 거란자(契丹字)에
맞추어 만들어진 여진대자(女眞大字, Jurchen large script)가 천보(天輔) 3년

　日强, 與隣國交好, 酒用契丹字。太祖命完顔希尹{本名谷神}, 撰國字。其後熙宗亦製字竝
　行。希尹所製謂之女眞大字, 熙宗所製之女眞小字。"와 같다.
37) 이때의 여진족과 金이 몽고에 멸망한 이후의 여진족을 구분한다. 몽고족에 멸망한 여진
　족들은 만주로 쫓겨나 海西衛, 建州衛, 野人女眞으로 나뉘어 16세기 말까지 살다가 建州
　衛의 누르하치가 이들을 통합하고 後金을 세웠으며 中原까지 정복한 다음 淸을 건국하
　여 중국을 통일하였다.

(1119)에 완성되어 칙명(勅命)으로 반포(頒布)되어 국자(國字)로 사용되었음을 알 수 있다.

후에 제3대 희종(熙宗, 在位 1135~1149)이 다시 만든 여진자(女眞字)는 여진소자(女眞小字)라고 불렀는데 역시 『금사(金史)』(권4) '희종(熙宗) 천권(天眷) 원년(元年) 정월(正月)'조에 "頒女眞小字。皇統五年五月戊午，初用御製小字。 ─[천권(天眷) 원년(1138) 정월에] 여진소자를 반포하였다. 황통(皇統) 5년(1145) 5월 무오(戊午) 일에 임금이 만든 소자(小字)를 사용하였다."라는 기사가 있어 천권(天眷) 원년(元年, 1138)에 여진소자(女眞小字)를 만들어 반포하였고 황통(皇統) 5년(1145) 5월에 처음으로 왕이 만든 소자를 사용하였음을 알 수 있다. 이것이 여진소자(女眞小字, Jurchen small script)이다.

3.3.2. 이 여진문자(女眞文字)에 대한 연구는 이 문자에 대한 몇 개의 자료, 즉 명대(明代)에 편찬된 것으로 여진어(女眞語)와 한어(漢語)의 대역(對譯) 어휘집(語彙集)이며 예문집(例文集)인 『여진관역어(女眞館譯語)』38)을 위시하여 금대(金代)의 「대금득승타송비(大金得勝陀頌碑)」(1185), 명대(明代)의 「누르한도사영녕사비(奴兒汗都司永寧寺碑)」(1413) 등의 비문(碑文)과 부패(符牌), 동경(銅鏡)에 쓰인 문자들이 있다. 이들은 여러 변형(變形)으로 나타나지만 기본적으로 거의 같은 종류의 자형(字形)으로 쓰였다.

여진자(女眞字)에 대한 연구는 거란문자에서 언급한 바 있는 천회(天會) 12년(1134)에 섬서성(陝西省)의 당(唐) 건릉(乾陵)에 세운 비문(碑文)에 쓰인 「대금황제도통경략낭군행기(大金皇弟都統經略郎君行記)」(「郎君行記(낭군행기)」로 약칭)에 쓰인 문자를 여진대자(女眞大字)로 판단하고 『여진관역어(女眞館譯語)』 등의 자료에 있는 문자를 여진소자(女眞小字)로 추정하였다.

---

38) 이 자료는 明代 四夷館에서 간행한 『華夷譯語』의 하나로 '永樂女眞譯語'라고도 불린다.

이러한 주장은 청대(淸代) 도광(道光) 연간에 유사륙(劉師陸)으로부터 시작되어 인경(麟慶) 등의 청대(淸代) 학자들에 의하여 이어졌다. 그러나 1962년에 당시 내몽고대학(內蒙古大學) 교수이었던 진광핑(金光平)이 "從契丹大小字到女眞大小字—거란대·소자로부터 여진대·소자에 이르기까지—"란 논문을 발표하면서 전게한 「낭군행기(郞君行記)」의 문자가 거란문자(契丹文字)임을 밝혔다(金光平·金啓綜, 1980).[39]

또 진광핑(金光平)은 『금사(金史)』의 기록에 "策用女眞大字 詩用女眞小字—책(策)에는 여진대자를 쓰고 시(詩)에는 여진소자를 썼다."라는 기사에 근거하여 만일에 여진문(女眞文)의 시(詩)가 있으면 여진소자로 쓰였을 것임을 추정하였다. 다행히 1960년대에 「오둔양필시각석(奧屯良弼詩刻石)」([사진 3-13])이 발견되어 여진소자(女眞小字)로 쓰인 시(詩)를 찾을 수가 있었는데 여기에 쓰인 여진자들은 모두 『여진관역어(女眞館譯語)』의 것과 크게 다르지 않았다. 이로부터 여진대자(女眞大字)와 소자(小字)의 구별이 비로소 가능하게 되었다.

[사진 3-13] 산동성(山東省)에서 발굴된 오둔양필(奧屯良弼) 여진자 시각(詩刻)[40]

39) 金光平은 상술한 慶陵에서 발견된 '哀冊'이 거란소자로 쓰인 것이 밝혀짐에 따라 같은 문자로 기록된 「낭군행기」가 거란소자의 표기임을 밝힌 것이다.

여진문자는 금(金) 제4대 왕인 세종(世宗) 때에 대대적인 보급정책을 펼쳤다. 산서(山西)의 서경(西京) 대동부(大同府)와 상경(上京) 회녕부(會寧府)에 여진학(女眞學)을 설립하고 각처에서 수재(秀才)를 입학시켜 여진 문자를 교육하였다. 또 과거시험(科擧試驗)에 여진진사과(女眞進士科)를 두고 관리를 선발하였다. 『논어(論語)』, 『사기(史記)』, 『정관정요(貞觀政要)』를 위시한 많은 한적(漢籍)들이 여진어로 번역되어 여진문자(女眞文字)로 기록되었다.

夭元夆矛委尚

[사진 3-14] 여진문재[옴마니밧메옴]

4. 거란(契丹), 여진(女眞)문자의 특징과 고려의 구결자(口訣字)

3.4.0. 위에서 거란대·소자(契丹大·小字)와 여진대·소자(女眞大·小字)가 한자(漢字)를 변형시켜 만든 문자임을 고찰하였다. 한자(漢字)는 언어 유형론적으로 고립적(孤立的)인 문법구조(文法構造)의 중국어(中國語)를 표기하기 위하여 만든 표의문자(表意文字)로 각 글자가 '형(形), 음(音), 의(義)'를 갖고 중국어를 표기한다. 즉 한자(漢字)는 육서(六書)의 제자 방법에 따라 만들어진 자형(字形)이 있고(-形) 그에 해당하는 발음(發音)이 있으며(-音) 각 글자가 하나 또는 몇 개의 의미(意味)를 갖는다(-義). 이 한자(漢字)로 교착적(膠着的)인 거란어(契丹語)나 여진어(女眞語)를 비롯한 북방민족의 언어를 표기할 때에는 적지 않은 불편이 따른다. 역시 교착적(膠着的)인 한국어와

---

40) 金光平·金啓綜(1980 : 卷頭)에서 재인용함.

일본어를 표기할 때에도 같은 현상이 생긴다.

예를 한국어와 일본어에서 들어보면 '사람(ひと)'이나 '먹다(食べる)'는 중국어에서는 '인(人)'과 '식(食)'이라는 한자 표기로 족하지만 교착적(膠着的)인 이 두 언어에서는 "사람-은(人は), 사람-이(人が), 사람-을(人を), 사람-에게(人に), 사람-으로(人で)", "먹-다(食べる), 먹-고(食べて), 먹-으니(食べに), 먹-으며(食べながら)"와 같이 문법적 기능에 따라 첨가되는 요소가 있다. '사람'과 '먹다'는 한자 '人'과 '食'의 형·음·의(形·音·義)으로 표기할 수 있지만 나머지 요소(要素)들(-은, -이, -을, -에게, -으로, -다, -고, -으니, -으며)은 한자 표기가 어렵다. 즉 한자의 형음의(形音義)에서 '뜻(義)'이 명확하지 않은 것이다. 이를 위하여 한반도에서는 한자를 빌려 자국의 언어를 표기할 때에 구결자(口訣字)를 따로 만든 이유가 있다.

3.4.1. 거란어(契丹語)와 여진어(女眞語)에서도 같은 현상이 예상된다. 현재 밝혀진 거란문자(契丹文字)나 여진문자(女眞文字)의 제자(制字)는 그 근원(根源)을 한자에 두고 이를 다음의 방법으로 변형하여 언어 표기에 사용하였다. 먼저 거란어(契丹語)의 표기에 이용된 경우를 예로 하여 살펴본다.

1) 한자의 형음의(形音義)를 모두 빌려서 표기하는 경우—皇帝, 太后, 太王
2) 한자의 형(形)과 의(義)만을 빌리는 경우—一, 二, 五, 十
3) 한자의 형(形)만을 빌리는 경우—仁, 往, 弟, 田, 有, 行, 未, 高, 面, 全, 乃

清格爾泰 外 4人(1985 : 5~6)

그러나 대부분의 거란대·소자(契丹大·小字)는 한자(漢字)와 같지 않고

한자를 변형(變形)하여 개조(改造)하였다. 한자와 매우 다른 거란문자를 보
이면 다음과 같다.

[사진 3-15] 한자와 완전히 다른 거란문자

　그러나 거란어(契丹語)를 표기하는 음절 단위의 문자로 한자를 그대로
빌려 쓴 경우도 없지 않다. 현재가지 알려진 거란문자로 한자와 같은 것
은 다음과 같다.

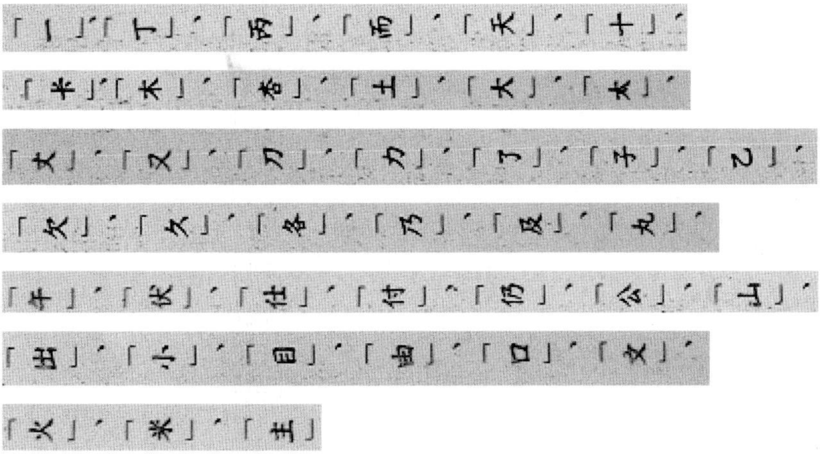

[사진 3-16] 한자를 그대로 이용한 거란자[41]

　3.4.2. 이러한 거란대자의 한자 차용(借用)은 한반도에서의 구결자 사
용과 혹사(酷似)하다. 구결자를 넣어 이두식(吏讀式)으로 한국어를 본격적
으로 표기한 예는 『대명률직해(大明律直解)』(30권)와[42] 『양잠경험촬요(養蠶經

---

41) [사진 3-15]와 [사진 3-16]은 淸格爾泰 외 4인(1985 : 5~6)에서 발췌한 것임.

驗撮要)』(1권)[43]인데 그 가운데 예를 들어 보면 다음과 같다.

『대명률직해(大明律直解)』의 예,
[漢文] 凡奴婢毆家長者皆斬, 殺者皆凌遲處死, 過失殺者絞, 傷者杖一百流三
千里。(卷20, 刑律, '奴婢毆家長'조)
[吏讀] 凡奴婢亦, 家長乙, 犯打爲在乙良, 並只斬齊。致殺爲在乙良, 並只車
裂處死齊。失錯殺害爲在乙良, 絞死齊。有傷爲在乙良, 杖一百遠流
齊。
[諺解] 凡奴婢이 家長을 犯打ᄒᆞ견을랑 다모기 斬ᄒᆞ제. 致殺ᄒᆞ견을랑 다
모기 車裂處死ᄒᆞ제. 失錯ᄒᆞ야 殺害ᄒᆞ견을랑 杖一百ᄒᆞ고 遠流ᄒᆞ제.

『양잠경험촬요(養蠶經驗撮要)』의 예.
[漢文] 蠶陽物 大惡水 故食而不飮
[吏讀] 蠶段 陽物是乎等用良 水氣乙 厭却 桑葉叱分 喫破爲遣 飮水不冬
[諺解] 蠶돈(ᄃᆞᆫ) 陽物이온돌쓰아 水氣를 厭却 桑葉ᄲᅮᆫ 喫破ᄒᆞ고 飮水안돌

이 예의 이두문(吏讀文)에서 "亦, 乙, 爲在乙良, 並只, 齊, 段, 是乎等用良, 叱分, 爲遣, 不冬"과 같은 구결(口訣)을 찾을 수 있으며 여기에 쓰인 구결자는 모두 한자의 자형(字形)과 동일하다. 그러나 고려시대에 들어오면 한자를 간략화(簡略化)시킨 약체자(略體字)의 구결자가 나타난다.

주로 고려시대의 석독구결(釋讀口訣)에서 나타나는 한자의 약체(略體)는 다음과 같다.[44]

---

42) 『大明律直解』은 朝鮮時代 高士褧, 金祗 등이 明의 『大明律』을 吏讀로 直解하고 鄭道傳, 唐誠 등이 이를 潤色하여 태조 4년(1395)에 鑄字로 刊行한 것이다.

43) 『養蠶經驗撮要』는 朝鮮 太宗 15년(1415)에 韓尙德이 元의 司農寺에서 편찬한 『農桑輯要』(卷4) 「養蠶」條를 拔萃하여 吏讀로 번역한 것이다. 『大明律直解』보다 더욱 整齊된 吏讀表記의 모습을 볼 수 있다.

44) *표 표시는 訓讀字를 말함.

원자(原字)			원자(原字)			원자(原字)			원자(原字)		
口訣字	略體字	發音(音價)	口訣字	略體字	發音(音價)	口訣字	略體字	發音(音價)	口訣字	略體字	發音(音價)
去	𠫓	kə	在*	ナ	kyə	古	ㅁ	ko	果	ㅅ	kwa
彌*	尒	kɯm	中*	十	kɯi, hɯi	只	ハ	ki	尼	ヒ	ni
隱	ㄱ	eun	飛*	ㅌ	na	多	丨	ta	羅	罒	ra
入*	の	tɐ	是*	リ	i	乎	ㅎ, ノ	o, ho	爲	ソ	hɐ

[표 3-2] 구결자와 약체자(略體字) 및 음가(音價)

위의 예를 보면 고려시대의 약체(略體) 구결자(口訣字)는 한자(漢字)를 변형(變形)시켰는데 주로 원자(原字)의 한 부분을 따 온 것으로 볼 수 있다. [사진 3-16]에 보이는 한자는 다른 거란자(契丹字)와 매우 유사(類似)하다. 반면에 한자와 동일한 구결자도 없지는 않다. 다음의 예들은 구결자가 한자를 그대로 차용한 예이다.

加可去巨溫西要應衣伊齊他土吐下何爲牛打好其

古昆羅麻麼祢底丁陳田刀都巴

이러한 예는 거란자(契丹字)에서도 볼 수 있는 바와 같이 한자를 그대로 차용하여 표기한 것이다.

3.4.3. 그러나 거란소자(契丹小字)의 경우는 표음적(表音的)인 표기이어서 구결자(口訣字)와 표기 방식이 다르다. 전술한 바와 같이 거란어(契丹語)와 고려어(高麗語), 조선어(朝鮮語)는 교착적(膠着的)인 문법구조(文法構造)를 가졌기 때문에 한 어간(語幹, stem)이 문장 속에서 문법적 특성에 의하여 여

러 형태(形態)가 첨가된다. 이것을 구결(口訣)로 표기하면 다음과 같다.

ᄒ다(爲)의 굴절(屈折). ( )안은 구결자(口訣字)의 약체자(略體字)
ᄒ고, ᄒ니, ᄒ며, ᄒ라─爲古(ﾉ口), 爲尼(ﾉヒ), 爲旀(ﾉ犭), 爲羅(ﾉ罘)

이에 대하여 거란소자에서도 역시 같은 방법으로 어미(語尾)와 조사(助詞)와 같은 형태부(形態部)를 한자(漢字)를 빌려 표기하였는데 거란소자의 경우 다음과 같은 예를 들 수 있다.

먼저 거란어의 소유격 조사(助詞)는 '-n'으로 매개모음에 따라 "-ən. -in, -un, -ɔn, -an, -ün"으로 나타나는 6개의 이형태(異形態)가 있다. 거란소자는 이들을 모두 표기하였는데 이를 사진으로 보이면 [사진 3-17]과 같다.

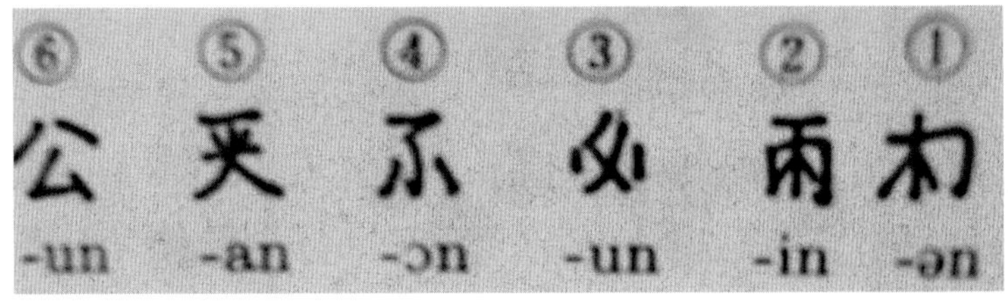

[사진 3-17] 거란어의 소유격 조사 표기 거란소자

여기에 보이는 한자 변형의 거란소자(契丹小字)는 모두 표음문자(表音文字)로 거란어(契丹語)의 소유격(所有格) "① -ən. ② -in, ③ -un, ④ -ɔn, ⑤ -an, ⑥ -ün"을 표기한 것이다. 이들은 명사의 어간(語幹) 다음에 붙어 [사진 3-18]과 같이 표기된다.

唐(당)의(①)   황제(皇帝)의(②)   황태후(皇大后)의(③)

대왕(大王)의(④)   부마(駙馬)의(⑤)   耕幹쇼麽(皇后)의(⑥)

[사진 3-18] 거란어(契丹語)의 어간(語幹)에 붙은 소유격 조사 6개[45]

이러한 거란소자(契丹小字)의 표기와 구결자(口訣字)는 기본적으로 그 표기 방식이 다르다고 볼 수 있다. 다만 한반도(韓半島)의 한자표기(漢字表記)에 '돌(乭)'과 같은 표기가 거란소자의 표기에서 발달하였을 가능성이 전혀 없는 것은 아니고 소위 '훈주음종(訓主音從)'으로 알려진 '역상불역하(譯上不譯下)', '의자말음첨기법(義字末音添記法)'의 향찰(鄕札)표기와 관련이 있을 것이다.

김완진 외 2인(1990 : 154)에서는 이러한 중국 성운학(聲韻學)에 입각하여 한자의 음절구조를 인식하는 현대 복선음운론(non-linear phonology)의 방법으로 다음과 같이 그렸다.

---

45) [사진 3-17]과 [사진 3-18]은 河野六郎・千野榮一・西田龍雄(2001 : 302~303)에서 발췌한 것임.

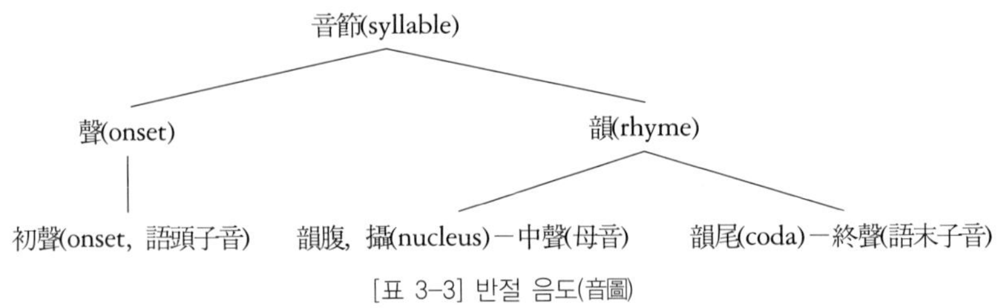

[표 3-3] 반절 음도(音圖)

실제로 거란소자에서는 표음적인 문자를 만들어 사용하였는데 음절 초 자음(子音) 성(聲, onset)에 운(韻, rhyme)을 결합시키는 방법을 택하였다. -ing를 운(韻)으로 가진 예를 사진으로 보이면 다음과 같다.

[사진 3-19] "景, 兵, 寧, 令"의 거란자   [사진 3-20] 성모(聲母)

[사진 3-19]를 보면 冊가 성모(聲母[사진 3-16])의 오른 쪽에 붙어 [-ing] 운(韻)을 표시하고 있다. 이와 같이 한자를 변형시킨 음절 표음 문자를 성모(聲母, onset)에 붙여 표음적인 거란소자를 만들었으며 전술한 바와 같

이 380개 정도의 성모(聲母)와 운(韻)을 표시하는 음절(音節) 표음(表音) 문자를 만들어 사용하였다.

이제 淸格爾泰 외 4인(1985)에서 이제까지 추출된 거란소자의 음절 문자 378개를 사진으로 보인 것이 [사진 3-10]으로 앞에서 옮겨놓았다. 따라서 거란소자는 성모(聲母, 어두 자음, onset)와 운(韻, 모음과 음절말 자음, rhyme)을 표기하는 원자(原字)를 만들고 이를 조합(組合)하여 다음절의 거란어 형태부를 표기한 것으로 보인다.

한반도(韓半島)의 구결자(口訣字)도 아직 정확한 수효는 알지 못하나 어미와 조사로 사용할 수 있는 음절 표기의 한자를 규정하고 그들을 반복하여 사용하여 한자로 표기하기 어려운 형태부를 표기한 것으로 이해된다. 앞으로 이러한 방향으로 구결자 연구가 진행되기를 바라는 마음 간절하다.

5. 몽고외올(蒙古畏兀) 문자 및 만주(滿洲) 문자

3.5.0. 다음으로 거란의 요(遼)와 여진의 금(金) 다음으로 중앙아시아 스텝지방을 석권하고 대제국(大帝國)을 건설한 몽골의 칭기즈 칸(成吉思汗)이 도입한 몽고 외올자(畏兀, 위구르 문자를 말함)에 대하여 역시 졸저(2009 : 106~119)의 서술을 중심으로 고찰하고자 한다. 이 문자는 위구르인들이 사용한 문자로 위구르인(Uighurs)은 일반적으로 Finno-Ugric, Baraba, Tatars 및 Huns 족을 말한다.

이 가운데 전통적으로 위구르 족으로 불리는 종족이 8세기 중엽에 돌궐(突厥)을 쳐부수고 몽골 고원에 위구르 가한국(可汗國)을 세웠다. 그러나 이 나라는 9세기 중엽에 이르러 키르기스(Kirgiz)족의 공격을 받아 궤멸(潰滅)하였고 위구르 족은 남쪽과 서쪽으로 나뉘어 패주(敗走)하였다. 남쪽으로 도망간 위구르 족은 당(唐)으로의 망명이 이루지지 않아서 뿔뿔이 흩어졌다. 서쪽으로 향한 위구르 족의 일부가 현재 중국의 감숙성(甘肅省)에 들어가 그곳에 왕국(王國)을 세웠다가 11세기 초엽에 이원호(李元昊)의 서하(西夏)에 멸망하였다.

한편 현재의 신강성(新疆省) 위구르 자치구(自治區)에 들어간 별도의 일파(一派)는 9세기 후반 당시의 언자(焉耆), 고창(高昌), 북정(北庭)을 중심으로 한 지역에 '서(西) 위구르 왕국(王國)'으로 일반에게 알려진 국가를 건설하였다. 이 나라도 13세기 전반 몽골족의 발흥(勃興)에 의하여 멸망을 길을 걷게 되었고 결국은 사라지게 되었다(龜井 孝·河野六郎·千野榮一, 1988 : 739). 이것이 다음에 설명할 나이만(乃蠻)으로 보인다. 우수한 문명을 가졌던 이 나라는 몽고 문화에 지대한 영향을 주었다.

3.5.1. 원(元) 태조(太祖) 칭기즈 칸은 나이만(乃蠻, Naiman)을 정복하고 포로로 잡아온 위구르인(畏兀人) 타타퉁아(塔塔統阿, Tatatunga)로 하여금 위구르 문자(畏兀文字)로 몽고어를 기록하는 방법을 고안하여 태자 오고타이(窩闊臺)와 제한(諸汗)에게 가르쳤다. 즉 『원사(元史)』에 다음과 같은 기사가 있다.

塔塔統阿畏兀人也, 性聰慧、善言論、深通本國文字。乃蠻大敭可汗尊之爲傅, 掌其金印及錢穀。太祖西征, 乃蠻國亡, 塔塔統阿懷印逃去, 俄就擒。帝詰之曰: 大敭人民疆土悉歸於我矣, 汝負印何之？ 對曰：臣職也。將以死守, 欲求故主授之耳。安敢有他？ 帝曰：忠孝人也。問是印何用？ 對曰：出納錢穀委任人才, 一切事皆用之, 以爲信驗耳。帝善之, 命居左右。是後凡有制旨, 始用印章, 仍命

掌之。帝曰：汝深知本國文字乎？ 塔塔統阿悉以所蘊對，稱旨遂命教太子諸王以畏兀字書國言。－타타퉁아는 위구르 사람이다. 천성이 총명하고 지혜로우며 언론(言論)을 잘 하였고 자기 나라 글자(위구르 문자를 말함－필자)를 깊이 알았다. 나이만(乃蠻)의 대양가한(大敭可汗－나이만의 황제를 말함))이 존경하여 스승을 삼고 금인(金印) 및 돈과 곡식을 관장하게 하였다. 태조(칭기즈 칸을 말함)가 서쪽으로 원정하여 나이만의 나라를 멸망시켰을 때에 타타퉁아가 금인(金印)을 안고 도망을 갔다가 곧 잡혔다. 황제(칭기즈칸을 말함－필자)가 따져 물었다. "대양(大敭)의 인민과 강토가 모두 나에게로 돌아왔거늘 네가 금인을 갖고 무엇을 하겠는가?" [타타퉁아가] 대답하여 말하기를 "신(臣)의 직분입니다. 마땅히 죽음으로써 지켜서 옛 주인이 주신 바를 구하려고 한 것일 뿐 어찌 다른 뜻이 감히 있겠습니까?" 황제가 말하기를 "충효(忠孝)한 인물이로다. 묻고자 하는 것은 이 인장(印章)을 무엇에 쓰는 것인가?" 대답하기를 "전곡(錢穀) 출납을 위임받은 사람이 일체의 일에 모두 이것을 사용하여 믿고 증명하려는 것일 뿐입니다." 황제가 좋다고 하고 [타타퉁아를 황제의] 곁에 두도록 명하였다. 이후로부터 모든 제도를 만드는 명령에 인장(印章)을 사용하기 시작하였고 [타타퉁가가] 명을 받들어 이를 관장하였다.46) 황제가 말하기를 "네가 너의 나라의 문자를 깊이 아느냐?" 하였더니 타타퉁아가 모두 알고 있다고 대답하였다. [그는] 황제의 뜻으로 태자와 여러 왕들에게 위구르 문자로 나라의 말(몽고어를 말함－필자)을 쓰는 것을 가르치는 명령을 수행하였다(『元史(원사)』 124권 「列傳」 제11 '塔塔統阿(타타퉁아)'조).

이에 의하면 나이만(乃蠻)의 타타퉁아에 의하여 그 나라의 문자인 위구르 문자로 몽고어를 기록하게 되었음을 알 수가 있다. 이것이 몽고 위구르자(畏兀字, Mongolian Uigur alphabet)라고 불리는 몽고인 최초의 문자로 초

---

46) 몽고의 오고타이 칸(窩闊臺汗, Ogödäi, 후일 元 太宗) 시대에도 印璽를 만들어 耶律楚材와 田鎭海에게 나누어 관장 시켰는데 용처는 漢人과 色目人의 군사에 관한 일에 국한하였다.

기에는 유오이(維吾爾-위구르) 문자라고 불리기도 하였다.[47)]

또 조공(趙珙)의 『몽달비록(蒙韃備錄)』에 "其俗旣朴, 則有回鶻爲隣, 每於兩
{說郛本作西}河博易販賣於其國。迄今文書中自用於他國者皆用回鶻字, 如中國
笛譜字也。今二年以來, 因金國叛亡降附之臣無地容身, 願爲彼用, 始敎之文書,
於金國往來却用漢字。 -[몽골은] 그 풍속은 순박하고 위구르(回鶻)가 이웃
에 있어서 매번 그 나라에 물건을 널리 판매하였다. 지금까지의 문서 가
운데 타국에 보내는 것은 모두 위구르(回鶻) 문자를 썼는데 중국의 적보
(笛譜)의 문자와 같다. 이제부터 2년 이래에 금나라가 모반을 일으켰다가
망하여 항복한 다음에 그 신하들이 용신(容身)할 곳이 없어서 그들을 고
용하여 문서를 만드는 것을 가르치기 시작하였으며 금나라와의 왕래에
서는 한자를 썼다."라는 기사가 있어 몽고가 그들과 이웃한 위구르인의
사용한 위구르 문자를 빌려서 서역의 여러 민족과 통교하고 金(금) 나라
와는 한자를 사용하여 통교하였음을 알 수가 있다.

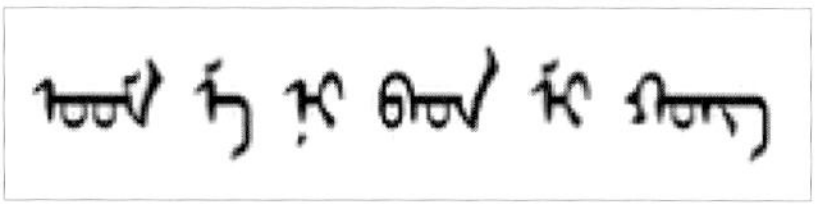

[사진 3-21] 몽고 위구르 문자[옴마니받메옴]

위구르 문자는 전술한 위구르인들이 사용하던 문자다. '서(西)위구르왕
국(王國)'의 중심지로서 위구르인들의 고토(故土)이었던 지역은 서방(西方)
이슬람 세력의 영향 아래에 들게 되어 15~16세기에는 위구르 족이 불
교에서 이슬람교로 개종(改宗)하게 된다. 위구르 문자로 쓰인 자료로 가장
유명한 것이 위구르 문헌인데 이슬람교로 개종하기 이전에 위구르인들

---

47) 몽고어의 문자 표기에 대하여는 Vladimirtsov(1929 : 19), Poppe(1933 : 76)를 참고할 것.

에 의하여 기록된 자료가 '위구르 문헌(文獻)'이다. 위구르 문자로 쓰인 이 문헌의 언어는 위구르어(語)이고 이 언어는 돌궐어(突厥語)와 함께 '고대 투르크어(語)'로 취급되었다. 소위 Turco-Tatars라고 불리는 언어를 말한다.

이에 대하여 Klaproth(1812)에서는 "이제까지 모든 역사가들은 이름의 유사성으로 인하여 이 타타르의 위구르인을 비잔틴인의 위구르인과 러시아의 연대기에 나타난 유고르인 및 유고르트어와 혼동하고 있다. 그러나 두 후자, 즉 뒤의 두 언어와 민족은 완전히 다른 언어이며 다른 민족에 속한다."라고 하여48) 이 두 언어가 서로 구별되는 다른 언어임을 강조하였다. 돌궐어(突厥語)는 오르혼 비문(碑文), 예니세이 비문(碑文)으로 널리 알려진 몽골 고원의 돌궐 문자 비문의 언어를 말한다.

위구르 문헌의 대부분은 19세기 후반으로부터 20세기 초반에 걸친 14~15년간에 걸쳐 유럽과 일본의 탐험대에 의해서 투르키스탄이나 돈황(敦煌), 투루판(吐魯蕃, 옛 高昌 지역)에서 발굴되었고 지금도 중국의 돈황과 투루판에서는 발굴이 계속되고 있다. 위구르 문헌의 대부분은 종교 관계의 내용을 담고 있으며 당시 이들이 신봉하던 불교(佛敎)에 관한 것이 가장 많고 마니(Mani)교에 관한 것도 꽤 있다.

그리고 아주 적지만 기독교(基督敎)에 관한 것도 있다. 프랑스 왕 루드비히 9세가 사자(使者) 루브리뀌(Rubriquis)를 망구 칸(Mangu chan)의 궁(宮)에 보냈는데 루브리뀌가 여행 중 위구르인을 카라코룸 근처에서 보았으며 그들의 언어는 투르크어와 코마어(Komanischen)라고 보고하였다는 기록이 있다. 즉 Klaproth(1812)에 "18프랑스 왕 루드비히 9세는 흔히 루브리뀌이라

---

48) 원문을 소개하면 다음과 같다. "Durch eine blosse Namensähnlichkeit verleitet, haben bisher alle Geschichtschreiber diese Tatarischen Uiguren mit den Uguren der Byzantinner und den Jughoren und Jugritschen der Russischen Chroniken verwechselt, da diese doch zu einem ganz anderen Sprache- und Völkerstamm gehören." Klaproth(1812 : 11)

고 불리는 브라방 출신의 프란치스코 수도사인 륀스브뢱을 1253년경 망구 칸의 궁(宮)에 보냈었다. 루브리뀌는 여행 중 위구르인을 당시 몽골족 칸들의 진궁(陣宮)인 카라코룸 근처에서 보았으며, 그들의 언어는 투르크 어와 코만어의 근원이며 뿌리라고 보고하였다"라고 기술하였다.[49]

위구르 문헌의 대부분은 위구르 문자로 기록되었다. 불경(佛經)은 위구 르 문자 이외에도 브라미(Brāhmī) 문자, 소그드(Sogd) 문자, 티베트(Tibetan) 문자로 기록된 것도 있다. 몽고 외올(畏兀, 위구르의 한자표음)자는 이러한 위구르 문자(Uighur script)를 차용하여 몽고어 표기에 사용한 것이다. 아 람(Aram)문자로부터 파생(派生)한 소그드(Sogd) 문자는 소그드인(人)의 활동 과 더불어 고대 소그디아나(Sogdiana)로부터 중앙아시아 일대, 그리고 중 국 본토에서도 소그드인들에 의하여 사용되었다. 위구르인(人)들은 소그 드와의 교류에 의해서 소그드 문자를 도입(導入)하여 사용하였는데 현재 중국 신강성(新疆省) 위구르 자치구(自治區)와 감숙성(甘肅省) 등지에 위구르 문자로 쓰인 문헌들을 남겨놓았다.

羅常培・蔡美彪(1959 : 4~5)에서 몽고 위구르자(畏兀字)가 회회자(回回字— 페르시아문자)에서 연유된 것으로 본 것은 소그드 문자의 영향을 말한 것 이다. 전술한 『몽달비록(蒙韃備錄)』에 나오는 중국 적보(笛譜)의 '회골자(回鶻 字)'는 마땅히 '위구르 문자(畏兀字)'를 말하는 것으로 여기서 '회골(回鶻)' 은 '위구르(畏兀, Uighur)의 이역(異譯)'이라고 하였다.[50] 그리고 당시 몽고

<hr>

49) Klaproth(1812 : 14) "Ruynsbroeck, den man gewöhnlich Rubirquis nennt, ein Minorit aus Brabant, wurde ums Jahr 1253 von dem Französichen König Ludwig dem Neunten, an den Hof des Mangu-chan geschickt. Er fand auf siener Reise Juguren in der Nachbarschaft von Karakorum, den damaligen Hoflager der Mongolischen Chane, und berichtet, dass ihre Sprache der Ursprung und die Wurzel der Türkischen und Komantischen sei."라는 기사를 참고할 것.

50) 다음에 논술할 田鎭海가 위구르(畏兀) 출신으로 보아 元 帝國은 위구르인(畏兀人)으로 하

통치자는 동서로 널리 퍼져있는 국가를 통치하기 위하여 서역(西域)에서는 위구르 문자(畏兀字)를 사용하고 금(金)나라와 같은 동방(東方)에서는 한자를 사용하였으며 실제로 몽고 통치자는 이 두 문자의 어느 것도 읽거나 쓰지 못했던 것으로 추측된다고 한다(羅常培·蔡美彪, 1959 : 5).

또 당시 몽고인들도 문자를 사용하기보다는 전부터 사용하던 '소목(小木)'에 새겨서 통신을 한 것으로 보인다. 타타통아가 가르친 것은 오직 태자(太子) 오고타이와 제왕(諸王)들 뿐으로 통치 계급의 극소수만이 문자를 이해하였고 많은 몽고인들은 '각목기사(刻木記事)'의 전통적 방법을 사용한 것이다. 그러나 위구르 문자는 점차 보급되어 파스파 문자가 제정되기 이전에 이미 상당히 보급되었다.

위구르 문자는 모두 18개 문자로 맨 처음의 aleph(로마자의 alpha에 해당함)로부터 17번째의 tau에 이르기까지 소그드 문자의 배열순서와 대부분 일치하고 맨 마지막의 resh만은 위구르인들이 따로 만든 것이다. 모두 표음문자로 음소 단위의 문자를 마련하였다. 몽고가 중앙아시아의 스텝 지역을 통일하기 이전에 이 문자는 나이만(Naiman), 케레이츠(Kereits) 등에서 사용되었다.

3.5.2. 초기 몽고인들의 문자 사용에 대하여 본격적인 연구는 아직 이루어지지 않았고 많은 사실이 알려지지 않은 채 남아있다. Poppe (1957)의 서문 첫머리에

The early history of Mongolian writing still has not been fully studied. In particular, questions such as the exact time when Mongolian writing originated, when the Uigur alphabet penetrated to the Mongols,

여금 위구르문자(畏兀字)를 쓰게 하였음을 알 수 있다.

and about the period when the written language(which is still used by considerable number of Mongols) was formed, remain unsolved.

라고 하여 정확하게 언제 몽고인들이 문자를 사용하였는지를 밝히는 일과 또 언제 위구르 문자가 나이만(Naiman)이나 케레이츠(Kereits)를 통하여 몽고인들에게 유입되었는지에 대한 연구는 아직도 해결되지 않은 과제로 남아있음을 언급한 바 있다.

이 문자의 근원으로 『원사(元史)』에 등장한 '나이만(乃蠻)'의 위구르 문자에 대하여 지금까지의 연구(Klaproth, 1812, Pelliot, 1925)에 의하면 역시 많은 사실들이 밝혀지지 않은 채 연구가 중단된 상태다. 그러나 Poppe(1965)에서는 위구르 문자가 소그드 문자에서 왔다고 보았다. 즉 Poppe(1965 : 65)에

By far the larger number of Ancient Turkic texts, namely those of later origin (IX~X centuries), are written in the so-called Uighur script. The latter developed from the Sogdian alphabet, to be exact, from what the German scholars called "sogdishe Kursivschrift", i.e., Sogdian speedwriting. the Uighur transmitted to the Mongols. ─매우 많은 고대 투르크어 자료, 다시 말하면 후기 자료(9세~10세기)가 소위 말하는 위구르 문자로 쓰였다. 후자[위구르 문자]는 소그드 문자의 자모에서, 정확하게 말하면 소그드 문자의 속기체(速記体, Kursivschrift)에서 발달한 것이다. 위구르 문자는 후대에 아마도 12세기 후반을 지나서 몽고에 전달되었다.

라고 하여 소그드 문자에서 위구르 문자가 나왔고 그것이 다시 몽고에 전달된 것으로 보았다. 또 포페 교수는 소그드인이 현재 구소련의 타지

크스탄(Tadjikstan)이나 우즈베크스탄(Uzbekistan)의 인접지역에서 한 세기 동안 살았던 이란(Iran) 사람들이라고 하고 소그드 문자는 고대 투르크에서 오로지 8세기경의 불경(佛經)에만 쓰였고 다른 문헌에는 거의 사용되지 않았다고 한다.

소그드 문자는 음절 초에(initial, onset) 16개 문자, 음절 가운데(medially)에 18개 문자, 음절 말(final, coda)에 17개 문자를 사용하였다. 음절 가운데가 2개 문자가 많은 것은 음절 초에는 [š, z or ž, v]의 문자가 없고 음절 가운데서만 이 구별이 가능하며 또 음절 가운데에서는 [w]가 없기 때문에 음절 초에 16개, 음절 중간에는 18개가 된 것이다([사진 4-2]에서 비교할 것).

위구르 문자로 쓰인 가장 오래된 자료는 8세기경 원래 마니키아어(Manichean)의 유고(遺稿)들이고 불교 문학 작품들도 9~10세기경에 위구르 문자로 작성되었다. 다음은 소그드 문자와 초기 위구르 문자의 자모를 비교한 것이다.51)

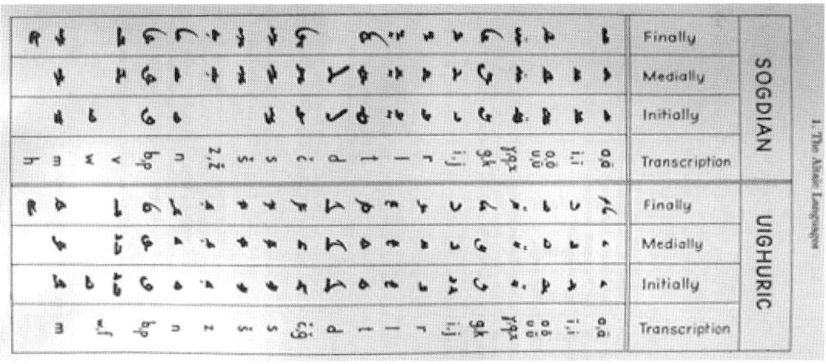

Finally
Medially
Initially
Transcription
SOGDIAN
Finally
Medially
Initially
Transcription
UIGHURIC
I. The Altaic Languages

[사진 3-22] 소그드 문자와 위구르 문자 대비표

51) Poppe(1965 : 66)에서 인용하였음. 원래 세로인 것을 편집상의 편의를 위하여 옆으로 뉘었음.

3.5.3. 몽고에서는 칭기즈 칸이 나이만을 정복하고 타타퉁아를 포로로 데려와 이 문자로 몽고어를 기록하게 하였음은 전술한 바 있다. 이 문자로 기록한 가장 오래된 몽고어 자료로는 1220년으로부터 1225년 사이에 제작된 것으로 보이는 "Chingskhan stone(칭기즈 칸의 돌, 成吉思汗石)"의[52) 비문(碑文)이라고 한다. 이외에도 초기 몽고 위구르 문자로 쓰인 문서로는 프랑스 파리의 국립 문서보관소에 전해오는 파사(波斯) 아로혼한(阿魯渾汗)과 1305년에 완자도한(完者都汗)이 프랑스 국왕 Philippe le Bel에게 준 두 개의 편지가 있고 러시아 드니에프르강의 둑에서 출토된 위구르 문자의 몽고 은패(銀牌)가 있다고 한다(羅常培·蔡美彪, 1959 : 2).

이 시대의 몽고 위구르 문자를 정리하면 다음의 [사진 3-23]과 같다.[53)

Table of Mongolian Letters of the Pre-classical Period

Initial	Medial	Final	Transcription	Initial	Medial	Final	Transcription
			a				s
			e				š
			i				t d
			o u				l
			ö ü				m
			n				č ǰ
			ng				ǰ y
			q				k g
			γ ġ				r
			b				v

[사진 3-23] 몽고 위구르자의 옛글자

---

52) 이 칭기즈 칸의 돌(Stone of Chinggis Khan)은 러시아 列寧格勒의 亞洲博物館에 소장되었다고 함. 이에 대하여는 村山七郎(1948)과 Laufer(1907)을 참고할 것.

53) 이 사진은 Poppe(1965 : 16)의 표에서 인용한 것이다.

몽고 제4대 정종(定宗)인 귀유(貴由, Güyük)가 로마 교황(教皇) 인노센트 4세(Innocent IV)에게 보낸 한 통의 서신이 있는데 여기에는 옛 위구르 문자(畏兀字)로 쓰였다.54) 또 『원사(元史)』(권5) 「세조기 2(世祖紀 二)」에 "中統三年三月壬午, 始以畏兀字書給驛璽書。 —중통 3년(1262) 3월 임오일 처음으로 외올자로 쓴 역새(驛璽—역에서 사용하는 인장)를 발급하다."라는 기사가 있어 이때까지 몽고 위구르자(畏兀字)가 공식적으로 사용되었음을 알 수 있다. 이때는 파스파자(字)가 반포되기 5년 전의 일이다(羅常培・蔡美彪, 1959 : 4).

몽고인의 인장(印章) 사용이 타타퉁아에 의하여 전수된 것이라고 상술한 『원사(元史)』의 기사(記事)에서 언급하고 있으나 칭기즈 칸 시대에 사용된 인새(印璽)는 현재 발견된 것이 없다. 만일 존재한다면 몽고 위구르자(畏兀字)로 새겼을 것이다. 원(元)의 태종(太宗)으로 추증(追贈)된 오고타이 칸(窩闊台汗, Ogödäi Khan) 시대에는 인새(印璽)를 만들어 야율초재(耶律楚材)와 전진해(田鎭海)에게 나누어 관장(管掌)시킨 것으로 보인다.55)

팽대아(彭大雅)의 『흑달사략(黑韃事略)』에 "其印曰：'宣命之寶', 字文疊篆, 而方徑三寸有奇, 鎭海掌之。無封押以爲之防, 事無巨細須'偽酋'自決。楚材重山鎭海同握'韃'柄, 凡四方之事。或未有韃主之命, 而生殺與奪之權, 已移於弄印者之手。"라 하여 이 인장에 '선명지보(宣命之寶)'라 쓰였고 이것을 가진 자가 몽고인의 감독자가 없을 때에는 생살여탈(生殺與奪)의 대단한 권력을

---

54) 이에 대하여는 Peillot(1925)을 참고할 것. 12쪽에 원래의 書信이, 22쪽에는 貴由의 玉璽가 부재되었다.

55) 耶律楚材는 元代 契丹人으로 字는 晉卿이며 號는 湛然居士, 玉泉老人이다. 謚號는 文正이고 金末에 開州 同知가 되었다. 元 太宗 때에 中書令이 되어 元의 제도를 완비하였다. 신장이 六尺이고 수염이 예뻤으며 博學多識하고 文筆을 잘 썼다고 한다. 한편 田鎭海, 또는 鎭海는 姓이 法烈 台氏인데 후일 田씨로 바꾸었다. 처음에 軍伍의 長으로 몽고의 칭기즈 칸에 종사하였고 定宗 때에 中書右丞相이 되었다. 耶律楚材는 이미 널리 알려진 金나라의 儒生이고 田鎭海는 여러 가지 정황으로 보아 마땅히 위구르(畏兀) 출신으로 보아야 할 것이다(羅常培・蔡美彪, 1959 : 5).

가졌음을 알 수가 있다.

또 서정(徐霆)의 『소증(疏證)』에 "霆嘗考之, 祗是見之文書者, 則楚材鎭海得以行其私意, 蓋韃主不識字也。若行軍用帥等大事, 祗韃主自斷, 又卻與其親骨肉謀之, 漢兒及他人不與也。"라는 기사에 의하면 몽고 사람들이 글씨를 모르기 때문에 인장(印章)을 관장하는 사람들, 즉 초재(楚材)와 진해(鎭海)가 자의(恣意)로 일을 처리할 것을 두려워하여 행군(行軍)이라든지 장수(將帥)를 뽑는 일은 몽고 지휘관이 스스로 판단하였고 중국인이나 다른 사람들은 관여하지 못하게 하였음을 알 수 있다(羅常培·蔡美彪, 1959 : 3~4).

이러한 원(元)의 정황(情況)에 대하여 Klaproth(1812)에서는 "위구르 족에는 투르크어를 읽을 수 있는 사람들이 있었다. 칭기즈 칸의 손자 대에도 총무부서에서 서기와 재무자로 일하였고, [중략] 칭기즈 칸에 의해 후계자로 선택된 아들 오고타이 칸은 위구르인 코르고스에게 쇼라산, 마산데란, 기리안 지방을 위임하였다. 그들은 훌륭한 재무담당관이었고, 해마다 3천~4천금을 오고타이 칸에게 보냈다."라고 기술하였다.56) 이 가운데 서기와 재무자는 전게 서정(徐霆)의 『소증(疏證)』에 보이는 "초재(楚材), 진해(鎭海)", 즉, 야율초재(耶律楚材)와 전진해(田鎭海)를 가리키는 말일 것이다.

원초(元初)부터 몽고 위구르자(畏兀字)는 몽고어를 표기하는 데 사용되었고 몽고제국의 문자로서 당시 몽고인들의 절박한 문자 수요에 맞추어 만들어졌으며 후대에도 계속해서 몽고어의 기본 문자로 사용되었고 오

---

56) Klaproth(1812 : 30)의 "Unter dem Volke der Uigur sind viele Leute, welche die Türkische Sprache lesen können, und als Schreiber und Rechnungsführer in den Kanzleien gut zu brauchen sind. [⋯] Der vom Tschingis-chan als Nachfolger gewählte Sohn Ogodai-chan übergab dem Uigur Korgos die Provinzen Chorassan, Masanderan und Gilan. Er war ein guter Rechner, und schickte jährlich drei bis vier tausende Geldes dem Ogodai-chan."라는 기사를 참고할 것.

늘날 몽고인민공화국(蒙古人民共和國)의 공용자(字)가 되었다.[57]

Number	Transcription	Characters		
		Initial	Medial	Final
1	a			
2	e			
3	i			
4	o u			
5	ŏ ü			
6	n			
7	ng			
8	q			
9	γ			
10	b			
11	p			
12	s			
13	š			
14	t d			
15	l			
16	m			
17	č			
18	j			
19	y			
20	k g			
21	k			
22	r			
23	v			
24	h			

[사진 3-24] 현재에 쓰이는 몽고 위구르자[58]

---

57) 舊蘇聯의 衛星國家였던 蒙古에서의 몽고어의 표기는 러시아의 볼셰비키 혁명 이후에 언어학자로서 구소련의 고위 閣僚가 된 폴리봐노프의 권고에 의하여 처음에는 로마자로 표기하였다. 그러나 그가 숙청된 스탈린 시대에 러시아문자(끼릴문자)로 몽고어를 표기하다가 1950년대에 옛 칭기즈 칸 시대부터 몽고어를 표기하던 蒙古畏兀字로 돌아갔다 (졸저 : 2006). 반면에 淸 太祖 누르하치(奴兒哈赤) 이후 만주어 표기에 사용되던 滿洲畏兀字는 만주어의 소멸과 함께 그 사용도 중지되었고 고문헌이나 淸시대의 여러 碑文, 그리고 北京 紫禁城의 懸板 문자로 남아있을 뿐이다.

3.5.4. 뿐만 아니라 이 문자는 만주족이 청(淸)을 건국하여 중원(中原)을 통치할 때에는 만주어 표기에도 이용되었다(李德啓, 1931). 만주(滿洲) 위구르 문자(畏兀字)로 불릴 수밖에 없는 만주 문자는 청(淸) 태조(太祖)가 만주어 표기에 몽고 위구르 문자(畏兀字)를 빌려 사용하였고 후에 만주어 표기에 맞게 이를 개정한 만주신자(滿洲新字)가 있다.[59] 즉 청대(淸代)에 만주 문자(滿洲字)는 태조 누르하치(弩爾哈赤)가 에르데니(額爾德尼, Erdeni) 등으로 하여금 몽고 위구르자(畏兀字)를 모방하여 만주자로 제정한 것이 만력(萬曆) 27년(1599)의 일이다.

이것이 무권점자서(無圈點字書, tongki fuka aku hergen i dangse)라고 불리는 만주노당(滿文老檔)이며 청(淸) 태조(太祖)는 이 문자로 칙명(勅命)을 비롯한 모든 공문서를 기록하게 하였다. 그 후에 청 태종(淸太宗)은 다하이(達海, Dahai) 박사를 시켜 이를 변조하여 유권점(有圈點) 만주신자(滿洲新字)를 제정하였으며 만주어의 기록뿐 아니라 많은 한서(漢書)를 만주어로 번역하여 이 문자로 기록하게 하였다(졸저, 2002 : 제4장 청학서).

따라서 이 위구르 문자는 당시 동북아 소수민족의 언어를 표기하는 데 애용된 표음 문자였던 것이다. 이런 사실을 생각할 때에 몽고어 표기에 위구르 문자를 이용한 타타퉁아의 공로(功勞)는 지대하다고 할 수 있다.

---

58) 이 사진은 Poppe(1965 : 17)의 표에서 가져온 것이다.

59) 만주 문자에 대하여는 졸저(1999, 2002)를 참조. 특히 졸저(2002)에서는 만주문자와 더불어 조선시대의 만주어 교육과 滿洲畏兀字로 쓰인 淸學書(만주어 학습서)에 대하여 자세한 연구가 있다.

4.0.1. 다음으로 파스파 문자의 제정에 대하여 고찰하기로 한다. 주지하는 바와 같이 파스파자는 원대(元代) 세조(世祖) 쿠빌라이 칸(忽必烈汗)이 라마승 팍스파를 시켜 만든 문자로 훈민정음이 제정되기 170여 년 전에 만들어진 표음문자다. 그러나 이 문자에 대한 지식은 매우 제한되었다.

실제로 졸저(2009)가 세상에 나올 때까지 파스파 문자의 자모의 수효를 제대로 파악하지 못했고 모음자가 『몽고자운(蒙古字韻)』의 「자모(字母)」에서 '유모(喩母)'의 7자로 제자(製字)된 것도 알지 못했다. 심지어 일본에서는 파스파 문자에서 모든 언어에서 기본적인 [ɑ]음과 이를 표기한 문자가 없다고까지 하였다(吉池孝一, 2005). 이것은 파스파 문자에서 어두 모음 표시의 /ᠣᠠ/에 대한 이해가 부족한 탓이다. 이 문자는 파스파 문자에서 모음으로 된 음절임을 표시하는 기능, 즉 훈민정음의 욕모(欲母)[ㅇ]의 기능과 더불어 실제로 [ɑ]의 음가를 가진 것을 제대로 이해하지 못했기 때문이다.

훈민정음이 파스파 문자의 제정과 그 원리, 문자의 대응 방법 등을 이용하여 문자를 만들었기 때문에 훈민정음에 대한 지식으로 파스파 문자를 이해할 수 있다. 따라서 훈민정음의 문자 체계를 이용하여 파스파 문자의 것도 같이 파악할 수 있다.

4.0.2. 어느 민족이 강성(强盛)해져서 여러 나라를 정복하고 제국(帝國)을 건설하면 자신들의 언어를 공용어로 하여 정복민족에게 교육하고 이를 기록하는 문자를 제정하는 것이 동서고금(東西古今)의 상례(常例)인 것으로 보인다. 알렉산더대왕의 코이네와 희랍문자, 그리고 로마 제국(帝國)의 라틴어와 로마문자가 그러하였고 중국의 진(秦)이 중원을 통일한 다음 한자의 자형(字形)을 정리하여 통일하고 진(秦)의 수도 함양(咸陽)의 언어를 공용어로 삼은 것과 같다.[1]

동북아 여러 민족도 이와 같은 국가 통치에서 언어와 문자의 제도를 답습한다. 기원후 7세기 중반(中盤)경 토번(吐蕃) 왕조의 송찬 감포(Srong-btsan sgam-po) 시대에 대신(大臣)이었던 톤미 삼보다(Thon-mi Sam-bho-ṭa)를 인도에 파견하여 고대인도의 음성학을 배우고 그에 의거하여 티베트 문자(西藏文字)를 제정하였다.[2] 이 문자가 매우 효용성이 있어 주변 여러 민족의 언어 표기에 이용된 다음부터 북방민족 사이에서는 새로운 국가가 건국되면 새로운 문자를 제정하는 전통이 세워졌음을 전장에서 언급하였다.

---

1) 先秦시대의 표준어는 東周의 수도 洛陽의 언어이었으며 이를 중국어의 역사에서는 雅言이라 한다. 春秋戰國時代까지 이 雅言은 學文의 언어였으며 儒敎 經典의 文語로서 그 위력을 가졌다. 그러나 秦이 중원을 통일한 이후에는 서북방언으로 볼 수 있는 咸陽, 長安의 언어가 雅言을 대신하여 공용어로 등장하였다. 이를 중국어의 역사에서는 通語, 또는 凡通語라 한다(졸고, 2006).
2) 톤미 삼보다(Thon-mi Sam-bho-ṭa)보다는 톤미 아누이브(Thon-mi Anu'ibu)가 티베트 문자를 제정한 것으로 본다(졸저, 2009 : 142~145 및 제3장 참조).

4.0.3. 거란족(契丹族)이 중국의 북방지역을 정복하고 요(遼)를 세운 다음 태조(太祖) 야율아보기(耶律阿保機)가 거란(契丹)문자를 제정하여 제국(帝國)의 통치문자로 삼았고 거란(契丹)의 언어를 공용어로 하였다. 요(遼)의 뒤를 이은 여진족(女眞族)의 금(金)나라도 태조(太祖) 아구타(阿骨打)가 여진 문자를 제정하고 여진어를 공용어로 삼은 것은 전 장에서 살펴보았다. 이 문자들은 한자(漢字)를 변형시켜 만든 것이지만 한자와는 전혀 다른 문자이다. 아마도 한자를 변형하여 자국의 언어를 기록하는 방법은 고구려(高句麗)에서 시작하여 발해(渤海)를 거쳐 요(遼)와 금(金)으로 전달된 것으로 보인다(졸고, 2007).

금(金)과 중앙아시아 스텝의 대부분을 아우르고 몽고 대제국(大帝國)을 건설한 칭기즈 칸(成吉思汗)도 나이만(乃蠻, Naiman)을 정복(征服)한 다음 포로(捕虜)로 잡은 타타퉁아(塔塔統阿, Tatatonga)를 시켜 위구르문자로 몽고어를 기록하게 하였으니 이것이 오늘날 몽고인들이 자랑하는 몽고외올자(蒙古畏兀字)이다. 칭기즈 칸은 이를 제국(帝國)의 통치문자로 삼고 몽고어를 공용어로 하였다.

그러나 이 위구르문자(畏兀字)는 표음문자이지만 한자에 비하여 사물(事物)의 기록에 부족한 문자이었다. 더욱이 한자음의 발음을 전사하기에는 매우 부적절한 문자였다. 남송(南宋)을 멸하고 중원(中原)에 원(元)을 건국한 쿠빌라이 칸(忽必烈汗)은 중국을 통치하기 위하여 중국어와 한자의 학습이 필요함을 인식하고 몽고인들에게 표의(表意)문자인 한자를 교육하기 위한 발음기호를 제정하게 된다. 이것이 바로 파스파(八思巴) 문자이며 이를 고안한 토번(吐蕃) 왕국(王國)의 라마승 팍스파(八思巴, 帕克斯巴, ḥP'ags-pa)의 이름을 따서 파스파(八思巴)란 문자의 명칭을 삼았다.

4.0.4. 원(元)의 중국 통치는 매우 독특하였다. 황제(皇帝)는 몽고인들을 국정(國政)의 감독관으로 임명하여 파견하였는데 이를 '관(官)'이라 하고 실제로 이들을 백성과 연결시켜 주는 하급관리의 한인(漢人)들을 '리(吏)'라 하여 관리(官吏)제도로 백성을 지배하였다. 감독에 임하는 몽고인들을 단사관(斷事官)이라 하며 여기에는 세 부류가 있었다. 하나는 자르구치(札魯忽赤, Jarghuchi)이며 그 다음은 비칙치(必闍赤, Bichigchi), 그리고 다르구치(達魯花赤, Darguchi)가 있다.

자르구치(札魯忽赤)는 원래 자르구-라-토투하이(札兒忽剌禿孩, Jarghu-la-tokuhai)에서 온 말로 '자르구(札兒忽, Jarghu)'는 "사물을 결단하다"의 뜻이며 '라(剌, la)'는 접속사이고 '토구하이(禿孩, tokuhai)'는 "명령하다"의 뜻이다. 따라서 '자르구치(札魯忽赤)'는 "일을 결단하여 명령하는 사람"의 뜻으로 "단사관(斷事官)"이라고 번역된다. 서무(庶務)를 결정하여 관치(官治)와 형정(刑政)의 우두머리가 되어 지위는 삼공(三公)보다 높아 한(漢)의 대장군(大將軍)과 같다.

『원조비사(元朝秘史)』(234부)에 "失吉、忽禿忽斷事, 宿衛派一人共廳"이란 기사(記事)가 이를 말한다. 단사관(斷事官)은 숙위(宿衛) 제도에서 시작되었으며 몽고의 돌궐(突厥)식 고로(古老) 제도의 하나로 보인다. 후에 중서령(中書令), 상서령(尚書令) 및 좌우(左右) 승상(丞相) 제도의 남상(濫觴)일 것으로 본다(蘇振申, 1980).

비칙치(필必闍赤, Bichigchi)는 서기(書記)라는 뜻이다. 황제의 문서를 관장하는 이들은 세 가지 임무를 가졌다. 첫째는 황제의 조서(詔書)를 작성하거나 발송하고 둘째는 법이나 규정(規程)을 기록하며 셋째는 역사를 정리하여 기술한다. 비칙치(必闍赤)는 원초(元初)에는 중서령(中書令)이라 하였으며 원(元) 태종(太宗)으로부터 세조(世祖)에 이르기까지 중서령(中書令)과 좌우(左右) 승상(丞相)이 모두 비칙치의 중국어 관칭(官稱)이었다. 비칙치는 자르구치(札魯忽赤, Jarghuchi)에 대하여 부수상(副首相)의 역할을 한 것으로 보인다.

다르구치(達魯花赤, Darguchi)는 각 기관의 수장(首長)을 말한다. 다르구치(達魯花赤, Darguchi)의 '다루(達魯, Daru)'는 본래 몽고어의 동사로서 "압박(壓迫)하다, 진압(鎭壓)하다"의 뜻이며 '화(花[ga], 加)'는 '수장(首長)'을 가리키고 '치(赤, chi)'는 "사람"을 말한다. 각급 기관이나 학교, 군대의 우두머리를 모두 일률적으로 '다르가(達魯花)'라고 한다. 감독관, 또는 명령권자(命令權者)를 지칭하는 것이다.

4.0.5. 원(元) 나라는 이러한 몽골인의 단사관(斷事官) 밑에 한어(漢語)의 통역을 담당한 게레메치(怯里馬赤, Kelemechi), 비치에치(閔闍赤, Bichechi)가 있었다. 후자는 필역(筆譯)을 담당하는 '역사(譯史)'이며 전자는 말을 통역하는 '구역(口譯)'이었다. 원(元)은 중앙에는 몽고 국자학(國字學), 지방에는 몽고자학(蒙古字學)을 두어 이들에게 몽고어와 몽고문자를 훈련시켜 리(吏)로 임명하여 단사관(斷事官)의 업무를 한인(漢人)인 서민(庶民)들에게 전달하였다.

원대(元代)에 한인(漢人)들이 관(官)의 밑에서 서리(胥吏)가 되는 길은 오로지 이러한 게레메치(怯里馬赤, Kelemechi), 비치에치(閔闍赤, Bichechi)가 되어 몽고인들의 통역을 맡으면서 서정(庶政)에 참석하는 일이었다. 따라서 그들은 몽고어와 몽고문자의 학습에 전력을 경주(傾注)하게 된다. 이때의 몽고 문자는 칭기즈 칸 때의 몽고외올자(蒙古畏兀字)와 쿠빌라이 칸 시절의 파스파 문자이었다.

1. 파스파 문자를 제정한 팍스파 라마(喇嘛)

4.1.0. 몽고족(蒙古族)은 워난하(斡難河, 지금의 鄂嫩河) 상류의 불한산(不兒 罕山, 지금의 肯特山) 일대에 분포하여 살다가 얀바이이알지진(顔孛兒只斤) 부족 의 에수캐(也速該)가 흥기(興起)하여 주변의 여러 부족을 아우르기 시작하 였다. 에수캐의 아들 테무진(鐵木眞)은 한걸음 더 나아가 세렝게강(色楞格河, Selengge)의 타이쥬트(泰亦赤烏, Taidjouts), 호른바이알(呼倫貝兒) 지역의 타타르 (Tartars, 塔塔兒) 등을 병합(倂合)하고 남으로 옹거라트(翁吉刺惕, Ongerates), 옹 고우트(汪古特, Ongouts), 그리고 투라강(土拉河)과 아이쿤(鄂爾渾) 사이의 케르 테스(克烈部, Kertes)와 세렝게강(色楞格河) 상류의 멜키데스(蔑兒乞, Merketes), 예시한강(葉石寒河)의 오이라트(斡亦刺特, Oirats), 잡벤강(趂盆河, 자금의 科布多地) 지역의 나이만(乃蠻, Naiman)을 모두 정복하여 동쪽으로는 바다에 이르고 서쪽으로는 서역(西域)에 이르는 대제국(大帝國)을 세웠다.

몽고인들은 원래 문자가 없었고 칭기즈 칸이 스텝을 정복한 다음에도 마땅한 문자를 국자(國字)로 정하지 않았다. 칭기즈 칸의 좌우(左右)에는 한문을 이해하여 그의 말을 한문으로 기록하는 경우도 있었으나 거란문 (契丹文)을 쓴 경우도 있고 여진자(女眞字)를 쓰기도 하며 위구르 문자(畏兀 字)를 제정하기도 하는 혼란스런 상태이었다.

특히 '한인(漢人)'을 의미하는 몽고어 'Jaqud(札忽惕)'가3) 한족(漢族)만을 가리키는 것이 아니고 거란, 여진 등 그들이 통치하는 여러 민족을 지칭 하는 말이었으며 이 민족들은 각기 자신들의 문자를 갖고 언어를 기록

---

3) 『至元譯語』「人事門」'漢兒'조의 "札忽歹[ja-xu-dai]"와 『元朝秘史』(권12) 55앞 5행 「金人
  每」의 "札忽惕[ja-qu-d]를 참고할 것. 전자는 북방 漢人, 즉 중국인을 말하지만 후자의 '金
  人每'는 契丹, 女眞人을 포함한다.

한 경험이 있었다. 예를 들면 열하(熱河)에서 출토된 칭기즈 칸의 성지패
(聖旨牌)는 정면(正面)에 한문으로 써서 "天賜成吉思皇帝聖旨疾"이라 하였고
배면(背面)에는 거란(契丹) 문자로 '주마(走馬)'라는 두 글자가 쓰였다고 한
다. 이것을 보면 몽고의 북쪽인 요(遼), 금(金)의 고지(故地)에는 거란(契丹)
문자, 또는 여진(女眞) 문자가 여전히 사용되고 있었음을 알 수 있다.

이러한 몽고 제국의 문자사용의 혼란이 파스파 문자와 같은 새로운
문자의 제정을 촉구(促求)하게 된 것이라고 羅常培·蔡美彪(1959)에서는 주
장하고 있다. 이러한 주장이 사실인지 아닌지는 현재의 자료로는 확인
할 길이 없지만 몽고인들의 몽고 위구르자(畏兀字) 사용을 시작한 지 불
과 50년 후에 갑자기 파스파 문자가 등장하여 몽고 위구르자를 대신하
여 몽고어를 기록하게 된다. 몽고뿐만이 아니라 중국 주변의 교착어(膠着
語)들은 표음적인 문자를 자체적으로 발명하여 사용하였다. 원대(元代) 파
스파자(字)도 그 가운데 하나라고 할 수 있다.

4.1.1. 원(元) 세조(世祖) 쿠빌라이 칸은 '토번(吐蕃)'에 원정(遠征)했을 때
에 팍스파(八思巴)란 라마승(喇嘛僧)을 데려와 몽고인들이 한자를 학습하는
데 필요한 발음기호를 만들게 하였고 이것을 이용하여 몇 개의 운서(韻
書)를 만들었다(졸저, 1990 : 137). 그동안 이것을 갖고 파스파 문자의 제정
은 토번(吐蕃)의 나마승(喇嘛僧) 팍스파에 의한 것으로 알려졌다. 이에 대하
여는 졸저(2009 : 136~142)에서 자세히 고찰되었다. 여기서는 그 가운데
중요한 부분만을 발췌하고자 한다.

쿠빌라이 칸은 원(元) 헌종(憲宗) 계축(癸丑, 1253)에 토번(吐蕃) 왕조(王朝)
를 멸망시키고 이 지역에 군정(軍政)을 설치하였고 팍스파(八思巴) 라마(喇
嘛)는 한때 이 몽고군의 군정 지휘소인 토번선위사(吐蕃宣慰司)에 재임한

일도 있었다. 그는 이 고장 출신이었던 것이다.

중국인들이 '장족(藏族)'의 본거지로 부르는 이 지역을 요즘에는 '서장
(西藏)'이라 하지만 역사적으로는 '토번(吐蕃)'이라고 불렀으며 서양인들은
'Tibet'라고 한다. 천칭잉(陳慶英, 1999)에 의하면 중국에서 '장(藏)', 또는
'서장(西藏)'으로 부르는 티베트 지역은 티베트 문자로 'bod-ljong'이라
쓴다. 중국의 서장자치구(西藏自治區)는 북쪽으로는 청해성(靑海省)·감숙성
(甘肅省), 동(東)으로는 사천성(四川省)과 운남성(雲南省) 서부지역, 남으로는
히말라야 산맥 남쪽 기슭, 서쪽으로는 파키스탄 동부에 이르는 광대한
지역을 말한다.

7세기경에 토번(吐蕃) 왕조가 홍기(興起)해서 청장(靑藏) 고원의 대부분을
통일하고 강대한 국가를 건설한 다음부터 중국의 여러 한문 전적(典籍)에
'토번(吐蕃)'으로 쓰이게 되었다. 토번은 왕조(王朝)의 명칭이며 영토의 이
름이고 부족을 가리키는 말이다. 돈황(敦煌)에서 출토한 장한대조(藏漢對照)
사전에 의하면 토번왕조 중기 이후에 '토번(吐蕃)'이란 명칭은 토번 왕조
의 자칭(自稱)인 'bod'에 대응되는 말이다. 실제로 [bod]는 지역과 부족의
명칭이기도 하다.4)

토번(吐蕃) 왕조 이전에 이 지역이 12종(種)의 부족이 집단으로 통치하
였다. 그 가운데 bod-khams라는 부족이 통치한 적이 있었는데 토번 왕
조가 홍기(興起)한 다음에는 이 'bod'로 자칭하였다. 또 당(唐)과의 교역에
서 '대번(大蕃, bod-chen-po)'이란 명칭을 사용하기도 하였다.5) 이것은 당(唐)
을 대당(大唐)이라 하는 것과 같은 것이다. 중국에서는 이들을 '장(藏)'이

---

4) 원래 '토번'이란 말은 對苯教의 法師에 대한 호칭이었는데 후대에는 對苯教의 호칭이 되
   었고 더 후대에는 部族 聯盟의 명칭이 되었다가 다시 이 부족의 거주지 명칭이 되었다.
5) 이에 대하여는 王堯 編著 『吐蕃金石錄』(文物出版社, 1982) 13~20쪽에 所收된 「唐蕃會盟
   碑」를 참고할 것.

라 부르는데 티베트의 중앙지역이 '쟝[gtsang]'이기 때문이다.6)

원(元)나라가 토번(吐蕃) 왕조를 멸망시키고 장족(藏族) 지구를 통합하면서 지사가파(植薩迦波)를 부추겨 지방 정권을 세우게 하였다. 그리고 원(元)은 청장(青藏) 고원지역에 군정기관으로 토번선위사(吐蕃宣慰司)를 두어 장족지구의 행정기구를 담당하게 하였다. 팍스파(八思巴) 라마는 토번선위사를 둔 초기의 1272년에 왔다가 1274에 돌아갔으나 후에 다시 돌아와서 죽을 때까지 이곳에 머물렀다.

1280년에 팍스파가 원적(圓寂)한 후에 소할지(所轄地)가 넓어져 다시 강구(康區)에 선위사(宣慰司)를 하나 설치하고 다시 위장(衛藏)지역에도 선위사를 두었는데 이를 '타사마(朵思麻)'라고 불렀다. 따라서 원(元)의 중기(中期)에는 청장고원(靑藏高原)에 토번(吐蕃)·강구(康區) 선위사(宣慰司)와 위장(衛藏) 타사마(朵思麻)의 3개 행정구역이 생기게 되었다.

후에 토번 등의 청해성(靑海省) 대부분과 감숙성(甘肅省) 남부, 사천성(四川省) 아패(阿壩) 일대를 관할 지역으로 하는 선위사사 도원수부(宣慰使司 都元帥府)를 두고 이를 '타사마선위사(朵思麻宣慰司)'로 불렀다. 이로부터 원대(元代)에는 이곳 장족(藏族) 지역을 '토번(吐蕃)' 이외에 '타사마(朵思麻)', '타감사(朵甘思)', '오사장(烏思藏)' 등으로 불렀다.

원대(元代)에 토번(吐蕃)은 넓게는 중원의 서역(西域)에 속하므로 '서번(西蕃)'(혹 '西番'으로 쓰기도 함)으로 칭하기도 하고 후에 역시 '藏'에 방위를 가리키는 '西'를 붙여 '서장(西藏)'으로도 불렀는데 오늘날 중국에서는 이 명칭이 일반적이다. 또 소그드(Sogd)인은 이들을 'twp'wt'라고 부르고 터키인은 'töpüt', 서방의 이슬람교도들은 'tibbat, tubbit'라고 불렀다. 몽

---

6) '藏'은 상술한 陳慶英(1999 : 130)에 의하면 지명(地名)으로 왕국의 중심지를 가리키는 말이라고 한다.

고어로 장족(藏族)을 'töbet(土伯特)'이라고 하는 뜻으로 이로부터 서양에서 부르는 'Tibet'란 명칭이 유래된 것이다.

원래 토백특(土伯特)은 '토번'에서 온 것으로 장족들의 자칭인 'bod'에서 기원한 것이라고 하지만 이것이 왜 '토번(吐蕃)'으로 전사(轉寫)되었는지 아직 확실하게 알려진 것이 없다. 청(淸)나라 초기에는 '도백특(圖白忒)'으로 쓰인 문서도 있는데 이것은 몽고어 töbet(土伯特)의 다른 한자 표기다.

4.1.2. 원(元) 세조(世祖)의 칙명으로 파스파 문자를 제정한 팍스파 라마(八思巴 喇嘛, ḥP'ags-pa Lama, Tib. [Tibetan script], ḥP'ags-pa bLa-ma)는 토번 출신으로 薩斯嘉人(Sa-skya, Tib. [Tibetan script], Sa-skya)이며 장족(藏族)인 사키야 판디타(Sakya Pandita, Tib. [Tibetan script], sa-skya paṇḍita)의 조카다.7)

원래 이름은 로도이 잘트산(Lodoi Ĵaltsan, Tib. bLo-gros rgyal-mts'an, [Tibetan script])이고 잔자 소드남잘트산(Janĵa Sodnam- ĵalsan, Tib. Zaṅs-ts'a bsod-nams rgyal-mts'an [Tibetan script])의 아들이며 성(姓)은 [Tibetan script](mK'on)이다. 팍스파(八思巴)는 '성동(聖童)'이란 뜻이다(Poppe, 1957 : 3).8) 이미 7세 때에 경서(經書) 수십만 언(言)을 능히 외웠으므로 국인(國人)이 그를 성스러운 아이라는 뜻의 '八思巴, 八思馬, 帕克斯巴'로 불렀다고 한다(『元史』 권202, 「傳」 第89 '釋老 八思巴'조, 졸저 : 1990 같은 곳 참고).

---

7) 몽고 문학에서 널리 알려진 작품 *Subhāṣitaratnanidhi*는 사키야 판디타의 저작이며 여러 번 몽고어로 번역되어서 지금도 판본이 많이 남아있다. 이에 대하여는 Vladimirtsov(1921 : 44), Ligeti(1948 : 124)를 참고할 것.

8) Poppe(1957)의 팍스파에 대한 소개는 G. Huth가 번역하여 편찬한 티베트의 [Tibetan script] *hor-č'os-byuṅ*(religious doctrine, 傳)에서 인용한 것이다. 이 책은 비교적 상세하게 팍스파 라마의 一代記가 소개되었다.

그는 원(元) 태종(太宗) 을미(乙未, 태종 7년, 1235)에 태어나서 원(元) 세조(世祖) 지원(至元) 17년(1280) 12월 15일경에 사거(死去)한 것으로 본다.9) 그는 10세 때에 출가(出家)하여 법명(法名)을 혜당(慧幢)이라 하였고 그가 13세 되던 해에 계부(季父)인 사키야 판디타(Sakya Pandita)를 따라 몽고로 떠났으며 19세 때에 쿠빌라이 칸의 초청을 받아 그의 궁전으로 오게 되었다고 하나 포티에(Pauthier)는 그가 15세 때인 원(元) 헌종(憲宗) 계축(癸丑, 1253)에 처음으로 쿠빌라이 칸과 만난 것으로 보았다(Pauthier, 1862 : 10).10)

팍스파와 쿠빌라이 칸과의 이 만남은 사강 세첸(Saṝang Sečen)의 연대기(年代記)에 비교적 자세하게 적혔다. 그에 의하면 쿠빌라이 칸이 잠저(潛邸)에서 팍스파를 만나 '최고라마 삼국교왕(最高喇嘛, 三國敎王, The Supreme Lama, King of the Faith Three Land)'의 칭호를 그에게 하사하였다고 한다. 원(元) 헌종(憲宗)이 무오년(戊午年, 1258)에 도교(道敎)를 해설한 『화호경(化胡經)』을 정정하라는 명을 팍스파에게 내려서 도사(道師)들과 논쟁하여 이들을 모두 굴복시켰으며 이로부터 원나라에서 도교는 쇠퇴하게 되었다고 한다(羅常培・蔡美彪, 1959 : 8).

쿠빌라이 칸은 대한(大汗)으로 등극한 중통(中統) 원년(元年, 1260)에 팍스파를 국사(國師)로 삼았고 '대보법왕(大寶法王)'이 새겨진 옥인(玉印)을 하사(下賜)하였으며 새 몽고문자의 제정(制定)을 명령하였다(Poppe, 1957 : 2). 이에 대하여는 『원사(元史)』(권4) 「세조기(世祖紀)」에 "中統元年十二月 [중략] 以梵僧八合思巴爲帝師、授玉印統釋敎. ─중통 원년(1260) 12월에 바라문교

<hr>

9) 사강 세첸(Saṝang Sečen)의 팍스파 일대기에는 그가 'Yi-Sheep'에 태어났다고 하였는데 'Yi-Sheep'는 중국어와 몽고어가 섞인 말로 '乙未'년을 나타낸 것이다. '羊'은 12干支에서 8번째이고 'Yi'는 10개 天干에서 두 번째인 '乙'을 말한다. 그러나 중국의 여러 사료에는 몽고 太宗 11년(1239, 己亥)에 태어난 것으로 기록되었다.

10) Pelliot(1925 : 286)에서는 1253년, 또는 1254년으로 보았다.

의 승려인 팍스파(八思巴)를 황제의 스승으로 삼고 옥인을 주어 석교(釋敎)를 통솔하게 하였다."라는 기사라든지 염상(念常)의 『불조역대통재(佛祖歷代通載)』(권21) 「왕반 팔사파행장(王磐 八思巴行狀)」에 "庚申、師年二十二歲, 世祖皇帝登極, 建元中統。尊爲國師, 授以玉印, 任中原法主統天下敎門。辭帝西歸 朞月召還。 ─경신년(1260)에 스승의 나이가 22세일 때에 세조가 황제에 등극하여 원 나라를 세우고 연호를 중통(中統)이라 하였다. [팍스파를] 존경하여 국사(國師)로 삼고 옥인(玉印)을 주고 중원의 법주(法主)로 임명하여 천하의 교문(敎門)을 통솔하게 하였다. [한 때] 황제를 떠나 서장(西藏)으로 귀환하였으나 한 달이 못되어 다시 돌아오라고 불렀다."라는 기사가 이를 말한다.[11]

앞에서 인용한 염상(念常)의 『불조역대통재(佛祖歷代通載)』(권21) 「왕반(王磐) 팍스파행장(八思巴行狀)」의 기사에 의하면 팍스파 라마(喇嘛)는 중통(中統) 원년(元年, 1260) 12월에 국사(國師)가 된 다음에 문자를 만들라는 명을 받고 서장(西藏)으로 돌아갔음을 알 수 있다. 아마도 이때에 문자를 만들기 위한 준비를 한 것으로 보이며 불경(佛經) 가운데 자모(字母)와 음운(音韻)에 관한 저술을 수합하고 주변의 서장(西藏) 문자 전문가들과 토론을 하였을 것으로 보이나 이에 관한 기사가 전혀 없어 자세한 것은 알 수가 없다.[12]

---

11) 위의 두 기사에 등장하는 玉印의 下賜는 티베트(西藏)에서 매우 중요한 일인 것으로 보이며 파스파에 관한 거의 모든 소개에 등장한다. 어떤 모습을 가진 印章이었는지 우리의 관심을 끌지 않을 수 없는데 티베트 박물관에 파스파 문자로 새겨진 玉印이 收藏되었다. 졸저(2009 : 138)에 이 사진을 옮겨 놓았다.

12) 팍스파가 中統 元年에 黃金塔을 세웠다는 기록이 있으나 그가 12월에 國師로 임명되어 西藏으로 귀환하였다는 기사가 있으므로 이는 불가능한 일로 보이고 아마도 황금탑은 中統 2년경에 건립되었을 것으로 본다(羅常培・蔡美彪, 1959 : 9의 주).

4.1.3. 팍스파 라마는 자신의 모국인 티베트 글자를 증감(增減)하고
자양(字樣)을 개정하여 몽고신자(蒙古新字)를 만들었다.13) 보통 파스파자(八
思巴字), 몽고자(蒙古字), 국자(國字)라고 하여 몽고(蒙古) 위구르자(畏兀字)와 구
별한다. 또 모양이 사각(四角)이므로 첩아진(帖兒眞), 첩아월진(帖兒月眞,
dörbelǰin)으로 불리기도 한다. 원래 몽골어로는 dörbelǰn üsüg, 외국어로
는 영어 ḥPɑgs-pa script, 프랑스어 écriture carrée, 독일어 Quadratschrift,
러시아어 квадратная письменность로 불린다(Poppe, 1957 : 1). 그러나
최근의 영어에서는 구분부호(diacritical mark)를 모두 없애고 팍스파 문자
(Phags-pa Script)로 통일하여 부르고 일본에서도 한 때 'パクパ[pakupa] 文
字'라고 부른 일이 있지만(服部四郎, 1984a,b,c) 요즘은 'パスパ[pasupa]' 문자
라고 한다. 현대 중국의 보통화(普通話)로 '八思巴'는 '파스파'로 발음되므
로 본서에서도 '파스파' 문자로 통일하였다.14)

중국에서는 명(明) 태조가 이 문자를 철저하게 폐절(廢絶)시켰기 때문에
명대(明代)에는 물론 청대(淸代)까지 파스파자란 이름을 사용하기를 꺼렸
다. 고려(高麗)와 조선(朝鮮)에서는 사각(四角)문자란 뜻의 첩아월진(帖兒月眞),
첩월진(帖月眞)으로 부르거나 그냥 '자양(字樣-글자 모양)'이라 하였다.

졸저(1990 : 136~7)에 의하면 『태조실록(太祖實錄)』(권6) 태조 3년(1394) 11
월 갑술(甲戌) 조에 '칠과입관보이법(七科入官補吏法)'이 있어 하급 관리를
시험하여 관리로 임명하는 제도를 마련하였다고 한다. 그 가운데 외국
어를 시험하여 역관에 임명하는 시험 방법에서 몽고어를 학습한 '습몽

---

13) 몽고 畏兀字에 대하여 파스파자를 蒙古新字라고 한 것이다.
14) 필자의 '파스파'란 명칭이 일본어의 'パスパ'에서 왔다는 억측이 있다. 일본어의 パスパ
　　나 필자의 파스파가 모두 八思巴의 현대 普通話 발음에 의거한 것임을 밝히면서 모든 것
　　을 倭色으로 몰아붙이려는 몇몇 국수주의 연구자들의 풍토에 啞然失色하지 않을 수 없
　　다. 오히려 '빠구바 문자', 또는 '빠바 문'가 일본학자들의 'パクパ 문자'를 따른 것이다.

어자(習蒙語者)'의 경우 "能譯文字能寫字樣、兼偉兀字、爲第一科。只能書寫偉兀文字、兼通蒙語者、爲第二科。 —능히 문자를 읽을 줄 알고 자양을 쓸 줄 알며 겸하여 위구르자를 읽고 쓰면 제1과를 삼는다. 오로지 위구르자만 서사(書寫)할 줄 알고 겸하여 몽고어에 통하면 제2과를 삼는다."이라 하여 '자양(字樣)'과 '위구르자(偉兀字)'를 모두 능히 쓸 수 있는 자를 제1과로 하였는데 이때의 '자양(字樣)'은 파스파 문자를 말하는 것으로 본다.

아마도 조선(朝鮮)시대는 이미 명(明)의 눈치를 보아서 몽고신자(蒙古新字), 국자(國字), 파스파자(八思巴字) 등의 호칭이 어려웠기 때문에 '자양(字樣)', 즉 "글자 모양"이란 애매한 호칭으로 파스파 문자를 불렀던 것으로 볼 수 있다. 그리고 이 기사는 벌써 이때에 조선에서는 몽고 위구르문자(畏兀字)만 알고 파스파자를 알지 못하는 몽고어 역관(譯官)도 많았음을 아울러 알려준다.[15]

이렇게 만들어진 파스파 문자는 원(元) 세조(世祖), 즉 쿠빌라이 칸에 의하여 지원(至元) 6년(1269)에 황제의 조령으로 반포한다. 즉 『원사(元史)』(권6) 「세조기(世祖紀)」에 "至元六年二月己丑、詔以新製蒙古字、頒行天下。 —지원 6년 2월 기축(己丑)일에 새로 만든 몽고자를 반포하여 천하에 사용하도록 조칙(詔勅)을 내리다."라는 기사가 있어 지원 6년(1269) 2월에 몽고신자, 즉 파스파자를 만들어 반포하였음을 알 수 있다. 이 문자는 티베트 문자를 모태로 하고 범자(梵字—산스크리트문자)와 같이 표음적인 문자로 만들어진 것이다.

---

15) 이에 대하여는 졸저(1990)를 참고할 것. 졸저(1990)는 조선시대의 譯科에 대한 종합적 연구로 司譯院의 외국어 교육과 譯官들의 각종 시험, 특히 雜科의 하나로 치러진 譯科에 대하여 오늘날 남아 있는 역과 試券을 통하여 고찰하였다.

4.1.4. 파스파 문자의 완성 시기는 현재의 여러 기사를 종합하여도 정확하게 알 수 없다. 다만 羅常培·蔡美彪(1959 : 9)에서 주장한 것처럼 지원(至元) 6년(1269)보다는 조금 전의 일일 것이다. 문자가 완성돼서 반포에 이르기 전에 이를 시험한 흔적이 있다. 羅常培·蔡美彪(1959 : 9)에 의하면 베이징(北京)대학 문과연구소(文科研究所)에 소장된 '경조로 중앙 만수궁비(京兆路重陽萬壽宮碑)'의 탁본 가운데 파스파자(字)로 몽고어를 기록하고 이를 한문으로 번역한 쿠빌라이 칸의 성지(聖旨)가 있으며 그 하나가 지원(至元) 5년(1268) 12월에 작성된 것이라고 한다. 이것이 사실이라면 파스파자는 이때에 완성되어 그 이듬해(1269)에 반포된 것으로 볼 수 있다.

Bonaparte(1895)에는[16] 북경(北京)의 관문인 거용관(居庸關)에 6개 언어로 쓴 암석으로 된 현판(懸板)을 소개하고 그에 대한 사진을 부재하였다. 여기에는 한문(漢文), 서하문(西夏文), 위구르어문(維爾兒語文), 토번어문(吐蕃語文), 몽고위구르문(蒙古畏兀文), 몽고 파스파문(八思巴文)이 각기 그 문자로 기록되었다. 이를 이 책의 도판으로부터 옮겨 보면 다음과 같다.

[사진 4-1] 거용관(居庸關) 현판(懸板)의 탁본

---

16) 이 책은 양장 特大版으로 되었다. 京都大學 문학부 도서실 소장본을 이용하였다.

2. 파스파 문자 제정의 목적

4.2.0. 원(元) 세조(世祖)가 파스파 문자를 반포(頒布)하면서 내린 조령(詔令)은 이 문자 제정에 관한 기본 정신이 잘 표현되었다. 즉 『원사(元史)』(권202) 「전(傳)」89 '석로 팍스파(釋老八思巴)'조에

中統元年, 世祖卽位, 尊他爲國師, 授給玉印。令他製作蒙古新文字, 文字造成後進上。這種文字祇有一千多個字, 韻母共四十一個, 和相關聲母造成字的, 有韻關法; 用兩個、三個、四個韻母合成字的, 有語韻法; 要點是以諧音爲宗旨。至元六年, 下詔頒行天下。詔令說：“朕認爲用字來書寫語言, 用語言來記錄事情, 這是從古到今都采用的辨法。我們的國家在北方創業, 民俗崇尚簡單古樸, 沒來得及制定文字, 凡使用文字的地方, 都沿用漢字楷書及畏兀文字, 以表達本朝的語言。查考遼朝、金朝以及遠方各國, 照例各有文字, 如今以文敎治國逐漸興起, 但書寫文字缺乏, 作爲一個朝代的制度來看, 實在是沒有完備。所以特地命令國師八思巴創制蒙古新字, 譯寫一切文字, 希望能語句通順地表達淸楚事物而已。從今以後, 凡是頒發詔令文書, 都用蒙古新字, 幷附以各國自己的文字。” 於是升八思巴的號爲大寶法王 又賜給玉印。 ―중통(中統) 원년(1260)에 세조가 즉위하여 그를 존중하여 국사(國師)를 삼고 옥인(玉印)을 주었다. 그에게 몽고어의 새로운 문자를 제작하도록 명령하니 문자를 만들어 바쳤다. 이 문자는 모두 1천여 개의 글자가 있는데 운모(韻母)는 모두 41개이고 성모(聲母)에 관련하여 만든 것으로 운(韻)과 관련하여 두 개, 세 개, 네 개의 운모를 합성하여 글자를 만들었으며 어운(語韻)의 법칙으로 어울리는 발음을 으뜸으로 삼은 것이 요점이다. 지원(至元) 6년(1269)에 반포하여 천하에 사용하라는 조칙(詔勅)을 내리다. 조칙의 명령은 “짐은 오로지 글자로써 말을 쓰고 말로써 사물을 기록하는 것이 고금의 공통 제도라고 본다. 우리들이 북방에서 국가를 창업하여 속되고 간단한 옛 그대로의 것을 숭상하고 문자를 제정하는 데 게을러서 [지금에] 쓰이는 문자는 모두 한자의 해서(楷書)나 위구르 문자를 사용하여 이 나라의 말을 표시하였다. 요(遼)

나라와 금(金) 나라, 그리고 먼 곳의 여러 나라들의 예를 비추어 보면 각기 문자가 있으나 우리가 지금처럼 문교로 나라를 다스려 점차 홍기하였는데 다만 서사할 문자가 없으니 한 왕조의 역대 제도를 만든 것을 보면 실제로 [이것이 없이는] 완비되었다고 할 수 없다. 그러므로 국사 파스파에게 몽고신자를 창제하라고 특명을 내려서 모든 문자를 번역하여 기록하라고 하였다. 그리하여 능히 언어가 순조롭게 통하고 각지의 사물이 바르게 전달되기를 바랄 뿐이다. 이제부터 대저 조령(詔令) 문서의 반포와 발행은 모두 몽고신자를 쓸 것이며 각국의 자기 문자는 함께 붙이게 하다."라고 하였다. 이어서 팍스파를 올려 대보법왕(大寶法王)이라 하고 또 옥인(玉印)을 내려 주었다.

라는 기사(記事)는 원(元) 세조(世祖)의 신문자 제정에 대한 저간(這間)의 사정을 말해 준다.17)

4.2.1. 이 조령(詔令)은 파스파 문자를 공포하는 원(元) 세조(世祖)의 기본 정신을 잘 나타내었다. 한자(漢字)와 몽고 위구르자(蒙古畏兀字)를 쓰고 있는 당시 원(元) 제국(帝國)으로서는 두 문자가 몽고어를 기록하거나 제국의 여러 언어를 표기하기가 모두 불편하기 때문에 다음 세대를 위하여 제국에 통용하는 코이네의18) 문자로서 파스파 문자를 만든 것임을 알 수 있다. 이러한 파스파 문자의 제정에 관련된 기본 정신은 훈민정음 창제의 취지와 일맥상통한다.19)

---

17) 『元史』는 漢文吏牘体, 즉 漢吏文体로 쓰였기 때문에 중국어 번역문을 참고하여 해독하였다. 漢文吏牘体나 漢吏文에 대하여는 졸고(2006a)을 참고할 것.

18) 코이네는 알렉산더 대왕이 지중해 연안의 모든 나라를 정복하고 대제국을 건설한 다음 이를 통치하기 위하여 희랍의 아티카 방언을 기본으로 한 제국의 통용어로 만든 인공언어다. 코이네(κοινη, Koinē)는 고대 희랍어로 공통어라는 뜻이며 언어학에서는 大帝國의 공용어를 '코이네'라고 한다.

19) 훈민정음 창제의 기본 취지는 어제 서문의 첫 구절에 보이는 "國之語音, 異乎中國, 與文

4.2.2. Poppe(1957 : 2~3)에서 파스파 문자의 제정 이유에 대하여 Pozdněev(1895~1908)가 주장한 2가지 이유와 Vladimirtsov(1932)가 주장한 1가지 이유, 도합 3가지를 들었다.20) 첫째는 몽고 위구르자(畏兀字)가 몽골어를 표기하기에 적당하지 않아서 좀 더 정확하게 몽골어를 기록하기 위함이라는 것이다. 이것은 쿠빌라이 칸의 파스파 문자를 반포하는 조령에서도 "凡使用文字的地方, 都沿用漢字楷書及畏兀文字, 以表達本朝的語言。 —[지금에] 쓰이는 문자는 모두 한자의 해서(楷書)나 위구르 문자를 사용하여 이 나라의 말을 표시하였다."라 하여 한자와 몽고 위구르 문자가 몽골어의 표기에 적합하지 않음을 강조하였다.

실제로 위구르자(畏兀字)의 표기에 대한 주의가 있어서 이미 몽고 제국(帝國)의 초기에 그에 대한 불만이 높았음을 알 수 있다. 즉 몽고의 묑케(Mönke, 蒙哥)가 즉위하기 전까지21)『대학연의(大學衍義)』등의 유교 경전을 몽골어로 번역하는 문제에 대하여 위구르자의 표기법에 대한 연구를 실시하였고 '국사(國史)'를 편찬하라는 칙령(勅令)에서도 이 문자의 표기에 대한 문제를 지적하였다.

字不相流通, —나라 말의 발음이 중국과 달라서 문자가 서로 통하지 않으니,"라고 할 것이다. 같은 한자인데 그 발음이 달라서 중국인과 서로 통하지 않는다는 이 구절에서 분명하게 한자의 발음 표기를 위한 글자의 필요성을 지적하였다. 이 구절은 다음 구절인 "故愚民有所欲言, 而終不得伸其情者多矣。 —그러므로 어리석은 백성들이 말하고자 하는 것이 있어도 종내 그 뜻을 펴 보지 못하는 것이 많다."와는 문맥이 맞지 않는다. 졸고 (2006b)에서는 이 첫 행 다음의 몇 행이 생략된 것으로 보았다.

20) 포페 교수는 이에 대하여 Pozdněev, Лекцiи по исторiи монгольской литературы, читанныя... въ 1895, p.96 акдемическомъ году, St. Petersburg, 1906, p.172.와 Vladimirtsov, Монгольские литератуные языки, p.8. id., Монгольский межд унаодный алфавит XIII века, p.32에서 인용하였음을 밝혔다.

21) 묑케(蒙哥)는 징기스 칸(成吉思汗)의 삼남인 톨루이의 장남으로 바투의 지원을 받아 大汗에 등극하였으며 元의 憲宗이 된 인물이다. 그는 초기 몽고 제국의 기틀을 쌓았다고 한다. 묑케는 南宋의 淳祐 11년(1251)에 즉위하였고 開慶 元年(1259)에 逝去하여 동생 쿠빌라이(忽必烈) 칸, 즉 元 世祖에게 皇位를 물려주었다.

둘째는 중국 한자음을 전사(轉寫)하기 위하여 파스파 문자를 제정하였다는 것이다. 이것은 쿠빌라이 칸의 조령(詔令) 가운데 "所以特地命令國師八思巴創制蒙古新字, 譯寫一切文字, 希望能語句通順地表達淸楚事物而已。 — 그러므로 국사(國師) 파스파에게 몽고신자를 창제하라고 특명을 내려서 모든 문자를 역사(譯寫), 즉 번자(飜字)하여 기록하라고 하였으며 그리하여 능히 언어가 순조롭게 통하고 각지의 사물이 바르게 전달되기를 바랄 뿐이다." 라는 구절과 관련이 있는데 여기서 역사(譯寫, transcription)란 말의 의미는 발음을 표기하라는 것이므로 한자를 포함한 모든 문자의 발음을 전사(轉寫)하기 위하여 파스파 문자를 제정한 것임을 강조한 것이다.

특히 파스파 41자를 『광운(廣韻)』 36자모에 맞추어 제정한 것은 다음에 상론(詳論)하겠지만 이 문자가 한자의 학습을 위하여 그 발음의 표기를 위한 것임을 분명하게 한다. 한자의 정확한 표음을 위하여 사용하기에는 몽고 위구르 문자는 매우 부적절하며 비록 그것이 표음문자이기는 하지만 구절 단위의 표기를 위한 문자여서 한자의 각개 음절을 표음하기에는 맞지 않았기 때문이다.

셋째는 Vladimirtsov(1929)의 의견으로 쿠빌라이 칸이 제국의 모든 언어를 기록할 수 있는 문자를 갈망했기 때문이라는 것이다. 이것은 상술(上述)한 쿠빌라이 칸의 조령(詔令)에서 "査考遼朝金朝以及遠方各國, 照例各有文字。 — 요(遼)나라와 금(金)나라, 그리고 먼 곳의 여러 나라들의 예를 비추어 보면 각기 문자가 있다."라 하여 이미 遼(요)와 金(금), 그리고 다른 먼 나라에서 자국의 문자를 독자적으로 제정하여 사용하고 있음을 지적한 것이다.[22] 뿐만 아니라 한자로 몽고어를 기록하는 것도 적절하지 않

---

22) 파스파 문자를 만들 당시 元의 주변 국가에는 독자적인 문자를 갖고 있는 민족이 많았다. 우선 티베트(西藏)에서는 7세기경에 梵語로 된 佛經을 번역하기 위하여 표음문자인

음을 알고 있었던 것이다.

4.2.3. 파스파자(字)가 몽고 연구자들에게 흥미를 갖게 하는 것은 그 문자나 정서법 때문만이 아니라 파스파자(字)로 쓰인 몽고어가 몽고 문어(文語)와 매우 다르다는 사실이다.

쿠빌라이 칸 치하의 1269년에 공포된 파스파자는 몽고제국의 문자로 원대(元代) 전반에 걸쳐 사용되었으며 이 문자는 원대(元代) 몽고인들의 언어를 표기하기 위한 것만이 아니라 원(元) 제국(帝國)의 모든 구성원들이 사용하는 문자로 제정된 것이라는 점이다. Vladimirtsov(1931, 1932)에서는 이 파스파자를 국제적인 문자로 규정하였다.

지금까지의 연구에서 파스파자는 쿠빌라이 칸 치하에서만 사용되었고 그가 죽은 후 곧 사라졌다고 보거나 오로지 몽고어와 티베트어의 표기에만 사용되었다고 보는 경우가 많았다. 특히 아벨 레무자(Abel- Rémusat)는 오직 동전(銅錢)의 명문(銘文)으로 사용하였다고 주장하였다.

그러나 이러한 생각은 잘못된 것으로 파스파자(字)는 원(元) 제국(帝國)의 모든 민족의 언어를 기록하려는 것이었다. 블라지미르쵸프(Vladimirtsov)는 파스파자가 중국에서 한족(漢族)이 아닌 몽골족 자신들의 제국임을 나타내는 예로서 이 문자를 제정한 것으로 보았으며 몽고어만이 아니라 제국의 모든 언어, 즉 원(元)의 다섯 색목인(色目人, 몽고어 tabun önggetü)의 다민족(多民族) 언어를 모두 표기하기 위한 것으로 보았다(Vladimirtsov,

---

西藏文字를 발명하였고 遼의 太祖 耶律阿保機는 한자를 변형시켜 契丹語를 기록한 契丹大字(920년에 반포)와 왕자 迭剌이 위구르 문자를 모방하여 표음적인 契丹小字를 만들어 사용하였다(淸格爾泰 외 3인 : 1985). 또 金에서도 太祖 阿骨打가 完顔希尹으로 하여금 契丹小字에 의거한 女眞大字를 만들어 天輔 3년(1119)에 공포하였다. 그 후에 熙宗이 역시 完顔希尹으로 하여금 표음적인 女眞小字를 만들게 하여 天眷 元年(1138)에 반포하여 사용하였다(김완진 외 2인, 1997 : 125). 이에 대해서는 앞의 4.1.1을 참고.

1931 : 8, 또는 Vladimirtsov, 1932 : 32).

그러나 직접적인 신문자 제정의 동기는 몽고 위구르자(畏兀字)가 한자
의 발음을 전사하기가 적합하지 않았기 때문이다. 전술한 바와 같이 뭉
케(蒙哥)가 1251년에 즉위하기 전에 중국인 학자 조벽(趙璧)이23) 몽고어를
배워서 『대학연의(大學衍義)』를 몽고어로 번역하였고 이것으로부터 중국
고전을 번역하며 원(元) 제국(帝國)의 역사를 편찬하기 위한 준비위원이
결성되는 계기가 되었다. Pozdneyev(1906 : 166)에서는 위와 같은 작업으
로부터 몽고위구르자(蒙古畏兀字)의 불편함이 인정되어 새로운 문자 제정
의 동기가 되었다고 주장하였다.24)

필자는 졸고(2008a, b)에서 조선시대 훈민정음의 제정과 마찬가지로 몽
고인의 한어(漢語)교육에서 가장 문제가 되는 한자의 발음 학습을 위하여
파스파자(字)가 제정된 것임을 주장하였다. 한족(漢族)이 아닌 다른 민족이
표준 한어(漢語)를 학습할 때에 가장 문제가 되는 것은 한자의 발음이다.
중국어를 하는 한족(漢族)들은 뜻을 알면 그에 해당하는 발음이 따라 오
지만 외국인이 한어(漢語)를 학습할 때에는 이를 기록한 한자의 발음을
별도로 배워야 한다.

또 한어 학습에서 한자 교육은 여러 방언의 서로 다른 발음을 익혀야
한다. 주지하는 바와 같이 원대(元代)에도 서울인 대도(大都, 지금의 북경 지

---

23) '趙璧'은 元 憲宗 때 懷仁 지방의 사람으로 字는 寶仁, 諡號는 忠亮이다. 中統 연간(1260
～1263)에 平章政事에 올랐다(『元史』권 159).

24) 이에 대하여 Poppe(1957 : 2)에서도 "Pozdneyev expressed the opinion that the preparation
of these translations would inevitably have come up against great difficulties by virtue of
the unsuitability of the Uigur script to transcribe Chinese characters. These circumstances,
in Pozdneyev's opinion, would have given rise to the idea of creating a new script, more
precise than the previous one"라고 하여 Pozdneyev의 생각이 위구르 문자가 한자 발음
전사에서 부정확하며 또 불편함을 들고 이런 조건에서 새 문자의 필요성이 대두되었다
고 보았다.

역)의 한아언어(漢兒言語)나 서북(西北) 방언의 통어(通語, 또는 凡通語), 오아(吳兒)의 개봉(開封) 방언음 등이 각기 서로 달라서 정확한 발음 하나하나를 발음 기호로 표기하지 않으면 효과적인 한어(漢語), 즉 중국어의 교육은 어렵게 된다. 몽고 제국에 관련되는 여러 민족의 언어를 기록하려는 것도 파스파자(字)를 제정한 중요한 동기가 되겠지만 필자는 몽고인들의 중국어 학습에서 한자의 여러 중국어 발음 표기를 위한 기호의 필요성이 보다 직접적인 파스파자의 제정 동기라고 생각한다.

이 문자는 전술한 바와 같이 팍스파(八思巴) 라마(喇嘛)가 적어도 지원(至元) 5년(1268)에는 이 문자를 완성하여 시험 삼아 사용하다가 세조(世祖) 쿠빌라이 칸의 인정을 받아 지원(至元) 6년(1269)에 원(元) 제국(帝國)의 공용 문자로 반포되었다.

3. 파스파 문자의 사용과 전파

4.3.0. 지원(至元) 6년(1269)에 반포된 파스파 문자는 '몽고신자(蒙古新字)', '몽고자(蒙古字)', 그리고 '국자(國字)'로 불리면서 몽고(蒙古) 위구르자(畏兀字)와 구별되었다. 이 문자를 백성이 사용하게 하기 위하여 이 문자의 교육이 필요하였다. 이를 위하여 이 문자로 중국의 고전을 번역하거나 운서(韻書) 등을 편찬하여 이 문자 교육의 교재로 삼게 하였다. 먼저 이 문자의 교육에 대하여 살펴보기로 한다.

4.3.1. 이 문자는 몽고 제국(帝國)의 문자로 인정되어 반포(頒布)된 같은 해 7월에는 모든 지역에서 몽고자학(蒙古字學)의 학교가 설치되었다.

『원사(元史)』(권6)「세조기(世祖紀) 삼(三)」의 "至元六年七月。己巳、立諸路蒙古字學。癸酉、立國子學。—지원 6년 7월 기사(己巳) 일에 각 로(路)에 몽고자학(蒙古字學)을 세우고 계유(癸酉) 일에 국자학(國子學)을 세우다."이란 기사나 같은『원사(元史)』「세조기(世祖紀) 사(四)」의 "至元七年夏四月壬午, 設諸路蒙古字學教授。—지원(至元) 7년 여름 4월 임오(壬午) 일에 제로(諸路)에 몽고자학을 설립하고 가르치다."이란 기사가 있어 원(元)의 조정(朝廷)이 모든 로(路, 우리의 道에 해당함)에 몽고자학의 학교를 설치하여 파스파자(字)를 교육하고 이를 이용하여 한어(漢語)교육도 함께 이루어졌음을 말한다.

『원사(元史)』(권87)「백관지(百官志) 삼(三)」에 몽고 국자학(國子學)의 제도에 대하여 "蒙古國子學 : 秩正七品博士二員, 助教二員, 教授二員, 學正學錄各二員。掌教習諸生於隨朝百官怯薛台。蒙古漢兒官員家, 選子弟俊秀者入學。—몽고 국자학은 정7품 박사 두 사람, 조교 두 사람, 교수 두 사람, 학정(學正)·학록(學錄) 각 두 사람으로 구성되며 조정 백관과 시위(侍衛)들, 즉 겁설태(怯薛台)[25]에게 딸린 여러 생도들을 가르치는 것을 관장한다. 몽고인이나 한인 관원들의 집에서 준수한 자제들을 뽑아서 입학을 시킨다."라는 기사에 의하면 대체로 어떤 종류의 학교인지 이해하게 된다. 원(元) 제국(帝國)에 추종하는 세력에게 이 문자를 가르치고 이들을 과거시험으로 뽑아 관리에 임명함으로써 자연스런 지배층의 물갈이가 이루어지는 것이다.

『원전장(元典章)』(권31)「예부(禮部)」(卷四), '학교(學校) 몽고학(蒙古學)' 조에 지원(至元) 8년(1271) 정월(正月)에 발표된 성지(聖旨) 1통이 실려 있다. 이 성지의 내용은 바로 이 문자 제정의 목적을 보여주는데 이 성지(聖旨)에

---

25) '怯薛台'는 몽고어 'kepüsel-tei'의 한자표기로 "황제의 侍衛 무사들"을 말한다.

는 첫째로 "서울에 국자학(國子學)을 설치하고 교수, 학생을 두었으니 조
정의 백관(百官)과 황제의 시위무사들, 그리고 몽고인과 한인(漢人)의 자손
및 제질(弟姪) 가운데 우수한 자를 선발하여 국자학(國子學)에 입학시킬
것"을 명령하고 다음으로 관청에서 발급하는 중요한 문서와 인신(印信),
각종 포마(鋪馬) 차자(箚子)는[26] 몽고자, 즉 새로 제정한 국자(國字)를 쓸 것
이라는 등의 내용을 담고 있다. 중요 부분을 羅常培·蔡美彪(1959 : 11)에
서 인용하면 다음과 같다.

至元八年正月日, 皇帝聖旨, 間者采近代之制, 創爲國學, 已嘗頒告天下, 然學
者尙少. 今復立條畫, 其令有司明諭四方, 庶幾多所興起, 以傳布永久. 故兹詔示,
想宜知悉:
一、京師設國子學敎授諸生, 於隨朝百官怯薛歹[27], 蒙古漢兒官員, 選擇子孫
弟姪俊秀者, 入國子學。
一、諸王位下及蒙古千戶, 所依在前設畏吾兒八合赤[28], 體例設立敎授。
一、隨路所設敎授學, 有願充生徒者, 與免一身差役。上路額設生員三十人、
下路二十五人。仍委本路按察司兼提擧學校一同, 選擇生徒俊秀者充應。
據中選仍受官職外, 隨路達魯花赤總管以下, 及運司諸役下官員子孫弟姪,
堪讀書者並聽入學。隨處居住回回, 畏吾, 河西人等願學者聽, 不在額設
之數。據學校房舍, 令所在官司給付。
一, 通鑑節要事, 就翰林院見設諸官並譯史譯作蒙古言語, 用蒙古[字]寫錄, 遂
旋頒降與國子學諸路敎授。
一, 符寶卽設好識蒙古學閤者赤[29]一員, 驗合使寶。
一, 省部臺諸印信, 並所發鋪馬箚子, 並用蒙古字。

---

26) '鋪馬箚子'는 驛站에서 말을 조달할 수 있는 표. 조선시대의 馬牌와 같음.
27) 이 '歹'는 陳垣의 『元典章校補』에 의거한 것으로(羅常培·蔡美彪, 1959 : 11 주4) 몽고어
의 'kepüsel-tei(怯薛台)'의 '台'를 말한다. '怯薛台'에 대하여는 주25 참조.
28) 몽고어의 'Baghs'i를 말함. '博士'로도 번역하며 '師傅(사부)'의 뜻이다.
29) 몽고어의 Bichigchi(書記)를 한자로 전사한 것임.

一, 省部臺院今蒙古子孫弟姪, 作蒙古字闊者赤頭兒, 凡有行移並用蒙古字標寫
本宗事目, 即今習學漢兒公事。其餘內外諸衙門, 亦令並用蒙古字人員, 充
闊者赤。

一, 省部臺院凡有奏目用蒙古字寫。

一, 隨朝見當直怯薛歹, 闊者赤限一百日, 須管習熱會蒙古字。

一, 二三年後, 習學生員選擇俊秀, 出策題試問, 觀其所對, 精通者爲中選, 約
量授以官職。

一, 今後不得將蒙古字道作新字[30]。

이에 대하여 羅常培·蔡美彪(1959 : 12~13)에 의하면 이 글의 내용은 다음 셋으로 요약할 수 있다고 하며 이를 여기에 옮겨보면 다음과 같다.

첫째, 몽고자의 교육을 강화시키는 내용이다. 각 로(路)에 몽고자학(蒙古字學)이란 학교를 설치하고 경사(京師)에 국자학(國子學)을 설치할 뿐만 아니라 제왕(諸王)들의 산하에 있는 천호(千戶)까지도 몽고자(蒙古字)를 교수하며 몽고 귀족 및 몽고와 한족(漢族)의 통치자 자제 중에 우수한 사람들을 입학시켜 몽고자를 학습하게 명령한다는 것이다.

『원사(元史)』(권87) 「백관지(百官志)」(제3)에 기재된 몽고 국자학(國子學)의 제도에는 "몽고 국자학은 정7품 박사 2원(員), 조교 2원, 학정(學正), 학록(學錄) 각 2원이 생도의 교습을 관장하고 조정의 백관과 겁설태(怯薛台, 호위무사), 몽고와 한족의 관원 집의 자제(子弟) 가운데 우수한 자를 선발하여 입학시킨다."라고 하여 국자학(國子學)의 규모와 구성에 대한 규정을 소개하고 있다.

---

30) 이 『元典章』의 文體는 일반 한문이나 중국어가 아니다. 당시 元의 서울 大都에서 공용어로 사용하던 口語인 漢兒言語를 바탕으로 하여 만들어진 文語로서 이로부터 중국의 吏文, 후일 朝鮮에서는 이를 漢吏文이라고 부르게 되는 또 하나의 한문 문체다(졸고, 2006). 羅常培·蔡美彪(1959)에서도 이 『元典章』의 원문을 잘못 읽은 경우가 발견되는 것은 그런 독특한 문체로 작성되었기 때문이다.

몽고 황제(皇帝)는 자신의 후계자에게도 몽고 국자(國字)를 교습하게 하였는데 전게한 『원전장』에 소개된 지원 8년에 내린 성지(聖旨)에 강보(襁褓)에 있는 황손(皇孫)과 보모(保姆)에게도 국자(國字)를 학습하게 하였다는 내용이 적혀있다. 또 몽고 황제는 당직의 겁설태(怯薛台, kepüseltei)와 비칙치(必闍赤, Bichigchi—서기)에게 100일을 한하여 반드시 몽고자를 습숙(習熟)하게 하였다는 것이다.

둘째, 몽고자 사용의 유인책이다. 황제는 몽고자를 학습하면 일신의 부역(賦役)을 면제하거나 몽고자 구사(驅使)의 실력에 의하여 관직(官職)을 주는 유인책으로 당시 지식인들에게 몽고자의 학습을 호소한 것이다. 심지어 한인(漢人)이나 남인(南人)의31) 관원들 자손이나 제질(弟姪—동생들과 조카들)들도 국자학(國子學)에 입학하여 몽고자를 학습하게 하였다. 이는 몽고 국자(國字)를 보급하여 통치문자로써 널리 이용하게 하려는 것이다.

셋째, 관청에서 몽고자의 사용을 의무화하였다. 지원(至元) 8년(1271)의 성지(聖旨)에 적시된 바와 같이 성부대원(省部臺院)의 상주문(上奏文)이나 관청의 문서, 중서성(中書省)의 부보(符寶), 성부대(省部臺)의 모든 인신(印信), 그리고 병마 조달의 차자(箚子) 등을 모두 반드시 몽고자로 쓰게 하였다. 즉 『원사(元史)』(권101)「병지(兵志)」제4 '참치(站赤)'조에

八年正月, 中書省議：鋪馬箚子初用蒙古字, 各處站赤未能盡識, 宜繪畫馬匹數目, 復以省印覆之, 庶無疑惑。因命令後各處, 取給鋪馬標附文籍, 其馬匹數, 付譯史房書寫畢, 就左右司用墨印, 印給馬數目, 省印印訖, 別行附籍發行。墨印左右司封掌。 —8년(1271) 정월에 중서성에서 의논하기를 말을 나누어 주는 차자(箚子)에 처음에는 몽고자를 사용하였으나 각 처의 참치(站赤—驛吏를 말함)들이 이를 잘 알지 못하므로 마필의 수효를 그림으로 그려서

---

31) 南人은 북방의 漢兒가 아닌 吳兒의 漢族을 말함.

위에 중서성의 도장을 찍어 아무런 의혹이 없게 하였다. 명령을 내린 후
에 각처에서 말을 나누어주는 표를 붙인 문적을 주고 그 마필의 수효를
말로 바꾸어 역사방(譯史房)에서 쓴 다음에 좌우사(左右司)에서 먹을 쓴
도장, 묵인(墨印)으로 말의 수효에 따라 도장을 찍고 도장 치는 것이 끝
난 다음에 따로 문서를 붙여 발행하였다. 묵인은 좌우사에서 봉하여 관
장하였다.

라고 하여 각 역참의 마패(馬牌)와 말을 나누어주는 문서도 모두 몽고자
로 쓰게 하였음을 알 수 있다. 그리하여 이 문자가 명실상부하게 통치문
자의 역할을 하게 된 것이다.

전게한 나이지(羅以智)의 '발몽고자운(跋蒙古字韻)'에서도 "頒行諸路, 皆立
蒙古學。此書專爲國字漢文對音而作, 在當時固屬通行本耳。—[이 문자를] 제
로(路)에 나누어주어 사용하게 하고 모두 몽고 학교를 세웠다. 이 책 [『몽
고자운』]은 [당시에] 오로지 국자(國字, 파스파 문자)로 한자의 발음을 적기
위하여 만들어진 것으로 당시에 있어서는 널리 통행하는 책에 속하였
다."라고 하여 파스파자가 원(元) 제국(帝國)의 제로(諸路)에 세운 몽고 학교
에서 한자의 한어음(漢語音)을 학습하는 데 발음기호의 역할을 하였으며
이 문자로 『몽고운략(蒙古韻略)』이나 『몽고자운(蒙古字韻)』과 같은 발음 사
전을 만들 때에 발음 기호로서 사용되었음을 알 수 있다.

지원(至元) 7년(1270) 10월에는 황제(皇帝)의 조상(祖上)을 제사(祭祀)하는
사원(寺院)에서 파스파 문자를 기도문(祈禱文)의 문자로 지정한다는 포고(布
告)가 내려졌고[32] 이어서 지원(至元) 8년 12월에는 국자(國字) 사용을 늘리
라는 포고령(布告令)을 내렸으며 지원(至元) 10년(1273) 정월(正月)에는 이후

---

32) 이에 대하여는 『元史』(권7) 「世祖紀 四」에 "至元七年冬十月癸酉, 宗廟祭祀祝文, 書以國
字。"라는 기사 참조.

의 모든 명령서에 국자(國字)를 사용하라는 칙령(勅令)이 내려졌다.

그러나 이러한 노력에도 불구하고 중국인 관리의 자제(子弟)들은 파스파 문자의 교육을 받지 않고 위구르(畏兀)문자를 사용하는 데 익숙하였다. 이에 대하여 화례곽손(和禮霍孫)의 상소가 있어 몽고자를 교육하는 학교를 설치하였으나 한족(漢族) 관리의 자제 가운데에도 배우지 않는 사람들이 있다. 그리고 관청에서 보내오는 문서가 아직 위구르자(畏兀字)로 쓴 것이 있어서 이제부터 몽고자를 사용할 것으로 명하고 아울러 백관의 자제를 몽고자 학교에 입학시킬 것으로 명하였다고는 하지만33) 신문자의 전파 는 매우 더뎠다(Poppe, 1957 : 6). 드디어 지원 16년(1279)에는 중서성(中書省) 이 관문(官文)이나 상소(上訴)에 위구르(畏兀)문자 사용을 금지시켰으나 이 명령은 지켜지지 않았고 중서성(中書省)은 5년 후인 지원(至元) 21년(1284) 5월에 다시 같은 명령을 내리게 된다.34)

4.3.2. 원대(元代)에 중국의 사서(史書)들도 몽고어로 번역되어 파스파 문자로 기록되었다. 예를 들면 『자치통감(資治通鑑)』은 몽고어로 번역되어 파스파 문자와 몽고 위구르 문자로 간행되었다는 기사가 있다. 뿐만 아 니라 『효경(孝經)』도 당시 한어언어(漢兒言語)로35) 직해된 것을 다시 몽고

---

33) 이에 대하여는 『元史』 「世祖紀 四」에 "至元九年七月壬午, 和禮霍孫奏 ; 蒙古字設國子學, 而漢官子弟未有學者, 及官府文移猶有畏吾字。詔自今凡詔令並以蒙古字行, 仍遣百官子弟入 學。"이란 기사 참조.

34) 조선시대의 馬牌에 해당하는 牌字(몽고어 gerege)의 글도 至元 15년(1278) 7월에 황제의 칙령으로 위구르 문자로부터 파스파 문자로 바꾸도록 하였다. 그러나 실제로 이것이 시 행된 것은 몇 년 후의 일이다.

35) 漢兒言語는 元의 새로운 首都인 大都(지금의 北京 지역)의 통용어로 원래 이 지역은 중국 의 漢兒만이 아니라 많은 다른 소수민족이 어울려 살면서 서로의 의사소통을 위하여 자 연적으로 만들어진 언어다. 元代에는 이 말이 서울인 大都의 통용어가 되었으므로 중원 의 공용어의 역할을 하게 되었다. 보통 胡元漢語(몽고어투의 엉터리 한어)라고 불리는 漢 兒言語는 麗末鮮初에 이 땅에서 별도로 학습해야 하는 중국어가 되었다. 이에 대하여는

어로 번역하여 파스파 문자로 기록한 <국자효경(國字孝經)>이 간행되었
다는 기사가 있다(Pauthier, 1862 : 21).[36]

졸저(2004)와 졸고(2006a)에 의하면 한아언어(漢兒言語)로 번역된 <효경
(孝經)>은 일명 『효경직해(孝經直解)』, 또는 『직해효경(直解孝經)』이라고도 불
리던 것으로 원대(元代) 북정(北庭) 성재(成齋) 소운석해애(小雲石海涯, 自號 酸齋,
一名 成齋)의 작(作)이다.[37] 일본에 전해지는 『효경직해(孝經直解)』는 그 온전
한 서명이 '신간 전상 성재 효경직해(新刊全相成齋孝經直解)'이며 권미(卷尾)에
는 '북정 성재 직설효경종(北庭成齋直說孝經終)'으로 되었고 서문의 말미에
'소운석해애(小雲石海涯) 북정 성재 자서(北庭成齋自敍)'로 되었다.

따라서 이 한아언어본(漢兒言語本) <효경(孝經)>은 몽고어의 영향을 받
은 한어(漢語)로 풀이된 것이며 몽고어로의 번역을 전제로 한 것이다. 이
『직해효경(直解孝經)』의 한어(漢語)가 얼마나 몽고어의 영향을 받은 것인지
에 대하여는 졸고(2008)와 제2장 2.3.3에서 상세히 언급되었다.

이 외에도 『대학연의택문(大學衍義擇文)』, 『몽고자모백가성(蒙古字母百家姓)』,
『몽고자훈(蒙古字訓)』 등 파스파 문자로 쓰인 책들의 서명이 『팔사경적지
(八史經籍志)』의 「원사예문지(元史藝文志)」에 보인다. 그러나 오늘날 현존하는
파스파 문자의 기록물은 전적류(典籍類)보다 금석문(金石文)의 경우가 많다.
아마도 명(明) 태조(太祖)에 의해서 시행된 철저한 호원(胡元)의 말살(抹殺)
정책 때문에 서적류(書籍類)는 대부분 망실(亡失)한 것으로 보인다.[38]

拙稿(1999, 2006)를 참고할 것.

36) 『孝經』의 漢兒言語 번역과 그 간행에 대하여는 졸고(2006a)을 참고할 것.

37) 소운석해애(小雲石海涯)는 北庭이란 지명을 앞에 두고 字號를 쓴 것으로 보아 이곳 출신
 의 위구르인임을 알 수 있다. 北庭은 위구르의 본고장이다.

38) 明代 북방민족의 고유문자를 없애고 한자문화를 유지하려는 정책은 비단 파스파 문자
 자료만이 아니라 契丹문자, 女眞문자로 기록된 것도 마찬가지였다. 오늘날 중국에는 이
 러한 문자로 기록된 문헌은 거의 없고 오로지 금석문 자료만이 남았을 뿐이다. 이로부터

4. 파스파 문자의 자음(子音)

4.4.0. 전게(前揭)한 바 있는 『원사(元史)』(권202) 「전(傳)」89 '석로(釋老) 팍스파(八思巴)'조에는

中統元年, 世祖卽位, 尊他爲國師, 授給玉印。令他製作蒙古新文字, 文字造成後進上。這種文字祇有一千多個字, 韻母共四十一個, 和相關聲母造成字的, 有韻關法, 用兩個、三個、四個韻母合成字的, 有語韻法, 要點是以諧音爲宗旨。 - 중통(中統) 원년에 세조가 즉위하고 [파스파]를 존경하여 국사를 삼았다. 옥인(玉印)을 수여하고 몽고 신문자를 제작하도록 명령하였고 그는 문자를 만들어 바쳤다. 문자는 일천 몇 개의 글자이었고 운모(韻母)는 모두 41개이었으며 성모(聲母)가 서로 관련하여 글자를 만들고 운이 연결하는 법칙이 있어 두 개, 세 개, 또는 네 개의 운모가 합하여 글자를 이루며 어운법(語韻法)이 있어 요점은 음이 화합하는 것이 근본 내용이다.

라는 기사가 있어 파스파 문자가 41개의 운모(韻母, 즉 聲母를 말함-필자)들로 만들어졌고 음소문자이어서 몇 개의 음운이 결합하여 음절을 형성함을 밝히고 있다.

파스파 문자는 전술한 바 있는 성희명(盛熙明)의 『법서고(法書考)』와 도종의(陶宗儀)의 『서사회요(書史會要)』에 43성모(聲母)로 소개되었다.39) 『법서고(法書考)』에는 "[전략] 我皇元肇基朔方, 俗尚簡古, 刻木爲信, 猶結繩也。 [중략] 乃詔國師拔思巴, 采諸梵文, 創爲國字, 其母四十有三。 -[전략] 우리 원제국은 북쪽에서 나라를 시작하여 간결한 옛 것을 숭상하고 나무에 조

중국의 한자 문화 유지 정책이 얼마나 철저하게 수행되었는지 알 수 있다.

39) 본고에서 참고한 두 자료는 모두 『欽定四庫全書』 소재의 것으로 Poppe(1957) 소재의 사진판을 이용하였다.

각하여 편지를 하고 또 끈을 묶어 소식을 전했다. [중략] 이에 [황제가]
국사 팍스파에게 명하여 산스크리트 문자 가운데서 뽑아 국자(國字)를 처
음 만드니 그 자모(字母)가 43개다."라는 기사와 함께 42개의 파스파 문
자와 그에 해당하는 한자를 보였다.

그러나 여기서 언급한 42개 문자 가운데 1개는 해당 한자를 쓰지 않
아서 41개만이 파스파 문자와 한자(漢字)가 구비되었다. 『서사회요(書史會
要)』에도 같은 내용이 기재되었는데 "[전략] 奄有中夏, 爰命巴思八, 采諸梵
文, 創爲國字, 其功豈小補哉。 字之母凡四十三。 —한 여름에 갑자기 팍스파
에게 명하여 범문(梵文, 산스크리트 문자)에서 뽑아서 국자(國字)를 창제하였
으니 어찌 그 공이 적겠는가? 자모(字母)는 모두 43개이다."이라 하여 역
시 범문(梵文), 즉 산스크리트 문자에서 뽑아서 국자를 만들었다고 하였
고 자모가 43이라 하였다. 그러나 역시 41개의 문자만이 한자와 함께
들고 있다.

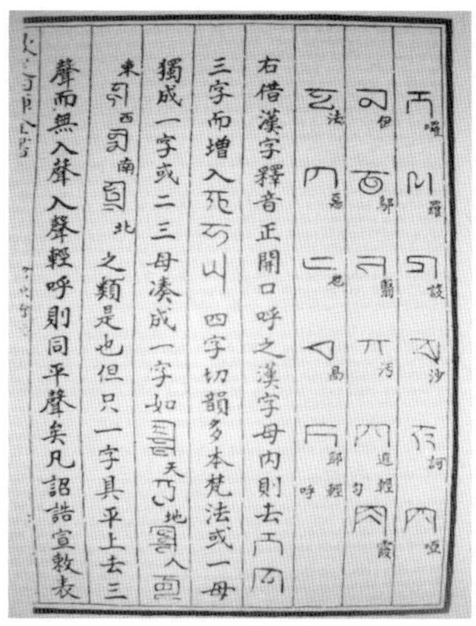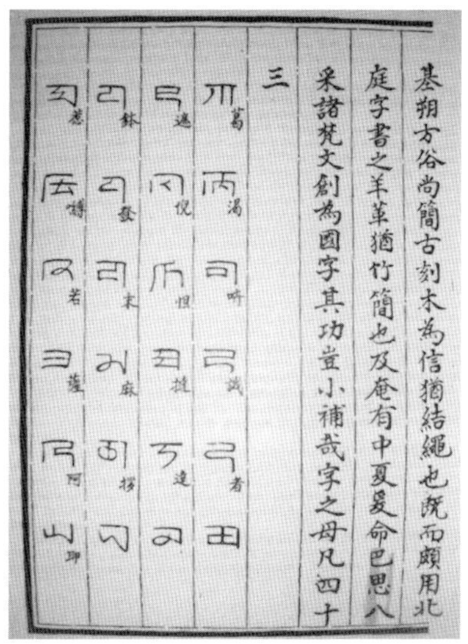

[사진 4-2] 『書史會要』 소재 八思巴 문자

[사진 4-2]와 다음 자료 [사진 4-3]에서 볼 수 있는 것처럼 이 두 자료의 파스파 문자는 자형(字形)도 분명하지 않고 한자의 성모(聲母)도 특이하다. 다만 [사진 4-3]에서 『법서고(法書考)』의 42자 말미에 "右借漢字釋音, 並開口呼之。 —오른쪽의 한자를 빌려 발음을 밝힌 것처럼 모두 개구음으로 발음한다."라고40) 하여 'ꡗ 葛, ꡙ 渴, ꡡ 唥, ꡘ 誐'가 모두 개구음 [ka, kha, ga, ŋa]로 발음됨을 알려준다.41)

이어서 "凡詔誥表章, 鴻文大冊, 並以書焉。 —황제가 내리는 명령이나 황제에 올리는 많은 글들과 큰 책을 모두 이것으로 썼다."라고 하여 파스파 문자가 원대(元代) 국자(國字)로써 사용되었음을 밝혔다.

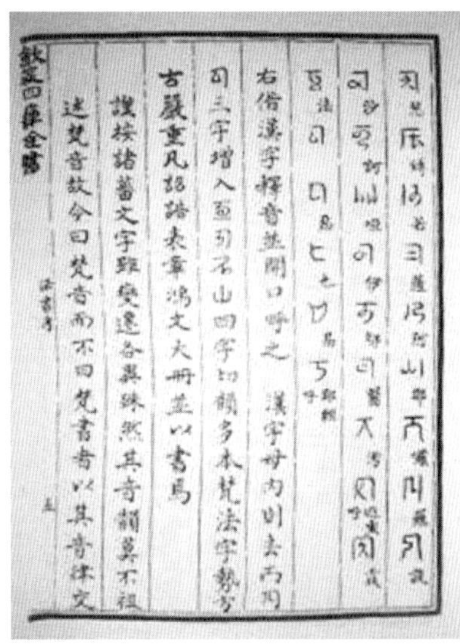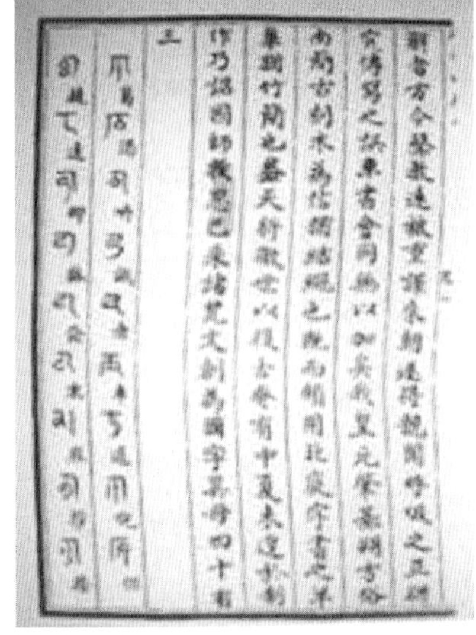

[사진 4-3] 『法書考』 소재 파스파 문자

---

40) [사진 4-2]에서 『書史會要』의 이 부분은 "右借漢字釋音, 正開口呼之。 —오른쪽의 한자를 빌려 발음을 밝힌 것처럼 바르게 개구음으로 발음한다."라고 하여 조금 다르다.

41) [사진 4-2, 4-3]에 보이는 字形과 본고의 파스파 문자와 차이가 있음은 전자의 자형을 수정하여 보였기 때문이다.

[사진 4-2, 4-3]에서 보이는 파스파자의 자형(字形)과 운목(韻目)의 한자(漢字)는 다음에 논술할 『몽고자운(蒙古字韻)』의 그것과 매우 다르다. 이는 후대의 자의적(恣意的)인 변개(變改)로 볼 수밖에 없다.

4.4.1. 파스파 문자는 이와 같이 성희명(盛熙明)의 『법서고(法書考)』와 도종의(陶宗儀)의 『서사회요(書史會要)』에 모두 43성모(聲母)로 소개되었다.[42] 이것은 중국의 전통적인 36성모(聲母)에 유모(喩母)에 속하는 7자(字)를 합한 것이다. 그러나 『몽고자운』에서는 유모(喩母)에 속한 파스파자(字)는 6개이고 순경음(脣輕音) 전탁(全濁)의 /奉/모([ꡤ])를 인정하지 않고 순경음(脣輕音) 전청(全淸)의 /非/모([ꡤ])와 동일한 것으로 간주하여 모두 41개 성모(聲母)가 제시되어 있다.[43] 이것은 앞에서 원(元) 세조(世祖)의 파스파자 반포(頒布)에서 41개의 글자를 만들었다는 조령(詔令)과 부합한다.

따라서 보다 명확한 파스파 문자의 자음(子音), 즉 성모(聲母)는 『몽고자운(蒙古字韻)』에서 얻을 수 있다. 파스파 문자로 한자음을 기록한 운서는 흔히 몽고운(蒙古韻)으로 약칭되어 「고금운회(古今韻會)」와 『사성통해(四聲通解)』 등에서 인용되었다. 최세진(崔世珍)의 『사성통해』에서는 '범례(凡例)' 26조를 권두에 실어서 이 운서(韻書)의 기본적인 편찬 태도를 밝혔는데 그 첫 조에 전술한 바 있는 "蒙古韻略元朝所撰也。[중략] 乃以國字飜漢字之音, 作韻書以敎國人者也。 —몽고운략은 원나라에서 지은 것이다. [중략] 국자(國字, 파스파 자를 말함)로 한자의 발음을 전사하여 운서를 만들고 이

---

42) 전술한 『法書考』의 "[전략] 我皇元肇基朔方, 俗尙簡古, 刻木爲信, 猶結繩也。[중략] 乃詔國師拔思巴, 采諸梵文, 創爲國字, 其母四十有三。"와 『書史會要』의 "[전략] 奄有中夏, 爰命巴思八, 采諸梵文, 創爲國字, 其功豈小補哉。字之母凡四十三。"을 참고할 것.

43) 『몽고자운』에서는 脣輕音 全淸 /非/母와 全濁 /奉/모가 모두 [ꡤ]로 동일하다[사진 4-4] 참조). 그러나 朝鮮의 36자모표는 全淸의 /非/모[ᄫ]와 次淸의 /敷/모[ᄫ]가 동일하고 [ㆄ]를 인정하지 않았다. 제6장 [사진 6-4] 및 [표 6-4]. [사진 6-5] 및 [표 6-6]을 참고할 것.

로써 나라 사람들을 가르친 것이다."라는 기사가 있어 한자 발음 교육을
위한 『몽고운략(蒙古韻略)』이란 운서가 존재하였고 최세진이 이를 참고하
였음을 알 수 있다.44)

이 운서(韻書)는 오늘날 실전(失傳)되어 찾아볼 수 없으나 『사성통고(四聲
通攷)』에서도 '몽고운(蒙古韻)'을 참고한 예가 보이므로 훈민정음의 해례에
참가한 신숙주(申叔舟) 등이 몽고운에 많이 의존하였음을 알 수 있다. 그
런데 이 몽고운은 원대(元代)에 편찬된 황공소(黃公紹)의 『고금운회(古今韻會)』
와 그의 제자 웅충(熊忠)의 『고금운회거요(古今韻會擧要)』에서도 많이 참고
가 되었다.45) 훈민정음 창제 이후 제일 먼저 '운회(韻會)'의 번역을 명한
일이 『세종실록』에 기재된 것으로 보아 당시 조선(朝鮮)에서는 몽고운(蒙
古韻)과 이를 모태(母胎)로 한 운회(韻會)가 중국어 학습에서 중요한 참고서
였음을 알 수 있다.

수(隋)나라 육법언(陸法言)의 『절운(切韻)』계 운서로서 당대(唐代)의 『당운
(唐韻)』,46) 그리고 송대(宋代)의 『대송중수광운(大宋重修廣韻)』(『廣韻』으로 약칭)
이 있고 『광운』을 축소한 『예부운략(禮部韻略)』이 있다. 특히 『예부운략』
은 과거시험을 관장하는 예부(禮部)의 간행이어서 표준적인 운서로 송대
(宋代)에 널리 이용되었다. 『몽고운략』은 이 『예부운략』을 파스파 문자로
번역(飜譯)한 것, 즉 파스파 문자로 이 운서의 한자음을 표음한 것이다.

---

44) 유창균(1973)은 『사성통해』에 인용된 '蒙韻'을 자료로 하여 元代에 편찬되어 오늘날에는
　　失傳된 『몽고운략』을 復元하려던 것이었다.

45) 『古今韻會』와 『古今韻會擧要』에 대하여는 전자가 너무 방대하여 간행되지 않았고 전자
　　를 축소하여 후자로 인행되었다는 주장이 있다. 즉 王力(1983)에서 "＜古今韻會＞ 三十卷
　　是元代黃公紹所編 因爲卷帙繁多 熊忠另編一部 ＜古今韻會擧要＞"라고 하였으나 花登正宏
　　(1997：66)에서는 『사성통해』에서 인용한 『古今韻會』는 현전하는 熊忠의 『古今韻會擧要』
　　와 내용이 다르므로 이 두 책이 별개의 것이며 崔世珍 등이 참고한 것은 黃公紹의 『古今
　　韻會』일 것으로 보았다.

46) 唐 孫緬의 『唐韻』을 가리키기도 하고 唐代 切韻계 운서를 모두 지칭하기도 한다.

이것은 『몽고운략』이 현전하지 않기 때문에 이 두 운서를 비교할 수 없는 지금의 형편에서는 하나의 추정이지만 유창균(兪昌均, 1973)의 재구나 『사성통해』에 인용된 몽고운을 통하여 어느 정도 인정할 수가 있다.

절운계(切韻系) 운서(韻書)인 『광운(廣韻)』과 그의 축소판인 『예부운략』은 언어 중심지가 북경(北京)으로 옮아간 원대(元代) 북방음의 표준 운서로서는 많은 문제가 있게 되었다. 이러한 음운의 변화를 반영한 『고금운회(古今韻會)』는 『예부운략(禮部韻略)』과는 차이가 나는 운서가 되었다. 그러나 이러한 북방음의 음운을 반영한 운서가 『고금운회(古今韻會)』보다 앞서서 『몽고자운(蒙古字韻)』이 있었던 것으로 보인다.

지대(至大) 무신(戊申)년(1308)에 간행된 『몽고자운』은 지원 29년(1292)에 미완의 고본(稿本)으로 유진옹(劉辰翁)이 서(序)를 붙인 『고금운회』보다는 물론이고 대덕(大德) 원년(元年, 1297)에 간행한 『고금운회거요(古今韻會擧要)』보다도 늦게 간행되었으나[47] 이 두 책에 이미 몽고자운(蒙古字韻)에 관한 기사가 있는 것으로 보아 『몽고자운』은 그 이전에 간행되었음을 알 수 있다. 지대(至大) 원년(元年, 1308)은 졸저(2009)에서 논의한 바와 같이 주종문(朱宗文)이 이를 수정하여 증첨(增添)한 해로 보아야 할 것이다.

『고금운회거요』의 권두에는 "예부운략칠음삼십륙모통고(禮部韻略七音三十六母通攷)"라는 제하(題下)에 '몽고자운음동(蒙古字韻音同)'이란 소제를 붙이고 "韻書始於江左, 本是吳音。 今以七音韻母通攷韻字之序, 惟以雅音求之無不諧叶。 ─운서(韻書)는 강좌(江左)에서 시작하여 본래 오음(吳音)이었다. 이제

---

47) 필자가 참고한 『古今韻會擧要』는 元 大德 元年(丁酉, 1297)에 쓴 熊忠의 自序가 至元 28년(壬辰, 1292)에 작성된 劉辰翁의 序文과 함께 실려 있는 판본이다. 이 책은 元代 中書省 參知政事 孛術魯翀과 翰林國史 余謙이 至順 2년(1331)에 序를 붙인 重刊本을 宣德 9년(1434)에 慶尙道 觀察使 辛引孫이 大邱와 密陽에서 복각한 『古今韻會擧要』 10冊 30卷이다. 한 권도 落帙되지 않고 전권이 高麗大學校 中央図書館 華山文庫에 現伝한다.

칠음(七音)으로 운모통고(韻母通攷)에서 운자(韻字)의 차례를 삼고 아음(雅音)에서 구하여 배열하니 [운서에서] 갖추어지지 않고 화합하지 않는 것이 없다."라고 하여 『고금운회』가 『몽고자운』과 같은 계통의 운서로서 북방음(北方音)을 수용하고 있음을 알렸다.[48]

이에 대하여 최세진(崔世珍)의 『사성통해(四聲通解)』 권두(卷頭)에 부재(附載)된 26조 범례 가운데 "(전략) 黃公紹作韻會, 字音則亦依蒙韻。(하략) ─ 황공소가 운회를 지었는데 자음(字音)은 역시 몽운(蒙韻)에 의거하였다."라고 하여 운회(韻會)가 원대(元代) 몽고운(蒙古韻)의 계통임을 증언하고 있다.

4.4.2. 『몽고자운』은 비록 청대(淸代)의 필사본이지만 완본(完本)이 현전하며 그 권두에 파스파 문자를 정확하게 기록하여 놓았으므로 이를 통하여 이 문자의 제자와 그 음가를 어느 정도 파악할 수 있다. 『몽고자운』에서는 전통적인 <절운(切韻)>계 36성모(聲母)의 하나하나에 파스파 문자를 대음시킨 자모도(字母圖)를 권두(卷頭)에 실어서 파스파 문자의 음가를 한 눈에 볼 수 있게 하였다.[49]

이것은 앞에서 언급한 『고금운회거요』 권두의 "예부운략칠음삼십육모통고(禮部韻略七音三十六母通攷)" 다음에 '몽고자운음동(蒙古字韻音同)'과 관련이 있는 것으로 전통적인 36성모(聲母)를 도표로 보인 것이다. 다음에 그 부분을 사진으로 옮겨보면 다음과 같다. [사진 4-4] 참조.

이것은 절운계(切韻系) 운서의 전통적인 36자모(字母)에 대응시켜 파스파

---

48) 이 기사의 雅音을 雅言의 발음으로 이해하기보다는 俗音에 대한 漢音으로 이해해야 할 것이다.

49) 지금까지 파스파 문자 연구에 이 『몽고자운』이 이용되지 않은 것을 참으로 안타깝게 생각한다. 아마도 자료가 大英 박물관(British Museum)에 소장되어 있어서 자료 이용에 불편함이 있었던 것 같다. 현재는 大英 도서관(British Library)에 소장되었다.

문자의 제자(制字)를 보여준 것이다. 『몽고자운(蒙古字韻)』(이하 '字韻'으로 약
칭)은 절운계(切韻系) 『예부운략』을 파스파 문자로 번역한 『몽고운략』의
뒤를 이은 것이므로 이 36자모도는 『고금운회거요』의 권두에 보이는 「예
부운략칠음삼십육모통고(禮部韻略七音三十六母通攷)」에 의거하여 수정된 36자
모에 파스파 문자를 대응시킨 것이다.[50]

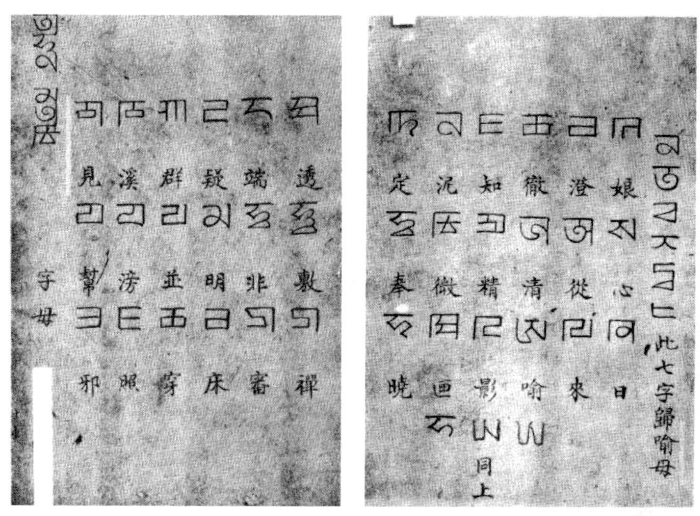

[사진 4-4] 蒙古字韻 36 字母圖와 7개 喩母字

'자운(字韻)'은 파스파자(字)를 만든 티베트의 팍스파 라마가 8세기경
티베트 문자를 제정할 때에 근거가 됐던 고대 인도의 음성학, 즉 파니니
의 『팔장(八章, Aṣṭādhyāyī)』과 그 언어학적 지식이 불경 속에 포함되어 티
베트와 중국에 반입된 '성명기론(聲明記論), 비가라론(毘伽羅論)'에 의하여
중국의 성운학(聲韻學)이 수(隋), 당대(唐代)에 발달하였다. 이에 의하면 한

50) 「禮部韻略七音三十六母通攷」는 『古今韻會擧要』의 卷首에 부재된 「字母通攷」의 것이다.
　　字韻이 『禮部韻略』을 파스파 문자로 번역한 『蒙古韻略』의 체재를 따랐다는 증거가 된다.
　　제6장의 [사진 6-6]을 참조할 것.

자음의 음절(音節) 초의 자음을 초성(初聲, onset)으로 인정하였으며 이를 조음위치인 아, 설, 순, 치, 후(牙, 舌, 脣, 齒, 喉)의 오음(五音)으로 분류하고 이를 다시 조음방식인 전청(全淸), 차청(次淸), 불청불탁(不淸不濁), 전탁(全濁)으로 나누어 모두 36개의 초성(初聲)을 인정하였다. 이것은 당대(唐代)부터 한자음의 분석에 이용하였는데 『몽고자운』도 전통적인 중국 성운학(聲韻學)의 36성모(聲母)에 따라 파스파 문자를 배열하고 그 하나하나의 대응을 [사진 4-4]와 같이 보인 것이다.

[사진 4-4]에 보이는 『몽고자운』의 '자모(字母)'에 보이는 36 성모도(聲母圖)를 도표로 그리면 다음과 같다.

	牙音	舌音		脣音		齒音		喉音	半音	
		舌頭音	舌上音	脣重音	脣輕音	齒頭音	正齒音		半舌音	半齒音
全淸	見	端	知	幫	非	精	照	曉		
次淸	溪	透	徹	滂	敷	淸	穿	匣		
全濁	群	定	澄	並	奉	從	床	影		
不淸不濁	疑	泥	娘	明	微			喻	來	日
全淸						心	審	(幺)		
全濁						邪	禪			

[표 4-1] 『몽고자운(蒙古字韻)』 파스파 문자의 36 자모도(字母圖)

이 도표를 보면 전통적인 36자모표, 즉 『예부운략(禮部韻略)』의 36자모표와 몇 개의 상이한 점이 보인다. 먼저 후음(喉音)의 전청(全淸)이 '曉(ㅎ)'모(母)이고 차청(次淸)이 '匣(ㆅ)', 전탁(全濁)이 '影(ㆆ)', 불청불탁(不淸不濁)이 '喩(ㅇ)'라는 점은 전통적인 『광운(廣韻)』의 36자모와 다르다. 원래의 36자모에서는 '影(ㆆ)'모(母)가 전청(全淸)인데 여기서는 '曉(ㅎ)'모(母)가 전청(全

淸)이어서 ‘전청(全淸), 차청(次淸), 전탁(全濁), 불청불탁(不淸不濁)’의 순서가 ‘影(ㆆ), 曉(ㅎ), 匣(ㆅ), 喩(ㅇ)’에서 ‘曉(ㅎ), 匣(ㆅ), 影(ㆆ), 喩(ㅇ)’로 순서가 바뀐 것이다.51)

따라서 『몽고자운』에 규정된 파스파자의 초성자(初聲字), 즉 음절 초 자음은 다음과 같다.

牙 音(아음)	1. 하(見)	2. 하(溪)	3. 하(群)	4. 己(疑)
舌頭音(설두음)	5. ㄷ(端)	6. 百(透)	7. 旡(定)	8. 하(泥)
舌上音(설상음)	9. ㅌ(知)	10. 표(徹)	11. 己(澄)	12. 돼(孃)
脣重音(순중음)	13. 리(幫)	14. 리(滂)	15. 리(並)	16. 제(明)
脣輕音(순경음)	17. 포(非)	18. 포(敷)	19. 포(奉)	20. 푀(微)
齒頭音(치두음)	21. 찌(精)	22. 꼬(淸)	23. 꿰(從)	
	24. 저(心)		25. ㅌ(邪)	
正齒音(정치음)	26. ㅌ(照)	27. 표(穿)	28. 己(床)	
	29. 씨(審)		30. 띠(禪)	
喉 音(후 음)	31. 저(曉)	32. 匣(匣)	33. 己(影)	34. ㅂ(喩)
半舌音(반설음)				35. 꾜(來)
半齒音(반치음)				36. 찌(日)

여기서 설상음(舌上音)의 ‘9.ㅌ(知), 10.표(徹), 11.己(澄)’의 파스파자 3개 (전청, 차청, 전탁)는 정치음(正齒音)의 ‘26.ㅌ(照), 27.표(穿), 28.己(床)’과 자형(字形)이 일치한다. 따라서 『몽고자운』의 파스파자에서 설상음(舌上音)은

---

51) 전통적인 36聲母圖에서 喉音은 全淸이 ‘影 己’, 次淸이 ‘曉 저’, 全濁이 ‘匣 匣’인데 웬 일인지 『蒙古字韻』에서는 이 순서가 바뀌었다. 훈민정음에서 喉音의 전탁이 ‘ㆅ’인 것은 『몽고자운』의 喉音 全淸 ‘曉 저’를 ‘ㅎ’에 대응하고 이를 雙書한 것으로 보인다. ‘ㆆ’은 나중에 만들어 넣은 것으로 본다. 졸고(2008a, 2011a) 참조.

정치음(正齒音)으로 통합시켜 인정하지 않았기 때문에 문자를 만들지 않은 것으로 보아야 할 것이다.

4.4.3. 쿠빌라이 칸의 의도는 파스파자가 몽고어의 기록만이 아니고 한어(漢語)를 비롯한 여러 언어와 문자를 전사하기 위하여 제정시킨 것이어서 대상 문자를 기계적으로 파스파자로 바꾸는 '번자(飜字, transliteration)'의 방법과 표기대상이 된 언어의 음운체계(音韻體系)에 맞추어 '전사(轉寫, transcription)'하는 방법을 구별하여 사용하게 되었다. 이것은 몽고어와 다른 언어의 음운 차이를 인식한 데서 온 것으로 보인다.

예를 들면 전통적인 중국 성운학의 전청(全淸)은 무성무기음(無聲無氣音)이다. 그러나 파스파자의 전청음(全淸音)은 몽고어의 유성무기음(有聲無氣音)을 표음하는 데 사용하였다. 반면에 중국 전통의 36자모에서 전탁음(全濁音)은 유성음(有聲音)으로 알려졌는데 몽고어의 무성무기음(無聲無氣音)은 전탁자(全濁字) 대응의 파스파자가 표기하였다. 아마도 몽고어의 음운변화에서 유성음이 무성음으로 변환하는 자음의 음운추이(音韻推移, Lautverschiebung) 현상이 있었던 것으로 보아야 할 것이다.

따라서 파스파자의 음가는 몽고어 표기의 그것과 36자모의 그것이 서로 상치하는데 이를 정리하면 다음과 같다.

파스파 문자 (Phags-pa letter)	飜字(Nominal Phonetic Value)	轉寫 (trans- cription)	照那斯圖·楊耐思 (1987) 재구	Poppe(1957)의 注音
1. ꡂ(見)	k	g	g	g(23)[52]
2. ꡁ(溪)	k'	kh	k'	k'(22)

---

52) ( )의 숫자는 Poppe(1957 : 2)에서 음가를 정한 '자음(consonants)'의 파스파자 번호다.

3. ꡂ(群)	g	k	k	k(21)
4. ꡃ(疑)	ŋ	ng	ŋ	ŋ26)
5. ꡊ(端)	t	d	d	d(7)
6. ꡉ(透)	t'	th	t'	t'(6)
7. ꡈ(定)	d	t	t	t(5)
8. ꡋ(泥)	n	n	n	n(8)
9. ꡩ(知)	č	ǰ	dz(照와 동)	ǰ(17)
10. ꡩ(徹)	č'	čh	tš'(穿과 동)	č'(16)
11. ꡩ(澄)	ǰ	č	tš(床과동)	č(15)
12. ꡇ(孃)	ñ	ñ	ñ	
13. ꡌ(幫)	p	b	b	b(2)
14. ꡍ(滂)	p'	ph	p'	
15. ꡎ(並)	b	p	p[53]	p(1)
16. ꡏ(明)	m	m	m	m(4)
17. ꡤ(非)	f	β	hʋ(敷와 동)	
18. ꡤ(敷)	f'	f'	hʋ(非와 동)	
19. ꡤ(奉)	v	f	hʋ	
20. ꡓ(微)	ɱ	w	w	v(3)
21. ꡒ(精)	ts	dz	dz	j(12)
22. ꡑ(清)	ts'	tsh	ts'	c'(11)
23. ꡐ(從)	dz	ts	ts	
24. ꡛ(心)	s	s	s	s(13)
25. ꡕ(邪)	z	z	z	z(14)
26. ꡄ(照)	tɕ	ǰ	dž(知와 동)	ǰ(17)

---

53) 照那斯圖·楊耐思(1987)의 원문에는 [b]로 되었으나 故照那斯圖씨가 필자에게 직접 전해
줄 때에 이를 교정하여 주었다.

27. ㅍ(穿)	tɕ'	ch	tš(徹과 동)	č'(16)
28. ㅌ(床)	dz	č	tš(澄과 동)	č(15)
29. ᄉ(審)	ɕ	sh'	š2	
30. ᄊ(禪)	ž	sh"	š1	š(18)
31. ᅙ(曉)	x	h'	wh	h(27)
32. ㅸ(匣)	ɣ	x	ɣ	ɣ(25)
33. ᄝ(影)	ʔ	ʔ	•,	影, 幺[j] •(28)
34. ᅌ, ㅿ(喩)	j	∅		ㅿ['], 喩[j] y(20)
35. ㄹ(來)	l	l	l	l(10)
36. ㅿ(日)	nʐ	zh	ž[54]	ž(19)[55]

이에 대하여 吉池孝一(2005 : 9)에서는 『법서고(法書考)』와 『서사회요(書史會要)』의 파스파자 44자모를 정리하여 [사진 4-5]와 같이 자음자 37개, 반모음 2개, 모음 5개의 음가를 정리하고 앞으로는 이 로마자 번자(飜字)를 기준으로 하겠다고 공언하였다.

吉池孝一(2005)의 이 파스파자(字)－로마자(字) 번자표(飜字表)는 위에서 필자가 시도한 번자(飜字)나 照那斯圖·楊耐思(1987)의 번자(飜字), 또는 재구(再構)와도 많이 다르다.

본서에서는 어디까지나 『몽고자운』의 자모(字母) 36자와 그에 해당하는 훈민정음과의 비교를 위한 것이므로 몽운(蒙韻)의 36자모를 '아(牙), 설

---

54) 이 외에도 照那斯圖·楊耐思(1987)에서는 '喩·魚[']', '伊[i]', '鄔[u]', '翳[e]', '涝[o]', '也[e]', '嵒[y]', '耶輕呼[i]' 등을 첨가하였다.

55) Poppe(1957)에서는 모두 30개의 파스파자 음가를 밝혔는데 이 28개가 36자모에 들어 있는 것이고 중복되는 설상음의 3자와 순경음 3자, 그리고 '孃, 滂, 從, 審'의 파스파자 10개를 제외하였고 대신 'r, q, y, ṷ'를 추가하여 모두 30개의 파스파자에 대한 음가를 추정하였다. 그는 『몽고자운』의 '字母'를 보지 못한 상태에서 30개 파스파자를 추출한 것이다.

(舌), 순(脣), 치(齒), 후(喉), 반설(半舌), 반치(半齒)'의 칠음(七音)으로 나누고 그에 해당하는 파스파자(字)를 다음과 같이 로마자로 번자(飜字)하여 사용하며 또 그에 대응되는 훈민정음자(字)를 다음과 같이 정하고자 한다.

[사진 4-5] 吉池孝一(2005)의 파스파자 44개의 로마자 飜字

牙音(아음, Molars)—연구개 정지음(평음, 유기음, 유성음, 비음)

한자 자모	파스파 자모	훈민정음 대응자
1. 見[k]	ꡂ[g]	ㄱ[k]
2. 溪[kh]	ꡁ[kh]	ㅋ[kh]
3. 群[g]	ꡀ[k]	ㄲ[g]
4. 疑[ŋ]	ꡃ[ŋ]	ㅇ[ŋ]

舌頭音(설두음, Apical Linguals)—치 정지음(평음, 유기음, 유성음, 비음)

5. 端[t]	ꡊ[d]	ㄷ[t]
6. 透[th]	ꡘ[th]	ㅌ[th]
7. 定[d]	ꡉ[t]	ㄸ[d]
8. 泥[n]	ꡋ[n]	ㄴ[n]

舌上音(설상음, Raised Linguals)－경구개 파찰음(평음, 유기음, 유성음, 비음)

9. 知[tś]	[ǰ]	ㅈ[tś]
10. 徹[tśh]	[tśh]	ㅊ[tśh]
11. 澄[dź]	[tś]	ㅉ[dź]
12. 孃[ñ]	[n˜]	없음

脣重音(순중음, bilabial)

13. 幫[p]	[p]	ㅂ[p]
14. 滂[ph]	[ph]	ㅍ[ph]
15. 並[b]	[b]	ㅃ[b]
16. 明[m]	[m]	ㅁ[m]

脣輕音(순경음, labio-dental)

17. 非[β]	[v]	ㅸ[β]
18. 敷[β]	[h]	ㆄ[β]
19. 奉[f]	[f]	ㅹ[v]
20. 微[w]	[ɱ]	ㅱ[w]

齒頭音(치두음, palatal fricative)

21. 精[ts]	[ts]	ᅎ[ts]
22. 淸[tsh]	[tsh]	ᅔ[tsh]
23. 從[dz]	[dz]	ᅏ[dz]
24. 心[s]	[s]	ᄼ[s]
25. 邪[z]	[z]	ᄽ[z]

正齒音(정치음, Upright Incisors)－경구개 권설음(평음, 유기음, 유성음)

26. 照[tś]	[ǰ]	ᅐ[tś]
27. 穿[tśh]	[tśh]	ᅕ[tśh]

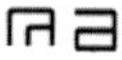

28. 床[dź]　　　　ㅌ[tś]　　　　ㅉ[dź]

29. 審[ś]　　　　　ㅋ[s]　　　　ㅅ[ś]

30. 禪[ź]　　　　　ㅋ[ź]　　　　ㅆ[ź]

喉音(후음, Laryngeals) − 인두음(유기음, 유성정지음, 성문긴장음, 유성음)

31. 曉[h]　　　　　ㅎ[h]　　　　ㆆ[h]

32. 匣[ɣ]　　　　　ㅌ[ɣ]　　　　ㆅ[ɣ]

33. 影[ʔ]　　　　　ㄹ[ʔ]　　　　ㆆ[ʔ]

34. 喩[ɦ, ∅]　　　ㅌ, ㅆ[ɦ, ∅]　　ㅇ[ɦ, ∅]

半舌音(반설음, Semilinguals) − 유음

35. 來[r, l]　　　　ㄹ[r, l]　　　ㄹ[r, l]

半齒音(반치음, Semi-Incisors) − 유성 마찰음

36. 日[nź]　　　　ㄹ[ź]　　　　ㅿ[nź]

4.4.4. 이상의 『몽고자운』 '자모(字母)'의 파스파자 자음자를 보면 모음을 위하여 만든 유모(喩母)의 ㅌ[ɦ, ∅]에 속한 글자는 말할 것도 없고 몇 개의 문자가 음가가 없거나 같은 음운을 표기하는 문자가 있다. 따라서 이 36자모에 맞춘 파스파자는 중국어를 표기하는, 좀 더 정확하게 말하면 한자의 중국 운서음(韻書音)을 학습하기 위한 기호이며 이것은 훈민정음의 『동국정운』 23자모와 궁극적인 목표가 같은 것이다. 그리고 『사성통해』에 부재된 '광운삼십육자모지도(廣韻三十六字母之圖)'나 '운회삼십오자모지도(韻會三十五字母之圖)', '홍문운삼십일자모지도(洪武韻三十一字母之圖)'에 보이는 훈민정음 자모와 기본적으로 동일한 것이다. 이에 대하여는 제6장에서 상론될 것이다.

파스파자의 자모(字母)를 훈민정음에서 정리한 오음(五音)과 칠음(七音)으로 정리하면 다음과 같다.

	全清	次清	全濁	不清不濁	全清	全濁
牙音	[k]	[kh]	[g]	[ŋ]		
舌頭音	[t]	[th]	[d]	[n]		
舌上音				[ñ]		
脣重音	[p]	[ph]	[b]	[m]		
脣輕音	[β]	[vʰ]	[v]	[w]		
齒頭音	[ts]	[tsʰ]	[dz]		[s]	[z]
正齒音	[tʃ]	[tʃʰ]	[dʃ]	[ʃ]	[dʐ]	
喉音	[h]	[ɣ]	[ɦ]	[∅, null]		
半舌音				[r, l]		
半齒音				[ʐ]		

[표 4-2] 파스파 문자의 오음(五音)자모도(字母圖)

5. 파스파자의 모음(母音)

4.5.0. 파스파자(字)의 모태가 된 티베트 문자에서 모음자는 따로 만들지 않았다. 다만 모음이 다른 경우에는 자음자의 위나 옆에 구분부호(diacritical mark)를 붙였다. 아음(牙音)에 해당하는 연구개음의 모음자를 사진으로 보이면 다음과 같다.

[사진 4-6]에 의하면 티베트 문자에서 [ka]에 대한 'ki, ku, ke, ko'의 모음자들은 자음자 [k]의 위와 아래에 붙는 구분부호로 표시되었다. 그러나 파스파 문자에서는 모음자들을 독립시켰다. 즉 전술한 바와 같이

[사진 4-4]에서 볼 수 있는 "ㅈㆆㅿㅈㅋㅌ"의 6자와 喩母(유모) 'ㅇ(ㅿ)'를 포함해서 7개 파스파 문자가 모음을 표기하기 위하여 만든 것으로 본다.56) 이것은 [사진 4-4]에서 보이는 바와 같이 실제로는 파스파자가 모두 6자인데 7자(字)로 보았다. 그것은 유모(喩母) 'ㅇ'를 포함하여 모두 7자라는 뜻이다.

[사진 4-6] 티베트 문자의 모음부호(자음자의 위나 아래에 붙음)

최세진(崔世珍)의 『훈몽자회(訓蒙字會)』의 권두에 부재된 「언문자모(諺文字母)」에서는 다음과 같은 이미 나온 예는 다시 쓰지 않는 다음과 같은 예가 있다.

初中聲合用作字例, 가갸거겨고교구규그기ᄀᆞ
以ㄱ其爲初聲, 以ㅏ阿爲中聲, 合ㄱㅏ爲字則가, 此家字音也。
又以ㄱ役爲終聲, 合가ㄱ爲字則각, 此各字音也。餘倣此。57)
初中終聲合用作字例, 간肝、갇(笠)、갈(刀)、감(柿)、갑甲、갓(皮)、강江58)

이 예를 보면 마지막 '초중종성합용작자례'에는 이에 앞서 보인 '初聲終聲通用八字'에서 終聲으로 쓰이는 8개의 예를 보인 것으로 당연히 '각, 간, 갇, 갈, 감, 갑, 갓, 강'이어야 하는데 처음에 '각'은 빠졌고 '간(肝)'으

---

56) 이러한 주장은 졸고(2008a, b)에서 처음 주장되었다.
57) 고딕 글자 '其, 阿, 役' 등은 한글 문자의 한자 명칭임. 즉 'ㄱ 其役'에서 ㄱ의 초성은 '其'이고 終聲, 즉 받침은 '役'이다.
58) ( )안의 한자는 釋讀, 즉 새김으로 읽으라는 의미임.

로부터 시작한다. 이것은 첫째 자의 '각(咢)'이 앞에서 한번 나왔기 때문이다. 같은 방법으로 『몽고자운』의 이 6자의 파스파자를 들면서 "此七字歸喩母"라고 한 것은 喩母(유모) 'ⴏ'가 앞에 있었기 때문이다. 이것이 고인(古人)들이 사물을 서술하는 일반적인 방식으로 보아야 할 것이다.

전술한 나이지(羅以智)의 「발몽고자운(跋蒙古字韻)」에 의하면 이에 대하여 "[전략] 此書先列三十六字, 後列歸入喩母字七字, 凡四十三母。又相同字三字, 按盛氏法書考中載國字四十二母。[하략]—이것은 앞 열의 36자와 뒷 열의 喩母(유모)에 들어가는 7자, 도합 43모를 쓴 것이다. 또 서로 같은 글자 3자가 더 있어 성(盛)씨의 <법서고(法書考)>에서는 국자(國字, 파스파자를 말함) 42모를 들었다.[하략]"라고 하여 36성모에 喩母(유모)에 들어가는 7모를 합하여 모두 43모라고 하지만 42모만을 인정한다고 하였다. 『몽고자운』을 보면 喩母(유모)에 들어가는 파스파자가 6자이어서 36성모자와 합하여 총 42자가 된다.

중국 성운학(聲韻學)에서 어두(語頭) 자음(子音, onset)은 성(聲), 또는 성모(聲母)로 구별하지만 모음(母音)은 인정하지 않고 운(韻, rhyme) 속에 포함시킨다. 김완진 외 2인(1990 : 154)에서는 이와 같은 중국 성운학(聲韻學)에 입각하여 언어음을 음절구조에서 인식하는 현대 복선음운론(non-linear phonology)의 방법을 소개하면서 훈민정음의 음절구조를 다음과 같이 그렸다.

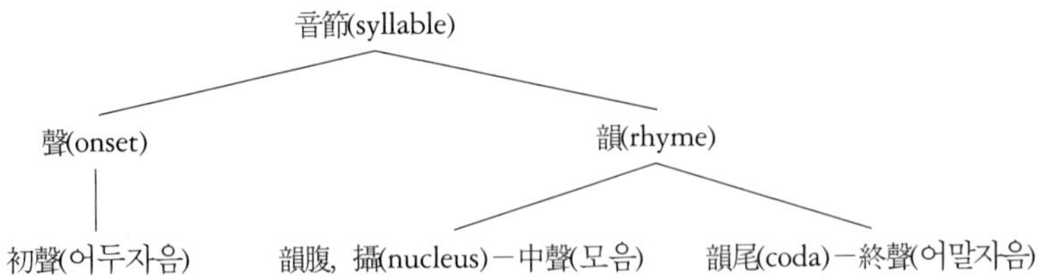

이를 보면 중국의 성운학에서 아직 중성(中聲), 즉 모음은 분리하여 독
립적인 요소로 인정하지 않았음을 알 수 있으며 파스파 문자의 제정에
서 유모(喩母)를 독립시켜 별도의 문자를 만든 것은 대단한 발전이라고
아니 할 수 없다. 또 훈민정음(訓民正音)에서와 같이 중성(中聲)을 독자적인
단위로 인정하고 초성(初聲)과 종성(終聲)에 대비시킨 것은 문자 제정을 떠
나서 대단한 음운론적 지식이라고 말할 수 있다.

이제 파스파자의 모음 표기에 대하여 구체적으로 살펴보기로 한다.

4.5.1. 『몽고자운』에서는 15운으로 나누었다. 그리고 '총목(總目)'에
"一 東부터 十五 麻"에 이르기까지 15운(韻)의 운목(韻目) 한자와 그 발음
을 적었다. 이를 여기에 사진으로 보이면 [사진 4-7]과 같다.

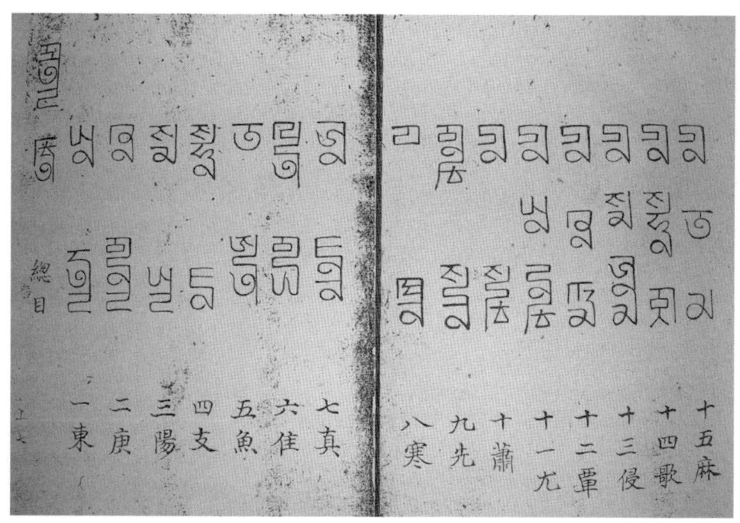

[사진 4-7] 『몽고자운(蒙古字韻)』 15운(韻) 총목(總目)[59]

---

59) 제2장의 [사진 2-2]와 같은 것인데 제2장을 참고하는 번거로움을 피하기 위하여 전재한
   것이다.

이 15운의 파스파자 표음을 로마자로 전사하여 표로 보이면 [표 4-3]
과 같다.

八思巴 數字	ji	ži	sam	sɑhi	u	lėu	ts'i	pa	giw	ši	šiji	šiži	šisam	šisɑhi	šiu
漢字音 發音	duŋ	gėiŋ	ɑŋ	dži	ėu	gea	džin	ɣan	sėn	sėw	ŋiw	tɑm	tshim	go	mɑ
漢字 數字	一	二	三	四	五	六	七	八	九	十	十一	十二	十三	十四	十五
韻目字	東	庚	陽	支	魚	佳	眞	寒	先	簫	尤	覃	侵	歌	麻

[표 4-3] 『몽고자운(蒙古字韻)』의 15운(韻)

이 [표 4-3]을 보면 몽운(蒙韻)에서는 15운(韻)을 표시하기 위하여 '우[u], 어[ė, 혹은 ɛ], 아[ɑ], 이[i], 워[ėʮ, ö], 위[iʮ, ü], 오[o]'의 7모음을 문자로 표시하였다.[60] 즉 앞에 보인 [사진 4-4]와 다음의 [사진 4-8]을 보면 몽고자운(蒙古字韻) 36자모도(字母圖)에서 별행(別行)으로 쓴 7개 유모자(喩母字)들이 이 7개 모음을 표기한 것으로 보려는 것이다.

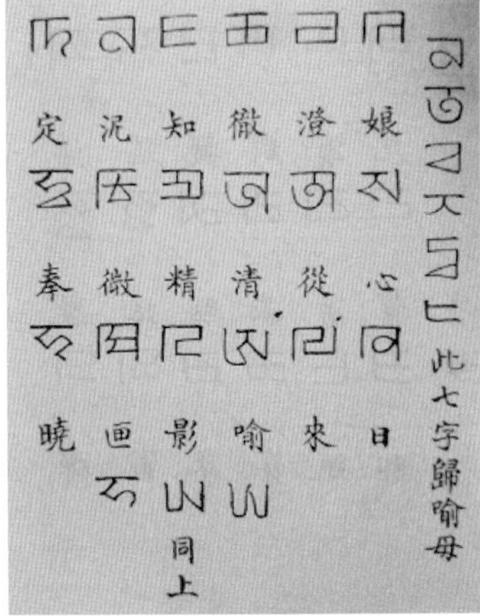

[사진 4-8] [사진 4-4]에서 7개 유모자
(喩母字)가 보인 부분

---

60) '아[ɛ, ė]'와 '에[e]'자의 설정에 대하여 服部四郎(1984)에서는 "[전략] この韻書におい
て、蒙古語資料のパクパ字eに当たる字は、それとほぼ形が同じであるけれども、同じ
くėに当たると、私が以下に述べる根據にじょって考える字は、私は、昭和21年(1946
年)の拙著において、これをɛで翻字した。[하략]―이 韻書(『몽고자운』을 말함)에서 몽
고어 자료의 파스파 字 e에 해당하는 글자는 거의 자형이 유사하지만 같은 ė에 해당하
는 것은 필자가 다음에 언급하는 근거에 의해서 고찰한 글자는 자형이 많이 다르다. 필
자는 1946년에 쓴 졸저 『元朝秘史の蒙古語を表はす漢字の研究』(龍文書局, 昭和21年 9
月)에서 이것을 ɛ로 翻字하였다."(服部四郎, 1984b : 225)라고 하여 /ė/를 /ɛ/로 고쳤다.

이것은 전설모음 /i, ü, ö, ɛ/와 후설모음 /u, o, ɑ/로 나눌 수 있고 모음조화에 관여하지 않는 /i/를 빼면 /ü, ö, ɛ/와 /u, o, ɑ/가 서로 동화를 이루는 전형적인 구개적(口蓋的) 모음조화(palatal harmony)를 보여준다. 중세 몽고어에서 /i/가 중세 한국어에서처럼 모음조화에 관여하지 않는 것은 이미 널리 알려진 사실이다.

이와 같은 몽고어의 7모음을 파스파자(字)에서 인정하고 한자의 한어음(漢語音)을 표음하기 위하여 어떻게 문자를 제정하였는지는 『몽고자운』에서 찾아볼 수 있는데 『몽고자운』 15운(韻)에 의거하여 파스파 문자를 로마자로 전사하여 보면 [표 4-4]와 같다.

이 표에 의하면 이 15운에서 /u, ėu, ɑ, i, o, ɔ, e, ew, iw, ow, ė, ɛ/ 등의 7개 모음표기를 추출할 수 있고 이 문자의 재구한 모음으로 /u, o, ɑ, i, ü(iu̯, iw), ö(eu̯, ew), ė(ɛ)/의 7개를 찾을 수 있다.

韻	韻目字	재구음	파스파자의 終聲
一 東	東 dōng	*-uŋ	-u̯ng, —u̯ung, eung
二 庚	庚 gēng	*-əŋ	-ing, —hing, —ėu̯ng,-u̯ung, —eing,
三 陽	陽 yáng	*-ɑŋ	-ɑng, —eng, -u̯ng, —hɑng, —ong, —u̯eng
四 支	支 zhī	*-ๅ/ๅ, *-i	-i, —hi, —ei, —u̯ue, —yue, —wi
五 魚	魚 yú	*-u	-u, —eu
六 佳	佳 jiā	*-ɑi	-ɑ, —u̯ɑ, —hiɑ
七 眞	眞 zhēn	*-ən	-in, —u̯n, —eu̯n, —hin, —ėin, —u̯in
八 寒	寒 hán	*-ɑn,*-ɔn	-ɑn, —on, —u̯n, —ėn
九 先	先 xiān	*-ėn, *-ɔn	-u̯n, —en, —u̯en, —eon, —eu̯n
十 蕭	蕭 xiāo	*-ew	-ɑw, —u̯w, —ew, —u̯ew, —u̯ɑw
十一 尤	尤 yóu	*-əu	-iw, —uw, —hiw, —yiw, —ow
十二 覃	覃 tán	*-ɑm, *-æm	-ɑm, —em, —eem, —yɑm, —yem
十三 侵	侵 qīn	*-im	-im, —him, —yim
十四 歌	歌 gē	*-ɔ	-o, —wo
十五 麻	麻 má	*-ɑ, *-æ	-ee, —wɑ, —yɑ, —wee, —we, [-ɑ, —e]

[표 4-4] 『몽고자운』 15운(韻)의 운목표(韻目表)[61]

이것은 『몽고자운』에서 권두 '자모(字母)'의 말단(末端), 즉 [사진 4-8]에
"ㆆ ㆅ ㄹ ㅈ ㄹ ㄷ 此七字歸喩母"라고 하여 'ㆆ[i], ㆅ[u], ㄹ[iu, ü], ㅈ
[o], ㄹ[eu, ö], ㄷ[e]'자(字)와 '유모(喩母)'의 'ㅇ(ㅇ)[a]'을 합하여 7개
모음자(母音字)를 제자한 것으로 본다.62) 이것은 전설모음 /i, ü, ö, ɛ/와
후설모음 /u, o, ɑ/의 구조를 보인다.

이것은 전술한 服部四郎(1984b)에서 주장한 7모음과 'ㄹ[iu, ü]'만 다르
고 나머지는 같다. 그러나 'ㆆ[i]=i, ㆅ[u]=u, ㄹ[ü]≠ɛ, ㅈ[o]=o, ㄹ
[eu, ü]=ü, ㄷ[e]=e, ㅇ(ㅇ)[a]=ɑ'로써 전설 저모음 /ɛ/가 후설 고모음
[ɯ]로 대응되어 『몽고자운』의 '자모(字母)'쪽의 문자 제정이 균형 잡힌 모
음 체계를 보이지 못한다. 服部四郎(1984b)이 [ɯ]를 /ɛ/로 본 것은 이러한
모음체계상의 문제를 감안한 것이다.

4.5.2. 반면에 Poppe(1957)에서는 이와는 달리 파스파 문자의 모음
문자로 모두 8개를 들었다. 다음의 [사진 4-8]의 파스파 문자도(모음)를
보면 포페 교수는 파스파 모음 문자로 /ɑ, o, u, e, ė, ö, ü, i/ 8개를 재
구하고 자음 속에도 /y, ɯ/가 있어 모음과 그에 준하는 음운으로 10개를
인정하였다.63)

최근 일본의 연구회(KOTONOHA)에서 규정된 파스파 문자의 자모표를
제안한 吉池孝一(2005 : 9)에서는 모음자로 /u, o, i, ė, e/만을 인정하고 대

---

61) 王力(1985)의 제7장 元代 19韻의 재구와 인터넷 BabelStone의 'The Fifteen Rhyme
Categories'에서 인용함.

62) [사진 4-4]에서 보이는 바와 같이 『蒙古字韻』 권두 '字母'의 末尾에 "ㆆ, ㆅ, ㄹ, ㅈ,
ㄹ, ㄷ 此七字歸喩母"를 참조할 것. 졸고(2008a)에서는 이것을 "『蒙古字韻』 권두 '字母'
末端에 "ㆆ ㆅ ㄹ ㅈ ㄹ ㄷ 此七字歸喩母"의 'ㆆ[i], ㆅ[u], ㄹ[iu, ö], ㅈ[o], ㄹ[eu, ü], ㄷ
[e]'字와 '喩母'의 'ㅇ(ㅇ)[a]'을 합하여 7개 母音字를 製字한 것으로 본다."라고 하였다.

63) 자음에 들어 있는/y, ɯ/는 吉池孝一(2005 : 9)에서는 반모음으로 처리하였다.

부분의 언어에서 모음으로 존재하는 /a, ɑ/나 포페(1957 : 24)에서 제안한 /ü, ö/의 구분자(區分字)를 인정하지 않았다. 포페 교수의 파스파 문자는 몽고어 표기에서 보이는 전설 대 후설의 원순모음을 구별하여 적는 것으로 인식한 것이고 요시이케(吉池)씨는 이 구분을 인정하지 않은 것이다.

파스파 문자도 훈민정음처럼 표기 대상에 따라, 즉 몽고어인가 아니면 중국어 한자음 표기인가에 따라 문자가 바뀌고 같은 문자라도 그 음가가 다르게 된다. 예를 들어 훈민정음의 'ㅿ'은 고유어 표기에서는 [z]이지만 한자의 중국어 음을 표기할 때는 권설음의 [ʐ]이어서 음가가 매우 다르다. 파스파 문자는 몽고 어음과 중국 어음에 따라 다르고 산스크리트어나 티베트어의 발음을 표기하기 위하여 별도의 문자를 사용하기도 한다.

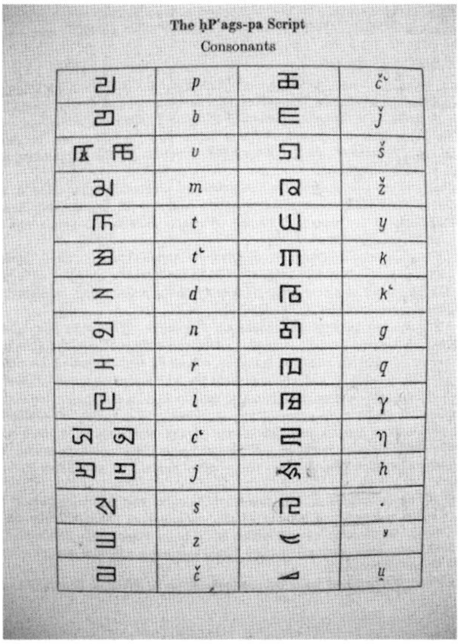

[사진 4-9] 포페의 파스파 문자(자음)

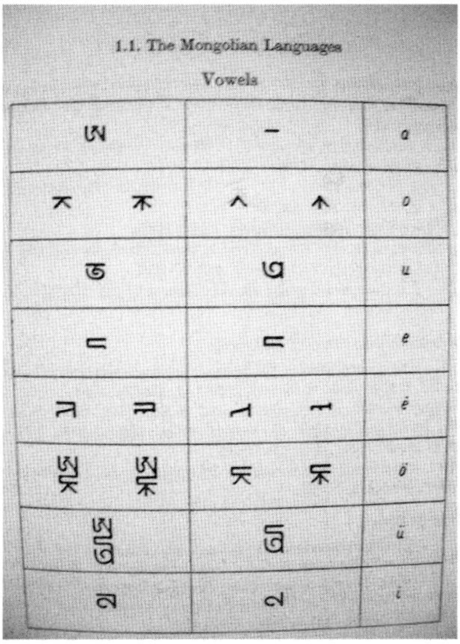

[사진 4-10] 포페의 파스파 문자(모음)[64]

64) Poppe(1965 : 23)에서 인용.

[사진 4-10]을 보면 포페 교수가 제시한 파스파자의 모음자(母音字) 가운데는 두 자가 겹친 것이 있다. [사진 4-10]에 보이는 [ü]자와 [ö]자의 파스파자는 [ö]의 /ꡦ/와 /ꡦ/가[65] '모음 표시[ꡧ]+전설 es[ꡠ]+모음 u[ꡟ, ꡜ]'가 결합한 것이고, [ü]의 /ꡦꡟ/는 '모음표시[ꡧ]+전설 e[ꡠ]+모음 u[ꡟ]'가 결합한 것이다. 또 모음표시가 없는 [ö]의 '/ꡦ/'와 /'ꡦ/'는 '전설 e[ꡠ]+u[ꡟ], 또는 o[ꡜ]'가 결합한 것이고 역시 모음 표시가 빠진 [ü]의 '/ꡦꡟ/'는 '전설[ꡠ]+o[ꡟ]'가 결합한 형태다. 한글의 '외(ㅇ+ㅗ+ㅣ), 위(ㅇ+ㅜ+ㅣ)', 또는 'ㅚ(ㅗ+ㅣ), ㅟ(ㅜ+ㅣ)'와 같은 방법으로 제자한 것이다. 한글의 문자구조로 보아야 비로소 파스파자의 올바른 자형을 이해할 수 있다.

따라서 포페 교수의 'ö[ꡦ]', 또는 'ö[ꡦ]와 'ü[ꡦꡟ]', 그리고 모음표시가 없는 'ö[ꡦ], [ꡦ]'와 'ü[ꡦꡟ]'는 모음표시가 있는 경우가 'ɸ[ꡧ]+e[ꡠ]+o[ꡟ. ꡜ=ꡦ, ꡦ]'와 'ɸ[ꡧ]+e[ꡠ]+u[ꡜ]'이고 모음표시가 없는 경우는 e[ꡠ]+o[ꡟ. ꡜ]'와 'e[ꡠ]+u[ꡜ]'를 결합한 문자들이다.[66] 즉 후설모음 [o, u]에 전설모음자 [e]를 붙여 전설 모음 'ö[ꡦ, ꡦ]'와 'ü[ꡦꡟ]', 그리고 'ö[ꡠ+[ꡟ. ꡜ=ꡦ, ꡦ]', 'ü[ꡠ+ꡜ=ꡦꡟ]'을 표시한 것이다.

중세 몽골어에서 전설 대 후설의 대립 모음인 /o:ö/, /u:ü/는 서로 모음조화를 이루고 있어 조사나 어미에서 모음의 자동적 교체를 보이기 때문에 몽고(蒙古) 위구르자(畏兀字)에서는 '/o:ö/, /u:ü/'의 구별이 없으나

---

65) 편집의 편의를 위하여 /ö/와 /ü/의 복모음자는 옆으로 뉘었으며 다른 단모음자는 그대로 두었음. 이하 모두 같음.

66) 'ꡦ[ö]'나 'ꡦꡟ'의 'ꡧ'는 여기서는 훈민정음의 중성자에 붙는 'ㅇ(欲母)'과 같은 것이어서 [a]의 음가를 갖는 것이 아니다. 포페 교수가 이것까지는 미처 이해하지 못한 것으로 보인다.

파스파 문자에서는 이를 구별하여 '[∧. ↑](o) : [⼃, ⼃](eo)', '[ठ](u) : [⼃ठ](eu)'로 적은 것이다.

그동안 『몽고자운』에서는 훈민정음처럼 중성자(中聲字)를 별도로 제자하지 않은 것으로 알려졌었다. 그러나 필자는 전술한 바와 같이『몽고자운』 권두 '자모(字母)' 말단(末端)에 "ᓂ ठ ⼃ ⼂ ⼃ ⼂ 此七字歸喩母"라는 구절이 있어 이것이 'ᓂ[i], ठ[u], ⼃[iʉ, ü], ⼂[o], ⼃[eo, ö], ⼂[e]' 자(字)와 '유모(喩母)'의 'ᶌ(ᶌ)[a]'을 합하여 7개 모음자(母音字)를 제자(製字)한 것으로 보았다.67) 여기서 Poppe(1957)과 다른 것은 /ö/와 /ü/를 [eo], [eu]로 하지 않고 /ü/의 경우 '⼃[iʉ]'로 한 것이 독특하다. 필사할 때에 혹시 잘못이 있었지 않은가 한다.

또 이것과 훈민정음(訓民正音)의 11개 중성자(中聲字)가 연관이 있다고 보는데 훈민정음의 재출자(再出字) 4개(요, 야, 유, 여)를 제외한 7개 중성(中聲)자(ㅇ[ɔ], 으[ö], 이[i], 오[u], 아[a], 우[ü], 어[ä])는 『몽고자운』의 유모자(喩母字) 7개에 의거한 것이라고 추정한다.68) 이에 대하여는 제6장에서 자세하게 논의될 것이다.

---

67) ''(ᶌ)'는 『몽고자운』 권두의 '字母圖'[사진 4-4]에서 '喩'母의 上에 'ᶌ'가 있고 下에 'ᶌ'가 있어 서로 異體字로 사용되고 있음을 보여준다. [사진 4-4]와 [사진 4-8]를 보면 '匣'母와 '影'母에서도 上下에 '吊'와 'ठ'(匣), '⼂'와 'ᶌ'가 있어 서로 통용됨을 표시하였다.

68) 이에 의거하면 파스파자의 모음자는 대체로 다음과 같은 모음체계를 의식하고 문자를 제정하였다고 추정할 수 있다.

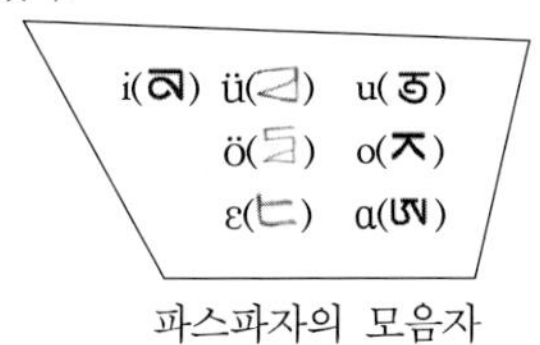

파스파자의 모음자

4.5.3. 필자는 원대(元代) 파스파 문자가 한자음을 표기할 때에는 훈민정음의 욕모(欲母) [ㅇ]에 해당하는 유모(喩母) ꡧ(ɯ)[a]를 두고 여기에 다시 ꡞ[i], ꡟ[u], ꡦ[iu, ü], ꡡ[o], ꡠ[eu, ö],[69] ꡠ[e]를 제정하여 모두 7개의 모음자를 제정한 것으로 보고자 한다.

ꡧ(ɯ)[a]는 전술한 바와 같이 모든 티베트문자가 음절 문자로서 [ㅏ, a]를 음절 말에 갖고 있으므로 파스파자(字)에서도 이것이 [a]를 나타내는 것이다.[70] 그러나 喩母(유모)이므로 ꡧ(ɯ)는 [a]의 음가를 갖는 동시에 다른 모음자, 즉 유모의 글자와 같이 쓰일 때에는 'null'로서 모음자란 표시를 보여준다. 즉 이때의 ꡧ(ɯ)는 생성음운론에서 말하는 성절성(成節性) 자질([+syllabic])의 성절(成節) 모음을 표시하는 훈민정음의 'ㅇ(欲母)'로 생각할 수 있으며 단독으로 쓰일 때에는 [a]인 것이다.

예를 들면 『몽고자운』의 파스파자 표기 "ꡏꡧꡃ[mong] ꡨꡡꡙ[ɣol] ꡐꡱꡞ[tsahi] ꡧꡞꡋ['win]"의[71] 마지막 '[韻, ꡧꡞꡋ] ['win]'에서 'ꡧ'는 몽운(蒙韻)의 36자모 가운데 유모자(喩母字)로서 음가가 [a]이거나 /Ø, null/을 표음하며 훈민정음의 초성자(初聲字) 욕모(欲母) 'ㅇ'와 같은 것이다. 이 파스파자의 발음은 한글로 '윈'으로 전사할 수 있다.

이에 대하여 일찍이 服部四郎(1984 : 217)에서는 핫도리(服部) 자신과 Poppe, Ligeti의 의견을 다음과 같이 비교하고 [’](魚母, gradual beginning of voice)로 보았다.

---

69) 이 문자의 음가에 대하여는 지금까지 믿을 만한 연구가 없다. 필자는 照那斯圖(2003 : 23)에 맞추어 이렇게 재구해 본 것이다. 그러나 Poppe(1957)의 파스파 모음자에 비하면 /ö/와 /ü/가 불확실하다. 아마도 筆寫할 때에 誤寫한 것이 아닌가 한다.

70) 吉池孝一(2005 : 10)에서는 파스파 문자에 "母音 a를 나타내는 문자는 없다"라고 하였으나 이것은 이 문자를 잘못 이해한 것으로 보인다.

71) 위에서 보인 것처럼 옆으로 뉘여서 파스파 문자를 연결시켰다.

	ᠣᠨ	ᠡ( )
服部	,	'
Poppe	없음	•
Ligeti	〃	•

이에 대하여 服部四郎(1984 : 50)에서는 이에 해당하는 중국어음을 다음과 같이 본다고 하였다.

'(影母) [?](聲門閉鎖音)
'(魚母) 부드럽게 내는 소리(gradual beginning of voice)

그러나『원조비사(元朝秘史)』몽고어 등의 표기에서 핫도리(服部)씨는 모음 간에 [V'VV]와 같이 쓰이는 [']는 [?]가 아니라 "소리를 약하게 함"(오히려 "부드러운 소리 내기"에 해당함)을 나타내는 것이라고 주장하였다(服部四郎, 1993 : 217). 포페와 리게티 교수는 모두 이것을 [•]로 표시하였는데 'ᠣᠨ'는『몽고자운』의 喩母(유모)로서 훈민정음의 欲母(욕모) 'ㅇ'와 같이 음가가 없고 독립적으로 음절을 형성한다는 생성음운론의 음운자질 [+syllabic]을 나타내는 기호라고 본다. 다만 /ᠡ/은 影母(영모)로서 [']로 표시하며 음가는 [?](聲門閉鎖音)으로 보아야 할 것이다.

따라서 '운(韻)'의 파스파 문자 표음 [ᠪᠥᠨ]을 한글로 표기하면 '윈'이 될 것이다. 또『몽고자운』첫째 장에 "ᠵᠥᠨᠦ, 一東"에서 '[ᠵᠥ] 一'의 'ᠮ'도 'ᠣᠨ'와 같이 음가가 없으며 ['i]이고 한글로 표기하면 '이'가 된다.

6. 파스파 문자의 자모(字母)

이상 파스파 문자의 제정에 대하여 논의하였다. 파스파 문자는 티베트의 유두체(有頭体)문자를 모방하여 만들었는데 티베트 문자는 토번(吐蕃)왕조(王朝)의 초기에 티베트어로 범어(梵語)의 불경(佛經)을 번역하던 역승(譯僧)들에 의하여 고안된 것으로 고대 인도의 음성학 연구에 의거한 불경의 비가라론(毘伽羅論) 등의 성명학(聲明學)이론에 근거한 것이다. 따라서 이 이론에 입각하여 티베트어의 음운을 추출하고 이를 발음위치와 발음방식에 따라 구별하여 표음문자를 제정하였으며 이러한 문자제정 방식은 후대 동북아 여러 민족의 문자 제정에 지대한 영향을 주었다. 이것은 표의문자인 한자(漢字)에 대응하는 표음문자이었기 때문이다.

유라시아대륙의 북방에 위치한 많은 교착적 언어를 쓰는 민족이 국가를 건설하면 바로 새로운 문자를 제정하여 통치문자(統治文字)로 삼았는데 예를 들면 몽골계의 거란족(契丹族)이 세운 요(遼)나 그 다음에 퉁구스어계 여진족(女眞族)이 세운 금(金)의 경우에도 국가가 건립되자마자 태조(太祖), 태종(太宗)의 치세에 새로운 문자를 만들어 반포하고 사용하기 시작한다.

초기에는 당시 가장 강력한 문자인 한자(漢字)를 변형시킨 것이었지만 바로 표음적인 문자를 만들어 이를 대체한다. 한자가 고립적인 문법구조의 중국어(中國語)에 맞추어 만든 문자이기 때문에 교착적인 동북아 다른 민족의 언어의 표기에는 맞지 않기 때문이다. 뿐만 아니라 이 신문자를 자신들의 추종세력에게 교육시켜 그들을 시험에 의하여 선발하여 관직에 임명함으로써 자연스럽게 지배 계급의 교체를 가져오기 때문에 그들은 국가의 건국과 더불어 새로운 문자를 제정하여 공포하고 그를 학교에서 교육하여 시험을 보았던 것이다.

새로운 국가가 건설되면 새로운 문자를 제정하여 통치문자(統治文字)로 삼는 이러한 북방민족의 전통을 이어받아 몽고 제국(帝國)의 태조(太祖)인 칭기즈 칸은 위구르 문자를 빌려 몽고 위구르(畏兀)자를 제정하였고 중국을 정복한 다음 그곳에 원(元)을 세운 쿠빌라이 칸은 티베트 문자에 기초한 파스파 문자를 제정한 것이다. 그리고 이를 국자(國字)라 하여 원(元)의 통치문자로 삼고 제 로(路)에 학교를 세워 이를 교육하고 시험에 의하여 그들을 선발하여 관리에 임명한 것이다.

파스파 자모(字母), 즉 자음자와 모음자의 제정은 우리의 훈민정음 제정에 많은 영향을 주었다. 다만 파스파 문자의 제정에서는 훈민정음과 달리 모음자를 분명하게 중성(中聲)과 같이 독립한 단위로 보지 않고 유모(喩母)에 속하는 문자로 이해하였다. 그리하여 한자음 표기를 위하여 7개의 문자를 제정하였고 이것은 다음 장에서 논의할 것이지만 훈민정음 11자 중성(中聲)의 제자에 깊은 영향을 주었다.

한자음을 표음하기 위하여 『몽고자운』이 인정한 파스파 문자는 4.4.3과 4.4.4에서 여러 연구자들에 의하여 논의된 그 문자의 음가에 대하여 고찰하였다. 특히 『몽고자운』의 권두에 부재된 '자모(字母)', 즉 '삼십육자모도(三十六字母圖)'([사진 4-4])의 파스파자 36개에 대한 고찰이 있었으며 중복되는 문자와 한자음 표기 이외의 문자들에 대하여도 고찰하였다. 이 모든 연구는 다음 장에서 논의될 파스파 문자와 훈민정음과의 관계, 즉 문자의 제정과 문자 모양, 문자 체계, 정서법 등에서 파스파 문자가 어떤 영향을 주었는지 살펴보기 위한 것이다.

제5장 훈민정음의 창제

5.0.1. 제4장에서는 중국의 한자문화에 대항하면서 새 문자를 제정하여 사용하여 온 중국 북방민족의 국자(國字) 제정에 대하여 고찰하였다. 특히 훈민정음 제정보다 170여년 앞서 표음문자를 제정하고 이를 국자(國字)로 공포(公布)하여 백성을 가르쳤을 뿐 아니라 한자의 발음을 전사(轉寫)하여 몽고인이나 색목인(色目人)들의 한어(漢語) 학습에도 사용된 원대(元代) 파스파 문자의 제정을 중심으로 고찰하였다.

파스파 문자는 원대(元代)에 『광운(廣韻)』계통의 운서, 특히 중국의 표준음을 정하는 과거용(科擧用)으로 국가가 인정(認定)하는 운서로 『예부운략(禮部韻略)』이 있었으며 후대에 많은 이본(異本)이 간행되었다. 이러한 <예부운략(禮部韻略)> 계통의 운서에서 원대(元代)에는 파스파 문자를 발음 표기의 기호로 이용하여 번역(飜譯)하였다.[1] 그리고 원대(元代) 북방 한자음을 정리한 운서로서 당시 대단한 인기가 있었던 황공소(黃公紹)의 『고금운회(古今韻會)』나 그의 제자 웅충(熊忠)이 이를 요약한 『고금운회거요(古今韻會擧要)』에서도 이 문자로 그 발음이 전사된 몽운(蒙韻), 즉 몽고운을 참고하여 원대(元代) 한자음을 보편화(普遍化)하는데 기여하였다(졸저, 2009).

---

1) 여기서 '飜譯'이란 내용의 해석이 아니라 발음의 표기를 말한다. 예를 들면 『韻略』, 『新刊韻略』 등을 파스파 문자로 注音한 『蒙古韻略』, 『蒙古字韻』을 들 수 있다(졸저, 2009).

이와 같이 당시 새롭게 공용어로서 각광(脚光)을 받은 원(元)의 수도(首都) 대도(大都)의 한아언어(漢兒言語)를 학습하기 위하여 발음 표기에 사용된 파스파 문자의 학습이 필수적(必須的)이었으며 이에 따라 고려 후기에는 이 문자가 한반도에도 유입되어 널리 사용되었다.

이러한 새로운 표음문자의 제정과 반포, 그리고 이를 국자(國字)로 하여 한자문화의 영향에서 벗어나려는 교착적 문법구조의 언어를 구사하는 중국 북방민족의 정책은 멀리 발해(渤海)까지 거슬러 올라갈 수 있다.[2] 그리고 새로운 국가를 건설하고 자신들에 추종하는 세력에게 이를 교육하고 시험하여 관리로 임명함으로써 자연스럽게 지배계급의 물갈이를 도모하는 북방민족의 전통은 한반도에서도 그대로 재현되었다. 그 결과로 훈민정음이 제정된 것으로 볼 수 있다(졸저, 2009).

이 장(章)에서는 파스파 문자의 제정 경위와 비교하여 훈민정음의 제정에 대하여 고찰하고자 한다.

5.0.2. 훈민정음의 제정, 즉 한글의 발명에 대하여는 무수한 연구 논저가 있다. 이러한 연구의 근저(根底)에는 "영명하신 세종대왕이 백성들의 문자생활을 편하게 하기 위하여 사상(史上) 유례(類例) 없는 독창적인 문자를 창제하셨다"라는 우리 민족의 자존적(自尊的)인 정서(情緖)가 깔려 있다. 그리하여 이 문자가 얼마나 과학적이고 우수한가를 밝히려고 서로 경쟁적으로 논저를 발표하여 왔다. 심지어는 한글을 세계의 문자로 정해야 한다는 국수주의적(國粹主義的) 견해도 적지 않게 들어 있다.

---

2) 현재 渤海 문자에 대하여는 아직 연구가 매우 부족하여 그 전모를 밝힐 수 없다. 그러나 渤海가 고유한 문자를 가지고 있었던 것은 각종 渤海의 遺物에서 漢字와 다른 문자가 발굴되어 이 문자의 존재를 학계가 모두 인정하고 있다(졸고, 2010).

이러한 한글 발명에 대한 비논리적 연구의 범람(氾濫)은 오히려 훈민정음 제정의 참 모습을 가리게 하는 경우도 없지 않다. 더욱이 한글이 그동안 문자가 없었던 동남아 오지(奧地)의 민족어를 기술하는데 성공하였다는 심심치 않은 신문 기사는 우리 문자에 대한 자존(自尊)과 우월(優越)의식을 자극하면서 대중의 민족적 긍지를 일깨운다는 면에서 매스컴의 집중적인 스포트라이트를 받았다.

그러나 모든 민족의 언어를 기술할 수 있는 문자는 존재하지 않으며 오늘날 지구상에 존재하는 많은 문자들이 자생적으로 자신들의 언어를 기술하는데 알맞도록 만들어졌거나 오랜 시간에 걸쳐 순치(馴致)된 것이다. 오늘날 세계의 문자로 알려진 영어의 알파벳도 페니키아인들에게서 가져온 희랍의 문자 가운데 서부(西部) 자체(字体)를 받아드린 로마인들이 이를 고쳐서 라틴어를 기술하는 로마자로 사용하였는데 그 이후에 일부를 영어의 기술에 알맞도록 가꾼 것이다. 프랑스어를 기록하기 위한 프랑스 문자나 독일어를 기록하기 위한 도이치 문자도 각자 자신들 언어의 기술에 맞는 문자로 개발한 것들이다.

한자(漢字)는 우리가 말하는 것처럼 표의문자(表意文字)여서 문자 발달 단계에서 저급한 문자로만 볼 것이 아니다. 많은 중국인들은 중국어를 기술하는데 가장 적합한 문자가 한자로 생각한다. 만일 중국어를 한글로 기술한다고 생각해보자. 얼마나 불편하고 또 얼마나 많은 새로운 글자를 더 만들어야 하겠는가? 각 문자는 그 언어를 기술하도록 오랜 시간을 두고 가꾸어진 것이어서 어떤 문자가 우월하고 어떤 문자가 열등하다고 말하기 어렵다. 마치 지구상의 모든 언어가 문명의 발달과 관계없이 동등하게 복잡한 문법구조와 음운체계로 이루어진 것과 같은 것이다.

5.0.3. 훈민정음의 제정에 대하여는 {해례}『훈민정음』이나3) <조선왕조실록(朝鮮王朝實錄)>과 같은 신빙성 있는 기사(記事)에 의거한 논의가 있고 <죽산안씨대동보(竹山安氏大同譜)>와 같은 야사(野史)의 자료에 근거한 것도 있다. 먼저 훈민정음의 제정에 대한 제반 사안을 정사(正史)로 볼 수 있는 <실록> 등에서 발췌하여 그동안의 연구를 정리하기로 한다.

- 세종 2년(1419)－좌의정 박은(朴訔)의 계청으로 집현전 설치.
- 세종 13년(1431)－설순(偰循)이 어명을 받아 『삼강행실도(三綱行實圖)』(한문본) 편찬.
- 세종 16년(1434)－『삼강행실도』 간행.
- 세종 24년(1442) 3월－『용비어천가(龍飛御天歌)』 편찬을 위한 준비. 『세종실록』(권95), 세종 24년 3월 임술(壬戌) 조에 "時上方欲撰龍飛御天歌, 故乃下此傳旨。－이때에 임금이 용비어천가를 편찬하고자 하여 이 뜻을 아래에 전하다."라는 기사 참조.
- 세종 25년(1443) 12월－세종이 훈민정음 28자를 친제함.『세종실록』(권102), 세종 25년 12월 조에 "是月 上親制諺文二十八字。[중략] 是謂訓民正音。－이달에 임금이 친히 언문 28자를 만들다. [중략] 이것이 소위 훈민정음이라고 불리는 것이다."라는 기사 참조.
- 세종 26년(1444) 2월 16일(丙申)－운회(韻會)의 번역을 명함.『세종실록』(권103), 세종 26년 2월 병신(丙申) 조에 "命集賢殿校理崔恒, [중략] 指議事廳, 以諺文譯韻會。東宮與晋陽大君瑈、安平大君瑢, 監掌其事, 皆稟睿斷, 賞賜稠重, 供億優厚矣。－집현전 교리 최항 등에게 명하여 의사청에서 언문으로 운회를 번역하게 하다. 동궁 및 진양대군 유(瑈)와 안평대군 용(瑢)이 그 일을 감독하고 관리하게 하였다. 그러나 모두 [왕에게] 품하게 하여 직접 결정하다. 상을 내릴 때에는 많고 후하게 하고 모두 대우를 잘하게 하였다."라는

---

3) 흔히 「해례본 훈민정음」으로 불리는 이 자료는 매우 극적으로 발굴되어 학계에 보고되었다. 이에 대하여는 정철(1954) 등의 많은 연구가 있어 여기서는 생략한다.

기사 참조.

- 세종 26년(1444) 2월 20일(庚子)-최만리의 반대 상소문,『세종실록』
  (권103), 세종 26년 2월 경자(庚子) 조에 “庚子, 集賢殿副提學崔萬
  理等上疏曰, [하략]-경자(20일)에 집현전 부제학 최만리 등이 상
  소하여 말하기를[하략]”이란 기사 참조.

- 세종 27년(1445) 1월-신숙주·성삼문 등이 운서를 질문하려고 요
  동(遼東)에 유배된 유학자 황찬(黃瓚)에게 감.『세종실록』권 107,
  세종 27년 정월 辛巳 조에 “遣集賢殿副修撰申叔舟、成均注簿成三
  問、行司勇孫壽山于遼東, 質問韻書。-집현전의 부수찬인 신숙주와
  성균관의 주부인 성삼문, 그리고 역관 손수산을 요동에 보내어
  운서에 대하여 질문하다.”라는 기사와『보한재집(保閒齋集)』책7,
  부록 이파(李坡)의 ‘신숙주묘지(申叔舟墓誌)’에 “時適翰林學士黃瓚以
  罪配遼東。乙丑春命公隨入朝使臣, 到遼東, 見瓚質問, 公以諺字翻華音,
  隨問輒解, 不差毫釐, 瓚大奇之。自是往還遼東, 凡十三度。-그때 한
  림학사 황찬이 죄를 입어 요동에 유배되었다. 을축년(1445) 봄에
  신숙주로 하여금 중국에 들어가는 사신을 따라 가도록 명하였다.
  요동에 이르러 황찬을 만나 질문하였는데 신숙주는 언문의 글자
  로 중국의 발음을 번역하였으며 문제를 쉽게 풀이하여 황찬이 크
  게 기특하게 여기었다. 이로부터 요동을 갔다 온 것이 13번이
  다.”라는 기사 참조.

- 세종 27년(1445) 4월-『용비어천가』(한문본) 제진(製進),『세종실록』
  (권108), 세종 27년 4월 무신(戊申) 조에 “議政府右贊成權踶、右贊
  參鄭麟趾、工曹參判安止等, 進龍飛御天歌十卷。-의정부 우찬성 권
  제, 우참찬 정인지, 공조참판 안지 등이『용비어천가』10권을 바
  치다.”라는 기사와『용비어천가』권두에 부재된 안지(安止)의 진
  전문(進箋文)에 “正統十四年四月日, 崇政大夫 議政府右贊成、集賢殿
  大提學、知春秋館事、兼成均大司成, 臣權踶、資憲大夫議政府右參贊、
  集賢殿大提學、知春秋館事、世子右賓客, 臣鄭麟趾, 嘉善大夫工曹參
  判、集賢殿提學、同知春秋館事、世子右副賓客, 臣安止等上”이란 기사

참조

• 세종 27년(1445) 5월－세종이 세자에게 양위하려다가 그만둠.『세
  종실록』(권108), 세종 27년 5월 갑술(甲戌) 조에 "向者予欲禪位世
  子, 閑居養病, 卿等泣請不已, 勉從之. －너희들에게 내가 세자에게
  양위하고 한가하게 있어 병을 치료하고자 하였더니 경들이 울면
  서 청하기를 마지않아서 억지로 따르게 되었다."라는 기사 참조.

• 세종 28년(1446) 3월－소헌왕후(昭憲王后) 승하(昇遐).『세종실록』(권
  111), 세종 28년 3월 신묘(辛卯) 조에 "王妃薨于首陽大君第. －왕
  비가 수양대군의 집에서 돌아가시다."라는 기사 참조.

• 세종 28년(1446) 병인(丙寅)－『석보상절』과『월인천강지곡』편찬 시
  작,『월인석보』신편의 세조 어제(御製) 서문에 "昔在丙寅ᄒᆞ야 昭
  憲王后ㅣ 奄棄營養ᄒᆞ야시ᄂᆞᆯ 痛言在疚ᄒᆞ야 罔知攸措ᄒᆞ다니 世宗이 謂
  予ᄒᆞ샤디 薦拔이 無如轉經이니 汝宜撰譯釋譜ᄒᆞ라 ᄒᆞ야시ᄂᆞᆯ 子受 慈
  命ᄒᆞᅀᆞᄫᅡ [중략] 撰成釋譜詳節ᄒᆞ고 就譯以正音ᄒᆞ야 俾人人易曉케 ᄒᆞ
  야 乃進ᄒᆞᅀᆞᄫᅩ니 賜覽ᄒᆞ시고 輒製讚頌ᄒᆞ샤 名曰月印千江이라 ᄒᆞ시
  니"와 "녜 병인년(1446)에 이셔 소헌왕후ㅣ 營養ᄋᆞᆯ 빨리 ᄇᆞ려시
  ᄂᆞᆯ 셜ᄫᅥ 슬ᄊᆞᄫᅩ매 이셔 ᄒᆞ욿 바ᄅᆞᆯ 아디 몯 ᄒᆞ다니 世宗이 날ᄃᆞ려
  니ᄅᆞ샤디 追薦이 轉經 곧ᄒᆞ니 업스니 네 釋譜ᄅᆞᆯ ᄆᆡᇰᄀᆞ라 翻譯호미
  맛당ᄒᆞ니라 ᄒᆞ야시ᄂᆞᆯ 내 慈命을 받ᄌᆞᄫᅡ [중략] 釋譜詳節을 ᄆᆡᇰᄀᆞ라
  일우고 正音으로 翻譯ᄒᆞ야 사ᄅᆞᆷ마다 수ᄫᅵ 알에 ᄒᆞ야 進上ᄒᆞᅀᆞᄫᅩ니
  보ᄆᆞᆯ 주ᅀᆞ오시고 곧 讚頌ᄋᆞᆯ 지ᅀᆞ샤 일후믈 月印千江이라 ᄒᆞ시니,"
  라는 기사를 참조.

• 세종 28년(1446) 9월－＜해례본＞『훈민정음』완성.『세종실록』(권
  113), 세종 28년 9월 조에 "是月, 訓民正音成. 御製曰 : [중략] 正音
  之作, 無所祖述. －이달에 훈민정음이 완성되었다. 임금이 지어
  말씀하시기를 [중략] 훈민정음을 지은 것은 옛 사람이 저술한 바
  가 없다."라는 기사 참조.

• 세종 28년(1446) 11월－언문청(諺文廳) 설치.『세종실록』(권114), 세
  종 28년 11월 임신(壬申) 조에 "命太祖實錄入于內, 遂置諺文廳, 考事

迹, 添入龍飛詩。 —태조실록을 입내하도록 명하고 이어서 언문청을 설치하였으며 사적을 고찰하게 하여 용비어천가의 시가에 첨가하여 삽입하도록 하였다"라는 기사 참조. 그러나 『용재총화(慵齋叢話)』(권7)에는 "世宗設諺文廳, 命申高靈成三問等, 制諺文。 —세종이 언문청을 설치하고 신숙주와 성삼문 등으로 하여금 언문을 짓게 하다."라는 기사가 있어 언문청이 실록의 기록보다 좀 더 일찍 설치된 것으로 보는 견해가 있고 왕실에서 언문청의 설치를 비밀로 하였을지도 모른다는 견해가 있다(김민수, 1990 : 105).

- 세종 28년(1446) 12월—이과(吏科)와 취재(取才)에서 훈민정음을 부과함. 『세종실록』(권114), 세종 28년 12월 기미(己未) 조에 "傳旨吏曹 : 今後吏科及吏典取才時, 訓民正音並令試取, 雖不通義理 能合字取之。 —이조에 전지하기를 '이제부터는 이과와 이전에서 취재할 때에는 훈민정음을 함께 시험하되 비록 그 뜻과 이치에 통하지 않더라도 능히 합자할 수 있으면 채용하라'고 하다."라는 기사 참조.

- 세종 29년(1447) 2월—『용비어천가(龍飛御天歌)』 완성. 『용비어천가』(권10), 최항(崔恒)의 발문(跋文)에 "[전략] 殿下覽而嘉之, 賜名曰龍飛御天歌。 [중략] 就加註釋, 於是粗敍其用事之本末。 復爲音訓以便觀覽共十一卷。 [중략] 正統十二年二月日, [중략] 崔恒拜手稽首謹跋。 —전하가 보시고 기뻐하시고 이름을 내려주기를 용비어천가라고 하였다. 주석을 더하여 비로소 거칠게나마 일의 쓰임에 있어서 본말을 서술하게 되었다. 다시 발음과 뜻을 붙여 보기에 편하게 하였다. 모두 11권이다. 정통12년(1447) 2월에 최항이 절하며 머리를 숙여 삼가 발문을 쓰다."라는 기사 참조.

- 세종 29년(1447) 4월—각종 취재(取才)에서 훈민정음 시험 강화. 『세종실록』권116, 세종 29년 4월 辛亥 조에 "先試訓民正音, 入格者許試他才。 各司吏典取才者並試訓民正音。 —먼저 훈민정음을 시험하고 합격한 자에게만 다른 시험에 응시할 수 있게 하다. 각 관청에서 이전(吏典)의 취재를 하는 경우 훈민정음을 함께 시험하다."라는 기사 참조.

- 세종 29년(1447) 7월 －『석보상절(釋譜詳節)』, 『월인천강지곡(月印千江之曲)』 완성.

- 세종 29년(1447) 9월 －『동국정운(東國正韻)』 완성, 『세종실록』(권 117), 세종 29년 9월 무오(戊午) 조에 "是月, 東國正韻成。凡六卷, 命刊行。－이달에 동국정운이 완성되다. 모두 6권으로 간행을 명하다."라는 기사와 『동국정운』의 권두에 있는 신숙주의 서문에 "正統十二年 丁卯九月下澣－정통 12년(1447) 9월 하순,"이라는 간기 참조.

- 세종 30년(1448) －언해본 훈민정음 완성. 후일 '세종어제훈민정음'이란 이름으로 {신편}『월인석보』의 권두에 부재됨.

- 세종 30년(1448) 『월인천강지곡(月印千江之曲)』과 함께 『월인천강지곡석보상절(月印千江之曲釋譜詳節)』, 즉 『월인석보(月印釋譜)』 구권(舊卷) 간행. 『월인석보』 구권(舊卷)을 간행하면서 권두에 언해본 훈민정음을 첨부한 것으로 보임.

- 세종 30년(1448) 10월 －『동국정운』 보급. 『세종실록』(권122), 세종 30년 10월 경신(庚申) 조에 "頒東國正韻于諸道及成均館四部學堂, 乃教曰：本國人民熟俗韻已久, 不可猝變, 勿强教, 使學者隨 意爲之。－동국정운을 모든 도(道)와 성균관, 사부학당에 나누어 주다. 그리고 임금이 말씀하기를 '본국의 백성들이 속운에 익숙한지 이미 오래되어 갑자기 변경하는 것은 불가하므로 억지로 가르치지 말 것이며 배우는 사람의 뜻에 따르도록 하라'고 하셨다."라는 기사 참조.

- 세종 32년(1450) 1월 －중국 사신에게 신숙주(申叔舟) 등이 운서를 질문함. 『세종실록』(권126), 세종 32년 윤(閏)정월 무신(戊申) 조에 "命直集賢殿成三問、應教申叔舟、奉禮郎孫壽山, 問韻書使臣, 三問等因館伴以見, [중략] 三問、叔舟將洪武韻講論良久。－집현전 직전 성삼문, 응교 신숙주, 봉례랑 손수산 등이 중국의 사신에게 운서를 질문하다. 성삼문 등이 사신이 머무는 곳에 함께 가서 만나 [중략] 성삼문・신숙주가 <홍무정운>을 갖고 오래도록 강론하다."라는 기사 참조.

• 문종 원년(AD. 1450) 10월 - 정음청(正音廳) 설치. 『문종실록』(권4)
  문종 원년 10월 무술(戊戌) 조의 기사 참조.
• 문종 2년(1452) 4월 -『동국정운』한자음에 의한 과거시험 실시.『문
  종실록』(권13) 문종 2년 4월 戊辰(무진) 조에 "禮曹啓: 進士試, 取
  條件, [중략] 一. 東國正韻旣已參酌古今韻書定之, 於用韻無所防礙。
  [하략] - 예조에서 계하기를 진사 시험의 조건으로 [중략] 첫째
  동국정운은 이미 고금의 운서를 참작하여 정한 것이어서 운을 맞
  추는데 방해되거나 장애됨이 없다."라는 기사 참조. 단종 원년
  (1452) 12월 -『동국정운』과 『예부운략』의 한자운을 모두 과거에
  사용하도록 함.『단종실록』(권4) 단종 즉위년 12월 임자(壬子) 조
  에 "議政府據禮曹呈啓: 曾奉敎旨, 於科擧用東國正韻, 然時未印頒, 請
  依舊用禮部韻, [중략] 從之。 - 의정부에서 예조가 올린 계에 의거
  하여 '일찍이 임금의 뜻을 받들어 과거에서 <동국정운>을 사용
  하였으나 이때에는 미처 인쇄하여 나누어 주지 못하였으므로 [예
  조에서] 청하는 바에 의하여 옛날같이 예부운에 의거하자'고 하
  였다. [중략] 그대로 따르다."라는 기사 참조.
• 단종 3년(1455) 4월 -『홍무정운역훈(洪武正韻譯訓)』완성,『홍무정운
  역훈』의 신숙주 서문에 "景泰六年仲春旣望 - 경태 6년(1455) 중춘
  (4월) 보름"이라는 간기 참조.
• 세조 4년(1458) - 최항(崔恒) 등의 『초학자회(初學字會)』편찬. 아마도
  이 『초학자회』권두에 『훈몽자회』에 첨부된 '언문자모(諺文字母)'
  가 부재되었을 것으로 추정됨.
• 세조 5년(1459) 7월 -『월인석보(月印釋譜)』신편(新編) 간행. 세조의
  어제서문(御製序文)에 "天順三年 己卯 七月七日序"이란 간기 참조.
• 세조 6년(1260) 6월 -『훈민정음』,『동국정운』,『홍무정운역훈』을
  과거의 출제서로 함.『세조실록』(권21) 세조 6년 9월 庚寅 조에
  "禮曹啓: 訓民正音先王御製之書, 東國正韻、洪武正韻皆先王撰定之書,
  吏文又切於事大。請自今文科初場試講三書, 依四書五經例給分, 終場幷
  試吏文依, 對策例給分。從之。 - 예조에서 계하기를 '『훈민정음』은

선왕이 만드신 책이고 『동국정운』과 『홍무정운역훈』도 모두 선
왕께서 정하여 편찬한 책이며 이문(吏文)은 또 사대(事大)에 중요
한 것입니다. 지금부터는 과거의 문과에서 초장(初場)에는 앞의
세 책을 강론하는 것으로 시험하고 사서(四書)와 오경(五經)의 예
에 의하여 점수를 주며 종장(終場)에는 이문을 함께 시험해서 대
책(對策)의 예에 의거하여 점수를 주겠습니다.'라고 하다. 그대로
따르다." 라는 기사 참조.
- 세조 7년(1461)−간경도감(刊經都監) 설치.
- 세조 8년(1462) 6월−과거에 홍무운(洪武韻)을 예부운(禮部韻)과 함
   께 쓰게 함. 『세조실록』(권28), 세조 8년 6월 계유(癸酉) 조에 "禮
   曹啓 : 在先科擧時, 只用禮部韻, 請自今兼用洪武正韻, 譯科並試童子
   習。從之。−예조에서 계하기를 '전에는 과거를 볼 때에 예부운
   (禮部韻)만을 사용하였으나 이제부터는 홍무정운을 겸용하고 역과
   (譯科)는 동자습(童子習)을 함께 시험하도록 청합니다'라고 하다.
   그대로 따르다."라는 기사 참조.

이와 같은 실록(實錄)의 기사에 근거하여 앞에서 언급한 수많은 훈민정
음의 창제, 즉 한글의 발명에 대한 논의가 전개된다. 이러한 논의를 크
게 첫째, 세종의 애민(愛民) 정신에 근거하여 백성들의 문자생활을 편하
게 하기 위한 것이 한글 창제의 기본 동기라는 주장이다. 둘째는 보다
실용적(實用的)인 입장에서 새 문자를 발명하고 맨 처음에 시도한 것이
'운회(韻會)'의 번역, 즉 <고금운회(古今韻會)>, 또는 <고금운회거요(古今韻
會擧要)>라는 한자의 운서를 번역한 것이므로 한자음 정리를 위한 실용
적인 동기가 한글이 창제의 직접 동기라는 주장이다.

후자는 소수의 의견으로 앞에서 언급된 국수주의적 민족 정서에 눌려
서 거의 빛을 보지 못하는 주장이라면 첫째의 주장은 요즘 훈민정음 연

구자들이 거의 대부분 이를 신봉한다. 그리하여 서로 경쟁적으로 훈민정음, 즉 한글의 창의성, 편의성, 과학성을 칭송하고 항상 사상(史上) 유례(類例) 없는 인류 최고의 문자라고 결론을 내린다.

이러한 편견(偏見)에서 벗어나서 훈민정음의 창제, 즉 한글을 발명한 목적에 대하여 냉정하고 엄밀하게 고찰하면 크게 표면적(表面的)인 것과 이면적(裏面的)인 것으로 나누어 볼 수가 있다. 전제군주(專制君主)의 시대라고 하지만 조선시대의 국가사업(國家事業)에는 표면에 내세운 대의명분(大義名分)이 있고 그 뒤에 숨어있는 진정한 목적이 있는 것이 일반적이다.

먼저 훈민정음 제정에서 세종이 내세운 대의명분, 즉 표면적인 목적을 고찰하고 이어서 그 뒤에 숨어있는 이면적 목적을 살펴보기로 한다.

1. 훈민정음 제정의 표면적 동기

5.1.0. 훈민정음에 관한 정사(正史)의 자료로는 전술한 바 있는 <조선왕조실록>, 특히 『세종실록』의 기사에 들어있는 <훈민정음>을 비롯하여 세 가지 이본(異本)이 있다. 그들은 <세종실록>에 들어 있는 한문본(漢文本), 또는 실록본(實錄本) <훈민정음>(이하 <실록본>으로 약칭)이 있고 {해례본}『훈민정음』(이하 <해례본>으로 약칭), 그리고 {신편(新編)}『月印釋譜』의 권두(權頭)에 실려 있는 「세종어제훈민정음(世宗御製訓民正音)」이 그 셋이다. <월인석보> 권두의 것은 속칭(俗稱) {언해본}<훈민정음>, 또는 {국역본}<훈민정음>(이하 <언해본>으로 약칭)으로 불린다.[4]

---

4) '諺解本'의 '諺'이 "속되다"라는 의미가 있어 이를 기피하고 '國譯'이란 말을 써야한다는 주장이 있었다. 이들은 '諺文'이란 속칭도 쓰지 말 것을 주장한다. 그러나 심재기(2012 :

이 가운데 <해례본>은 「세종의 어제서문」과 「예의(例義)」, 「해례(解例)」, 그리고 권미(卷尾)에 「정인지(鄭麟趾)의 훈민정음 후서(後序)」의 네 부분을 모두 갖춘 단행본으로 서울의 간송(澗松) 미술관에 소장되었고 국보(國寶) 70호로 지정되었다.[5]

다음의 <실록본>은 「해례(解例)」를 제외한 「어제서문」과 「예의(例義)」, 그리고 「정인지의 후서」가 전재되었다. 『세종실록』(권113) 세종 28년 (1446) 9월조에 "是月訓民正音成。御製曰：國之語音, 異乎中國, 與文字不相流通。故愚民有所欲言, 而終不得伸其情者多矣。予爲此憫然, 新制二十八字, 欲使人易習, 便於日用耳。ㄱ, 如君字初發聲[하략]－이달에 <훈민정음>이 완성되었다. 임금이 지어 말하기를 나라의 어음(語音－한자의 발음을 지칭하는 것으로 봄－필자)이 중국과 달라서 문자가 서로 통하지 않는다. 그렇기 때문에 어리석은 백성들이 말하고 싶은 것이 있어도 끝내 자기의 뜻을 실어 펴지 못하는 것이 많다. 내가 이를 불쌍하게 여겨서 새로 28자를 만들었으니 사람들로 하여금 매일 쓰기에 편하게 하고자 할 따름이다. 'ㄱ' 은 예를 들면 '군(君)'자의 첫 소리와 같다[하략]"으로 시작하는 훈민정음은 현재로서는 가장 확실한 전거를 보여주는 것으로 <해례본>의 오자(誤字)를 밝혀줄 뿐만 아니라 신문자 창제에 대한 가장 정통(正統, orthodox)의 자료로 인정하는데 이를 학계에서는 {실록본}<훈민정음>,

---

41)에서는 "[전략] 이 '諺文'이란 말은 '文'이란 글자를 통하여 漢字를 指稱하는 '文字'와 對等 大衆文字 내지 庶民文字란믄 뜻을 나타내고 있습니다. [중략] '訓民正音'라는 낱말에서 풍기는 表音性을 은근히 뒤로 감췄다는 점에서 諺文이 오히려 訓民正音보다 品格을 높인 名稱이라고 볼 수도 있습니다."(한자 맞춤법은 원문대로－필자)라고 하여 '諺文'이 한글을 貶下한 것이 아닌 좋은 의미로 보고 있다. 따라서 '諺解'란 술어도 우리말 풀이를 貶毀한 것이 아닌 것으로 본다. 필자는 한문의 우리말 풀이를 '언해', 그리고 한자의 한글 注音을 飜譯으로 나누어 보기도 하였다. 실제로 조선 중기에는 이러한 구분이 있었기 때문이다.

5) 이와 동일 판본이 발견되었다고 하지만 아직 공개되지는 못하였다.

또는 {한문본}<훈민정음>으로 부른다.

　마지막의 <언해본>은 <해례본>의 「어제서문」과 「예의」의 석장 반을 언해(諺解)하고 주석하여 모두 15엽, 30쪽으로 편철하고 『월인석보』권두에 붙인 것이다. 필자는 <월인석보(月印釋譜)>가 천순(天順) 3년(세조 5년, 1459)에 간행된 것을 이 책의 권두에 부재된 세조(世祖)의 어제(御製) 서문(序文)에 밝힌 것처럼 '신편(新編)'으로 보고 세종 30년(1448) 경에 간행된 구권(舊卷) <월인석보>가 있었던 것으로 보았다(졸고, 2002a).

　이 구권에도 훈민정음이 부재(附載)되었지만 당시는 「세종어제훈민정음(世宗御製訓民正音)」이 아니라 그대로 「훈민정음」이었을 것이다(졸고, 2002a와 졸저, 2006).6) 따라서 <언해본>의 간행은 그것이 비록 <월인석보>에 붙어 있는 것이지만 일반 대중(大衆)에게 소개한 것이므로 이를 훈민정음의 반포(頒布)로 본다. 실록의 어디에도 훈민정음 이란 신문자의 반포에 대한 기사가 없음도 주목할 일이다.7) 그리고 <해례본>의 간행을 신문

---

6) 天順 3년판 『月印釋譜』의 권두에 首陽大君의 「釋譜詳節序」와 世祖의 「御製月印釋譜序」가 부재되었다. 同一한 사람이 쓴 것이지만 후자는 그가 왕으로 登極한 이후의 것이다. 이 '어제월인석보서'에 "念此月印釋譜ᄂᆞᆫ 先考所製시니 依然霜露애 慨增悽愴ᄒᆞ노라. —염호디 月印釋譜난 先考지ᅀᅳ샨 거시니 依然하야 霜露애 애와텨 더욱 슬허ᄒᆞ노라."라는 구절에서 <月印釋譜>가 先考(돌아가신 아버지), 즉 세종의 지은 것임을 분명히 하였고 이어서 "乃 講劘研精於舊卷ᄒᆞ며 褧括更添於新編ᄒᆞ야—녯 글워레 講論하야 ᄀᆞ다ᄃᆞ마 다ᄃᆞᆯ게 至極게 ᄒᆞ며 새 밍ᄀᆞᄂᆞᆫ 글워레 고텨 다시 더어"라고 하여 자신은 세종의 舊卷에 새로 만든 글월(新編)을 고쳐서 덧붙인 것임을 밝혔다. 대분의 연구자들은 세종의 <월인석보>라는 것은 <월인천강지곡>과 <석보상절>을 합본한 것으로 세조가 자신의 공적을 부왕에게 사양한 것이라고 하지만 제왕의 업적을 이렇게 명확하게 양보하는 경우는 예를 찾기가 어렵다. 이미 세종 생존 시에 <월인석보>가 있었고 그 권두에 「훈민정음」이란 언해본이 첨부되었을 가능성은 매우 크다. 필자는 이것이 훈민정음의 반포에 준하는 것으로 본다. 현재 박승빈선생 舊藏의 「훈민정음」이 현존하며 이것이 「세종어제훈민정음」과 동일한 내용이지만 그 표기법은 후자가 앞섰다는 연구가 이를 말해 준다고 본다(졸고, 2002a).

7) 필자는 <해례본>의 간행을 훈민정음 頒布로 보고 이 책이 간행한 9月 上澣을 양력으로 환산하여 10월 9일을 한글날로 정하는 그동안의 관행에 대하여 반대한다. 훈민정음의 제정은 세종 25년(1443, 癸亥) 12월에 이루어진 일이고 그 반포에 대하여는 실록의 어디에도 기사가 없다. 따라서 性理學의 理論을 중심으로 설명하여 난해하기 그지없는 한문본

자의 반포(頒布)로 보았던 것은 그동안 학계가 저지른 잘못, 즉 앞에서 인용한 <실록>의 "是月訓民正音成"의 '훈민정음'이 서명(書名)임을 모르고 문자 명칭으로 이해하여 생긴 잘못을 덮으려는 궁여지책(窮餘之策)이었다. 이에 대하여는 제6장에서 다시 논의할 것이다.

5.1.1. 훈민정음 제정의 가장 확실한 목적은 전술한 창제자인 세종(世宗)의 어제서문(御製序文)이다. 앞에서 『세종실록』의 <실록본>에서 한문 원문을 인용하였지만 "어제(御製) 왈(曰)" 다음에 "國之語音, 異乎中國,"으로 시작하는 서문이 전개되는데 모두 세 구절로 나뉜다. 전문을 <언해본>에서 그 언해문을 인용하고 한문 원문을 괄호에 넣어 이해를 돕기로 한다.

① 나랏말ᄊᆞ미 中國에 달아 文字와로 서르 ᄉᆞᆺ맛디 아니할ᄊᆡ(國之語音, 異乎中國, 與文字不相流通。)
② 이런 젼ᄎᆞ로 어린 百姓이 니르고져 홇 배 이셔도 ᄆᆞ참내 제 ᄠᅳ들 시러펴디 몯 홇 노미 하니라(故愚民有所欲言, 而終不得伸其情者多矣。)
③ 내 이를 爲ᄒᆞ야 어엿비 너겨 새로 스믈여듦字를 밍ᄀᆞ노니 사ᄅᆞᆷ마다 ᄒᆡ여 수ᄫᅵ 니겨 날로 ᄡᅮ메 便安킈 ᄒᆞ고져 홇ᄯᆞᄅᆞ미니라. (予爲此憫然, 新制二十八字, 欲使人易習, 便於日用耳。)8)

<해례본>의 간행을 신문자의 반포로 볼 것이 아니라 일반 대중이 읽을 수 있도록 중요한 어제 서문과 例義 부분만을 언해하여 <월인석보>의 권두에 게재한 <언해본>의 간행을 반포로 보는 것이 보다 합리적이기 때문이다.

8) 이 御製序文에 대하여도 설화적인 해석이 구구하다. 예를 들면 서문의 한자수가 54자이고 언해문은 108자인데 이 숫자에 맞추기 위하여 언해나 한자 사용에 인위적인 조절이 있었다는 주장이다. 예를 들면 김광해, "훈민정음의 우연들," 「대학신문」(서울대학교) 1982년 11월 19일자, 및 "훈민정음과 108," 『周時經學報』(탑출판사), 제4호(1989), pp.158~163)의 논설이 있다. 이것은 훈민정음 창제자들이 불교신자임을 강조하기 위한 주장이지만 그보다는 훈민정음의 제정이 불교를 통하여 들어온 毘伽羅論, 즉 聲明記論에 의거하여 고대 인도의 발달된 음성학적 지식에 의거하였음을 논하는 것이 보다 신문자 제정을 이해하는

먼저 ①은 나라의 말이 중국과 다르기 때문에 문자가 서로 통하지 않는다는 뜻이다. 외국어로서 중국어와 우리말이 다른 점을 지적하였는데 여기서 문자가 통하지 않는다는 뜻이 무엇인가 하는 점이다. 아직 이 문제를 본격적으로 논의한 것은 과문(寡聞)한 탓인지 보지 못하였다. 우선 여기서 아주 당연한 사실을 지적하지 않을 수 없다. 우리말에서 '하늘(sky)'이라고 하는 것은 현대 중국인들은 [tiān]이라고 발음하고 '天'으로 쓴다. 따라서 여기의 '문자'라는 것은 중국어 표기에 사용된 한자(漢字)를 말할 것이다.

그러나 우리말 '하늘'은 한자로는 표기하기 어렵고 이를 중국어로 번역하여 '天(현재의 중국어 보통화에서 [tiān]—필자)'으로 쓸 수 있을 뿐이다. 이것을 『계림유사(鷄林類事)』에서처럼 '漢捺'로 쓸 수 있지만 이것은 이미 한자의 기능인 '형(形)·음(音)·의(義)' 가운데 가장 중요한 '의(義)'를 상실한 표기여서 중국인들은 이것이 '하늘(天)'의 뜻을 가진 것을 알지 못한다.

더욱이 언해문과 달리 한자 원문은 "國之語音, 異乎中國, 與文字不相流通。"이기 때문에 "나라의 말이 달라서"가 아니라 "나라말의 발음이 달라서 문자가 서로 통하지 않는다."로 보는 것이 옳다. 즉 '天'을 우리는 [텬], 또는 [천]으로 읽는데 중국인들은 [tiān]으로 읽어서 문자가 서로 통하지 않는다는 뜻으로 이해할 수 있다. 이 구절의 저변에는 한자음의 차이를 극복하기 위하여 노력한다는 뜻도 없지 않다.

②번 구절은 '이런 이유로 어리석은 백성들이 말하고자 할 것이 있어도 그것을 문자로 표현할 수 없다'는 뜻이다. 그런데 앞의 구절과 의미의 연결이 잘 되지 않는다. 중국과 문자가 통하지 않는데 왜 백성들의

데 생산적이었을 것이다.

자신의 뜻을 밝히지 못할까? 하는 의문이 생긴다. 여기서 문자(文字)란 당시에 존재한 유일한 문자인 한자(漢字)를 지칭한 것이고 중국과 문자가 통하지 않는다는 것은 그 발음이 서로 다름을 지적한 것으로 보아야 할 것이다.

②의 이 구절은 문장 구조의 기승전결(起承轉結)로 보면 앞의 구절을 이어 받는 승(承)이지만 앞의 "우리나라와 중국은 문자가 서로 통하지 않는다."는 것을 이어받아 같은 한자를 당시 조선인들과 중국인들이 서로 다르게 발음하기 때문에 서로 통하지 않는다고 보아야 문맥이 연결된다. 신문자 창제자의 올바른 한자음의 정리가 필요하다는 세종의 본심이 들어나 있는 대목이다.

따라서 한자를 배우고 그들 통하여 문자생활을 하는 당시 상황에서 한자의 발음교육이 제대로 되지 않았음을 지적한 것이다. 한자를 배울 때에 그 발음을 익히기 위한 발음기호로서 '훈민정음'을 만든 것이라는 뉴앙스가 담겨있다. 이것은 '訓民正音－백성을 가르치는 올바른 발음'이란 명칭과도 어울리는 해석이다.

③번 구절은 의미가 확실하다. 세종대왕이 불쌍한 백성들을 위하여 편리한 표음문자를 만든 것이고 이를 통하여 보다 나은 문자생활이 이루어지기를 바랄 뿐이라는 것이다. 이 마지막 구절의 의미는 국수주의적 연구자들에게는 너무 잘 맞는 내용이기 때문에 대부분의 연구자들은 이 구절에 매달려 훈민정음이 백성들의 편리한 문자생활을 위하여 만들어진 것이라고 결론을 지은 것이다.

그러나 당시 문자 생활은 모두 한자(漢字)로 이루어졌고 모든 문서는 한문(漢文)으로 작성되었다. 따라서 백성의 문자 생활을 돕는다는 것은 한자를 빨리 익혀 한문을 사용함을 말할 것이다. 여기서 새로 만든 문자가 한자 학습에 도움이 되는 발음기호(發音記號)임을 새삼 깨닫게 된다. 마치 파스파 문자가 몽고인이나 색목인(色目人)들에게 한자 학습을 위한 발음기호의 역할을 했던 것과 같을 것이다.

이 ③번 구절의 의미에 가려서 ①의 중국어와 우리말에서 한자의 발음이 다르다는 것과 ② 구절에서 그래서 백성들이 제 뜻을 문자로 표현하지 못한다는 의미는 별로 돌아보지 않게 되었다. 훈민정음은 그것이 표음(表音) 위주이던지 아니면 일부 표의(表意)적인 것도 있지만 그것과는 무관하게 애초부터 우리말 표기를 위하여 만들어진 문자이므로 한자는 물론이고 당시 어떤 문자보다도 우리말 표기에 편한 문자일 수밖에 없다. 이로부터 훈민정음 제정의 표면적인 동기는 어제서문, 특히 ③번 구절에서 말하는 백성들의 편리한 문자생활을 위하여 간편한 표음문자를 제정하였다고 보게 된 것이다.

5.1.2. 그러면 훈민정음의 제정이 한자와는 완전히 격리된 독자적 표음문자의 사용을 처음부터 목표로 하였을까? 이 문제에 대하여 더 많은 연구가 필요하다. 앞서 고찰한 중국 북방민족들의 신문자(新文字) 제정은 비록 한자를 변형시킨 것도 있지만 그 문자만으로 문자 생활이 가능하기 위하여 제정되었다. 거란문자나 여진문자가 그러하고 몽고의 위구르 문자는 비록 위구르인의 문자를 빌렸지만 한자(漢字) 없이 그 문자만으로 표기 생활이 가능하였다.

그러나 훈민정음이 모델로 삼은 파스파 문자는 한자의 발음 교육을 위한 문자이기도 하였다. 앞에서 살펴본 바와 같이 파스파 문자를 제정하여 공포한 다음에 원(元)은 각 로(路, 道에 해당함)에 자학(字學)을 세우고 이 문자와 이 문자를 통한 한자 교육을 병행하였음을 제4장에서 고찰하였다.

훈민정음을 제정한 다음에 이 문자를 이용하여 간행한 책으로『용비어천가(龍飛御天歌)』를 위시하여『석보상절(釋譜詳節)』,『월인천강지곡(月印千江之曲)』등이 한결 같이 한문(漢文)의 보조 문자로 훈민정음(訓民正音)을 썼을 뿐 아니라『동국정운(東國正韻)』,『사성통고(四聲通攷)』,『홍무정운역훈(洪武正韻譯訓)』등에서는 주로 정음(正音) 문자를 한자의 발음전사에 사용한 점을 간과(看過)해서는 안 될 것이다.

5.1.3. 특히 실록에서 훈민정음 창제에 관한 맨 처음의 기사, 즉『세종실록』(권 102) 세종 25년 12월조에 "是月, 上親制諺文二十八字, 其字倣古篆, 分爲初中終聲, 合之然後乃成字。凡于文字及本國俚語, 皆可得而書。字雖簡要, 轉換無窮, 是謂訓民正音。 ㅡ이달에 임금이 친히 언문 28자를 지었는데 글자는 고전(古篆)과 비슷하고[9] 초성, 중성, 종성으로 나누어서 합친 후에 글자를 이룬다. 대저 문자 및 우리나라의 말도 모두 쓸 수가 있다. 글자는 비록 간단하고 요점만 골라서 전환이 끝이 없으니 이것이 말하기를 훈민정음이라고 한다."는 기사에 대하여 믿을 수 없다는 주장이 있다.

임홍빈(2006, 2011)은 <실록>의 이 기사에 대하여 문종 2년(1452)에 편찬된『세종실록』에서 최만리(崔萬理)의 반대상소문(上疏文)이나 <해례본>의 정인지(鄭麟趾)의 후서(後序) 등과 비교하여 잘못된 기술이라는 점을 거듭 강조하였다. 이러한 주장은 훈민정음 연구에서 가장 많이 인용되는 이 구절이 자신의 주장에 맞지 않기 때문이다.

---

9) '字倣古篆'에 대한 많은 연구가 있다. 특히 주목할 것은 훈민정음의 글자가 '古篆의 筆體'와 닮았다는 것과 '蒙古篆字'의 준말이라는 것이다. Ledyard(1966)에서 주장된 몽고 전자, 즉 파스파 문자와 닮았다는 가설은 실제로 이 두 문자를 비교한 졸고(2008c)에서 부정되었다. 古篆의 필체를 닮았다는 주장은 많은 연구자들에 의해서 인정된다.

즉 임홍빈(2011 : 15~19)에서는 최만리의 반대 상소문에 27자 언문이라고 하였는데 실록의 기사에서는 '諺文二十八字'라 하여 27자설과 다르고 또 실록의 기사에 "分爲初中終聲"이라 하여 초(初)·중(中)·종(終) 삼성으로 음절을 나눈다고 하였으나 우리말에 초·중성만으로 된 음절이 있는데 이를 무시하였으며 더욱이 정인지(鄭麟趾)의 후서(後序)에 "象形而字倣古篆"이라 한 것에서 '상형(象形)'을 제외한 것을 들어 이 기사에 신빙성(信憑性)이 없다고 하였다.

먼저 이 주장에 많은 무리가 있음을 지적하지 않을 수 없다. 먼저 훈민정음이 27자였다는 주장을 처음으로 제기한 이동림(1974)에서 왜 28자가 되었는지 상세히 고찰하였고 <해례본>에서는 비록 'ㆆ' 대신 'ㅸ'을 넣었지만 28자에 맞추어 해례(解例)를 보였다. 또 이것이 실록의 세종 25년 12월조의 기사로 후일에 추가되었다는 주장은 정인지의 후서(後序)에 "癸亥冬。我殿下創制正音二十八字, 略揭例義以示之, 名曰訓民正音。－계해년(세종 25년) 겨울 우리 전하가 정음 28자를 창제하여 간략하게 예의(例義)로 이를 보이셨고 이름을 훈민정음이라 하셨다."라는 구절이 실록(實錄)의 기사에서 보이는 계해(癸亥)년 12월과 잘 맞으며 역시 28자의 정음 문자와도 부합하므로 앞에서의 주장은 지나친 추정이라고 아니 할 수 없다.

실록(實錄)의 다른 기사와 서술 방식과 다르다고 하여 이미 게재된 기사를 믿을 수 없다는 주장은 매우 위험하다. 물론 문신(文臣)들이 사초(史草)를 미리 작성하여 후일 이를 실록에 게재하기 때문에 그들의 훈민정음에 대한 이해가 창제자들의 그것과 다를 수도 있다.10) 그렇다고 이

---

10) 初中終 삼성의 분할은 동국정운식 한자음의 경우에 해당된다. 文臣들의 史草에서 훈민정음을 한자음의 표기 수단으로 이해하고 이를 실록의 기사로 올린 것은 충분한 이유가 있다. <해례본>을 잘 읽어보면 이런 사실이 이해된다.

기사 자체를 믿을 수 없다는 것은 지나친 비약이다. 더구나 그동안의 훈민정음 연구에서 이 기사는 가장 핵심적이 자료여서 많은 연구의 기초가 되었다(沈在箕, 2012). 그것을 위에 들은 몇 가지 사소한 이유로 부정하거나 의심하는 것은 옳다고 할 수 없다.

필자는 자신의 주장에 맞지 않는 고문헌 자료의 기사를 부정한 경우에 대부분 후일에 그 주장이 잘못으로 밝혀지는 것을 여러 번 경험하였다. 조서시대 고인(古人)들의 기록은 그렇게 함부로 쓰인 것이 아니다. 하물며 실록의 기사야 더 말할 나위가 없다.

2. 한글 창제의 이면적(裏面的) 동기

5.2.0. 훈민정음이 무슨 목적으로 제정되었는가를 확실하게 보여주는 것은 이 문자를 만들어서 어디에 가장 먼저 사용하였는가를 살펴보는 것이다. 이미 오래 전의 일이지만 필자는 졸고(1984)에서 훈민정음이 한자음의 정리를 위하여, 즉 『동국정운(東國正韻)』의 편찬을 위하여 제정된 것이라는 유창균(1966)의 연구를 소개하면서 발음기호의 역할을 한 것이 그 직접적인 제정 목정이었다고 주장한 바가 있다.

지금은 많은 연구자들이 동조(同調)하고 있으나 당시로서는 참으로 과감한 주장이었다고 지금도 생각한다. 특히 필자가 훈민정음 제정에서 가장 중요한 연구 업적으로 유창균(1966)을 들면서 이 논저를 읽지 않거나 읽고도 이해하지 못한 경우는 논외로 한다 하였는데 전게한 임홍빈(2011)의 연구가 바로 그에 해당된다.

앞의 5.0.3에 열거한 훈민정음 제정의 연대별 사업에서 훈민정음이 창제되었다는 세종 25년 12월의 기사 다음에 불과 2개월 후인 세종 26년 2월 병신(丙申, 16일)에 운회(韻會)를 번역하라는 명령이 내려진다. 훈민정음 창제 이후에 이 문자로 시작되는 최초의 사업이다.

즉 『세종실록』(권103), 세종 26년(1444) 2월 병신(丙申) 조에 전술한 "命集賢殿校理崔恒, [중략] 指議事廳, 以諺文譯韻會。東宮與晋陽大君瑈、安平大君瑢, 監掌其事, 皆禀睿斷, 賞賜稠重, 供億優厚矣。"라는 기사가 있어 임금이 신문자를 제정한지 불과 2달 후에 집현전(集賢殿) 교리(校理) 최항(崔恒) 등에게 명하여 새로 제정된 훈민정음으로 운회(韻會)를 번역하게 한다. 여기서 운회(韻會)라 함은 그간의 연구에 의하면 모두 중국 원대(元代)에 황공소(黃公紹)가 편찬한 『고금운회(古今韻會)』이거나 이것이 너무 방대하여 그의 제자 웅충(熊忠)이 이를 축약한 『고금운회거요(古今韻會擧要)』로 본다.11)

따라서 집현전(集賢殿)의 젊은 학사(學士)들을 중심으로 운회의 번역이 시작되었고 이 일에는 동궁(東宮) 및 진양대군 유(瑈)와 안평대군 용(瑢)이 감독하고 관리하게 하였으나 모두 세종(世宗)이 직접 결정하였음을 알 수 있다. 훈민정음의 해례(解例)에도 참가한 이 명유(名儒)들은 당시 예조판서(禮曹判書)로서 집현전(集賢殿) 대제학(大提學)을 겸임하고 있던 정인지(鄭麟趾)를 비롯하여 집현전 응교(應敎) 최항(崔恒), 부교리(副校理) 박팽년(朴彭年), 신숙주(申叔舟), 수찬(修撰) 성삼문(成三問), 부수찬(副修撰) 이개(李塏), 이선로(李善老, 후일 李賢老로 개명), 그리고 돈영부(敦寧府) 주부(主簿) 강희안(姜希顔) 등 8명의 유신(儒臣)들이다.

---

11) 『고금운회』는 공간된 적이 없다는 주장이 있다(김완진 외, 1997 : 139). 따라서 이때의 운회는 당연히 『고금운회거요』라고 보기도 하지만 일부 연구자들은 『고금운회』가 朝鮮에서 여러 번 언급된 것으로 보아 실제로 간행되었다고 보는 경우도 있다(花登正宏, 1997).

정인지(鄭麟趾)를 포함한 이들 8명의 학자들은 "친간명유(親揀名儒)－임금이 친히 뽑은 유명한 선비"라는 별명이 붙을 정도로 세종이 총애(寵愛)하던 학자들이었다.12) 그러나 친간명유(親揀名儒)는 성삼문(成三問)과 신숙주(申叔舟)가 중심이었는데 정인지를 제외한 최항(崔恒), 박팽년(朴彭年), 강희안(姜希顔), 이개(李塏), 이선로(李善(賢)老) 등 7인은 운회(韻會)의 번역만이 아니라 훈민정음의 해례(解例), 그리고 『동국정운(東國正韻)』의 편찬에도 주도적 역할을 하였으며 『용비어천가(龍飛御天歌)』의 한시를 번역하여 국문가사를 짓는 일에도 참가하였다.

'친간팔유(親揀八儒)'라고도 부를 수 있는 이들 8명은 집현전 대제학이었던 정인지(鄭麟趾)와 돈녕부(敦寧府) 주부(主簿)였던 강희안을 빼고는 모두집현전 학사(學士)이었다. 이들을 훈민정음의 해설에 동원한 것은 운서(韻書)의 번역에 앞서 최만리(崔萬理) 등의 반대 상소문에서 노정(露呈)된 신문자의 문제점을 보완하고 이들만이라도 신문자를 완전하게 이해해 주기를 바란 것으로 볼 수 있다(졸고, 2002c 및 졸저, 2006).

5.2.1. 세종 26년 2월 16일에 명을 내린 운회(韻會)의 번역은 그 결과물이 간행되었다는 기록이 없다. 그동안의 연구에서 이 번역은 『동국정운(東國正韻)』으로 간행되었다고 본다(유창균, 1966). 5.0.3에서 정리된 훈민정음의 사업의 연대순에서 『세종실록』(권117), 세종 29년 9월 무오(戊午)조의 기사에서 "是月, 東國正韻成。凡六卷, 命刊行。－이 달에 ＜동국정

---

12) '親揀名儒'라는 별명에 대하여는 申叔舟의 『保閒齋集』에 부재된 任元濬의 序文에 "世宗創制諺文, 開局禁中極簡一時名儒, 親揀名儒著爲解例, 使人易曉."라는 구절에서 세종이 여러 名儒 가운데서 친히 뽑은 학자들을 시켜 훈민정음의 해례를 저술하게 하였음을 알수 있다. 또 崔恒의 『太虛亭集』에 수록된 姜希孟의 '崔恒墓誌'에 "世宗創制諺文, 開局禁中, 親揀名儒八員, 掌制訓民正音, 東國正韻等書。[하략]"에도 親揀名儒가 『訓民正音』과『東國正韻』 등의 편찬을 관장하였다고 기술하고 있다(졸고, 2002c 및 졸저, 2006).

운>이 완성되었다. 모두 6권인데 간행을 명하다.”이라는 기사와『동국정운』의 권두에 있는 신숙주의 서문에 “正統十二年 丁卯 九月下澣 —정통 12년(1447) 9월 하순,”이라는 간기가 있어 훈민정음이 창제된 지 4년 만에, 그리고 운회(韻會)의 번역을 명받은 지 3년 만인 세종 29년(1447)에 우리 한자음을 정리한『동국정운』이 완성되었음을 알 수 있다.

그러면 운회(韻會)의 번역(飜譯)이란 무엇이었을까?13) 전술한『고금운회거요(古今韻會擧要)』는 원(元) 성종(成宗)의 대덕(大德) 원년(元年, 1297)에 간행된 운서로서 당시 한자의 북방음을 반절(反切)로 표음하였다. 이것을 훈민정음으로 번역한다는 것은 이 반절로 표시된 한자음을 정음(正音) 문자로 바꾸는 작업이다. 졸저(2006)에서는 세종이 중국과 우리의 한자음이 다른 것에 착안하여 중국어의 표준 발음에 의거하여 우리 한자음의 규범(規範)을 정하려고 하였으며 이것을 표음하기 위한 발음기호(發音記號)로서 신문자를 고안(考案)한 것으로 보았다.

새로 제정된 문자를 발음기호로 사용한 예를 전술한 실록의 기사에서 찾으면 세종 27년(1445) 1월에 신숙주·성삼문 등이 운서를 질문하려고 요동(遼東)에 유배된 유학자 황찬(黃瓚)에게 갔을 때에 신숙주는 언문의 글자로 중국어의 발음(-華音)을 번역하여 황찬의 질문에 답하므로 그가 크게 기특하게 여기였다는 기사를 들 수가 있다.14) 일찍부터 화음(華音, 중

---

13) ‘飜譯’은 宋代 法雲의『飜譯名義集』에 의하면 “譯은 易이어서 飜譯은 梵字를 漢字로 바꾸는 것이다”라 하여 원래의 뜻은 梵語의 ‘Prajñā(知慧)’를 ‘般若’로, ‘sūtra(心)’를 ‘素怛羅’로, ‘hṛdaya(經)’를 ‘紇哩第野’로 바꾸어 “지혜로운 마음의 경문”이란 뜻의 ‘Prajñā-sutra-hṛdaya’를 ‘般若心經’으로 바꿔 쓰는 것을 말한다. ‘般若心經’은 원래『般若波羅蜜多心經(Prajñāpāramita-hṛdaya-sūtra)』의 약칭이다. 또『龍龕手鏡』의 권두에 있는 釋 智光의 서문에 “[전략] 矧復釋氏之敎, 演於印度, 譯布支那, 轉梵從唐[하략]”이란 구절에서 ‘譯’이 “轉梵從唐—범어를 바꾸어 당나라 말에 따르다”와 같이 쓰였다.

14) 전게한『保閒齋集』(책7)에 부록된 李坡의 ‘申叔舟墓誌’에 “乙丑春命公隨入朝使臣, 到遼東見, 瓚質問, 公諺字飜華音, 隨問輒解, 不差毫釐, 瓚大奇之。”라는 기사를 참조.

국어 발음)의 표준 발음을 표기하는데 정음(正音)자가 발음기호로 이용된 것이다.

여기서 『고금운회』가 선택된 것은 원대(元代)에 수도(首都)를 북경(北京)으로 정하면서 북방음이 널리 통용되어 중국어의 역사에서 고관화(古官話)가 성립되는데 운회(韻會)가 실제로 사용되는 북방음을 반영하였기 때문이다. 이때의 중국어 표준발음은 원대(元代)의 『고금운회(古今韻會)』와 같은 운서(韻書)의 표준음에서 가져왔으며 이러한 규범적 발음은 후일 『동국정운』으로 정리되었다고 본다.

원대(元代) 한어(漢語)의 한자음은 종래 『광운(廣韻)』이나 『예부운략(禮部韻略)』의 규범(規範) 발음과 매우 달라서 고려(高麗) 전기의 유신들은 한문을 학습하여 중국의 송(宋)나라 사람들과 대화가 가능하였지만 고려 후기의 원대(元代)에는 북경(北京) 주변의 한아언어(漢兒言語)가 공용어로 등장하면서 이러한 대화가 전혀 불가능하게 되었다.

중국어의 변천으로 명대(明代)에도 조선 한자음과 당시 중국어 발음이 훈민정음 서문에서 밝힌 바와 같이 서로 다르게 되었는데 세종은 조선의 한문(漢文)과 명대(明代)의 한문이 서로 통하지 않는 것은 이와 같은 한자음의 차이로 인식하였다. 그리하여 북방음을 비교적 많이 반영한 『고금운회』를 중국 표준음의 운서로 간주(看做)하고 이를 선택하여 정음(正音)으로 그 발음을 전사하게 시킨 것이다.

그러나 원대(元代)의 운서(韻書)인 운회의 번역은 당시 중원에 몽고의 원(元)을 전복(顚覆)시키고 한족(漢族)의 제국(帝國)을 세운 명(明)으로서는 용납할 수 없는 일이었다. 따라서 건국 초기부터 몽고 오랑캐(胡元)의 잔재(殘滓)를 없애는 정책을 강력하게 추진하였다.15) 그 중에서도 몽고인들에 의하여 훼손(毀損)된 중국어의 순화(醇化) 운동이 명(明) 태조(太祖)에 의하여 대대적으로 전개되었고 급기야는 명(明) 제국(帝國)의 표준 발음서인 『홍무정운(洪武正韻)』이 황제(皇帝)의 칙찬(勅撰)으로 간행되었다.

운회가 선택된 또 다른 이유는 원(元) 초기(初期)에 파스파 문자를 제정하고 이 문자로 『예부운략(禮部韻略)』 계통의 『운략(韻略)』과 『신간운략(新刊韻略)』을 파스파 문자로 주음(注音)하여 『몽고운략(蒙古韻略)』과 『몽고자운(蒙古字韻)』을 편찬한 것과 관련이 있다. 후자가 『고금운회』를 참고로 하여 전자를 수정한 사실을 의식한 것이다(졸저, 2009). 바꿔 말하면 『동국정운』은 파스파 문자를 제정하고 이 문자를 이용하여 편찬한 『몽고자운』을 모델로 한 것으로 이 운서가 그보다 먼저 간행된 『몽고운략』을 『고금운회』에 의거하여 수정한 사실을 염두에 둔 것이다. 『동국정운』도 이와 같이 『고금운회』를 참고하고 조선의 전통한자음을 수정하고 조선(朝鮮)의 규범적인 한자음을 정하려고 하였다.

5.2.2. 한자음 표기의 수단으로 제정된 훈민정음은 고유어의 표기에도 이용되기 시작하였다. 5.0.3.의 훈민정음 관련 사업의 연대별 수행 기록을 보면 세종 27년(1445) 4월에 『용비어천가(龍飛御天歌)』(한문본)가 제진(製進)되었다는 기사가 있다. 이것은 국문가사가 들어있지 않은 한문본이었으며 이를 전술한 세종의 친간명유(親揀名儒)들이 우리말로 언해하여 세종 29년(1447) 2월에 간행한다.

이것은 세종 27년의 한문본에서 "[전략] 주석을 더하고 [중략] 다시

---

15) 이러한 정책의 추진으로 오늘날 중국에는 거란문자나, 여진문자, 파스파 문자로 쓰인 어떠한 고문헌도 존재하지 않게 되었으며 남아있는 것은 비교적 훼손이 어려운 金石文뿐이다. 즉 『遼史』, 『金史』, 『元史』 등의 史料와 이 시대에 간행된 각종 문헌에는 거란문자, 여진문자, 파스파 문자로 저술되었거나 번역되었다는 문헌들이 상당수 기록에 남겼다. 그러나 현재 중국에는 이러한 저서들이 하나도 남아있지 않다. 明 이후 중국에서 한자 이외의 문자를 얼마나 철저하게 파괴하였는지 알 수 있는 대목이다.

발음과 뜻을 붙여 보기에 편하게 하였다. 정통 12년(1447) 2월 [중략] 최항이 절하며 머리 숙여 삼가 발문을 쓴다[전략] 就加註釋, [중략] 復爲音訓以便觀覽 [하략] 正統十二年二月日, [중략] 崔恒拜手稽首謹跋。)"(崔恒의 跋文)이라는 기사로 확인할 수 있는데 여기서 '復爲音訓以便觀覽'은 『용비어천가』의 제1장부터 125장에 걸쳐 매장 첫 번째 한자 병용의 우리말 시(詩)를 말한다.

이것은 원래 한시(漢詩)를 언해한 것으로 유명한 제1장과 2장을 옮겨 보면 다음과 같다.16)

> 海東 六龍이 ᄂᆞᄅᆞ샤 일마다 天福이시니 古聖이 同符ᄒᆞ시니 ― 제1장
> 海東六龍飛, 莫非天所扶, 古聖同符。
>
> 불휘 기픈 남ᄀᆞᆫ ᄇᆞᄅᆞ매 아니 뮐ᄊᆡ, 곶 됴코 여름 하ᄂᆞ니 ― 제2장
> 시미 기픈 므른 ᄀᆞ모래 아니 그츨ᄊᆡ 내히 이러 바ᄅᆞ래 가ᄂᆞ니
> 根深之木, 風亦不扤, 有灼其華, 有蕡其實。源遠之水, 旱亦不竭, 流斯爲川,
> 于海必達。

이 『용비어천가』에는 한자의 발음이 전혀 붙지 않았다. 이것은 『동국정운』(1447년 간행)이 아직 완성하기 이전에 이 노래가 편찬된 것임을 말해 준다. 그러면 어떻게 운회(韻會)의 번역에서 발음기호였던 훈민정음이 우리말 표기에도 쓰이게 되었을까? 먼저 훈민정음의 모델이었던 파스파 문자가 한자 발음 표기뿐만 아니라 몽고어 표기에 사용되었음을 상기(想起)하게 된다.

또 하나는 이가원(李家源) 교수의 1994년 논문에서 논의된 바와 같이 『죽산안씨대동보(竹山安氏大同譜)』에 "我國諺書卽世宗延昌公主所製也"(李遇駿의

---

16) 띄어쓰기와 구두점은 필자가 붙였음.

『夢遊野談』‘剏造文字’조)라는 기사에 의하여 세종의 따님인 연창공주(延昌公主)가 언문의 제정에 관여하였음을 시사한다.17)

[사진 5-1] 도봉구 방학동에 있는 정의공부(貞懿公主)와 연창위(延昌尉) 부부(夫婦)묘

이것은 『죽산안씨대동보(竹山安氏大同譜)』의 ‘정의공주(貞懿公主遺事)’조에 "世宗憫方言不能以文字相通, 始製訓民正音。而變音吐着猶未畢究, 使諸大君解之, 皆未能遂下于公主, 公主卽解究以進, 世宗大加稱賞, 特賜奴婢數百口。 —세종이 우리말(方言은 이런 의미로 쓰였음)이 문자로 [중국과] 상통하지 못하는 것을 걱정하여 훈민정음을 제정하기 시작하였다. 그러나 발음을 바꾸어 토를 다는(變音吐着) 것에 대하여 아직 연구가 끝나지 못해서 여러 대군(大君)들을 시켜 [이 문제를] 풀게 하였으나 모두 미치지 못하고 공

---

17) 이 자료와 다음의 『竹山安氏大同譜』의 기사는 임홍빈(2012)에서 재인용하였다.

주에게 내려 보냈다. 공주가 즉시 이를 해결하여 받치니 세종이 크게 칭찬하고 특별히 노비 수 백 명을 내려주었다."라는 기사와 더불어 세종의 따님인 연창(延昌) 공주,[18] 즉 정의(貞懿) 공주가 언문 제작에 기여하였다는 주장이다.

여기서 정의(貞懿) 공주가 한 일은 '변음토착(變音吐着)'의 일이다. 이것은 한문의 구결(口訣)에서 형태부, 즉 조사(助詞)와 어미(語尾)의 우리말을 한자를 빌어 토(吐)를 달 때에 "사람-은, 敎-ᄒᆞ니"의 '-은, -니'와 같은 경우는 발음을 '-隱', '-尼'로 한자의 발음을 빌려 표기할 수 있지만 "사람-이, 敎-ᄒᆞ니"의 '-이'와 '-ᄒᆞ'는 '-是(이다)', '-爲(ᄒᆞ-)'와 같이 그 뜻을 빌려 표기하는 경우가 있다. 이와 같이 '시(是)'와 '위(爲)'라는 자음(字音)을 바꿔서 '-이', 'ᄒᆞ-'로 토를 단 것을 '변음토착(變音吐着—音을 바꿔서 토를 달다)'이라 한 것 같다(졸고, 2006b). 이와 같은 변음(變音)의 토(吐)는 한자를 익숙하게 구사하고 한문에 정통한 유신(儒臣)들에게는 매우 이상하고 괴로운 문자 표기였다.

훈민정음으로 토(吐)를 다는 경우 이러한 '변음토착(變音吐着)'의 어설픈 한자 표기는 완전하게 해소된다. 뿐만 아니라 고유어 표기에서 한문과 다르게 조사(助詞)와 어미(語尾)를 붙여 써야하는 교착적 문법구조의 우리말 표기에 대한 인식이 정리된 것 같다. 의미부는 한자나 이두로 표기하여 왔지만 조사와 어미와 같은 형태부 표기가 한문과 다른 우리말 표기의 관건(關鍵)이었기 때문이다.

세종은 이로부터 고유어 표기의 실마리를 잡은 것으로 보인다. 세종은 이때부터 고유어를 자신이 고안한 신문자로 표기하는데 몰두하였는

---

18) 貞懿공주는 세종의 둘째 따님으로 延昌尉 安孟聃에 출가하여 延昌공주가 되었다.

데 이것은 동궁(東宮), 수양(首陽), 안평(安平), 정의(貞懿) 등의 자녀(子女)들과 함께 작업하였다(졸고, 2006). 또 자년 가우데 수양대군(首陽大君)은 신미(信眉), 김수온(金守溫) 등과 함께 『석가보(釋迦譜)』와 『석가씨보(釋迦氏譜)』 등을 우리말로 해석하여 신문자로 우리말 표기를 실험하게 하였다. 이 시도가 성공하여 『석보상절(釋譜詳節)』이 저술되자 세종은 스스로 『월인천강지곡(月印千江之曲)』을 지으면서 신문자로 동국정운식 한자음의 표음과 고유어의 표기를 자신이 스스로 직접 시험하였다.

이 모든 것이 가능한 것을 몸소 확인하고 <해례본>에 붙인 자신의 서문과 예의(例義)를 우리말로 풀이하여 「훈민정음(訓民正音)」이란 제목을 붙이고 자신이 편집한 『월인석보』의 권두(卷頭)에 부재하여 세상에 알리게 된다. 필자는 이것이 훈민정음의 반포(頒布)라고 생각한다(졸저, 2006).

이러한 고유어 표기의 연구는 <해례본>의 '용자례(用字例)'에서 신문자로 고유어를 표기하는 예로 나타난다. 즉 해례본에서는 제자해(制字解)부터 종성해(終聲解)에 이르기까지는 주로 한자음 표기를 예로 하여 설명하였으나 용자례(用字例)에서는 초성 17자와 중성 11자의 용례를 모두 고유어에서 가져다가 설명하였다.

5.2.3. 앞에서 검토한 신문자 제정 당시에 운회(韻會)의 번역은 『고금운회(古今韻會)』나 『동 거요(擧要)』의 화음(華音)을 표음하는 것이었다. 그러나 당시 조선(朝鮮)에서는 명(明)의 칙찬(勅撰) 운서인 『홍무정운(洪武正韻)』을 무시할 수가 없었다. 어느 때인지는 모르지만 아마도 세종(世宗)조에 이 운서(韻書)의 번역도 시도되었으며 단종(端宗) 3년(1455)에 이 사업은 『홍무정운역훈(洪武正韻譯訓)』을 간행하여 일단락을 짓게 된다.

이것은 중국의 표준적인 한자 발음을 정하기 위한 것이었으며 동음(東

音), 즉 우리 한자음과는 직접 관련이 없다. 이것이 너무 호한(浩瀚)하여 이를 축약한 『사성통고(四聲通攷)』가 신숙주(申叔舟) 등에 의하여 편찬되었으나 오늘날 전하지 않고 중종(中宗) 때에 최세진(崔世珍)이 이를 이어받아 『사성통해(四聲通解)』를 간행한 것은 널리 알려진 사실이다.

운회(韻會)의 번역으로 시작된 정음(正音)의 한어음(漢語音) 표기 사업은 『동국정운』의 편찬으로 우리 한자음을 정리하게 되었지만 『홍문정운역훈』과 『사성통고』의 편찬으로 중국 표준음의 표기를 마련하게 되었다. 그리고 이것은 최세진(崔世珍)의 『사성통해(四聲通解)』로 이어져 한어음 표기의 전통을 마련하게 된다. 그리하여 <노걸대(老乞大)>, <박통사(朴通事)>(이하 <老朴>으로 약칭)와 같은 한어(漢語) 학습서를 이 표준 발음으로 번역(飜譯)하게 되었다.19) 이 번역의 기준과 문제점을 모아 놓은 것이 『사성통해』의 말미에 부재된 「번역노걸대박통사범례(飜譯老乞大朴通事凡例)」인 것이다.

5.2.4. 이상 훈민정음의 제정과 그것을 이용한 중요한 사업을 검토하면 새로 제정된 훈민정음은 한자음을 정리하여 『동국정운(東國正韻)』을 간행하였고 한문 표기에서 걸림돌이었던 변음토착(變音吐着)을 해결하여 구결의 토(吐)를 모두 새 문자로 기술하게 되었으며20) 여기서 한 걸음 나아가 고유어 표기를 시도하여 석가모니(釋迦牟尼)의 일대기를 우리말로 번

---

19) 이때의 '飜譯'은 한자의 중국어 발음을 훈민정음으로 표음하는 것을 말한다. <老朴>이 그러나 『번역소학(飜譯小學)』과 같은 경우의 '번역'은 언해와 같은 의미를 갖는다. 이미 이 시대에는 그 의미가 조금 변질된 것이다.

20) 새 문자로 토를 단 예를 <언해본> 훈민정음의 어제 序文에서 찾아보면 "國之語音이 異乎中國ᄒᆞ야 文字로 不相流通ᄒᆞᆯᄊᆡ"와 같이 '이(伊, 또는 是)', 'ᄒᆞ야(爲也)', '로(留)', 'ᄒᆞᆯᄊᆡ(爲矣)'와 같이 신문자로 구결 토를 달고 한자 토를 모두 없앴다. 다만 'ᄒᆞᆯᄊᆡ(爲矣)'가 당시 구결 토로 존재했는지 알 수 없다. 후대의 토로서는 이것이 가장 가깝다.

역한 『석보상절』을 편찬하였다. 세종은 친히 『월인천강지곡』을 저술하면서 신문자로 동국정운식 한자음의 표기와 고유어 표기를 스스로 시험하여 그 가능성을 확인하게 된다.

그리고 <해례본>을 간행하여 신문자의 이론적 해석을 완성하였고 『용비어천가(龍飛御天歌)』를 간행하여 신하들이 이 문자로 고유어 표기가 가능함을 알게 된다. 그리고 최종적으로 신문자로 고유어 표기를 시험한 수양대군 등의 『석보상절』과 자신의 『월인천강지곡』을 합편하여 세종 30년 경에 『월인석보(月印釋譜)』를 간행하면서 권두에 「훈민정음」을 첨부하여 이를 백성들에게 알리게 된다. 이것이 바로 훈민정음의 반포(頒布)로 생각한다.

신문자가 제정되고 제일 먼저 시작한 운회(韻會)의 번역은 『고금운회(古今韻會)』나 『동 거요(擧要)』의 화음(華音), 즉 정음(正音)을 표음하는 것이었다. 정음(正音)은 바로 중국에서 각 왕조(王朝)가 규정한 표준음을 말한다. 예를 들면 『광운(廣韻)』계통의 운서로 송(宋) 왕조(王朝)가 정한 『예부운략(禮部韻略)』 등의 한자음이 바로 정음(正音)으로 과거(科擧)에서 통용되는 발음이다.

그러나 당시 조선(朝鮮)에서는 명(明)의 칙찬(勅撰) 운서인 『홍무정운(洪武正韻)』을 무시할 수가 없어서 이 운서(韻書)의 번역도 시도되었다. 이 작업은 세종의 생존(生存) 시에는 결실을 보지 못하고 단종(端宗) 3년(1455)에 『홍무정운역훈(洪武正韻譯訓)』을 간행(刊行)하므로써 한자의 중국어 표준음 표기는 일단락을 짓게 된다. 이 운서음은 국가 정한 한어(漢語)의 표준음으로서 한어(漢語) 역관(譯官)을 선발하는 기준 발음이 된 것이다. 이처럼 한어(漢語)의 표준음을 표기한 신문자가 정음(正音)이라 불린 것이다.

처음에 발음기호로서 고안된 신문자는 이와 같이 한자음의 정리, 나라 말의 표기, 중국어 표준음 표기까지 발전하여 명실 공히 원대(元代)의 국자(國字)였던 파스파 문자의 역할과 같게 된 것이다. 그리하여 종래의 한자음을 수정하여 새로 고쳐 『동국정운』을 편찬하는데 사용한 신문자는 그 이름을 훈민정음(訓民正音－백성들에게 가르칠 바른 한자음)이라 하였다. 이어서 고유어와 당시 통용되는 한자음, 즉 동음(東音)의 표기는 언제부터 이루어졌는지 명확하지 않으나 이때에 사용된 신문자(新文字)는 언문(諺文)으로 하였다. 우리말을 한어(漢語)에 대하여 언어(諺語)로 겸칭(謙稱)하였으며 이러한 겸양법은 우리말의 문법에서 당연한 것이다. 언어(諺語)를 표기하는 글자가 언문(諺文)이다.

동음(東音)을 신문자로 표음한 현존 자료는 『훈몽자회(訓蒙字會)』가 가장 오래된 자료인데 이것이 세조(世祖) 조의 『초학자회(初學字會)』에 의거한 것이라는 주장이 있다. 『초학자회』는 『세조실록(世祖實錄)』(권14) 세조 4년(1458) 10월 기사(己巳) 조의 기사에 "傳于承政院曰: 頃者判書崔恒、參議韓繼禧, 以諺文註初學字會, 事未就 [중략] 命中樞金鉤、參議李承召, 率右輔德崔善復等十二人撰之。 ㅡ승정원에 전하여 말하기를 근래에 판서 최항과 참의 한계희가 언문으로 <초학자회>을 주석하려 하였으나 일이 아직 이루어지지 않았다. [중략] 중추 김구와 참의 이승소에게 명하여 우보덕 최선복 등 12인이 이를 편찬하게 하다."라는 기사가 있어 『초학자회』가 세조 4년에 언문으로 주석되면서 그 한자음, 즉 동음(東音)을 신문자로 주음(注音)한 것으로 보인다.

『훈몽자회(訓蒙字會)』의 '언문자모(諺文字母)' "俗所謂反切二十七字ㅡ속되게 말하는 반절 27자"는 고유어 표기에 쓰인 글자를 말하는 것이고 언문자모는 아마도 이 책의 전신(前身)인 『초학자회(初學字會)』에 부재된 것을 옮겨 온 것으로 보인다. 오늘날 전하는 『훈몽자회』가 『초학자회』를 증보한 것이라면 세조(世祖)조에 이미 동음(東音)의 언문(諺文) 표기가 있었을 것이며 세조(世祖) 때에는 신문자로 이를 표기하게 되어 한자음의 수정과 고유어 및 전통 한자음(東音) 표기, 그리고 표준 한어음(漢語音)의 표준발음의 표기까지 모두 완수하게 되었다.

실로 신문자가 처음으로 창제된 세종 25년(1443) 12월부터 세조 4년(1458)까지 15년 만에 위에 열거한 3가지 표기 대상을 모두 성공적으로 기록하게 된 것이다. 새로 창제된 신문자는 처음에 한자음의 정리를 위하여 '백성에게 가르칠 바른 한자음'이란 이름, 즉 '훈민정음(訓民正音)'으로 불렀고 한자의 한어(漢語) 표준발음의 표기를 위하여 쓰인 신문자는 올바른 발음이란 뜻의 정음(正音)으로 불렀으며 고유어 표기에도 성공하여 전통 한자음인 동음(東音)과 고유어 표기에 쓰인 신문자는 '언문(諺文)'이라 한 것이다.

즉 "백성을 가르치는 바른 한자음, 즉 규범 한자음"이 '훈민정음(訓民正音)'이고 "한어(漢語)의 표준적 한자음, 즉 한자의 표준적인 중국어 발음"의 표기를 위한 것이 '정음(正音)'이며 "우리말, 즉 언어(諺語)와 동음(東音)을 기록하는 글"이 '언문(諺文)'인 것이다(졸저, 2006 : 34~36).

3. 훈민정음의 제자(製字)

5.3.0. 훈민정음을 제정할 당시에 이 문자는 파스파 문자와 같이 초성(初聲)과 중성(中聲)으로 나누어 제자(製字)하고 종성(終聲)은 초성을 다시 쓰거나 그 일부를 같이 쓴다고 보았다. 그리하여 초성(初聲)으로 아설순치후(牙舌脣齒喉)의 기본자 5개(ㄱ, ㄴ, ㅁ, ㅅ, ㅇ)를 만들고 이어서 여기에 인

성가획(因聲加劃)하는 글자, 즉 소리에 따라 획을 더하는 글자 9개(ㅋ, ㄷ, ㅌ, ㅂ, ㅍ, ㅈ, ㅊ, ㆆ, ㅎ)와 이체자(異體字) 3개(ㅿ, ㄹ, ㆁ)를 더 하여 모두 17자를 초성자로 제자하고 여기에 중성자(中聲字) 11자를 합하여 모두 28자를 만든 것이다. 종성자(終聲字)는 초성과 같이 쓰거나 그 일부만을 인정하기도 한다.

5.3.1. 그리하여 훈민정음의 글자는 모두 28자로 어제(御製) 서문(序文)에 기재되었다. 이 서문은 <해례본>과 <실록본>에는 한문으로, 그리고 <언해본>에는 한문과 언해문이 같이 실렸는데 한결같이 28자를 제정한 것으로 명기되었다. 따라서 이에 대하여 별다른 이의가 없을 것이지만 최초의 훈민정음은 언문(諺文) 27자였다는 주장이 제기되었다.

그것은 실록에 실린 최만리(崔萬理)의 반대 상소문에 '언문(諺文) 27'자로 나오기 때문에 초성(初聲)의 글자로서 /ㆆ/을 제한 27자로 보려는 것이다. 즉『세종실록』(권103) 세종 26년 경자(庚子)조의 기사에 최만리의 훈민정음 반대 상소문이 게재되었는데 그 가운데 "[전략] 以爲二十七字諺文, 足以立身於世, 何須苦心勞思, 窮性理之學哉? [하략]―[전략] 27자의 언문으로 세상에 입신하기에 족하다면 성리학의 어려운 공부를 어찌 고심하고 힘들게 생각하여 공부하겠습니까?"라는 구절에서 27자 언문이란 구절이 있다.

또 중종(中宗)조 최세진의 편찬인『훈몽자회』의 권두에「언문자모(諺文字母)」가 부재되었는데 여기에도 "俗所謂反切二十七字"라 하여 반절(反切) 27자가 등장한다. 이「언문자모」는 아마도 세조 4년에 간행된『초학자회(初學字會)』의 것을 옮겨 놓은 것으로 학계는 인정한다.21) 따라서 이들로부터 훈민정음의 최초 원안(原案)이 27자의 제자로 보는 주장이 있었다

(이동림, 1973).

그러나 여기에서 말하는 언문(諺文) 27자는 우리말, 즉 언어(諺語)를 표기하는데 27자만을 인정한다는 뜻이다. 즉, 한자음 표기에 필요한 글자로 후음의 전청자 /ㆆ/를 제하고 초성에서 16자, 그리고 중성자 11개를 합하여 모두 27자만을 쓴다는 뜻이다.

5.3.2. 초성은 17자를 제자(製字)하였다. 반절(反切), 혹은 언문(諺文) 27자와 훈민정음의 어제 서문과 예의(例義)에서 제자(製字)되고 설명된 28자는 중성자 11자를 제외하고 초성이 17자인가 16자인가의 차이다. 16자인 경우는 후음(喉音)의 전청자(全淸字) /ㆆ/를 인정하지 않는 것이다. 그러나 17자의 경우는 이영보래(以影補來),[22] 즉 /ㆆ/를 인정하고 이를 /ㄹ/에 덧붙여 /ㅭ/으로 입성을 표기하여야 한다는 뜻이다. 우리 한자음, 즉 동음(東音)의 '發[발]'은 입성(入聲)이므로 그 표음은 [밿/벓]이 올바른 표기라는 말이다. 즉, 한자의 수정음 표기에는 /ㆆ/이 필요하다고 보고 초성을 17자로 늘린 것이다. 한자음의 동국정운식 발음 표기에도 /ㆆ/이 필요하고 이를 포함한 하여 언문의 표기에는 중성자 11개를 포함하여 28자가 필요하다고 본 것으로 이해하여야 할 것이다.

그러나 고유어와 이에 동화된 우리의 전통적인 한자음에서는 /ㆆ/가 없어지게 된다. 『석보상절』이나 『월인천강지곡』에서 고유어 표기에는 /ㆆ/을 쓰지 않았고 세조 4년에 간행된 것으로 보이는 『초학자회(初學字會)』에 부재된 「언문자모(諺文字母)」는 "俗所謂反切二十七字"라 하여 /ㆆ/을 인정하

---

21) 그 이유는 이 「언문자모」에는 최세진의 이론과 다른 내용이 들어있기 때문이다(졸고, 1977).
22) '以影補來'는 來모 'ㄹ'에 影모 'ㆆ'을 보충한다는 뜻이다. 來모 'ㄹ'과 影모 'ㆆ'에 대하여는 다음 장의 36자모표를 참고할 것.

지 않았다.[23)

그러나 훈민정음, 즉 한자음의 정리에는 /ㆆ/ 이외에도 전탁음 /ㄲ, ㄸ, ㅃ, ㅆ, ㅉ, ㆅ/의 6개를 더 하여 모두 23자모를 인정하였다. 『동국정운 (東國正韻)』에서 인정한 성모(聲母) 23개는 유창균(1966)에서 다음과 같이 정리되었다.

	牙音	舌音	脣音	齒 音	喉音	半舌半齒
全淸	君 ㄱ	斗 ㄷ	彆 ㅂ	戌 ㅅ, 卽 ㅈ	挹 ㆆ	
次淸	快 ㅋ	呑 ㅌ	漂 ㅍ	次 ㅊ	虛 ㅎ	
全濁	群 ㄲ	覃 ㄸ	步 ㅃ	邪 ㅆ, 慈 ㅉ	洪 ㆅ	
不淸不濁	業 ㆁ	那 ㄴ	彌 ㅁ		欲 ㅇ	穰 ㅿ, 閭 ㄹ

[표 5-1] 동국정운 23자모표

이 표에서 볼 수 있는 23자모가 동국정운의 성모(聲母), 즉 훈민정음의 초성(初聲) 글자들이고 여기서 전탁자(全濁字) 6자[ㄲ, ㄸ, ㅃ, ㅆ, ㅉ, ㆅ]를 뺀 것이 훈민정음의 17 초성이며 여기에 중성자 11개(ㆍ, ㅡ, ㅣ, ㅗ, ㅏ, ㅜ, ㅓ, ㅛ, ㅑ, ㅠ, ㅕ)를 더한 것이 훈민정음 28자인 것이다.[24)

그러나 실제로 <해례본>을 보면 전탁자 6개를 더한 23자모에서 순경음(ㅸ, ㆄ, ㅹ, ㅱ) 4자를 더 만들었고 치음(齒音)에서 치두음(齒頭音, ᄼ, ᄽ, ᅎ, ᅔ, ᅏ)과 정치음(正齒音, ᄾ, ᄿ, ᅐ, ᅕ, ᅑ)을 구별하여 5자를 늘려서 모

---

23) 『初學字會』에 부재된 것으로 보이는 「諺文字母」는 이를 모방하여 中宗朝에 간행한 『訓蒙字會』에도 권두에 부재되었다. 이 『훈몽자회』에는 최세진이 嘉靖 6년(1527) 4월에 쓴 「訓蒙字會引」이 권두에 있어 이 책의 편찬 경위를 설명하였다.

24) 全濁字는 유성음 계열의 자음이다. 이것을 훈민정음 17 초성에서 뺀 것은 「東國正韻序」에 "我國語音, 其淸濁之變與中國無異。而於字音獨無濁聲。 —우리나라 발음에 청음과 탁음의 구별이 중국과 다르지 않은데 다만 字音(한자음을 말함—필자)에 濁聲(유성음)이 없다."라는 증언에서 볼 수 있는 것처럼 한자음에서 유성음을 음운론적인 것으로 보지 않았다.

두 32자를 만들었다. 이것을 다음 장에서 논의할 파스파 문자 32자모(字母)와 일치한다.

<해례본> '중성해(中聲解)'에 의하면 중성(中聲)에서도 처음에는 기본자 'ㆍ(天圓−하늘의 둥근 모습을 본뜸, 陽界), ㅡ(地平−땅의 평평함을 본뜸, 陰系), ㅣ(人立−사람이 선 것을 본뜸, 중립)'의 천지인(天地人) 삼재(三才)를 상형(象形)하여 3개 기본자를 만들고 이들을 결합하여 초출자 4개(오, 아, 우, 어)와 재출자 4개(요, 야, 유, 여)를 만들어 모두 11자를 제자하였다. 그리고 초출자(初出字)를 같은 계열(系列)끼리 결합하여 '와, 워'를 만들고, 재출자(再出字)를 역시 동일 계열끼리 결합하여 '와, 워'의 4자를 더 만들어 모두 15자가 되었다.[25]

처음의 기본자와 초출자, 재출자의 11자 가운데 '이'를 제외한 10자에 /ㅣ/를 결합하여 '인, 의, 외, 애, 위, 에, 외, 애, 위, 예'의 10자를 더 만들고 초출자와 재출자의 2자 결합자인 4자에도 /ㅣ/를 결합하여 '왜, 웨, 왜, 웨'의 4자를 더 만들어 모두 29개의 글자를 만들었다. 이 가운데는 고유어 표기는 물론 동국정운식 한자음 표기에 한 번도 사용하지 않은 문자도 있다.

이러한 중성자의 제자(製字)는 기계적으로 양계(陽系)와 음계(陰系) 문자를 서로 같은 계열끼리 결합시키고 중립적인 /ㅣ/는 이들과 모두 결합시켜 만든 것으로 성리학에서 말하는 음양(陰陽) 상생(相生)의 원리에 맞춘 것이다.

---

25) 동일 계열의 中聲字를 서로 결합하고 중립적인 /ㅣ/를 다시 결합하여 계속해서 신문자를 만드는 방법에 대하여는 <해례본> '중성해'에 자세하게 언급되었다. 모두 性理學의 "同出而爲類, 故相合而不悖也。−같은 곳에서 나온 것끼리 무리를 이루니 그러므로 서로 합해도 어긋나지 않는다."라는 '同類相合'의 이론에 의거한 것이다.

5.3.3. 다음으로 종성(終聲)의 글자는 한자음의 입성(入聲)자와 관련을 갖고 고안되었다. 중국의 성운학(聲韻學)에서 어두 자음인 성(聲, onset)과 운(韻, rhyme)을 양분(兩分)하고 다시 운복(韻腹, nucleus)과 운미(韻尾, coda)로 세분하여 운복(韻腹)을 중성(中聲, 모음)으로 인정하여 성(聲)과 대등한 위치에 놓게 되면서 운미(韻尾)도 별도의 단위가 된 것이다.

훈민정음 제정에서 특기할 일은 다른 문자의 제정에서 소홀이 하였던 운복(韻腹), 즉 중성(中聲)의 중요성을 강조한 것이다. 중국 성운학(聲韻學)에서도 '섭(攝)', 또는 '뉴섭(紐攝)'으로 분류한 운복(韻腹)의 중성을 초성(初聲)과 대등하게 인정하고 11개 문자를 천지인(天地人) 삼재(三才)에 의거하여 제자(製字)한 것이다. 필자가 훈민정음의 독창성을 주장하는 여러 이유 중에 가장 중요한 것이 중성(中聲)의 설정과 그 중요성을 인정한 것임을 여러 번 주장하였다.26)

중국에서는 입성(入聲) 운미가 가장 변화가 심하였다. 특히 북방음에서는 입성 운미(韻尾)가 점점 약화 탈락되어 소멸하는 경우가 많았다. 그러나 훈민정음이 제정되는 초창기에는 세종이 훈민정음 예의(例義)에서 모든 종성(終聲), 즉 입성 운미를 인정하고 "終聲復用初聲 — 종성은 초성을 [모두] 다시 쓴다."라 하여 17개 초성을 모두 종성으로 인정하였다.

그러나 우리말에서 음절말 자음의 제약이 점점 두드러지게 나타났고 특히 중국의 북방음에서 입성(入聲) 운미(韻尾)의 약화 및 탈락을 반영하여

---

26) 이에 대하여는 <해례본> '製字解'에 "中聲承初之生, 接終之成, 人之事也。皆字韻之要, 在於中聲, 初終合而成音。 — 중성은 초성으로 시작한 것을 이어받아 종성에 결합하여 완성하니 사람이 하는 일이다. 글자 운의 모든 요체는 중성에 있어서 초성과 종성을 결합하여 자음을 만든다."라는 설명에서 중성의 중요성을 강조하였다. 앞에서 논의한 티베트 문자의 모음 부호의 제정이나 다음 장에서 논의할 파스파 문자의 7모음 제정과 비교하면 훈민정음에서는 중성을 초성과 동일하게, 아니 오히려 더 중요하게 여긴 것이 특징적이라 할 수 있다.

<해례본> '종성해'에서는 "八終聲可足用-8개의 종성만으로 충분히 쓸 수 있다"라고 하여 8개 종성 'ㄱ[k, g], ㄴ[n], ㄷ[t, d], ㄹ[r, l], ㅁ[m], ㅂ[p, b], ㅅ[s, z], ㅇ[ng]'만을 인정하였다. 이것은 우리말의 음절구조 조건(syllable structure condition)에서 종성의 제약(coda restriction)을 의식한 것이다.

당시 우리말의 음절 말에서는 'ㄱ : ㅋ', 'ㄷ : ㅌ', 'ㅂ : ㅍ', 'ㅈ : ㅊ'의 구별이 불가능했고 'ㄱ : ㄲ', 'ㄷ : ㄸ', 'ㅂ : ㅃ', 'ㅅ : ㅆ', 'ㅈ : ㅉ'의 구별이 없었다. 또 현대국어에서는 /ㄷ, ㅅ/도 구별이 종성(終聲), 즉 음절 말(coda) 위치에서 구별이 불가능하게 되었다. 우리말의 음절구조 조건에서 음절 말 자음의 제약이 한층 더 발달하는 것을 볼 수 있다.

4. 훈민정음 제자의 원리

5.4.0. 훈민정음의 초중종성(初中終聲)의 문자 제정은 <해례본> '제자해(制字解)'에 분명히 밝혀두었다. 여기서 '분명히 밝혔다'는 말은 제자해(制字解)의 설명이 한글 글자의 제정을 창제자의 입장에서 설명한 것임을 강조한 것이다.

무릇 사물이 어떻게 만들어졌는가를 이해할 때에 그것을 만든 사람이 제시한 기준이 우선되어야 한다. 그러나 실제로는 훈민정음, 즉 한글 문자의 제정에 대한 <제자해>의 설명을 무시하거나 이러저런 이유로 의문을 제기하면서 여러 다른 주장이 계속되기 때문이다. 본서에서는 우선 <해례본>의 '제자해'에 명시된 훈민정음 창제자들이 제시한 제자의 원리를 자세히 살펴보고 그 기준들을 완전하게 이해하고자 한다.

5.4.1. 초성의 제자는 <해례본> '제자해(制字解)'에 다음과 같은 제자 원리를 명기하였다.

正音二十八字, 各象其形而制之。初聲凡十七字, 牙音ㄱ、象舌根閉喉之形, 舌音ㄴ、象舌附上月咢之形, 脣音ㅁ、象口形, 齒音ㅅ、象齒形、喉音ㅇ、象喉形。ㅋ比ㄱ、聲出稍厲, 故加劃。ㄴ而ㄷ、ㄷ而ㅌ、ㅁ而ㅂ、ㅂ而ㅍ、ㅅ而ㅈ、ㅈ而ㅊ、ㅇ而ㆆ、ㆆ而ㅎ、其因聲加劃之義皆同, 而唯ㆁ爲異。半舌音ㄹ、半齒音△, 亦象舌齒之形而異其體, 無加劃之義焉。—정음 28자는 각기 그 모습을 본 따서 만들었다. 초성은 모두 17자인데 어금니 소리의 /ㄱ/은 혀 뿌리가 목구멍을 막는 모습을 본 딴 것이고 혀 소리의 /ㄴ/은 혀가 윗 입천장에 붙는 모습을 본 딴 것이며 입술소리 /ㅁ/은 입술모양을 본 땄고 잇소리의 /ㅅ/은 치아의 모습을 본 땄고, 목구멍 소리 /ㅇ/은 목구멍 모습을 본 땄다. /ㅋ/은 /ㄱ/에 비하여 소리가 조금 강하므로 획을 더 한 것이며 /ㄴ/에서 /ㄷ/으로, /ㄷ/에서 /ㅌ/으로, /ㅁ/에서 /ㅂ/으로, /ㅂ/에서 /ㅍ/으로, /ㅅ/에서 /ㅈ/으로, /ㅈ/에서 /ㅊ/으로, /ㅇ/에서 /ㆆ/으로, /ㆆ/에서 /ㅎ/으로 한 것은 소리에 따라 획을 더 한 뜻은 모두 같으나 오로지 /ㆁ/는 다르다. 반설음 /ㄹ/과 반치음 /△/은 역시 혀와 치아의 모습을 본 딴 것이지만 그 자형이 달라서 획을 더한 뜻이 없는 것이다.[27]

이에 의하면 훈민정음의 28자는 "各象其形而制之—각기 그 모습을 본 따서 만든 것임"을 분명하게 밝혀놓았다. 이 가운데 초성(初聲)은 발성기 관인 입술, 치아, 목구멍과 조음할 때에 혀의 모습을 본 따서 아설순치후(牙舌脣齒喉)의 5개 기본자를 만들었다고 명시하였다.[28]

---

27) 띄어쓰기와 구두점은 원본대로 하였다. 주지하는 바와 같이 澗松미술관 소장의 <해례본>에는 원문에 구두점을 찍어 놓았다. 구두점은 쉼표에 해당하는 점을 구절의 밑에, 그리고 종지부에 해당하는 것을 오른쪽에 붙였다.

28) '牙舌脣齒喉'의 구분은 인도 음성학에서 조음위치에 따라 喉音, 牙音, 舌音, 齒音, 脣音의 5위치로 나누어 'laryngeal(후두음), velar(연구개음), denatal-alveolar(치—치경음), alveolar(치경음), labial(순음)'으로 나눈 것을 중국 聲韻學에서 받아 드린 것이다. 조음기관의 순

먼저 앞의 '제자해'의 설명을 정리하면 동국정운 23자모의 [표 5-1]에서 아음(牙音, molar)의 전청자 'ㄱ'은 연구개(軟口蓋, velar) 정지음(停止音, stop)으로 "象舌根閉喉之形 — 혀뿌리가 목구멍을 막는 모습을 본 딴 것"이라하였다. 즉 /ㄱ[k, g]/ 음(音)을 발음할 때에 후설(後舌) 부분이 연구개(軟口蓋)쪽으로 올라가서 굽는 혀의 모습을 그린 모습인 'ㄱ'을 기본자로 한것이다.

다음으로 역시 동국정운 23자모의 [표 5-1]에서 설음(舌音, lingual)의 불청불탁(不淸不濁) 글자 'ㄴ'은 치경(齒莖, alveolar) 정지음으로 /ㄴ[n]/ 음을발음할 때에 혀끝이 위 잇몸에 닿는 모습을 상형한 것이며 '제자해'에서는 이 글자가 "象舌附上顎之形 — 혀가 위 입천장에 닿는 모습을 본 딴 것"이라 하였다. 이것도 /ㄴ[n]/을 발음할 때에 혀끝이 위 잇몸(齒槽)에 닿는모습을 잘 상형(象形)한 것이다.

그리고 치음(齒音, dental)의 전청자 'ㅅ'은 치경(齒莖, alveolar) 마찰음(fricative)으로 역시 '제자해'에서 "象齒形 — 이(齒)의 모습을 본 딴 것"으로설명되었다. 순음(脣音, labial)의 불청불탁자 'ㅁ'은 양순비음(兩脣鼻音, bilabial nasal)으로 "象口形 — 입의 모습을 본 딴 것"이라 하였으며 후음(喉音, glottal)의 불청불탁자 'ㅇ'은 후두음(喉頭音, laryngeal)으로 "象喉形 — 목구멍의 모습을 본 딴 것"이라 하여 아설순치후(牙舌脣齒喉)의 조음위치에서 각기 발음기관을 상형하여 기본자 5개를 만들었다.[29] 이를 정리하면 다음

서가 뒤로부터, 또는 앞으로부터가 아닌 것은 五行에 맞춘 것이기 때문이다. 인도의 聲明學(毘伽羅論)의 영향으로 보아야 할 것이다. 제4장 참조.

29) 이와 같이 훈민정음 초성자의 기본 5자가 口腔의 발음기관과 혀의 움직임을 象形하여 製字하였다고 분명히 밝혀놓았다. 그리고 이것은 현대 음성학적 이론으로 보아도 전혀 무리가 없는 해설이다. <해례본>은 훈민정음 창제자의 생존 시에 그의 감독 하에 편찬된것이어서 창제가 글자를 만든 원리나 기준을 분명히 한 것이다. 이것을 보면서도 후일훈민정음의 문자 제자에 대하여 여러 가지 異說을 펴는 것을 필자는 이해하지 못한다.

과 같다.

> 牙音 ㄱ－象舌根閉喉之形(혀뿌리가 목구멍을 막는 모습을 본뜬 것)
> 舌音 ㄴ－象舌附上月咢之形(혀가 위 입천장에 붙는 모습을 본뜬 것)
> 脣音 ㅁ－象口形(입 모습을 본뜬 것)
> 齒音 ㅅ－象齒形(치아의 모습을 본뜬 것)
> 喉音 ㅇ－象喉形(목구멍의 모습을 본뜬 것)

이를 사진으로 보이면 다음과 같을 것이다.

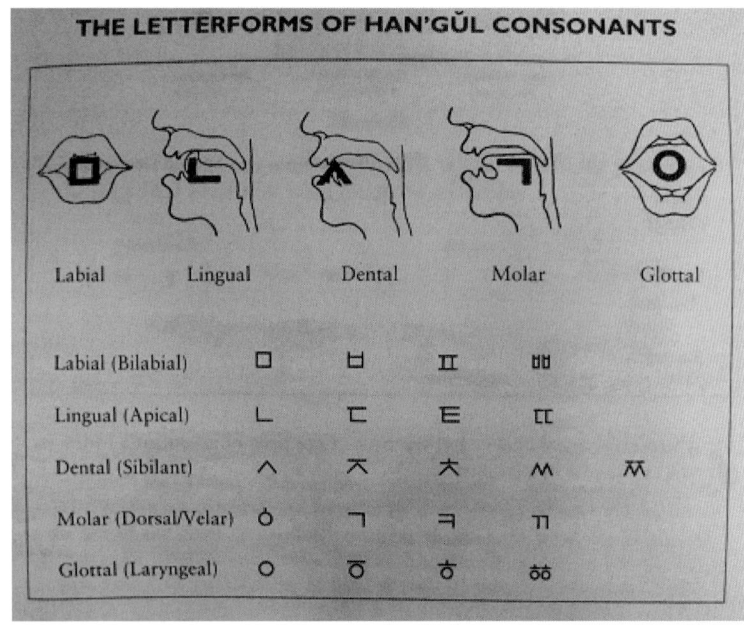

[사진 5-1] 훈민정음 기본자의 발음기관 상형[30]

창제자가 밝힌 제자의 원리나 기준은 응당 존중되어야 함을 국제학회에서 강조한 바 있다. 즉 필자는 2008년 11월에 열린 훈민정음에 관한 국제 심포지움에서 파스파 문자 모방설을 제창한 미국의 Ledyard 교수와 중국의 Junast 교수에게 훈민정음의 독창성을 주장하면서 <해례본>의 제자해의 이 구절을 강조한 바 있다.

5.4.2. 앞의 <해례본> '제자해'의 설명에 따르면 초성의 기본자 5개 [ㄱ, ㄴ, ㅁ, ㅅ, ㅇ]는 소리에 따라 획을 더하는 방법, 즉 인성가획(因聲加劃)의 방법으로 9개자 [ㅋ, ㄷ, ㅌ, ㅂ, ㅍ, ㅈ, ㅊ, ㆆ, ㅎ]를 더 만든다.

즉 'ㄱ→ㅋ, ㄴ→ㄷ, ㄷ→ㅌ, ㅁ→ㅂ, ㅂ→ㅍ, ㅅ→ㅈ, ㅈ→ㅊ, ㅇ→ㆆ, ㆆ→ㅎ'와 같이 소리에 따라 획을 더 하여 만든 문자임을 알 수 있는데 이때에 조음방식(manner of articulation)에서 뒤의 것이, 예를 들면 /ㄱ/보다 /ㅋ/이 '초려(稍厲−조금 거세다)'하다고 본 것이다. 즉 기본자를 무표계열 (unmarked series)의 음소(音素-phneme)로 보고 다른 변별자질(辨別資質-distinctive features)이 결합되면 획을 더한 것으로 이해하였다.[31]

앞의 5.3.2.에서 제시한 동국정운(東國正韻) 23자모표의 [표 5-1]에 의하면 기본자 5개 가운데 /ㄱ, ㅅ/만이 전청자이고 나머지 /ㄴ, ㅁ, ㅇ/은 모두 불청불탁(不淸不濁)이다. 그러나 치음에서 전청의 /ㅅ/을 기본자로 한 것은 치음(齒音)에는 불청불탁이 없고 아음(牙音)에서는 전청(全淸)의 /ㄱ/을 기본자로 하였지만 불청불탁에는 후음(喉音)의 불청불탁인 /ㅇ/로부터 만든 이체자(異体字) /ㆁ/이어서 이를 기본자로 할 수가 없었기 때문이다.

즉 /ㆁ/은 '제자해'에 "唯牙之ㆁ, 雖舌根閉喉聲氣出鼻, 而其聲與ㅇ相似, 故韻書疑與喩多相混用, 今亦取象於喉, 而不爲牙音制字之始。 −다만 아음의 /ㆁ[ng]/는 비록 혀뿌리가 목구멍을 막아 호기(呼氣)가 코로 나오지만 그 소리는 /ㅇ[null]/음과 서로 같아서 그 때문에 운서(韻書)에서는 의(疑, /ㆁ, ng/)모와 유(喩, /ㅇ, [null]/)모가 서로 많이 혼용되었다. 이번에도 역시 목구

---

30) 이 사진은 Kim-Renaud(1997 : 279)에서 재인용한 것이다. 미국 일리노이대학 언어학과 명예교수이신 김진우 교수에 의하면 Kim-Renaud(1997 : 279)의 이 사진은 Kim(1983)에서 전재한 것이라고 한다.

31) Sampson(1985)에서 한글을 문자발달의 최종 단계인 자질문자로 본 것은 이런 제자 방법에 근거한 것이다.

멍을 본 따서 [제자하여] 아음(牙音)의 글자를 만들 때에 기본자로 삼지 않았다."라고 하여 아음의 불청불탁자 /ㆁ/이 /ㅇ→ㆁ/의 제자임을 말하고 있다.

이상의 예를 보면 훈민정음에서 초성의 제정은 아설순치후(牙舌脣齒喉)에서 아음(牙音)과 치음(齒音)처럼 전청, 차청, 전탁, 불청불탁의 조음방식에 의한 구별이 있었고 그로부터 맨 첫 번째의 전청자를 기본자로 하여 인성가획(因聲加劃)한 것임을 알 수 있다. 그러나 순·치·후(脣·齒·喉)에서 불청불탁의 자를 기본자로 한 것은 나름대로의 이유가 있었던 것이다. 이에 대하여 '제자해'에서는 불청불탁(不淸不濁)의 /ㄴ, ㅁ, ㅇ/이 최불려(最不厲 – 가장 거세지 않은)한 음이기 때문에 이들이 비록 전청(全淸), 차청(次淸), 불청불탁(不淸不濁)의 순서에서 전청(全淸)보다 뒤에 있지만 이를 기본자로 선정한다고 하였다.[32] 현대음성학과는 다른 시각에서 음운을 인식한 것이라고 할 수 있다.[33]

5.4.3. 초성의 제자에서 기본자 5개와 인성가획자 9개 이외로 이체자(異体字) 3개 [△, ㆁ, ㄹ]를 더 만들어 17개 초성자(初聲字)가 되었다. 앞에서 인용한 '제자해'의 설명은 "而唯ㆁ爲異。半舌音ㄹ、半齒音△, 亦象舌

---

32) <해례본> '제자해'에 "ㆁ、ㄴ、ㅁ、ㅇ、ㄹ、△爲不淸不濁、ㄴ、ㅁ、ㅇ其聲最不厲, 故次序雖在於後, 而象形制字則爲之始。 ―/ㆁ, ㄴ, ㅁ, ㅇ, ㄹ, △/은 불청불탁음인데 /ㄴ, ㅁ, ㅇ/은 그 소리가 가장 거세지 않기 때문에 차례로는 [전청, 차청보다] 뒤에 있지만 상형하여 제자할 때에는 그것을 시작으로 한 것이다"라는 기사를 참조할 것.

33) 全淸音은 현대음성학의 이론으로 보면 무표계열(unmarked series)에 속하는 소리로 無氣音([-aspirate]), 無聲音([-voiced]}, 非鼻音([-nasal])을 말한다. 그러나 훈민정음 제자에 관련된 사람들은 전청음보다도 不淸不濁音이 最不厲하기 때문에 더 기본적이라고 보았다. 불청불탁음은 鼻音([+nasal]), 또는 有聲音([+voiced])을 말하며 현대음성학에서 보면 오히려 유표계열(marked series)의 음운이다. 이러한 음운의 인식은 역시 훈민정음 製字者의 한계로 볼 수 있다.

齒之形而異其體, 無加劃之義焉。"이라 하여 /ㅇ/은 글자가 다르고[34] /ㄹ, △ /은 역시 혀와 치아의 모습을 본 딴 것이지만 글자 모습이 다르고 가획 의 뜻이 없다고 하였다. 그러면 여기서 말한 이체자(異体字)란 무엇인가?

우선 최불려(最不厲)한 자로 생각한 /ㄴ, ㅁ. ㅇ/가 비강(鼻腔)공명이나 구강(口腔)공명을 수반하는 공명음이기 때문에 생성음운론에서 말하는 변 별적 자질로는 [+sonorant] 자질을 가진 음들이다. 그러나 이로부터 인 성가획(因聲加劃)하여 /ㄴ→ㄷ→ㅌ, ㅁ→ㅂ→ㅍ, ㅇ→ㆆ→ㅎ/로 제자된 /ㄷ, ㅌ,ㅂ,ㅍ,ㆆ,ㅎ/자의 발음은 모두 공명을 수반하지 않고 발음기관 내에서 막혀서 부딪히거나 좁혀서 마찰하여 발음되는 장애음(obstruent)이다. 이 사실을 감안하면 인성가획이란 원리는 공명음(共鳴音)에서 장애음, 또는 비공명음(非共鳴音)으로 전환하는 것을 의미한다.

아음(牙音)의 /ㄱ→ㅋ/이나 치음(齒音)의 /ㅅ→ㅈ, ㅈ→ㅊ/는 공명음으로 부터의 변환은 아니지만 평음(平音)으로부터 유기음(/ㅋ/)으로, 또는 마찰 음에서 파찰음(/ㅅ→ㅈ/)으로, 파찰음에서 유기음(/ㅈ→ㅊ/)으로의 변환이기 때문에 해례에서 말하는 초려(稍厲-약간 거센)한 소리에서 려(厲-거센)한 소리로의 바뀌는 것과 상응한다.[35] 따라서 인성가획(因聲加劃)이란 '거세 지 않은 소리(不厲)'나 '조금 거센 소리(稍厲)'에서 '거센 소리(厲)'로 변화 할 때에 획을 더하는 것이라고 정의할 수 있다.[36]

---

34) 牙音의 불청불탁 /ㅇ/이 글자가 다르다고 한 것은 아음의 '象舌根閉喉之形'이란 제자원리 와 다르고 오히려 '象喉形'이란 후음의 제자원리에 부합한다는 것으로 해석된다. /ㅇ [ng]/는 喉音의 /ㅇ[null]/, 또는 [ɦ]과 발음이 유사한 것으로 간주하고 제자한 것이다.

35) '稍厲'에 대하여는 '제자해'에 "ㅋ比ㄱ, 聲出稍厲, 故加劃。─/ㅋ/은 /ㄱ/에 비하여 소리 가 조금 거세기 때문에 그러므로 획을 더 한 것이라고 하여 음운의 상대성을 인정하고 있다. 즉 '거세다(厲)'는 자질은 절대적인 것이 아니라 상대적인 개념이어서 /ㄱ/보다는 /ㅋ/이 '稍厲(조금 더 거세다)'로 본 것이다. 현대음운론에서 자질의 相對性과 부합한다.

36) 치음에서 예를 들면 '/ㅅ/→/ㅈ/→/ㅊ/'을 말한다.

그러나 이체자인 /ㅇ→ㆁ/나 /ㄷ→ㄹ/, /ㅅ→ㅿ/는 비록 가획(加劃)을 한 것이지만 [+sonorant]나 [+nasal]의 자질을 추가하는 변환이어서 공명 자질을 추가한 것이지 장애음(障碍音—obstruent)으로 변한 것은 아니다. 그 러므로 이러한 가획(加劃)은 오히려 해례에서 정한 거세지 않은 소리에서 거센소리로의 변환이라고 보는 인성가획(因聲加劃)과는 반대의 의미가 된 다. 따라서 이들이 가획에 의해서 만들어진 글자지만 인성가획의 원리 와는 맞지 않으므로 이체자(異體字)로 간주한 것이다.37)

5.4.4. [표 5-1]의 동국정운 23자모에서 각자병서(各字竝書)하여 만든 글자, 즉 쌍서(雙書)한 글자가 6개(ㄲ, ㄸ, ㅃ, ㅆ, ㅉ, ㆅ)를 더 만들었다. 이 들은 모두 전탁자(全濁字)들로 유성음(有聲音)의 글자이나 우리말에 무성(無 聲) 대 유성(有聲)의 대립은 없으므로 변별적이지 못하기 때문에 고유어 표기에는 쓸 수 없음을 밝혔다. 다만 한자음의 정리에서 전탁자를 표기 한 것이다.

지금까지 만든 기본자 5개, 인성가획(因聲加劃)하여 만든 글자 9개, 그 리고 이체자(異體字) 3개에 쌍서자 6개를 더 하면 모두 23자이고 이것이 <동국정운>의 초성(初聲) 23자모(字母)이며 이 가운데 유성음인 전탁자(全 濁字)를 뺀 17자가 훈민정음의 초성과 중성의 28자 가운데 초성자가 된

---

37) 훈민정음에서 因聲加劃의 제자원리와 그에 따른 異體字의 문제에 대하여 김완진(1975, 1996 : 347~351)에서 다각도로 검토하고 많은 의문을 제기하였으며 그 해답을 찾고자 여러 가지를 시도하였다. 이 논문에서 인성가획이 유기음 자질 등에 의하여 가획된 것으로 보았으나 이것이 결국은 最不厲字를 기본자로 하여 조금씩 거센소리(厲)로 바뀔 때에 가획하는 것으로 보아야 할 것이다. 따라서 거센소리로 전환한 것이 아니고 오히려 不厲 字(거세지 않은 소리)인 불청불탁으로 바뀐 'ㅅ→ㅿ, ㄷ→ㄹ, ㅇ→ㆁ'은 因聲加劃의 원 칙에서 어긋나므로 획을 더 하여 만든 글자지만 異體字로 한 것이다. 그리고 'ㅁ→ㅂ, ㅂ→ㅍ'이 과연 'ㄴ→ㄷ→ㅌ'과 같이 획을 더 한 것이냐 하는 문제는 加劃의 의미를 너 무 축소하여 고찰한 것이므로 논의할 여지가 없다고 본다.

것이다.

그리고 한어음(漢語音)의 표기를 위한 정음(正音)의 글자로 앞에서 언급한 동국정운 23자모로부터 순음(脣音)에서 순중음(脣重音)과 순경음(脣輕音)을 구별하여 순경음 4개(/ㅸ, ㆄ, ㅹ, ㅱ/)를 더 만들었다. 그리고 치음(齒音)에서도 치두음(齒頭音)과 정치음(正齒音)을 구별하여 치두음 5개(/ᅎ, ᅔ, ᅏ, ᄼ, ᄽ/)와 정치음 5개(/ᅐ, ᅕ, ᅑ, ᄾ, ᄿ/)를 더 만들어 모두 9개가 늘어나서 32개의 글자가 되었다.

5.4.5. 다음으로 중성(中聲)의 제자에 대하여 살펴보기로 한다. 이에 대하여는 <해례본> '제자해'에서 "中聲凡十一字—중성은 모두 열한자이다"로 시작하여 중성 11자의 제자에 대하여 설명하고 있다.

중성자(中聲字) 11자의 기본자는 '/ㆍ/, /ㅡ/, /ㅣ/' 3자로 보았고 이것이 천지인(天地人) 삼재(三才)를 상형(象形)하였음을 분명히 밝혀 놓았다. 이에 대한 제자해의 설명을 정리하면 다음과 같다.

<table>
<tr><td colspan="4" align="center">기본자(基本字)</td></tr>
<tr><td>자형(字形)</td><td>ㆍ</td><td>ㅡ</td><td>ㅣ</td></tr>
<tr><td>상형(象形)</td><td>천원(天圓)</td><td>지평(地平)</td><td>인립(人立)</td></tr>
<tr><td>설형(舌形)</td><td>설축(舌縮)</td><td>설소축(舌小縮)</td><td>설불축(舌不縮)</td></tr>
<tr><td>심천(深淺)</td><td>성심(聲深)</td><td>불심불축(不深不淺)</td><td>성천(聲淺)</td></tr>
<tr><td>음양(陰陽)</td><td>양(陽)</td><td>음(陰)</td><td>중립(中立)</td></tr>
</table>

[표 5-2-1] 중성 기본자의 해례

이어서 이 기본 3자가 서로 결합시켜 8자를 더 만들었는데 기본자 3개가 한 번식 결합한 초출자(初出字) 4개와 여기에 천(天)의 /ㆍ/가 두 번식 결합한 재출자(再出字) 4개로 되었다. 이를 정리하면 다음과 같다.

초출자(初出字)				
자형(字形)	ㅗ	ㅏ	ㅜ	ㅓ
구형(口形)	•동이구축 (•同而口蹙)	•동이구장 (•同而口張)	ㅡ동이구축 (ㅡ同而口蹙)	ㅡ동이구장 (ㅡ同而口張)
합벽(闔闢)	합(闔)	벽(闢)	합(闔)	벽(闢)
음양(陰陽)	양(陽)	양(陽)	음(陰)	음(陰)

[표 5-2-2] 중성 초출자의 해례

재출자(再出字)				
자형(字形)	ㅛ	ㅑ	ㅠ	ㅕ
구형(口形)	ㅗ동이기어ㅣ (ㅗ同而起於ㅣ)	ㅏ동이기어ㅣ (ㅏ同而起於ㅣ)	ㅜ동이기어ㅣ (ㅜ同而起於ㅣ)	ㅓ동이기어ㅣ (ㅓ同而起於ㅣ)
합벽(闔闢)	합(闔)	벽(闢)	합(闔)	벽(闢)
음양(陰陽)	양(陽)	양(陽)	음(陰)	음(陰)

[표 5-2-3] 중성 재출자의 해례

이 [표 5-2]를 보면 중성자는 기본자 '/•, ㅡ, ㅣ/'를 후설(back), 중설 (central), 전설(front)의 대표음으로 정하고 삼재(三才), 즉 '천원(天圓)—하늘 의 둥근 것'과 '지평(地平)—땅의 평평함', '인립(人立)—사람의 서 있는 것' 을 상형(象形)하여 제자한 것임을 알 수 있다. 즉 전설고모음(前舌高母音, 聲 淺, 舌不縮 /ㅣ[i]/와 중설중모음(中舌中母音, 不深不淺, 舌小縮 /ㅡ[ɯ]/, 그리고 후 설중모음(後舌中母音, 聲深, 舌縮의 /•[ɔ]/의 3자(字)를 기본자로 만든 것이다.

이어서 이 셋을 조합하여 후설(後舌)의 원순저모음(圓脣低母音) /ㅗ[o, u]/(/•ㅣ +/ㅡ/)와 평순저모음(平脣低母音) /ㅏ[a]/(/ㅣ/+/•/), 중설(中舌)의 원순 중·고모음(圓脣中·高母音)의 /ㅜ[o, u]/(/ㅡ/+/•/), 평순중모음(平脣中母音) /ㅓ [ɛ]/(/•/+/ㅣ/)를 초출자(初出字)로 만든 것이며 이어서 'ㅗ, ㅏ, ㅜ, ㅓ'의 ㅣ계 이중모음(起於ㅣ)의 'ㅛ, ㅑ, ㅠ, ㅕ'를 재출자(再出字)로 제자한 것이

다. 그리하여 기본자 3개, 초출자 4개, 재출자 4개, 도합 11개의 중성자를 제자하였는데 [사진 5-2]는 이런 사실을 영어로 설명하고 있다.

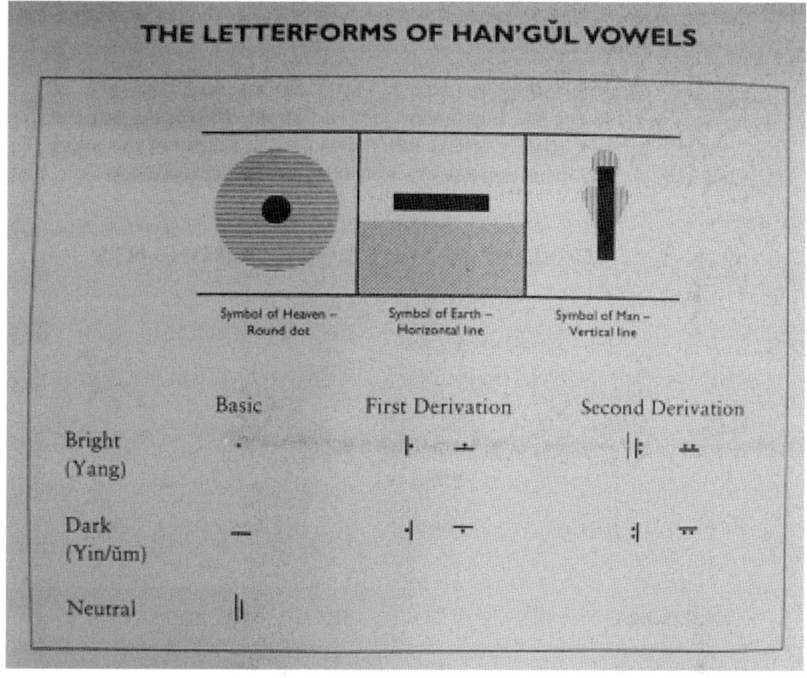

[사진 5-2] 중성자의 기본 3자[38]

이들을 생성음운론의 변별적 자질로 표시하면 다음과 같을 것이다.

- • : [+back][-front], [-high][+low]―후설저모음(back low vowel)
- ― : [-back][-front], [-high][-low]―중설중모음(central mid vowel)
- ㅣ : [-back][+front], [+high][-low]―전설고모음(front high vowel)

---

38) [사진 5-2]는 [사진 5-1]과 같이 Kim-Renaud(1997 : 280)에서 전재하였다.

그리고 이를 모음사각도(母音四角圖)에 그리면 다음과 같을 것이다.

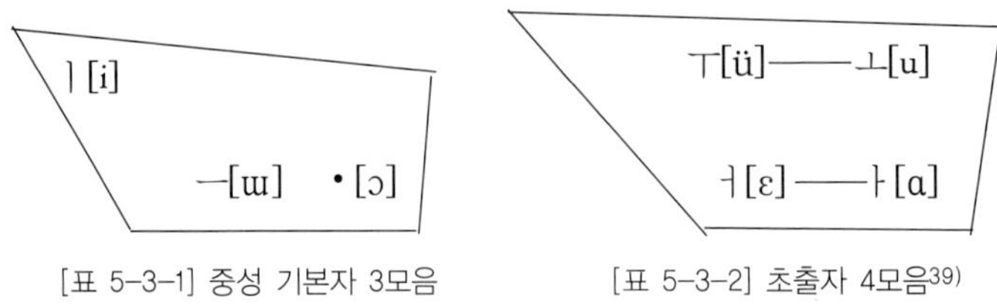

[표 5-3-1] 중성 기본자 3모음　　　　　　[표 5-3-2] 초출자 4모음39)

여기에 초출자 4개는 /ㅗ[u]/, /ㅏ[a]/, /ㅜ[ü]/, /ㅓ[ɛ]/로서 /ㅗ[u]/ : /ㅜ
[ü]/, /ㅏ[a]/ : /ㅓ[ɛ]/가 서로 음양(陰陽)의 대립, 즉 전설모음 대 후설모
음의 대립을 보이는 것으로 인식하였다.40) 초출자 4개를 해례에서 보인
특징을 변별적 자질로 표시하면 다음과 같을 것이다.

　　ㅗ : [+back][-front], [+igh][-low], [+rounded] − 원순중설중모음
　　ㅏ : [+back][-front], [-high][+low], [-rounded] − 평순후설저모음
　　ㅜ : [-back][+front], [+high][-low], [+rounded] − 원순전설고모음
　　ㅓ : [-back][+front], [-high][-low], [-rounded] − 평순전설중모음

　5.4.6. 여기서 재출자(再出字)는 ㅣ계 이중모음으로 인식하였음은 제지
해에 '起於ㅣ−ㅣ에서 나온 소리'라고 명기하였기 때문이다. 즉 제자해에

---

39) 훈민정음의 중성자에 대한 발음기호 표기가 졸저(2009)와 졸고(2011 : 11)의 것과 조금
　　다르다. 우선 /ㅡ/를 [ö]로 하고 /ㅓ/를 /ä/로 하여 /ㅡ/를 원순전설중모음(rounded front
　　mid vowel)으로 인식하였으나 역시 /ㅡ/는 비원순모음으로 보아야 하기 때문에 [ɯ]로
　　고쳤고 /ㅓ/도 전설저모음(front low vowel)이 아니라 중모음으로 보아 /ɛ/로 기술한다. 독
　　자에게 혼란을 드린 것을 사과한다.
40) 이러한 중성의 陰陽에 의한 대립을 알타이제어에서 가장 일반적인 전설 대 후설의 대립
　　으로 본 것은 김완진(1963)에서 처음 시도되었다. 이것은 훈민정음의 /오[o, u]/와 /우[ü]/
　　가 고모음의 전후 대립을 이룬다는 전제에서 이루어진 것이다. 그러나 이러한 주장은 김
　　완진(1978)에서 재고되어 수정되었다.

서는 재출자 /ㅛ. ㅑ, ㅠ, ㅕ/에 대하여 "ㅗ, ㅏ, ㅜ, ㅓ同而起於ㅣ"라 하여 'ㅛ-ㅗ, ㅑ-ㅏ, ㅠ-ㅜ, ㅕ-ㅓ'가 같지만 다만 'ㅛ, ㅑ, ㅠ, ㅕ'는 '起於ㅣ'라 하여 ㅣ계 이중모음임을 밝혀두었다. 위의 초출자에 on glide 자질만을 더한 것으로 설명하였음으로 실제로 훈민정음에서 제자한 단모음의 글자는 모두 7개뿐이다.

이로부터 훈민정음의 모음은 7개 단모음을 인정한 것으로 학계에서는 이해하였다. 특히 이기문(1968)에서는 훈민정음의 음운은 우리 한자음, 즉 동음(東音)을 분석하여 얻은 것이며 훈민정음의 7개 모음은 모음조화의 체계로부터 추출된 것이므로 중세국어 이전의 시대의 우리말을 분석한 것이라는 주장과 함께 훈민정음의 7개 중성자는 고대국어의 것을 반영한 것이라고 보았다.

그러나 졸저(2009)에서는 훈미정음의 7개 중성자(中聲字)는 파스파 문자의 7개 유모자(喩母字)에서 온 것으로 당시 국어의 음운을 반영하지 않았을 뿐 아니라 졸저(2011)에서는 고대국어에서도 7모음 체계가 아니었음을 주장하였다. 김완진(1978)에서는 6모음체계를 인정하였는데 이에 대하여는 제6장 제2절의 '훈민정음의 중성과 『몽고자운』의 유모자(喩母字)'에서 상론할 것이다.

5. 훈민정음 문자 제정의 구조적(構造的) 이해

5.5.0. 훈민정음의 초성과 중성의 문자는 놀랍게도 20세기에 서양에서 유행한 구조주의적 체계에 근거하여 만들어졌다. 이것은 성리학(性理學)의 이론에 의하여 이루어진 것이기도 하지만 그보다 한 걸음 더 나아

간 구조주의 체계적 발상으로 문자를 제정한 것이다. 이미 졸저(2009)에서 논의한 바 있지만 이 절에서는 이에 대하여 고찰하고자 한다.

5.5.1. 먼저 중성자(中聲字)의 구조적 이해를 위하여 졸저(2009 : 262~275)의 것을 옮겨 본다.[41] 훈민정음 중성자는 모음조화를 염두에 두고 음운의 대립적 존재를 인식하여 제정되었다. 오늘날 구조주의 음운론에서 어떤 언어의 음운을 구조주의적 방법으로 분석하고 있는 대부분의 언어학자들은 드 소쉬르(F. de Saussure)를 그들의 선구자로 생각한다. 그의 유저(遺著)인 『일반언어학 강의』[42]에서는 언어 연구자들로 하여금 언어의 불변적 요소들을 찾아내기만 하려는 원자론(atomism)적인 생각에서 이들을 체계 속에서 파악하는 것이 중요함을 일깨워준 것이다. 그러나 그는 '구조(structure)'라는 말을 미처 사용하지 못했고 그저 언어가 내적 법칙에 의하여 조직되는 '체계(system)'만을 인정하였다.

Fages(1968)/김현(역)(1972)에 의하면 체계에 비하여 구조는 상위 개념이라고 한다. 구조란 "서로 의존하여, 그들 사이의 관계에 의해서 존재할 수 있는, 연대 관계에 있는 현상들로 이루어진 전체", 혹은 "내적 의존의 자치적 총체"로 정의할 수 있다.[43] 원래 사회학이나 경제학의 용어이었던 '구조'란 용어가 언어학에 도입되어 언어를 인간이 만들어낸 구조물로 보고 이를 구조주의 연구방법으로 접근하려는 한 무리의 연구자들을 구조언어학자라고 한다. 20세기 인문학 분야에서 괄목할 성과를 남긴 구조언어학의 연구방법은 아직도 언어 연구에 매우 유용한 것으로

---

41) 이 부분은 졸고(2002b)에 의거한 것이다.
42) F. de Saussure(1916)의 최승언(역)(1990)을 참조.
43) Fages(1968)의 김현(역)(1972)의 '모델'(18~24)을 참조할 것.

인정되고 있다.

언어 연구에서 구조주의 연구방법을 보다 본격적으로 도입한 연구자들은 프라그학파를 들지 않을 수 없다. 마테지우스(Vilèm Mathesius)에[44] 의하여 체코의 프라하에서 시작된 프라그학파는 유럽에서 공시적인 언어연구를 시작한 세 개 집단의 하나로서 야콥손(R. Jakobson)과 트루베츠코이(N. S. Trubetzkoy)에 의하여 음운론의 구조주의적 연구가 독창적으로 수행되었다. 주지하는 바이지만 이 두 사람은 음운의 연구에서 협정적인 대립, 또는 대조의 체계(a system of conventional opposition or contrast)라는 아이디어를 개발하여 언어연구에 커다란 발전을 가져오게 하였다.

음운 연구에서 대립(opposition), 또는 대조(contrast)라는 개념은 논리적으로 대립되는 두 음운 단위들 사이에 존재하는 관계성(relationship)을 말한다.[45] 여기서 논리적으로 대립된다는 말은 언어에서 의미의 분화를 가져오는 유의미한 차이를 갖고 있는 서로 다른 음운을 대립, 또는 대조되는 음운이라고 한 것이다.

대립이란 술어는 유럽의 학자들에 의하여 선호되는 반면 대조는 전통적으로 미국학자들에 의하여 사용되었다. 한 체계 내에서 자리를 차지하고 있는 어떤 요소의 핵심적인 성격은 같은 체계 내에서 모든 다른 요소와 구별시켜주는 독특함(uniqueness)이다. 한 체계 내의 어떤 두 요소

---

44) 빌렘 마테지우스(Vilèm Mathesius)는 우리 학계에 별로 알려지지 않았지만 프라하의 카렐대학 언어학과 교수로서 프라그학파를 결성하여 현대언어학에서 기능구조주의를 처음으로 도입한 언어학자다. 그의 생애 및 기능구조주의 언어학에 대하여는 졸고(1983)을 참고할 것.

45) 이에 대하여는 "Opposition has been used in two senses by phonologists: to cover the relationship between any two phonemes in a phonological system; and, more strictly, to cover the relationship between two phonological elements which are logical opposites, such as nasal versus oral, where the negation of the one implies the assertion of the other."(Asher, 1994, vol. 5 : 2876)라는 설명을 참조할 것.

가 보여주는 기본적인 관계성(basic relationship)은 대립의 하나가 된다. 따라서 음운의 대립은 두 음운이 갖고 있는 차이를 말하며 어떤 형태가 보여주는 의미의 분화는 형태가 갖고 있는 이러한 음운의 차이, 즉 형태를 구성하고 있는 서로 다른 음운의 대립에 의하여 이루어진다.

예를 들어 영어의 /k/ : /g/의 대립은 유성성(voicedness)의 유무에 의한 대립이며 이러한 대립은 영어의 /p/ : /b/, /t/ : /d/, /s/ : /z/ 등에서 발견된다. 한 언어에서 이러한 대립은 여럿이 있으며 Trubetzkoy(1939)에서는 한 언어에서 볼 수 있는 이와 같은 일련의 대립들을 상관(correlations)이라 불렀다. 위의 영어 예에서 보이는 음운의 대립의 각 항은 상관쌍(correlation pair)이 되고 이러한 두 음운의 상관은 유성성(有聲性) 상관이 되며 이러한 상관의 총체가 음운의 체계가 된다고 프라그학파에서는 생각한 것이다. 20세기 초기에 등장한 음운의 대립과 그에 의한 상관, 그리고 음운 체계 등의 개념은 매우 진보된 이론으로서 단순히 음운을 언어 분석의 최종 단위로 생각했던 종래의 원자론적인 파악보다는 한 걸음 나아간 것이다.

구조음운론자(構造音韻論者, Structo-philologist)들은 각 음소들(phonemes)을 언어분석의 구극적요소(究極的要素, ultimate elements)로서 추출해 내는 것이 중요하다고 생각한 것이 아니라 음운 분석에서 얻어낸 원자론적인 요소들(atomic elements)의 상호 대립 관계를 중심으로 그들을 체계 속에서 파악하는 것이 더 중요한 것이라고 생각했다. 이것은 물론 자연과학에서 분자론(分子論, The molecular theory)의 중요성이 인식된 이후의 일이지만 이러한 구조언어학적 음운 연구는 20세기 전반의 언어 연구에서 가장 발전된 분야로 알려졌고 언어학의 다른 분야에도 지대한 영향을 주었던 것이다.

그런데 500여 년 전에 훈민정음 제정한 우리말의 음운 연구자들도 국어의 원자론적 단위들, 다시 말하면 구조주의 음운론자들이 음소(phoneme)라고 부르는, 당시로서는 음운 분석의 최종 단위들을 문자화하면서 그 각각의 대립관계를 밝혀놓은 것이 있어서 우리를 놀라게 한다. 여기서는 <해례본>의 중성자에 대한 제자해의 설명으로부터 구조언어학적 개념인 음운의 대립관계를 어떻게 파악하고 이를 문자화하는 데 이용하였는지 살펴보고자 한다.

5.5.2. 훈민정음 중성자가 위에서 언급한 대립체계로 인정하고 제정되었다는 사실이다. <해례본>에서 중성자의 제자(制字)는 '천지인(天地人)' 삼재(三才)를 상형하여 기본자를 제정하고 이들을 조합하여 모두 11자를 제자(制字)하였음을 위에서 언급한 바가 있다.

즉 / · /는 천원(天圓)을, / ㅡ /는 지평(地平)을, / ㅣ /는 인립(人立)의 모습을 상형한 것으로 기본자가 되었다. 즉 'ㅗ'는 '/ · /(天圓)+/ㅡ/(地平)'의 결합이며 'ㅏ'는 '/ㅣ/(人立)+/ · /(天圓)', 'ㅜ'는 '/ㅡ/(地平)+/ · /(天圓)', 'ㅓ'는 '/ · /(天圓)+/ㅣ/(人立)'의 결합이라고 설명하였다. 이들은 한 번씩 결합한 것이기 때문에 초생(初生)이라고 하고 이렇게 하여 만들어진 'ㅗ, ㅏ, ㅜ, ㅓ'의 4자를 초출자(初出字)로 보았다.

반면에 'ㅛ, ㅑ, ㅠ, ㅕ'의 4자는 결합하는 방법이 위와 같으나 재생(再生)으로 보아 재출자(再出字)라 하였으며 따라서 훈민정의 중성자는 기본자가 3, 초출자 4, 재출자 4로 모두 11자가 된다. 또 이들은 생위(生位)와 성수(成數), 즉 '생겨난 오행의 위치'와 '만들어진 천지의 수'가 있다고 하였는데 이에 대한 설명을 <해례본>에서 옮겨보면 다음과 같다.

字	制字	天地數	生位成數	八卦	비고
·	天圓	天五	生土之位		
ㅡ	地平	地十	成土之數		基本字
ㅣ	人立	無位	獨無位數		

字	制字	天地數	生位成數	八卦	비고
ㅗ	初生於天	天一	生水之位	乾	
ㅏ	次之	天三	生木之位	巽	
ㅜ	初生於地	地二	生火之位	坤	初出字
ㅓ	次之	地四	生金之位	震	

字	制字	天地數	生位成數	八卦	비고
ㅛ	再生於天	天七	成火之數	兌	
ㅑ	次之	天九	成金之數	離	
ㅠ	再生於地	地六	成水之數	坎	再出字
ㅕ	次之	地八	成木之數	艮	

[표 5-4] 훈민정음 11개 中聲字의 生位成數

이에 의하면 <해례본>에서 제시한 중성자 11개는 각기 생위성수(生位成數)로 표시할 수 있어 'ㅣ/ : 獨無位數, /·/ : 天五, /ㅡ/ : 地十, /ㅗ/ : 天一, /ㅏ/ : 天三, /ㅜ/ : 地二, /ㅓ/ : 地四, /ㅛ/ : 天七, /ㅑ/ : 天九, /ㅠ/ : 地六, /ㅕ/ : 地八'과 같이 표시하였다.

<해례본>의 해례에서 보여준 이러한 설명은 무엇을 말하고자 한 것인가에 대하여 우리는 그동안 아무런 해답을 갖고 있지 않았다. 그러나 위의 설명에서 " /·/ : 天五, /ㅡ/ : 地十, /ㅣ/ : 獨無位數 – '/·/'는 하늘 5의 위치이고 '/ㅡ/'는 땅 10의 위치인데 '/ㅣ/'만은 혼자 위치의 수자가 없다."라는 설명에서 생위(生位)와 성수(成數)가 혹시 중성자, 즉 모음의 대립을 말하고자 한 것이 아닌가 한다.

왜냐하면 중세국어의 모음조화에서 '/·/'와 '/ㅡ/'는 서로 대립되는

모음이었는데 위의 생위성수(生位成數)에서는 이를 각기 '천(天)'과 '지(地)'로 대립시켰으며 유일하게 모음조화에서 대립을 갖지 않은 모음은 '/ㅣ/'뿐인데 '/ㅣ/[i] 독무위수(獨無位數)'라고 한 것은 이것과 대립되는 모음이 없음을 말하는 것으로 이해할 수 있기 때문이다.

뿐만 아니라 '/ㅗ/'와 '/ㅜ/'는 오행(五行)에서 '수(水) : 화(火)'로, 팔괘(八卦)에서는 '건(乾) : 곤(坤)'으로 대립시켰고 '/ㅏ/'와 '/ㅓ/'는 '목(木) : 금(金)'과 '손(巽) : 진(震)'으로 대립시켰다. '/ㅛ/'와 '/ㅠ/', 그리고 '/ㅑ/'와 '/ㅕ/'도 각기 '화(火) : 수(水), 태(兌) : 감(坎)'과 '금(金) : 목(木), 리(離) : 간(艮)'으로 대립시켜 다음과 같은 11개 중성자를 대립적으로 이해한 것이다.

기본자 - /ㆍ/(天) : /ㅡ/(地), /ㅣ/(人 - 獨無位數)
초출자 - /ㅗ/(水, 乾) : /ㅜ/(火, 坤), /ㅏ/(木, 巽) : /ㅓ/(金, 震)
재출자 - /ㅛ/(火, 兌) : /ㅠ/(水, 坎), /ㅑ/(金, 離) : /ㅕ/(木, 艮)

따라서 위의 설명은 성리학(性理學)에서 대립을 체계적으로 설명하는데 쓰이는 천지(天地), 음양(陰陽)과 오행(五行)의 대립을 이용하여 중성자 11개의 상호 대립을 설명한 것으로 볼 수밖에 없다.

<해례본> 해례에서 중성자에 대한 생위성수(生位成數)의 설명은 '천지(天地), 음양(陰陽), 오행(五行)'에 의한 대립만을 말한 것이 아니다. 주지하는 바와 같이 생위성수는 하도(河圖)와 낙서(洛書)에 찍혀있는 점의 수효와 위치를 말한다. 특히 하도(河圖)는 중국 삼황(三皇)시대의 복희씨(伏羲氏) 때에 황하(黃河)에서 용마(龍馬)가 가지고 나왔다는 55점의 그림으로 낙서(洛書)와 함께 주역(周易)의 기본이 된다. 이 하도에는 55점의 그림이 동서남북으로 나뉘어 찍혀있고 그 각각의 수가 차지한 위치가 생위성수로 알려졌다. 우선 [표 5-5]에서 하도(河圖)의 55점을 그림으로 보기로 하자.

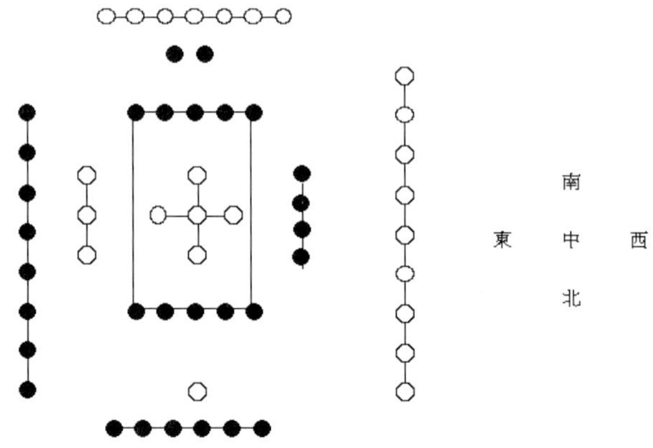

[표 5-5] 『하도(河圖)』 생위(生位) 성수(成數)의 55점[46]

이 [표 5-5]에서 생위성수(生位成數)에 의하여 방위(方位)가 결정되며 그 각각에 <해례본>의 해례에 설명된 중성자를 대입하면 다음과 같이 된다.

<table>
<tr><td></td><td>天七(ㅛ)</td><td></td><td></td><td></td><td></td><td></td></tr>
<tr><td></td><td>地二(ㅜ)</td><td></td><td></td><td></td><td>南</td><td></td></tr>
<tr><td>地八(ㅕ) 天三(ㅏ)</td><td>天五(·)</td><td>地四(ㅓ) 天九(ㅑ)</td><td></td><td>東</td><td>中</td><td>西</td></tr>
<tr><td></td><td>地十(ㅡ)</td><td></td><td></td><td></td><td>北</td><td></td></tr>
<tr><td></td><td>天一(ㅗ)</td><td></td><td></td><td></td><td></td><td></td></tr>
<tr><td></td><td>地六(ㅠ)</td><td></td><td></td><td></td><td></td><td></td></tr>
</table>

[표 5-6] 훈민정음 中聲字의 위치

이 [표 5-6]에 의하면 천오(天五, /·/)와 지십(地十, /ㅡ/), 그리고 천일(天一, /ㅗ/)과 지이(地二, /ㅜ/), 천칠(天七, /ㅛ/)과 지육(地六, /ㅠ/)은 남북으로 대립하는 위치에 있게 되며 천삼(天三, /ㅏ/)과 지사(地四, /ㅓ/), 천구(天九, /ㅑ/)와 지팔(地八, /ㅕ/)은 동서(東西)로 대립하는 위치에 있다. 이를 정리하여 훈민정

---

46) 江愼修 著 孫國中 点校(1989 : 3)에서 인용함.

음의 중성자를 대입하면 다음과 같은 대립의 항이 만들어진다.

南 : 北의 대립　　　天五 : 地十,　　　天一 : 地二,　　　天七 : 地六
　　　　　　　　　　　　 ᄋ : 으,　　　　　오 : 우,　　　　　요 : 유

東 : 西의 대립　　　天三 : 地四,　　　天九 : 地八
　　　　　　　　　　　　 아 : 어,　　　　　야 : 여

無位數　　　이

[표 5-7] 『하도(河圖)』에 의한 훈민정음 중성자의 대립

　이것은 상술한 '천지(天地), 음양(陰陽), 오행(五行)'에 의한 대립을 방위,
즉 동서와 남북으로 다시 강조한 것이며 결국은 천(天)의 'ᄋ, 오, 아, 요,
야'와 지(地)의 '으, 우, 어, 유, 여'가 서로 대립함을 보여준 것이다. 여기
서 <해례본> '제자해'의 '起於ㅣ'라고 한 재출자들은 이미 훈민정음 제
정자들이 i계 이중모음으로 인식하고 있었으므로 이들 '요, 야, 유, 여'
의 4자를 제외하면 나머지 7자, 즉 'ᄋ, 으, 이, 오, 아, 우, 어'는 훈민정
음을 제정할 당시에 의식하고 있었던 7개의 단모음을 말하며 이들 단모
음(單母音)은 'ᄋ~으, 오~우, 아~어'의 대립 쌍과 중립적인 '이'로 나눌
수 있다고 본 것이다.[47]

　구조음운론의 입장에서 이러한 세 쌍의 대립은 어떠한 음운 대립을
말하는 것일까? 모음조화는 이른바 알타이제어의 중요한 특징으로서 여
러 가지 형태의 모음조화가 있다. 즉 모음조화(vowel harmony)는 일종의

---

[47] <해례본>의 生位成數가 河圖의 원리에서 나온 것으로부터 훈민정음의 河圖起源說이 중
　　 국의 연변학자들에 의하여 주장되기도 하였다. 1950년대에 연변대학에서 교편을 잡은
　　 오봉협 선생이 '한글하도기원론'을 『교육통신』(大衆書院, 延邊) 잡지 2~6기(1950년 간
　　 행)에 연재하였다 이것은 저자가 최현배 선생의 『한글갈』을 통하여 얻은 훈민정음 創製
　　 에 관한 지식을 '하도기원론'으로 敷衍한 것으로 민족의 자부심을 고취하기 위한 재야학
　　 자의 주장이었다.

모음동화(母音同化) 현상으로서 서로 유사한 특성의 모음끼리 결합하려는 현상이다. 알타이제어에서는 구개적(口蓋的)조화(palatal harmony), 순적(脣的)조화(labial h.), 복합(複合)조화(labio-palatal h.)가 있고 아주 드물지만 수평적(水平的)조화(horizontal h.)도 발견된다고 한다.48)

그러나 이러한 모음조화 가운데 알타이제어에서 가장 일반적인 현상은 구개적(口蓋的)조화인데 구개적조화란 전설 모음은 전설 모음끼리, 후설 모음은 후설 모음끼리 결합하는 모음동화(母音同化) 현상을 말한다. 그러므로 구개적(口蓋的)조화는 전후 대립의 모음체계를 갖고 있는 언어에서 전설모음과 후설모음이 서로 동화되는 현상이라고 할 수 있다.

위에서 살펴본 훈민정음 7개 중성자는 음양으로 나뉘어 天(천)의 수를 가진 '♀, 오, 아'는 陽(양)이고 地(지)의 수를 가진 '으, 우, 어'는 陰(음)이라 하여 모음 6개를 두 계열로 나누었다. 여기서 말하는 음과 양은 무엇을 말하는 것일까? 일찍이 김완진(1963)에서는 훈민정음의 중성자들이 전후의 대립을 가진 것으로 보고 음의 중성자는 전설모음, 양은 후설모음으로 보아 훈민정음의 11개 중성자 가운데 단모음의 문자인 7개 중성자는 다음과 같은 중세국어의 모음체계를 문자화한 것으로 보았다.

	전설(陰)	후설(陽)	
이	우	오	―고모음
	으	♀	―중모음
	어	아	―저모음

[표 5-8] 김완진(1963)의 모음체계도49)

---

48) 모음조화와 그의 여러 유형에 대하여는 Spencer(1996:177~180)의 설명을 참조할 것. 특히 터키어에서 전설 비원순모음(제1조), 전설 원순모음(제2조), 후설 비원순모음(제3조), 후설 원순모음(제4조)끼리 결합하는 "čekingen(shy)-제1조, köylü(villager)-제2조, akı(intelligence)-제3조, dokuz(nine)-제4조"와 같은 예는 복합조화의 전형이라고 할 수 있다 (Ladefoged, 1975).

그러나 이기문(1968)에서는 이러한 대립이 당시 모음체계를 반영한 것이 아니라 언중(言衆)의 의식 속에 들어있는 모음조화의 체계를 반영한 것으로 모음 체계와 모음조화의 체계는 일치하지 않을 수도 있다고 주장하였다. 그리하여 모음조화의 체계를 반영한 훈민정음의 중성자 체계는 오히려 고대국어의 모음체계와 유사하다고 주장하였다.

필자도 이것이 훈민정음 제정 당시의 모음체계로 보기 어렵다고 생각한다. 우선 '^ㅇ~ 으'의 대립이 이미 15세기에 매우 흔들리고 있으며 이것은 16세기에 'ㅇ'음의 제1차 소실, 즉 비음운화 현상이 매우 진전되었기 때문이다. 그리고 무엇보다도 '우~오'의 대립이 더 이상 전후의 대립이 아니라는 점이다. 『사성통해(四聲通解)』에 소개된 몽고운(蒙古韻)[50]을 고찰하면 이미 '오[u], 우[ü]'로부터 '오[o], 우[u]'의 변천이 있어서 이미 현대어와 같이 '고 ~저'의 대립을 보이기 때문이다(졸고, 2002b : 36~41).

5.5.3. 그렇다면 훈민정음 제정 당시의 모음체계는 어떠하였으며 그것이 중성자의 제자(制字)에 어떤 영향을 미쳤을까? 이 문제는 국어 음운사를 연구하는 사람들에게는 오랜 숙제였다. 그리하여 많은 연구논문이 발표되었으나 아직도 모든 의혹이 해소된 것은 아니라고 보는 것이 필자의 견해다.

가장 널리 알려진 이기문(1998)의 연구에서 고대국어, 전기 중세국어, 그리고 훈민정음 제정 당시인 후기중세국어의 모음체계는 다음과 같이 변화하였다고 보았다.

---

49) 김완진(1971 : 43)에서 인용함.

50) 蒙古韻은 『사성통해』에서 『蒙古韻略』의 파스파(八思巴) 문자 한자음 표음을 인용한 것이라고 하지만 이 운서는 오늘날 전하지 않으므로 가능한 것은 현전하는 『몽고자운』의 파스파자 표음과 비교하는 것이다.

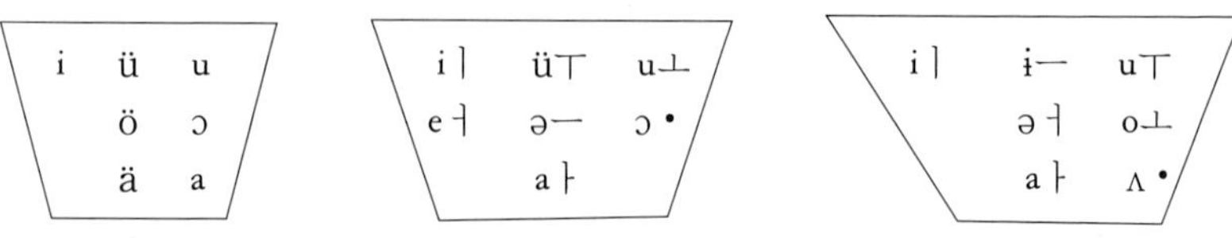

고대국어(이기문, 1998 : 82)　　전기중세국어(같은 책 : 108)　　후기중세국어(같은 책 : 143)

[표 5-9] 한국어사에서 본 각 시대별 모음체계

　　이 주장의 특징은 훈민정음 제정 당시인 후기중세국어에서 이미 'ㅗ : ㅜ'와 'ㅏ : ㅓ'는 '후설 : 전설'의 대립이 아니라 '고모음 : 저모음'이었다는 점이다. 따라서 훈민정음 중성자의 제자에서 'ㅗ : ㅜ'와 'ㅏ : ㅓ'를 전설 대 후설의 대립으로 보아 '양 : 음', 또는 '천 : 지'로 이해한 것은 그 전시대, 즉 고대국어나 전기중세국어의 모음체계에 이끌린 것이라고 설명하였다.

　　훈민정음이 제정된 후기중세국어 시대의 국어 모음체계가 '으~우, 어~오, 아~ᄋ'의 전후 대립을 보이고 있다는 이 견해에 대하여 대체로 동의한다. 그러나 <해례본>의 해례에서는 중성자에 대하여 음양, 즉 전후의 대립만을 말한 것이 아니라 합벽(闔闢)과 구축(口蹙), 구장(口張)의 대립도 인정하였다. 즉 <해례본>의 '제자해(制字解)'에 "此下八聲一闔一闢, ㅗ與·同而口蹙. [중략] ㅏ與·同而口張, [중략] ㅜ與ㅡ同而口蹙, [중략] ㅓ與ㅡ同而口張, [중략] ㅛ與ㅗ同而起於ㅣ, ㅑ與ㅏ同而起於ㅣ, ㅠ與ㅜ同而起於ㅣ, ㅕ與ㅓ同起於ㅣ。"라 하여 다음 8성 /ㅗ, ㅏ, ㅜ, ㅓ, ㅛ, ㅑ, ㅠ, ㅕ/는 하나는 합(闔), 즉 구축음(口蹙音, 원순모음)이고 또 하나는 벽(闢), 즉 구장(口張, 비원순모음)이라 하여 구축(口蹙)음과 구장(口張)음으로 나누었다. 이에 의하면 다음과 같은 구별이 가능하다.

　　　闔(口蹙) - ㅗ, ㅜ, ㅛ, ㅑ - 원순모음

闢(口張) − ㅏ, ㅓ, ㅑ, ㅕ − 비원순모음

이 가운데 '/ㅛ, ㅑ, ㅠ, ㅕ/'의 4음은 '起於 ㅣ'라 하여 전술한 바와 같이 /ㅣ/[i]계 이중모음임을 분명히 밝히고 있다. 따라서 <해례본>의 '중성해'는 모음조화에 관여하는 8개모음을 음양(陰陽)의 대립(전설 대 후설)과 합벽(闔闢)의 대립(원순대 비원순), 그리고 단모음과 이중모음(초출자대 재출자)의 대립으로 나누어 분류한 것이다. 적어도 <해례본>에서는 한국어 모음의 3개 상관쌍(相關雙)을 인정하고 이들이 서로 대립적으로 존재한다고 본 것이다.51)

김완진(1978)에서는 '/ · /'와 '/ㅗ/'가 같은 위치에서 발음되고 '/ㅡ/'와 '/ㅜ/'가 역시 동기관음(homorganic)이지만 비원순모음과 원순모음의 구별이 있다고 보아 [표 5-10]과 같은 모음체계를 모음사각도에 그렸다.

이 모음사각도는 후기 중세국어의 모음이 아직도 '우~오, 으~ᄋ, 어~아'가 전후(前後)의 대립을 보인다는 가정 아래에 수립된 것이다.

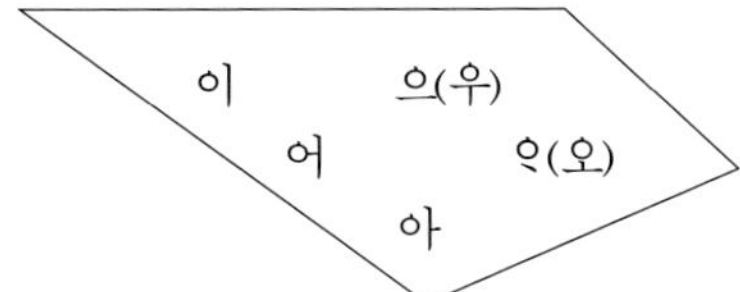

[표 5-10] 훈민정음 제정 당시의 조선어 모음체계(김완진, 1978)

---

51) 이들은 각기 음성상징(sound symbolism)을 보이며 대립한다. 즉 중세국어의 "늘근(古) ~ 늘근(老), 프르다(碧) ~ 프르다(靑)"에서의 '으 ~ ᄋ'의 대립과 "곧다(直) ~ 굳다(堅), 노기다(融) ~ 누기다(弛), 보ᄃ라온(軟) ~ 부드러운(柔)"의 대립에서 '우 ~ 오', 그리고 "갗(皮) ~ 겄(表), 남다(餘) ~ 넘다(溢), 갓가(刻) ~ 것거(折)"의 대립에서 '아 ~ 어'의 대립을 찾을 수 있는데 후설모음계열의 'ᄋ, 오, 아'는 가볍고 밝은 느낌을 주고 전설의 '으, 우, 어'는 어둡고 무거운 느낌을 주는 것으로 보인다. 현대국어에서도 이러한 음성상징은 그대로 유지되었다.

이것은 몽고어의 차용에서 국어의 '어[ɛ]'가 전설적(前舌的)이었다는 점을 설명하기에 매우 합리적이고 아울러 파스파자(字)로 표기된 몽고운의 'u~우', 'o~오'를 설명할 수 있다. 그런 의미에서 이 체계는 상당한 설득력을 갖고 있으며 "ᄉ매(袖) > 소매"와 "블(火) > 불"의 변화도 전후한 인접 자음에 의하여 동기관음(同器管音)의 모음이 원순화(圓脣化)된 것으로 쉽게 설명할 수 있다.

몽고어에서도 모음조화 현상은 발견된다. 몽고어의 모음조화는 어간 내부의 모음구조가 전설모음, 또는 후설모음으로만 이루어지는 전형적인 구개적 조화를 보인다.52) 특히 전설고모음 '*i'가 모음조화에 관여하지 않고 전설모음이나 후설모음의 모두와 연결이 가능한 것은 조선어의 특성과 일치한다. Poppe(1955 : 84)에 의하면 알타이어의 고대시대에 모음 '*ï'와 '*i'가 통합되었기 때문에 '*i'가 중립적이 되었다고 한다.53)

따라서 몽고어에서 보이는 전설 대 후설 모음의 대립을 훈민정음 중성자(中聲字) 제정에서도 그대로 적용하여 3쌍의 전설 대 후설모음의 대립을 인정하고 이러한 대립과 관계없는 한 개 중성자를 제자(製字)한 것으로 보인다. 그것이 <해례본> 설명에서 '독무위수(獨無位數)'로 나타난 것이다. 중성자의 제정도 당시 조선어의 음운을 반영하였다고 보기 어려운 이유가 여기에 있다.

필자가 제5장의 모두(冒頭)에서 훈민정음의 제자가 당시 음운을 완벽

---

52) 이에 대하여는 Poppe(1955 : 84~5)에 "Vocalic harmony is an old phenomenon in Mongolian. [중략] Vocalic harmony is manifested by the fact that in one and the same stem only back or only front vowels may occur. This means that the one and the same word may contain only *a, *o, *u, *ï or only *e, *ö, *ü, *i."라는 논술을 참고할 것.

53) 이에 대하여는 "The vowel *ï converged with *i long ago and the latter became a neutral vowel. Now it may dccir in stems with any vowels." (Poppe, 1955 : 84)라는 논술을 참고할 것.

하게 분석하여 구극(究極)적 단위인 음소(音素)를 추출하고 그 하나하나에 문자를 부여한 것을 보기가 어렵다고 한 근거는 이러한 많은 변수가 있는 것을 모두 참작해야 하기 때문이다.

5.5.4. 초성에서도 같은 구조적 대립에 의하여 글자를 만든 것으로 볼 수 있다. 즉 전청(全淸, 무기음) 대 차청(次淸, 유기음), 전청(全淸) 대 불청불탁(不淸不濁), 전청 대 전탁(全濁, 유성음)의 대립을 상정하고 다음과 같이 제자(製字)하였다.

전청 대 차청

아음(牙音)	설음(舌音)	순음(脣音)	치음(齒音)	후음(喉音)
ㄱ : ㅋ	ㄷ : ㅌ	ㅂ : ㅍ	ㅈ : ㅊ	ㆆ : ㅎ

전청 대 불청불탁

아음(牙音)	설음(舌音)	순음(脣音)	치음(齒音)	후음(喉音)
ㄱ : ㆁ*	ㄷ : ㄴ	ㅂ : ㅁ	없음	ㆆ : ㅇ
ㄷ : ㄹ*		ㅅ : △*54)		

전청 대 전탁

아음(牙音)	설음(舌音)	순음(脣音)	치음(齒音)	후음(喉音)
ㄱ : ㄲ	ㄷ : ㄸ	ㅂ : ㅃ	ㅅ : ㅆ, ㅈ : ㅉ	ㆆ : ㆅ

따라서 이 초성자(初聲字)들은 결국 다음과 같은 자음의 대립을 체계적

---

54) *표시가 있는 '/ㆁ, ㄹ, △/'은 因聲加劃에 의한 것이 아님은 앞에서 살펴보았다. 不厲에서 稍厲, 또는 厲로 바뀌는 것만이 인성가획이고 /ㄱ→ㆁ/, /ㄷ→ㄹ/, /ㅅ→△/는 반대로 稍厲에서 不厲로 바뀐 것임으로 비록 획을 더 했다고 해도 인성가획에 해당하지 않는 것으로 ＜해례본＞은 본 것이다.

으로 문자화 한 것이다. 다만 전청 대 전탁은 우리말에서 음운론적이 아니라고 보았다.

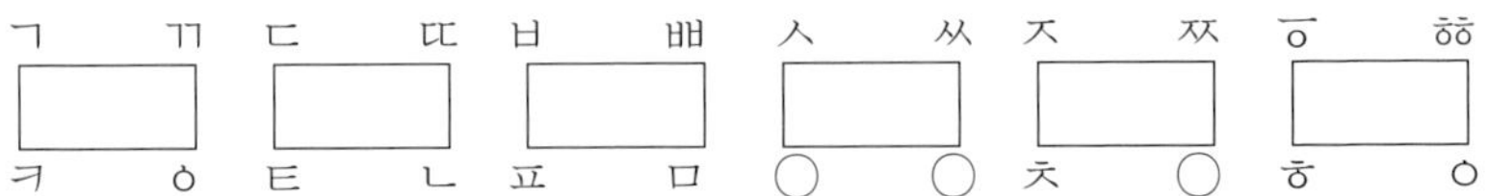

즉 사각의 상변 왼쪽은 무표(unmarked) 계열의 '/ㄱ[k], ㄷ[t], ㅂ[p], ㅅ[s], ㅈ[ts], ㆆ[ʔ]/'이고 하변의 왼쪽은 유기음 계열의 '/ㅋ[kh], ㅌ[th], ㅍ[ph], ㅊ[tsh], ㅎ[h]/'이며 하변의 오른 쪽은 비음, 또는 유성음 계열로 '/ㆁ[ng], ㄴ[n], ㅁ[m], ㅇ[ɦ]/'로 볼 수 있다. 한국어에서 음운론적이지 못한 'ㄲ[g], ㄸ[d], ㅃ[b], ㅆ[z], ㅉ[dz], ㆅ[ɣ]/'는 동국정운식 한자음에서 전탁자(全濁字)의 표기에 사용되거나 중국어 한음(漢音) 표음에 쓰였을 뿐 고유어 표기에서는 오히려 유음(流音) 다음에 오는 평음이 동화를 피하기 위하여 된 소리로 표기되는 것을 나타내는데 이용되었다.[55]

이러한 문자의 대립적 제자는 음운의 대립을 의식한 것이고 이것은 이미 이 시대에 음운의 구조적 이해가 있었던 것으로 볼 수밖에 없다. 훈민정음의 창제자들이 음운의 변별적 자질을 이해한 것과 더불어 이와 같은 음운의 구조적 이해는 중요한 음운론적 지식으로 보아야 할 것이다.

---

55) 예를 들면 ㄹ 다음에 오는 평음들은 탈락되거나 약화된다. 예. 날-+-개=날애 > 나래 등. 이것을 피하기 위하여 오히려 된소리로 변하는데 "올-+-가(의문형) =올까?"와 같은 예가 있다.

제6장 훈민정음 제정자(制定字)와 파스파 문자

6.0.1. 앞의 제5장에서 훈민정음 창제에 대하여 살펴보았다. 그리고 제4장에서는 파스파 문자의 제정에 대하여 그간의 논의와 필자의 소견을 덧붙여 살펴보았다. 제4장의 논의에서는 그동안 우리 학계의 파스파 문자에 대한 지식이 매우 부족하였다는 점을 지적하고 이 지식은 훈민정음 제자와 관련한 내용의 이해에 커다란 도움이 된다는 점에서 우리 학계에 반드시 필요한 지식임을 강조하였다.

예를 들면 그동안 우리 학계에서는, 파스파 문자 창제 당시 몽고어에서 /o/와 모음조화에서 대립적이었던 /ö/ '[**�⼋**]' 및 '[**�

I⼋**]'를 단일 문자로 인식하여 왔는데 제4장의 4.5.2에서 살펴 본 바와 같이 이 문자는 실은 '전설 /e/[**ᄃ**]+/o/[**ᄉ**], 또는 [**ᄉ**]'가 결합한 것이고 역시 모음 표시가 빠진 /ü/의 '[**Iᄋ**]'(두자 이상의 결합이면 조판의 편의상 옆으로 뉘었다. 이하 같음)도 '전설 /e/[**ᄃ**]+/u/[**ᄋ**]'가 합자한 것이다. 이 두 글자의 합자는 모두 한글의 모음자의 합자례 'ㅚ(ㅗ +ㅣ), ㅟ(ㅜ +ㅣ)'와 같은 것이다. 다만 전설 모음 표시가 앞과 뒤로 바뀌었을 뿐이다.

또 모음 표시 [**Iᄊ**]를 붙인 파스파자 /ö/[**Ӡ⼋ᴋ**](**Iᄊ** + **ᄃ** + **ᄉ**)와 /ü/ [**ӠIᄋ**](**Iᄊ** + **ᄃ** + **ᄋ**)는 훈민정음의 '외(ㅇ+ㅗ+ㅣ), 위(ㅇ+ㅜ +ㅣ)'와 같은 방법으로 세 글자를 결합하여 제자(製字)한 것이다.1) 제4장의 4.5.2에

서 주장한 것처럼 파스파자의 구성은 훈민정음의 합자례(合字例)들과 같은 구성으로 보아야 비로소 파스파자의 올바른 자형을 이해할 수 있다.

뿐만 아니라 앞에서 거론한 'ᴎ'는 몽운(蒙韻)의 36자모 가운데 유모자(喩母字)로서 음가가 [a]이거나 /∅, null/을 표음하며 훈민정음의 초성자(初聲字) 욕모(欲母) 'ㅇ'와 같은 것으로 이해한 4.5.3의 설명도 훈민정음에서 얻은 지식으로 해석한 것이다. 그동안 파스파 문자의 연구에서, 앞에서 언급한 파스파자 /ö/와 /ü/가 두 글자, 또는 세 글자의 결합이란 사실은 누구에 의해서도 밝혀진 바가 없다. 하지만 파스파 문자의 제정으로부터 많은 영향을 받은 훈민정음 제정의 원리를 이해함으로써 오늘날 미궁(迷宮)이 된 파스파 문자의 제정에 대한 이해를 역으로 이해할 수 있게 된 것이다.

6.0.2. 앞의 제5장에서 밝힌 것처럼, 훈민정음은 초성(初聲)과 중성(中聲)으로 나누어 문자를 제정하고 종성(終聲)은 초성(初聲)을 다시 쓰는 방법으로 문자를 제정하였는데 이것은 바로 파스파 문자의 제정과 같은 방식이다. 조선의 훈민정음은 파스파자의 성(聲), 즉 자모(字母)를 초성(初聲)으로, 그리고 유모(喩母)자에 속한 것을 중성(中聲)으로, 운미(韻尾)에 허용되는 자모를 종성(終聲=받침)으로 하여 28자를 제정한 것으로 볼 수 있다. 즉 파스파자는 훈민정음의 제정에 이론적 바탕을 만들어 준 것으로 보아야 할 것이다.

따라서 본 장에서는 훈민정음과 파스파자가 어떻게 음절 초 자음(Initial consonants, onset)을 분석하여 초성자(初聲字)를 제정하였고 운(韻)의 핵(nucleus)

---

1) 다만 한글의 전설 표시 / ㅣ /는 주모음의 뒤에 왔으나 파스파자에서는 전설 표시 / ᴇ /가 앞에 왔음이 다르다.

인 모음을 어떻게 추출하여 중성자(中聲字)를 만들었으며 한국어와 몽고어의 음절구조 특징으로부터 일어나는 종성제약(coda restriction)을 어떻게 이해하여 두 언어의 종성을 표기할 수 있는 문자를 제자(製字)하였는지 고찰하고자 한다. 훈민정음과 파스파 문자의 관계는 이렇게 초중종성(初中終聲)으로 나누어 비교할 때 두 문자의 상호 영향 관계를 보다 알기 쉽게 보일 수가 있다.

1. 훈민정음 초성 31자와 파스파자 32자모[2]

6.1.0. 한글, 즉 훈민정음의 제정에 대하여 그동안 많은 연구가 있어 어느 정도 그 윤곽은 들어나 있지만 아직도 그 제정의 목적이나 기원, 다른 문자와의 관계에 대하여 분명하게 밝혀지지 않은 부분이 많다.[3] 훈민정음에 대한 기존 연구에서 국어의 음절 초(onset) 자음의 문자 제정에 대한 그동안의 연구에서 가장 신빙성이 있는 것은 유창균(1966)의 『동국정운』 23자모에서 전탁자(全濁字) 6개를 뺀 것이 훈민정음 초성 17자라는 견해다.

---

2) 6.1의 내용은 역학서학회 제2회 국제학술회의(2010년 8월 12~13일, 고려대학교 안암캠퍼스 라이시움 405호)에서 기조 강연하여 『譯學과 譯學書』(譯學書學會), 제2호, pp.97~140에 실렸던 것을 수정 보완한 것이다.

3) 그 원인은 두 가지라고 생각한다. 첫째는 우리 國字인 한글에 대한 국수주의적인 연구 태도를 들 수 있다. 한글에 대한 어떠한 貶毀도 용납하지 않고 '사상 유례가 없는 가장 과학적인 최고의 문자'에서 한 자(字)도 수정할 수 없다는 연구 태도가 오히려 한글에 대한 객관적인 연구를 가로막고 있다. 둘째는 과거의 몇몇 한글학자들의 연구 내용을 있는 그대로 받아들여서 이 학설을 지나치게 신봉하는, 완고한 일부 학자들의 연구태도다. 이들은 자신들의 관점을 주장하기 위해서 집단적인 행동도 불사하는 모습을 보인다. 이러한 연구 풍토 아래에서 한글에 대한 객관적인 연구는 어려울 수밖에 없다.

즉 세종대왕이 당시 우리말의 음운을 분석하여 음절 초에 17개의 자음을 초성으로 제정한 것이 아니고 당시 한자음을 정리하기 위하여 이를 분석한 결과 23개의 초성이 존재함을 깨닫고 그에 대응하는 문자를 만들었으며 이 가운데 고유어의 자음 표기에 사용될 초성자(初聲字)는 전탁자(全濁字) 6개를 뺀 17개로 정한 것이라는 견해다.

이 절에서는 먼저 유창균(1966)의 관점을 받아들여서 전통적인 중국 성운학(聲韻學)의 성모(聲母), 또는 자모(字母)로 불리는 음절 초 자음(onset)의 파스파자와 훈민정음의 초성(初聲)을 비교하고 그 상호 영향관계를 살펴보고자 한다.

6.1.1. 훈민정음 초성(初聲)이 『동국정운』 23자모에서 전탁자(全濁字) 6개를 뺀 17자라는 유창균(1966)의 견해에 대하여 정식으로 반론을 제기한 논저는 없는 듯하다. 사실 이 논저를 읽고 제대로 이해하였다면 그 타당성을 인정하지 않을 수 없을 것이다. 무엇보다 훈민정음의 17 초성 가운데에는 우리말의 음절 초 자음으로 인정하기 어려운 /ㆆ/이나 어두(語頭) 자음에 존재한 것으로 보기 어려운 유성음의 /ㅿ/, /ㅸ/[4] 등이 들어 있는 반면 당시 음운론적으로 존재한 것으로 보이는 된소리들은 오히려 글자로 제정되지 않았다는 점만 보아도 훈민정음이 당시 우리말의 음운을 분석하여 문자를 만든 것으로 보기 어렵기 때문이다.

이와 같이 한자음의 정리를 위하여 23자모(字母)를 만들었고 이 중에서 고유어 표기에 불필요한 전탁(全濁)의 6자(ㄲ, ㄸ, ㅃ, ㅆ, ㅉ, ㆅ)를 뺀 것이 훈민정음의 17 초성(初聲)이라는 위의 견해에 덧붙여서 이 문자가 원

---

4) [ㅸ]은 「훈민정음」, 또는 「세종어제훈민정음」의 17 초성에는 들어있지 않으나 <해례본> 『훈민정음』의 「용자례」에는 [ㆆ] 대신 [ㅸ]이 들어가 17자를 채웠다.

대(元代)에 한자(漢字)의 당시 표준음을 표기하기 위하여 제정된 파스파 문자의 32자모(36자모에서 동일한 문자 4자모를 제외한 것)에서「훈민정음」,「세종어제훈민정음(世宗御製訓民正音)」(제6장에서는 이 둘을 모두 <언해본>으로 약칭함)5) 등에 보이는 한음(漢音) 표기의 31 초성이 제정되었고 이어서『동국정운(東國正韻)』의 동음(東音) 표기 23자모와 고유어 표기의 17 초성이 이로부터 온 것이라는 주장이 최근에 필자에 의해 제기된 바 있다(졸고, 2008a, b, c).

이 주장은 파스파 문자가 본래 중국에 원(元) 제국(帝國)이 건국된 이후에 몽고인과 색목인(色目人)의 중국어 교육을 위하여 한자(漢字)의 당시 표준음을 교육하기 위하여 그 발음을 정확하게 표음하려고 제정한 것이라는 점에 근거를 두고 있다. 이 파스파 문자는 후에 몽고어를 포함하여 제국(帝國)의 모든 언어를 표기하는 국자(國字)로 발전한 것이며 이러한 파스파 문자의 제정과 표기 대상의 확대로부터 영향을 받아 훈민정음이 제정되어 한자의 한음(漢音), 즉 중국어 표준음의 표기로부터 우리 한자음(漢字音)의 정리, 그리고 고유어 표기로 확대되어 간 것이라는 논지다. 최근에 논의된 이러한 주장에 바탕을 두고 이 절(節)에서 이를 다시 검토하기로 한다.

6.1.2. 중국은 예로부터 시문(詩文)의 운율(韻律)을 공부하는 운학(韻學)이 발달하였는데, 이미 당대(唐代)에 천축(天竺), 즉 인도에 유학을 다녀온 불

---

5)「훈민정음」은 그동안 원본으로 주장된 故朴勝彬씨 소장본을 말하고「세종어제훈민정음」은 조선 世祖조에 간행된『月印釋譜』(초간본이 서강대에 소장됨)의 권두에 부재된 것을 말한다. 필자는『月印釋譜』에 舊卷과 新編이 있고 후자는 세조 때에 간행된 {新編}『月印釋譜』의 것이며 전자는 세종 생존 시에 간행된 舊卷의『月印釋譜』에 부재되었을 것이라고 보았다(졸고, 2005).

가(佛家)의 승려들에 의하여 인도에서 발달한 음성학이 유입된 이후로 음절 초 자음(聲)에 대한 연구도 운학과 더불어 고찰하게 되어 성운학(聲韻學)이 발달한다.6) 중국의 성운학에서 한자의 발음 표기는 반절법(反切法)에 의존 하였는데 여기서 반절(反切)이란 한자음을 성(聲, 字母)과 운(韻, 韻母)으로 나누 어 전자를 반절 상자(上字), 후자를 반절 하자(下字)로 표시하는 방법이다.

예를 들면 동(東, [tung])자의 발음을 '德紅切'이라 하면 '德[tək]'의 앞 부분 첫소리와 紅[hung]의 운(韻)을 이루는 뒷부분을 따서, 즉 '德[t]+紅 [ung]=東[tung]'으로 표음하는 방법을 말한다. 이때 반절(反切) 상자(上字) 의 자음을 표시하는 자모를 『광운(廣韻)』에서 36개로 본 것이, 중국 성운 학의 전통적인 36성모(聲母), 또는 자모(字母)라고 하는 것이다.7) 반절(反切) 하자(下字)의 韻은 오늘날의 생성음운론 술어로 보면 음절핵(nucleus) 혹은 모음(vowel)과 음절 말 자음(coda)이 결합된 상태를 말하는 것으로 중국의 시문(詩文)에서 각운(脚韻)은 중요한 역할을 한다.

졸저(2009)에서는 파스파자가 운(韻)을 유모(喩母)자, 즉 모음자와 음절 말에 허용되는 운미(韻尾)의 자음, 즉 입성(入聲)으로 나누어 후자는 음절 초의 자모(字母)를 그대로 사용하였으나 다만 모든 자모(字母)가 다 쓰이는 것이 아니라 당시 한자음의 음절구조 조건에 따라 몇 개만이 허용되는 것으로 보았다. 『몽고자운(蒙古字韻)』에서는 당시 원(元)의 서울인 대도(大都) 의 한자어 표준음을 표기하는 데 허용되는 6개의 운미(韻尾) 표음자와 몽 고어의 표기에 쓰이는 음절 말 자음 13개를 「몽고자운총괄변화지도(蒙古字 韻總括變化之圖)」(『몽고자운』런던초본 上 4엽 앞)라는 이름으로 제시하고 있다.8)

<hr>

6) 중국의 인도 留學僧들이 고대인도의 고도로 발달한 음성학을 수입하여 성운학을 확립한
   경위에 대하여는 졸저(2009 : 74~75)에 자세한 설명이 있다.
7) 중국에서 36자모의 발달에 대하여는 졸저(2009 : 73~196)를 참조할 것.
8) 『몽고자운(蒙古字韻)』의 운미 표음자와 훈민정음의 終聲字에 대한 비교에 대해서는 본서

이를 바탕으로 졸고(2008a·b)와 졸저(2009 : 260~262)에서는 파스파자가 본래 한자의 표준음을 전사(轉寫)하기 위하여 제정되었을 가능성이 있으나, 유모(喩母)에 속하는 7개 문자는 몽고어의 모음 표기에 쓰인 문자였고 또 이 문자는 중국어만이 아니라 주변의 다른 문자도 전사할 수 있는 문자였음을 지적한 바 있다.

1) 중국 한자 문화에 대한 북방민족의 신문자 제정

6.1.1.0. 고려후기의 문화적 전통을 이어받은 조선 초기의 문명이 몽골의 원대(元代) 문명(文明)을 답습하여 북방민족의 영향을 많이 받았던 것은 여러 분야에서 확인된다. 조선(朝鮮) 건국 초기에는 명(明)이 아직 한문화(漢文化)의 기반을 형성하지 못하였고 한반도에 그 영향이 미미했던 때였기 때문에 조선 초기에는 몽골을 통한 북방민족의 문물이 여전히 한반도에서 힘을 가졌던 시대였다.

본서의 제3장 '티베트 문자의 제정과 북방민족의 표음문자'에서는, 7세기경 티베트의 토번(吐蕃) 왕조(王朝) 때에 송찬 감포(Srong-btsan sgam-po)가 톤미 아누이브(Thon-mi Anu'ibu)를 인도에 파견하여 인도의 발달된 성명학(聲明學), 즉 비가라론(毘伽羅論)을 학습하고 돌아온 다음에 표음적인 티베트 문자를 제정하게 하였는데, 중국 대륙의 북방민족이 이 문자에 대해 인지하게 된 시점부터 한자문화에 대한 저항으로 신문자(新文字)를 제정하기 시작하는 것으로 보았다.

이 티베트문자는 자국의 언어를 표기하는 데 성공하고 한 걸음 더 나아가서 주변 민족의 언어를 기록하는 데도 성공하였는데 이러한 성공은

의 6.3.5를 참조할 것.

빠른 속도로 중국 대륙의 북방 민족에게 전파되었다.9) 이후 새로운 왕국을 건국한 다음에는 반드시 새로운 문자를 만들어 이를 교육하고 시험하여 관리로 임명함으로써 지배계급(支配階級)의 물갈이를 시도하는 북방민족의 전통이 생겼으며 이러한 전통에 따라 조선이 건국한 다음에 새 문자 훈민정음(訓民正音)이 제정된 것으로 볼 수 있다(졸저, 2009 : 38, 221~223).

6.1.1.1. 토번(吐蕃) 왕국의 뒤를 이어 10세기 초에 중국의 북방지역에 왕국을 건설한 요(遼)의 거란(契丹)문자가 그런 예의 하나가 될 수 있으며 요(遼)의 뒤를 이어 12세기 초에 이 지역의 새로운 강자(强者)가 된 금(金)의 여진(女眞)문자가 그러하였다. 금(金)을 멸망시키고 13세기 초에 유라시아대륙의 스텝지방을 석권하여 전대미문(前代未聞)의 거대한 제국(帝國)을 건설한 몽골의 칭기즈 칸(成吉思汗)이 도입한 몽고(蒙古) 외올자(畏兀字)와10) 13세기 중엽에 중국의 남송(南宋)을 멸망시키고 중원(中原)에 원(元)을 세운 쿠빌라이 칸(忽必烈汗)이 제정한 파스파 문자도 그러하였다.11)

따라서 명(明) 정통(正統) 8년(1443, 세종 25년) 겨울에 세종이 친제한 훈

---

9) 이에 대하여는 졸저(2009 : 149)에 "티베트 문자는 위와 같이 비교적 과학적으로 제정된 표음문자이기 때문에 7 · 8세기 이후 티베트어만이 아니라 티베트 문화권을 넘어 다른 문화권과의 경계지역에서 사용되었다. [중략] 이 문자로 기록된 언어도 티베트어, 남(Nam)어, 장중(Zhangzhung)어, 갸룽(Gyarong)어, 토스(Tosu)어 등이 있다. 13세기에 파스파 문자와 18세기의 레프차(Lepcha) 문자도 티베트문자를 개변한 것이라고 한다."를 참조할 것.
10) 위구르 문자로 알려진 이 문자는 소그드 문자에서 왔다고 본다. 즉 Poppe(1965 : 65)에 의하면 "매우 많은 고대 투르크어 자료, 다시 말하면 후기 자료(9세~10세기)가 소위 말하는 위구르 문자로 쓰였다. 후자[위구르 문자]는 소그드 문자의 자모에서, 정확하게 말하면 소그드 문자의 速記体(Kursivschrift)에서 발달한 것이다. 위구르 문자는 후대에 아마도 12세기 후반을 지나서 몽고에 전달되었다"라고 하여 나이만에서 몽골 칭기즈 칸에게 전달된 것으로 보았다.
11) 티베트 문자에 대하여는 졸저(2009 : 142~152)를 참고하고 契丹문자와 女眞문자의 大 · 小字에 대하여는 졸고(2009b)를 참조할 것.

민정음은 명(明)이 건국한지 80년이 채 못 되는 시대에 만들어진 것이므
로 명(明)의 문화보다는 그 전대의 원(元)의 문화에 영향을 받았던 것으로
본 경우가 없지 않았다.12) 고려와 원(元)과의 관계는 단순한 중원(中原)과
변방(邊方)의 국가로서의 관계가 아니라 부마국(駙馬國)으로서 그 관계가
매우 밀접하였고 서로 문화의 소통도 빈번하였기 때문이다.

6.1.1.2. 그러나 한국어에 대한 연구가 이 땅에서 본격적으로 뿌리를
내린 1950년대 이후의 국내 연구에서는 파스파 문자에 대한 지식의 결여
(缺如)로 이 두 문자에 대한 본격적인 비교 연구는 없었다. 간혹 단편적인
비교가 있었지만 최근에 졸고(2008a, b, c)에 의하여 비로소 한글, 즉 훈민
정음과 파스파 문자의 비교가 본격적으로 이루어졌다고 본다. 이 연구에
서는 대체로 훈민정음이 파스파 문자의 영향을 받았으나 해외 학자들이
주장해 오던 바와 같이 자형(字形)조차 모방한 것은 아님을 밝힌 것이다.

그러다가 졸고(2009c)에서는 훈민정음의 중성(中聲)에서 단모음을 표시
한 기본자와 초출자(初出字)의 7자가 모음을 표기하기 위하여 만든 파스
파 문자의 유모(喩母) 7자(字)로부터 온 것임을 주장하면서 한글, 즉 훈민
정음과 파스파 문자의 상호관계가 점차 분명하게 드러나기 시작하였다.
이 논문에서 필자는 훈민정음 중성 11자 가운데 단모음을 표음하기 위하
여 만든 기본자 3자와 초출자 4자가 모두 파스파 문자에서 모음 표기를
위하여 만든 유모(喩母)의 7자에 대응하는 것임을 주장하였다(졸고, 2009c).

---

12) 훈민정음, 즉 한글이 파스파 문자의 영향으로 제정된 것이라는 주장은 일찍이 조선시대
    李瀷의 『星湖僿說』을 비롯하여 柳僖의 『諺文志』 등에서 거론되었으며 구한말에 한반도
    에 온 서양의 여러 선교사들에 의해서도 언급되었다. 본격적으로 미국의 Ledyard(1966,
    1997, 2008), 중국의 照那斯圖·宣德五(2001a, b), 照那斯圖(2008) 등에 의하여 훈민정음
    과 파스파 문자의 비교 연구가 시도되었다.

6.1.1.3. 훈민정음과 파스파 문자의 상호관계를 분명히 하기 위해서
는 모음자(母音字)에 이어서 자음자(子音字)인 성모(聲母)들의 비교를 통하여
이 둘의 상관관계를 살펴볼 필요가 있다. 즉 파스파 문자 32자모(字母)와
훈민정음 초성(初聲) 31자모(字母)를 직접 비교하여 볼 필요가 있다는 것
이다.

2) 파스파 문자의 32자모

6.1.2.0. 파스파 문자는 티베트의 라마승 팍스파(八思巴)에[13) 의하여
고안된 표음 문자로 원(元) 세조(世祖) 지원(至元) 5년(1268) 12월에 완성되
어 지원(至元) 6년(1269)에 황제의 조령(詔令)으로 반포되었다(제4장 및 졸저,
2009 : 153).[14) 그리고 이 문자를 원(元) 제국(帝國)이 제로(諸路)에[15) 세운

---

13) 문자의 명칭인 파스파나 이를 고안한 라마 승 팍스파는 모두 티베트어 'ḥP'ags-pa(聖童)'
에서 온 것이다. 원래 이 말을 한자로 '八思巴, 八思馬, 帕克斯巴'로 표기하였다(『元史』
권202, 「傳」第89 '釋老 八思巴'조}. 문자의 명칭은 한자음 '八思巴'의 음 변화로 '파스
파'로 변하였으나 문자를 고안한 팍스파 라마는 티베트어 발음을 살려서 쓰기로 한다.
영어로는 둘 다 Phags-pa로 티베트어 ''ḥP'ags-pa'의 구분부호(diacritical mark)를 모두 없
앴다.

14) 제4장과 졸저(2009 : 154~155)에서 『元史』(권202) 「傳」(89) '釋老 八思巴' 조에 소재한
이 詔令의 전문을 인용하고 우리말로 풀이하였다. 여기에 그 부분을 옮겨보면 "詔令說 :
'朕認爲用字來書寫語言, 用語言來記錄事情, 這是從古到今都采用的辨法。我們的國家在北方
創業, 民俗崇尙簡單古樸, 沒來得及制定文字, 凡使用文字的地方, 都沿用漢字楷書及畏兀文
字, 以表達本朝的語言。査考遼朝, 金朝以及遠方各國, 照例各有文字, 如今以文教治國逐漸
興起, 但書寫文字缺乏, 作爲一個朝代的制度來看, 實在是沒有完備。所以特地命令國師八思
巴創制蒙古新字, 譯寫一切文字, 希望能語句通順地表達淸楚事物而已。從今以後, 凡是頒發
詔令文書, 都用蒙古新字, 幷附以各國自己的文字。' — 조령에 말하기를 '짐은 오로지 글자
로써 말을 쓰고 말로써 사물을 기록하는 것이 고금의 공통 제도라고 본다. 우리들이 북
방에서 국가를 창업하여 속되고 간단한 옛 그대로의 것을 숭상하고 문자를 제정하는 데
게을러서 [지금에] 쓰이는 문자는 모두 한자의 해서나 위구르 문자를 사용하여 이 나라
의 말을 표시하였다. 遼 나라와 金 나라, 그리고 먼 곳의 여러 나라들의 예를 비추어 보
면 각기 문자가 있으나 우리가 지금처럼 문교로 나라를 다스려 점차 흥기하였는데 다만
서사할 문자가 없으니 한 왕조의 역대 제도를 만든 것을 보면 실제로 [이것이 없이는]
완비되었다고 할 수 없다. 그러므로 국사 파스파에게 몽고신자를 창제하라고 특명을 내

몽고 학교에서 몽고인에게 한자의 한어음(漢語音)을 학습하는 발음기호로
서 학습되었으며 『몽고운략(蒙古韻略)』이나 『몽고자운(蒙古字韻)』과 같은 운
서의 발음 표기에 사용되었다(제4장, 졸저, 2009 : 166).

파스파 문자의 자음 표음자와 모음 표음자에 대하여는 아직도 많은
부분이 미지(未知)의 것으로 남아있고 그 해독도 학자에 따라 서로 다른
것이 많다.16) 이것은 명(明) 태조(太祖) 이후 줄기차게 명(明) 왕조(王朝)가
실시해 온 호원(胡元)의 잔재(殘滓)를 말살(抹殺)하는 정책에 의하여 이 문자
의 자료들이 철저하게 파괴되면서 그 전수(傳受)가 단절되었기 때문이다.

그동안 이 문자에 대한 연구는 본토인 중국의 학자들에 의해서 그동
안 부분적인 연구가 있었으며 서양의 몇몇 호사가(好事家)들이나 몽고의
몇몇 국수주의적인 연구자들, 그리고 대부분은 일본인 학자들에 의하여
연구가 진행되어 왔다. 서양 연구자들의 연구는 파스파 문자로 된 문헌
자료가 거의 없는 상황에서 주로 현존하는 금석문(金石文)의 파스파자를
몽고어로 해독하고 그로부터 이 문자의 음가를 파악하는 방법을 취하고
있어서 문자 해독에 많은 오류(誤謬)가 있었다. 몽고어의 역사적 연구자
로서 자타가 공인하는 포페(N. Poppe) 교수도 파스파 문자의 해독과 연구
를 포함한 초기 몽고인들의 문자사용에 대한 연구가 아직 미숙한 상태

려서 모든 문자를 번역하여 기록하라고 하였다. 그리하여 능히 언어가 순조롭게 통하고
각지의 사물이 바르게 전달되기를 바랄 뿐이다. 이제부터 대저 조령(詔令) 문서의 반포
와 발행은 모두 몽고신자를 쓸 것이며 각국의 자기 문자는 함께 붙이게 할 것이다.'라고
하다."와 같다.

15) 여기서 '路'라 함은 明代의 '府'에 해당하며 현대 중국의 '省'에 유사하다. 조선시대의
'道'와 같은 행정 단위이다.

16) 이에 대하여는 졸저(2009 : 23)에서 "파스파 문자는 아직도 해독이 안 되거나 분명히 알
수 없는 것이 많은 迷宮의 문자다. 몽골이 유라시아대륙의 東部를 모두 점령하고 帝國의
통치문자로 제정된 이 문자는 몽골의 元이 망하고 뒤를 이은 漢族의 明에 의하여 철저하
게 파괴당하여 오늘날 남아있는 문헌자료가 거의 없고 그 연구도 매우 지지부진하였다."
를 참고할 것.

임을 공언하고 있다(Poppe, 1957 : 1, 졸고, 2009 : 112). 이후에 일본인 학자
들에 의하여 이러한 서양연구자들의 연구가 계승되었으나 역시 이 문자
의 전모를 파악하지는 못한 것으로 보인다.17)

6.1.2.1. 이와 관련하여 졸저(2009)에서는 훈민정음이 창제되면서 『동
국정운(東國正韻)』을 간행하여 우리 한자음, 즉 동음(東音)을 정리한 것처럼,
파스파 문자도 제정(制定)되고 나서 바로 <광운(廣韻)> 계통의 운서를 파
스파 문자로 번역한 운서인 『몽고운략(蒙古韻略)』을 간행한 것으로 보았
다. 이는 기존의 연구에서 고려하지 못한 획기적인 연구 방법이라고 할
수 있다.

그리고 이것으로 몽고인들이 중원(中原)의 표준어인 통어(通語)의 학습
에서 한자의 표준 발음을 학습하는 참고서로 삼았다고 하였다. 그러나
이미 원(元)의 수도(首都)인 대도(大都), 즉 연경(燕京)에서는 이곳의 통용어
인 한아언어(漢兒言語)가 유행하여 제국(帝國)의 공용어로 자리를 잡자 이
언어에서 달라진 한음(漢音)을 보여줄 운서(韻書)가 필요하게 되었다.

한아언어(漢兒言語)에서 쓰는 한자의 발음은 진(秦) 이후 중국의 통용어
가 된 당대(唐代) 장안(長安)의 통어(通語)와 많이 달랐기 때문이다. 이러한
한아언어의 소위 북방음을 반영한 『고금운회(古今韻會)』가 원대(元代) 황공
소(黃公紹)에 의하여 편찬되고 그의 제자인 웅충(熊忠)이 이를 축약하여

---

17) 예를 들면 최근 일본의 吉池孝一(2005)에 소개된 파스파자의 모음자는 모두 5자로 포페
교수의 8자와도 다르며(Poppe, 1957 : 34) 『蒙古字韻』의 런던 鈔本에 의거하여 재구한
졸고(2009)의 7개 모음자와도 다르다. 이것은 금석문 자료를 중심으로 한 파스파 문자의
연구에 한계가 있음을 보여주는 예로 볼 수 있다. 훈민정음으로 한자의 東音을 정리한
『동국정운』의 연구를 통하여 한글의 모음자를 고찰할 수 있는 것처럼 파스파자로 당시
중국의 표준을 정리한 『蒙古字韻』의 연구를 통하여 보다 정밀한 파스파 문자를 재구해
낼 수 있다고 본다.

『고금운회거요(古今韻會擧要)』란 이름으로 간행하게 되면서 이 운서를 반영한 『몽고자운(蒙古字韻)』이 편찬되었다. 이것은 중국어의 역사에서 통어(通語)라고 불리는 장안(長安)의 발음을 반영한 『광운(廣韻)』 계통의 운서 가운데 『운략(韻略)』을 파스파 문자로 주음(注音)한 『몽고운략(蒙古韻略)』이 있었고 이를 다시 『고금운회』에 근거하여 수정한 몽고운서가 『몽고자운(蒙古字韻)』이다.

이렇게 파스파 문자로 북방음(北方音)을 반영하여 전사(轉寫)한 『몽고자운(蒙古字韻)』이 간행되어 『몽고운략(蒙古韻略)』과 더불어 몽고인들의 한어음 학습에 널리 사용되었으며 그에 따라 많은 이본(異本)이 생겨났다. 이 가운데 주종문(朱宗文)이 원(元) 지대(至大) 원년(元年, 1308)에 교정(校訂)하고 증첨(增添)하여 인간(印刊)한 것이 있었다.

당시의 印本은 오늘날 전하지 않고 청대(淸代) 건륭년간(乾隆年間, 1736~1795)에 필사된 초본(鈔本)이 영국 대영(大英)도서관에 소장되어 전해질 뿐이다. 졸저(2009)는 주종문(朱宗文)이 편찬한 교첨본(校添本), 즉 런던 초본(鈔本)에 의거하여 파스파 문자의 자형(字形)과 그 자모(字母)의 음가를 이해하고 이를 훈민정음과 비교할 수가 있다.

6.1.2.2. 원래 『몽고자운(蒙古字韻)』은 훈민정음 창제 이후에 이 문자로 한자의 동음(東音)을 정리한 『동국정운(東國正韻)』의 모델이 된 운서(韻書)로서 원대(元代)의 여러 자료에 이름을 보일 뿐 아니라 『사성통고(四聲通攷)』·『사성통해(四聲通解)』 등의 조선에서 편찬된 운서(韻書)에서도 '몽고운(蒙古韻)'이란 이름으로 소개된 일이 많았다. 특히 현전하는 최세진(崔世珍)의 『사성통해』에 원대(元代) 속어(俗語)들과 더불어 몽고운(蒙古韻)이 들어있어 중국어의 근세 속어 연구에 도움이 된다는 연구도 있다(花登正宏, 1997).

중국에는 인도에서 발달한 성명기론(聲明記論, 보통 聲明學으로 부름), 즉 6세기경 고대인도의 산스크리트어 문법서로 널리 알려진 파아니니(Pāṇini)의 『팔장(八章, Aṣṭādhyāyi)』 등에서 볼 수 있는 고도로 발달한 음성학이 당대(唐代)에 불경(佛經)과 함께 유입되어 중국의 전통적인 성운학(聲韻學)을 발달시켰다.[18] 표음문자인 범자(梵字)로 쓰인 불경을 한자로 번역하면서 한자의 발음을 두 자(字)로 표음하는 소위 반절(反切)의 표음법이 발달하였다.

이 반절법의 발달은 인도의 실담(悉曇)의[19] 영향을 받은 것으로 한자의 발음을 성(聲, 어두 자음)과 운(韻, 모음과 받침)으로 나누어 분류하고 이 순서에 따라 한자를 배열하는 운서(韻書)가 생겨났다. 물론 인도의 파아니니 음성학에서는 자음과 모음을 구분하는 음소의 개념도 있었으므로 한자의 운(韻)을 운복(韻腹, 어중 모음)과 운미(韻尾, 어말 자음)로 재분류하였으며 운복(韻腹)도 모음의 종류에 따라 1등운(等韻)으로부터 4등운(等韻)까지 구별하였다(김완진·정광·장소원, 1997 : 108).

6.1.2.3. 『광운(廣韻)』에서는 당시 중국어에 음절 초 자음으로 36개를 인정하였다. 흔히 36자모라고 불리는 음절 초(onset)의 자음들은 당대(唐代) 수온(守溫)이란 승려(僧侶)가 30자모(字母)를 고안한 것이 시작이라고는

---

18) 파아니니의 『팔장(八章, Aṣṭādhyāyi)』은 인류가 가진 3대 고전문법서의 하나이다. 이것이 毘伽羅論이 되어 불경의 大藏經 속에 포함되었다.

19) 범어(梵語)의 자모를 'siddham, 또는 siddhirastu'이라고 하며 범자(梵字)는 마다(摩多－母韻)와 체문(體文－子韻)의 47자로 되었는데 이를 한자로 표기한 것이 실담(悉曇)이다. 실담학(悉曇學)은 범자로 쓰여진 산스크리트어의 연구를 말하는 것으로 실담학에서는 범자의 자의(字義), 서법(書法) 등을 연구 대상으로 한다. 문법도 지극히 초보적인 것이기는 하지만 상당히 면밀하게 소개되었다. 아동들이 범자를 배울 때에 가장 초보적인 교과서가 '실담장(悉曇章)'으로서 <구당서(舊唐書)> 천축국전(天竺國傳)에 "其人皆學悉曇章-그곳 사람들은 모두 '실담장'을 배운다."라는 기사를 참조할 것.

하지만 확실하지는 않다(졸저, 2009 : 75). 36성모(聲母)가 정식으로 중국 운
서(韻書)에 부재된 것은 금대(金代) 한도소(韓道昭)의 『오음집운(五音集韻)』의
36자모표가 현재로는 가장 이른 시기의 것이다.[20]

　36성모(聲母)를 자모도(字母圖)로 표시하는 방법은 북송(北宋)의 진팽년(陳
彭年) 등이 편찬한 『대광익회옥편(大廣益會玉篇)』(1013)의 권두에 실려 있는
신공(神珙)의 「사성오음구롱반뉴도(四聲五音九弄反紐圖)」에서 나타난다. 신공
(神珙)은 당대(唐代)에 서역(西域)에서 온 사문(沙門)으로 「반뉴도(反紐圖)」의 서
문에 『원화운보(元和韻譜)』가 인용된 것을 볼 때 아마도 원화(元和, 806~
820) 연간 이후의 사람으로 추정하고 있다.

　신공(神珙)의 「사성오음구롱반뉴도(四聲五音九弄反紐圖)」는 등운도(等韻圖)를
모형으로 하여 오음성론(五音聲論)에서 불가(佛家)의 성명기론(聲明記論)에 의
거하여 발음의 조음위치를 “후(喉), 설(舌), 치(齒), 순(脣), 아(牙)”의 오성(五
聲)으로 나누고 중국에서 한자 자모(字母)의 성류(聲類)를 분류한 것이다.
고려본 『용감수경(龍龕手鏡)』의 석(釋) 지광(智光)의 서문에 「오음도식(五音圖
式)」을 이 자서(字書)의 말미에 붙인다고 하였는데 실제로 현전하는 <고
려본> 제3책(3, 4권)에는 이 도식(圖式)이 부재되지 않았다(졸고, 2012). 「오
음도식(五音圖式)」은 앞에서 말한 오음성론(五音聲論)에 ‘전청(全淸), 차청(次
淸), 불청불탁(不淸不濁), 전탁(全濁)’의 조음방식에 의한 분류를 더한 것으로
보이며 이 도식은 송(宋)과 요대(遼代)에는 거의 모든 자서(字書)와 운서(韻
書)에 부재되었을 것으로 보이지만 현재는 금대(金代) 한도소(韓道昭)의 『오
음집운(五音集韻)』의 것이 가장 오래된 것이다(졸저, 2009 : 70). 현전하는
<용감수경> 및 <용감수감(龍龕手鑑)>의 어떤 판본에도 이 「오음도식(五

---

20) 中宗조 최세진의 저작으로 보는 『老朴集覽』에는 『五音集韻』이 많이 인용되었다. 이것으
　　로 보아 이 운서가 한반도에서 매우 유용하게 쓰였음을 알 수 있다.

音圖式」은 첨부되지 않은 이유는 아마도 명대(明代)에 호원(胡元)의 잔재(殘滓)로 생각하고 이를 없애려는 정책에 따라 이 도식(圖式)도 삭제된 것으로 보인다. 하지만 원대(元代)에는 이 36자도표가 매우 일반화되어 있었을 것이다.21)

주종문(朱宗文)이 교정(校訂) 증첨(增添)한 『몽고자운(蒙古字韻)』의 런던 초본(鈔本, 이하 '런던초본'으로 약칭함)에서는22) 중국 성운학(聲韻學)의 전통적인 36자모를 파스파 문자로 대응하는 다음과 같은 자모표를 권두에 부재하였다. 이를 사진으로 보이면 다음과 같다.

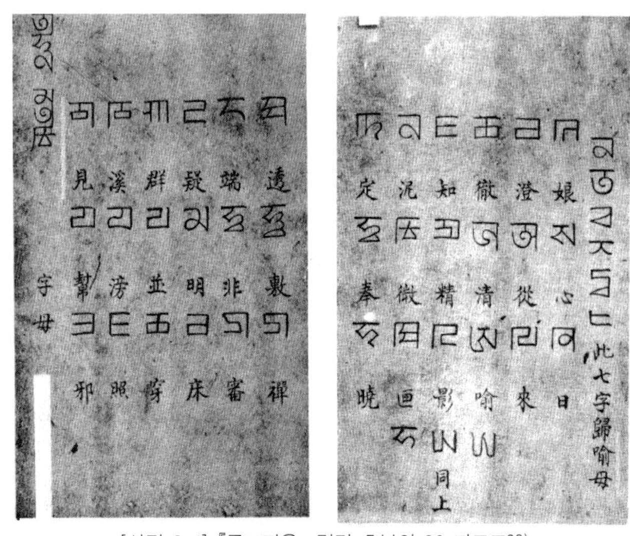

[사진 6-1] 『몽고자운』 런던 초본의 36 자모표23)

---

21) 이에 대하여는 "聲으로 알려진 자모는 처음에 唐末의 僧侶인 守溫이 梵語를 중국어로 번역하면서 30개의 字母를 설정하였으며 宋代 謝靈雲의 『十四音訓敍』에서 梵語의 자음을 한자로 대응시켜 여러 갈래로 쓰이던 反切 上字를 30자모로 정리하였다. 이 梵語 飜譯에서 얻어 낸 한자의 30자모를 중국어의 음운, 즉 어두 자음에 맞게 36자모로 고친 것은 金의 韓道昭가 편한 『五音集韻』(AD. 1212)에서 처음으로 나타난다."(김완진 외, 1997 : 107)라는 설명을 참고할 것.
22) 『몽고자운』의 편찬과 그 런던초본의 서지적 특징에 대하여는 졸저(2009)를 참고할 것.

이 사진의 36자모를 알기 쉽게 표로 보이면 다음과 같다.

	牙音	舌音		脣音		齒音		喉音	半音	
		舌頭音	舌上音	脣重音	脣輕音	齒頭音	正齒音		半舌音	半齒音
全清	見	端	知	幫	非	精	照	曉		
次淸	溪	透	徹	滂	敷	淸	穿	匣		
全濁	群	定	澄	並	奉	從	床	影		
不淸不濁	疑	泥	娘	明	微			喻	來	日
全淸						心	審			
全濁						邪	禪			

[표 6-1] 『몽고자운』 런던 초본의 36 자모표[24]

위의 [사진 6-1]과 [표 6-1]을 살펴보면 설음의 설상음(舌上音) 3개 "知 ㅌ(전청), 徹ᄚ(차청), 澄ᄅ(전탁)"과 치음의 정치음(正齒音) "照ㅌ(전청), 穿ᄚ (차청), 床ᄅ(전탁)"의 셋은 그 파스파 자형(字形)이 같다. 이를 보면 『몽고 자운』에서 설음(舌音)의 설상음(舌上音)과 치음의 정치음(正齒音)이 전청, 차 청, 전탁에서 합류되어 같은 발음이 되었다고 본 것이다.[25] 그리고 순음 (脣音)에서 순경음(脣輕音) 전청(全淸)의 비(非, [ᄛ])모(母)와 전탁(全濁)의 봉(奉, [ᄛ])모(母)가 자형이 동일하다. 따라서 이 넷을 36자모에서 빼면 파스파 문자는 음절 초에 올 수 있는 음운으로 32개만을 인정하고 이 각각을

---

23) 이 사진은 제4장의 [사진 4-4]와 동일한 것이다. 제4장의 사진을 참고하는 번잡을 피하 기 위하여 다시 전재한 것이다.

24) [표 6-1]은 제4장의 [표 4-1]과 동일한 것이다. 역시 제4장의 표를 참고하는 번잡을 피하 기 위하여 다시 전재한 것이다.

25) 朱宗文의 『蒙古字韻』 校添本 권두에 보인 36字母圖에서 설음을 舌頭와 舌上으로 나누었 으며 불청불탁의 泥母 ᄋ[n]와 娘母 ᄀ[n]가 서로 다르다. 따라서 牙音의 불청불탁 '疑 ᄅ[ng]'과 脣音의 '明 ᄰ[m]'과 '微 ᄛ[w]'까지 鼻音[+nasal]이 5개나 인정되었다. 다만 '微 ᄛ[w]'은 [+nasal]의 자질을 인정하였는지 분명하지 않다. 훈민정음에서는 /ㅱ/로 대 응하여 轉寫하였다.

문자로 보인 것이 위의 32 파스파 문자다.[26)

런던초본에 인용한 36자모에 대하여 원대(元代)에 『몽고자운(蒙古字韻)』을 교정 증첨한 주종문(朱宗文)의 자서(自序)에서는 "[전략] 惟古今韻會, 於每字之首, 必於四聲釋之。由是始知見經堅爲 ᡧ, 三十六字之母, 備於韻會, 可謂明切也。[하략]―고금운회에서 매 글자의 첫머리에 반드시 사성(四聲, 여기서는 전청, 차청, 전탁, 불청불탁을 말함)으로 해석하여 이로부터 '見, 經, 堅'[의 첫 발음]이 ᡧ[ㄱ]임을 알게 되었다.[27) 36자모는 운회에서 갖춘 것이며 가히 분명하게 바로 잡은 것이라고 말할 수 있다."이라 하여 <몽고자운>의 이 자모도가 『고금운회(古今韻會)』의 36자모로부터 인용한 것임을 밝히고 있다.[28)

6.1.2.4. 『몽고자운』이외에도 원대(元代) 성희명(盛熙明)이 편찬한 『법서고(法書考)』[29)와 명대(明代) 도종의(陶宗儀)가 편찬한 『서사회요(書史會要)』[30)에도 파스파 문자의 43자가 한자의 운목(韻目)자와 더불어 소개된 바 있다. 인터넷 판에 소개된 『법서고(法書考)』의 파스파자 소개 부분은 권2, 3엽 앞면으로 "[전략] 惟我皇元肇[31)基朔方, 俗尙簡古, 刻木爲信, 猶結繩也。既而頗

---

26) 『몽고자운』에서는 牙音으로 4개, 설두음으로 4개, 설상음 1개(3개는 정치음과 합류), 순중음으로 4개, 순경음으로 3개(순경음 전청과 전탁이 동일 문자), 치두음 5개, 정치음 5개, 후음 4개, 반설음 1개, 반치음 1개, 도합 32개 聲母字를 파스파 문자로 표음하였다.

27) [ ]안은 원문에는 없지만 문맥으로 보아 그런 내용일 경우에 삽입한 것이다. 이하 같다.

28) 현전하는 『古今韻會擧要』의 어느 판본에도 36자모표가 부재된 것은 없다. 다만 필자가 졸저(2009 : 186)에 인용한 고려대 도서관 소장본(화산문고본)에 '禮部韻略七音三十六母通攷'라는 제목이 보인다. 그러나 제목만 있을 뿐 36 字母圖는 없다.

29) 元代 盛熙明이 至正 4년(1334)에 간행한 『法書考』는 모두 8권으로 되었고 書法에 관하여 '書譜, 字源, 筆法, 圖訣, 形勢, 風神, 工用' 등으로 나누어 설명하였다.

30) 明代 도종의가 편찬한 『書史會要』는 전 9권으로 되었고 補遺 1권과 續編 1권이 있다. 上古시대부터 元代에 이르는 사이에 書藝에 능한 사람들을 많이 수록하여 소개하였고 책의 말미에 書法을 부재하였다. Poppe(1957 : 10~13)에 『欽定四庫全書』에 수록된 『書史會要』와 『法書考』에서 파스파 문자 43자를 소개한 것을 사진으로 전재하였다.

用北庭字，書之羊革猶竹簡也。蓋天將徯世以復古，奄有中夏未遑於制作。乃詔國師拔思巴，采諸梵文，創爲國字，其母四十有三。－생각건대 우리 황제의 원나라가 북쪽에 나라를 세우고 옛 것의 간단한 풍속을 숭상하여 나무를 깎아서[刻木] 소식을 전하니 옛날 끈을 묶어 소식을 전하는 것[結繩]과 같았다. 이미 잘못된 위구르 문자[北庭字]를 써서 양피지에 글을 쓰니 마치 죽간에 쓴 것과 같았다. 세상을 옛 것으로 돌리려 하여 중국에 있어서도 서둘러 [글자를] 제작하지 않았다. 이에 국사 팍스파[拔思巴]에 알려 산스크리트 문자[梵文]에서 뽑아서 새로 나라의 글자를 삼으니 그 성모가 43문자이었다.”라는 설명과 함께 파스파자 41개를 한자와 더불어 소개하고 있다.[32]

다음의 [사진 6-2]에서 보이는 바와 같이 『서사회요(書史會要)』(권7 22엽 앞)에도 파스파자를 소개하고 이어서 “右借漢字釋音，並開口呼之。漢字母內則去，丂・丩・刁三字，[33] 而增入亙・引・示・山 四字。切韻多本梵法，或一母獨成一字，或二三母揍成一字。如 't'jen 天, ti 地, jin 人, dong 東, si 西, nam 南, bui 北之類是也。[하략]－앞에서 한자를 빌려 발음을 설명한 것은 모두 [그 글자를] 개구음([a]를 붙여 읽고 받침이 없는 발음)으로 발음한다. 한자로 표시한 자모 가운데 '丂, 丩, 刁'의 3자를 없애고 '亙, 引, 示, 山'의 4자를 더 넣었다. 『절운(切韻)』은 범자(梵字), 산스크리트 문자

---

31) 인터넷에 소개된 이 부분의 한자는 '兆'로 되었다. 원래 '兆'와 '肇'는 동음자로 통용되지만 여기서는 『欽定四庫全書』소수 『법서고』의 같은 부분에 '肇'가 보이므로 이를 택하여 혼란을 피하고자 한다.

32) 파스파자를 43개로 보는 것은 『몽고자운』에서 보이는 36성모자와 喩母 7자를 합하여 통칭 43자로 하였다. 그러나 喩母 7자는 실제로는 6자밖에 제시되어 있지 않아서 42개자만 확인할 수 있다. 앞에서 언급한 대로 脣輕音 全淸과 全濁이 동일 문자여서 1자가 줄어서 41자인데 이것은 元 世祖 쿠빌라이 칸의 파스파자 頒布 詔令에서 41자로 한 것을 상기하게 한다.

33) 이들은 『書史會要』와 『法書考』에 써 넣은 파스파자를 말한다. 『書史會要』의 字形이 분명하지만 하나가 공란으로 되었다. 『法書考』의 것을 그대로 스캔하여 옮겨본다. 특히 『법서고』의 '引'와 '山'는 『書史會要』의 '引'와 '叫'가 더 분명하다..

의 서법을 많이 본받아서 한 성모가 혼자서 한 글자가 되거나 2, 3 성모
가 줄어서 한 글자가 되기도 한다. 예를 들면 't'en'이 '天'의 발음이고 ,
'ti'가 '地', 'žin'이 '人', 'dong'이 '東', 'si'가 '西', 'nam'이 '南', 'bui'가
'北'이 되는 것과 같다."라고34) 하여 한자가 음절 단위의 문자임에 대하
여 파스파자는 음운 단위의 문자임을 설명한 것이다.

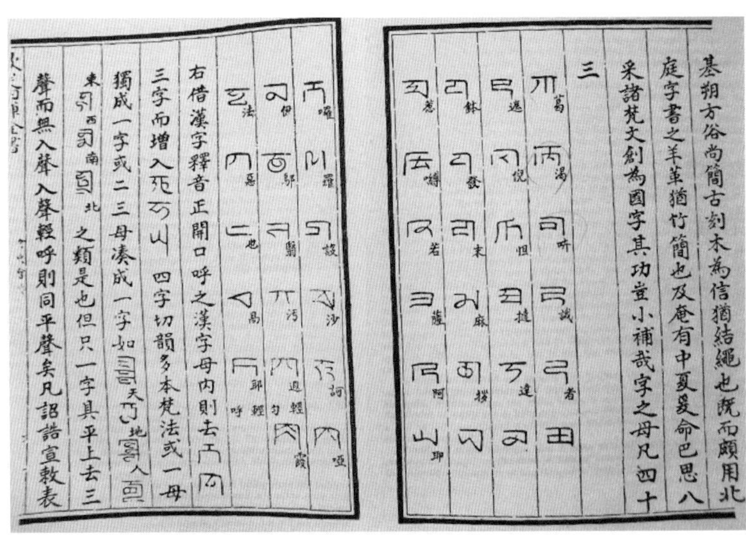

[사진 6-2] 『서사회요(書史會要)』 소재 파스파 문자(제4장에서 재인용)

『법서고(法書考)』에서도 유사한 설명이 붙어있다. 그러나 "切韻多本梵
法" 이하에 "字勢方古嚴重。凡詔誥表章, 鴻文大冊並以書焉。 —글자 모양은
네모나고 옛스러우며 엄중하다. 대체로 아랫사람에게 알리는 글이나 윗
사람에게 올리는 글, 매우 긴 문장이나 커다란 책을 모두 이것으로 쓰게
되었다."라고 하여 『서사회요』의 그것과 다르다.

---

34) 파스파자는 로마자 발음기호로 전사하였다. 여기서는 照那斯圖·楊耐思(1987 : 7)의 전사
   체계에 의거한 것이어서 졸저(2009)와 조금 다르다.

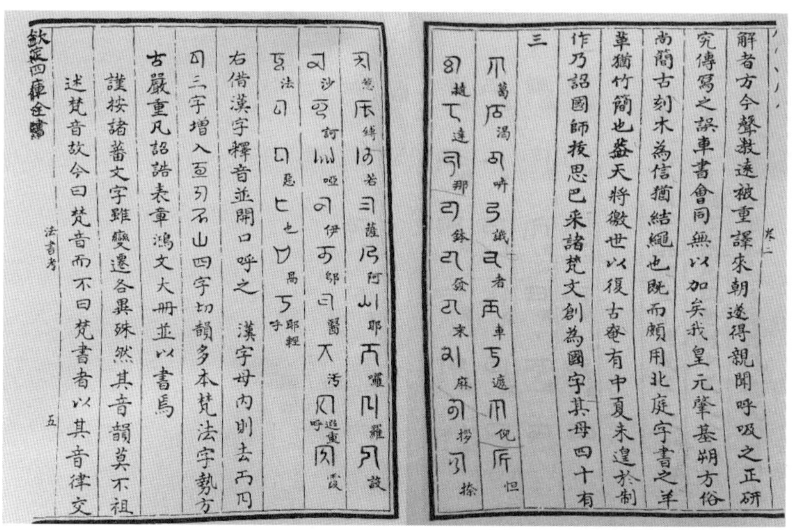

[사진 6-3] 『법서고(法書考)』에 등장하는 파스파 문자(제4장에서 재인용)

[사진 6-3]에 보이는 파스파 문자 가운데 자모(字母) 부분을 전통적 36 자모표(字母表)에 대비하여 보이면 다음과 같다.

	牙音	舌音		脣音		齒音		喉音	半音	
		舌頭音	舌上音	脣重音	脣輕音	齒頭音	正齒音35)		半舌音	半齒音
全淸	葛	恛	者	鉢	法	拶		訶36)		
次淸	渴	撻	車	發37)		擦38)		霞		
全濁	㕦39)	達	遮	末40)		惹41)		阿		
不淸不濁	誐	那	倪	麻	嚩42)			啞	羅	若
全淸						沙	設			
全濁						薩				

[표 6-3] 『법서고(法書考)』의 파스파자 36자모도

---

35) 正齒音으로 간주될 수 있는 파스파자가 '設'를 제외하고는 『書史會要』, 『法書考』에 소
개된 파스파자에서 보이지 않는다. 아마도 舌上音에 나왔기 때문에 다시 소개하지 않은
것으로 보인다.

36) 照那斯圖・楊耐思(1984)에서 인용한 [표 6-4]의 29번 '河'의 '河''는 『書史會要』, 『法
書考』의 어디에도 보이지 않는다. 아마도 '訶'의 착오인 것 같다.

照那斯圖·楊耐思(1984 : 381~382)에서는 이 두 책의 파스파 문자를 정
리하여 자음을 정하려고 하였다. 그리하여 다음과 같이 이 두 책에 의거
하여 정리한 파스파 문자는 매우 부정확하다. 원본의 문자가 매우 혼란
스럽기 때문에 이를 통한 문자의 정리에서도 많은 오류(誤謬)를 갖게 되
었다. 또 이를 이용한 후대의 논문에서도 같은 잘못이 발견된다.

[표 6-4] 照那斯圖·楊耐思(1984)에서 정리한
『서사회요(書史會要)』의 파스파 문자

---

37) 인터넷 『書史會要』, 『法書考』에는 '愛'로 되었으나 『欽定 四庫全書』 소재의 『書史會要』,
  『法書考』 모두가 '發'이다.

38) 『書史會要』에는 이 한자가 공란으로 되었으며 『法書考』에서는 두 판본이 모두 '捺'로 되
  었다. 이것은 분명한 誤字로 照那斯圖·楊耐思(1984)에서는 '撚'로 수정하였다.

39) '哱'자의 '大'가 없는 字이나 필자의 컴퓨터에 들어 있지 않아 이것으로 대신한다.

40) 『法書考』에는 '己'로 보이는 글자를 넣었다.

41) 아마도 '葱'의 오자로 보인다.

42) 이 '嚩 匼'가 올 순서는 아니다. 여기서부터 『法書考』, 『書史會要』의 파스파 자모 순서가
  흐트러졌다.

이외에도 『서사회요(書史會要)』, 『법서고(法書考)』에 소개된 파스파자는 몇 개가 더 있다. 이들은 [사진 6-1]에 보이는 『몽고자운』의 36자모도 옆에 "ᠠ ᠣ ᠴ ᠵ ᠯ ᠲ 此七字歸喩母"로 소개된 7개 모음자들에 해당하나 실제 글자 수는 6개이다. 이들을 정리하면 "伊 ᠠ, 鄔 ᠣ, 喦 ᠴ, 汚 ᠵ, 耶 ᠯ, ᠲ也"와 같다. 이 가운데 '喦 ᠴ'의 'ᠴ'는 윗선을 없앤 자형을 보이고 'ᠯ'는 위의 '也 ᠲ'와 밑에 '喦 ᠴ'를 없애어 두 자의 결합임을 알려준다.

그 밖의 '羅[l]'과 '囉[r]'을 문자로 구별하였고 '醫[e/ė], 遐[G, 경음], 惡[wŭ],[43) 耶ᠲ[ja, 가벼운 발음]'자들을 추가하여 모두 41개 문자를 한 자의 운목자로 발음을 표시하였다. 그럼에도 불구하고 이것은 앞에 언급한 바와 같이 36자모에 유모자(喩母字, 모음자) 7개(유모(喩母) 'ᠥ'가 이미 36자모에 들어 있으므로 실제로는 6개)를 더하여 모두 43자(실은 42자)를 보여주기로 한 양서(兩書) 말미(末尾)의 "字之母凡四十三 — 자모는 모두 43이다."라는 기록과 비교할 때 2자나 부족하다.

뿐만 아니라 『서사회요』, 『법서고』에서 소개한 파스파 문자는 『몽고자운』의 그것처럼 발음 위치에 따른 아설순치후(牙·舌·脣·齒·喉)의 구별과 발음 방법에 따른 전청(全淸), 차청(次淸), 불청불탁(不淸不濁), 전탁(全濁)의 구별 순서도 지키지 않았다. 특히 문제가 되는 것은 칠음(七音)의 각 위치에서 맨 먼저 등장한 아음(牙音)의 '葛 ᠠ'이나 설두음(舌頭音)의 '怛 ᠣ', 설상음(舌上音)의 '者 ᠴ', 순중음(脣重音)의 '鉢 ᠵ', 순경음(脣輕音)의 '法 ᠯ', 치두음(齒頭音)의 '拶 ᠥ', 후음(喉音)의 '訶 ᠲ'가 [표 6-3]에서처럼 과연 전청음(全淸音)인가 하는 문제가 있다.

---

43) 이 '惡'의 파스파자는 照那斯圖·楊耐思(1984)에서 정리된 파스파자의 [표 6-4]에 들어있지 않다.

6.1.2.5. Poppe(1957 : 19)에도 이『서사회요』,『법서고』에 소개된 것에 의하여 순음(脣音)의 '末 **리**'을 양순 무성 경 정지음(unvoiced fortis bilabial stop)의 /p/로 전사하였다. 그러나 이런 발음을 어두에 갖는 어휘가 상대적으로 매우 적으며 부정(否定) 첨사 'pu'와 접속사 'pa'에서는 유성음 /b/로 발음되는데 이러한 이유를 필기상의 오류로 보았다.44) 그러나『몽고자운』의「36자모도」([표 6-1])에 의하면 '並 **리**'은 全濁에 들어 있고 全濁音은 이미 유성음으로 알려졌다.45) 따라서 전탁음이 유성음일 경우『몽고자운』의 '字母'에 배열된 전탁자들은 유성음을 표음한 글자로 보아야 할 것이다.

照那斯圖·楊耐思(1984)에 정리한 파스파자가 실제 발음과 차이가 있고 이에 의거한 照那斯圖·楊耐思(1987)에서 전청자(全淸字)를 유성음(有聲音)으로 재구하고 전탁자(全濁字)를 무성음으로 재구한 것은『서사회요』,『법서고』에서 소개한 파스파 문자가 전탁자와 전청자를 반대로 하였고 이에 근거하여 파스파자를 재구(再構)한 탓으로 볼 수밖에 없다. 앞에 보인 [표 6-3]과『몽고자운』의 36 자모도(字母圖)에 의거한 [표 6-1]를 비교하면 전청자와 전탁자가 완전히 반대가 되었음을 분명하게 볼 수 있다.46)

---

44) 이 부분을 옮겨보면 "[**리**] This represents an unvoiced fortis labial stop *p*. It is founded in comparatively few words. [중략] *P* is found for b in the negative particle pu II 18 and perhaps also in the conjunction *pa* [*ba*?] I 6. As the other monuments write these words with b, it may be assumed that *pu* and *pa* are scribal errors, or that the sign for *b* came out somewhat indistinctly on the rubbings or photographs, thus creating the impression that it was the letter *p*.

45)『東國正韻』의 서문에 "我國語音, 其淸濁之辨, 與中國無異. 而字音獨無濁聲, 豈有此理? 此淸濁之變也. ─우리나라의 말소리에서 청음과 탁음을 분별하는 것이 중국과 더불어 다르지 않는데 한자음(동음)에만 홀로 탁성(濁聲─전탁음)이 없으니 어찌 이치에 맞으리오? 이것이 청탁의 변화다."라고 설파한 것처럼 전탁음, 즉 유성음이 구별되지 않음을 말한 바 있어 우리에게는 쓰이지 않는 음운으로 인식하였다.

46) 졸저(2009 : 189~195)에서는 파스파 전청자의 음가를 무성음으로 하고 전탁자를 유성음

더욱이 이 두 책에 보이는 파스파 문자는 정확하지 못하여 이에 의거한 파스파 자모의 정리도 [표 6-4]에 보인 바와 같이 많이 실패한 것으로 보인다. 照那斯圖・楊耐思(1987)에서는 [표 6-4]에 보이는 파스파자의 음가(音價)와 전사(轉寫) 체계를 수정하여『몽고자운』의 '자모(字母)'에 의거한 부(附) II '몽고자운 자모정체 급 전사표(蒙古字韻字母正體及轉寫表)'(照那斯圖・楊耐思, 1987 : 7)를 작성하였다. 필자에게 고(故) 주나스트(照那斯圖) 박사가 2008년 11월 17일에 서울에서 자필로 수정하여 전해준 照那斯圖・楊耐思(1987)에서는 照那斯圖・楊耐思(1984)의 것을 많이 수정하였다.

이런 사실에 근거하여 졸저(2009 : 188~189)에서는

쿠빌라이 칸의 의도는 파스파자가 몽고어만이 아니고 漢語를 비롯한 여러 언어와 문자를 전사하기 위하여 제정시킨 것이어서 대상 문자를 기계적으로 파스파자로 바꾸는 '飜字(transliteration)'의 방법과 표기대상이 된 언어의 音韻體系에 맞추어 '轉寫(transcription)'하는 방법을 구별하여 사용하게 되었다. 이것은 몽고어와 다른 언어의 음운 차이를 인식한 데서 온 것으로 보인다. 예를 들면 전통적인 중국 聲韻學의 全淸은 無聲無氣音이다. 그러나 파스파자의 全淸音은 몽고어의 有聲無氣音을 표음하는 데 사용하였다. 반면에 중국 전통의 36자모에서 全濁音은 有聲音으로 알려졌는데 몽고어의 無聲無氣音은 全濁字 대응의 파스파자가 표기하였다. 아마도 몽고어의 음운변화에서 유성음이 무성음으로의 변환이 있었던 것으로 보아야 할 것이다.

라고 하여 몽고자의 유성음과 무성음 표기에 혼란이 있었으며 그 원인이 몽고어에서 있었던 음운추이(音韻推移) 현상으로 보았으나 여기서는『서사회요』,『법서고』를 통하여 이해한 36 자모도의 혼란이 그 원인의

으로 하여 새로운 파스파 자음자의 음가를 보였다.

하나가 아닌가 한다. 다만 그동안의 파스파 문자의 해독에 있어서 번자(飜字, nominal phonetic value)와 음운 전사(轉寫, transcription)의 이원적 방법으로 이해한 것은 얼마나 파스파 문자의 해독에 문제가 있었는지를 보여준다.

예를 들어 아음(牙音)의 견모(見母) '見 ꡂ'는 번자(飜字)로는 /k/이고 전사(轉寫)로는 [g]이며 군모(群母) '群 ꡙ'는 번자(飜字)로는 /g/이나 전사로는 [k]로 본다(졸저, 2009 : 189). 이에 대하여는 추후 상세한 논의가 있을 것이다.

3) 훈민정음 31 초성자

6.1.3.0. 훈민정음의 제정에 관한 기사는 5.0.3에서 보인 것처럼 『세종실록』에 두 차례 나타난다. 가장 먼저 나타난 것은 『세종실록』(권102), 세종 25년(1443) 12월조에 "是月上親制諺文二十八字。其字倣古篆。分爲初中終聲, 合之然後, 乃成字。凡于文字及本國俚語, 皆可得而書。字雖簡要, 轉換無窮, 是謂訓民正音-이 달에 임금이 친히 언문 28자를 만들다. 그 글자는 고전(古篆)을[47] 본뜬 것이다. 초·중·종성으로 나누어 합친 다음에 자음을 이룬다. 대저 문자(한자를 말함) [발음] 및 우리의 말도 모두 쓸 수가 있다. 글자는 비록 간출하지만 전환이 무궁한데 이것이 소위 말하는 훈민정음이다."라는 내용의 기사이다.

그리고 두 번째는 『세종실록』(권113), 세종 28년(1446) 9월조에

是月訓民正音成。御製曰 : 國之語音, 異乎中國, 與文字不相流通, [중략]ㄱ
牙音如君字初發聲, [중략]·如呑字中聲, 一如卽字中聲, ㅣ如侵字中聲。[중략]
初聲○連書脣音之下, 則爲脣輕音。[중략] 禮曹判書鄭麟趾序曰, [중략] 正音

---

47) 이 '古篆'에 대하여는 많은 논의가 있다. 필자의 관심을 끄는 것은 '蒙古篆字'의 약자라는 Ledyard 교수의 주장인데 몽고전자는 파스파자의 篆字 필법을 말한다. 학계에서는 篆字 필체를 말한다고 보는 것이 일반적인 추세인 것 같다.

之作, 無所祖述。[하략]—이달에 훈민정음이 완성되었다. 임금이 지어 말씀하시기를 우리말의 발음이 중국[어의 그것]과 달라서 문자가 서로 통하지 못한다. [중략] '♡'는 [呑]자의 가운데 소리 같고 '으'는 [卽]자의 가운데 소리 같고 '이'는 [侵]자의 가운데 소리 같다. [중략] 예조판서 정인지가 서에서 말하기를 [중략] 훈민정음을 지은 것은 옛 사람이 저술한 바가 없다. [하략]—

라는 내용의 기사이다.

그러나 세종 28년의 두 번째 기사에 나오는 '훈민정음'은 오늘날 <해례본>으로 알려진 서적의 완성을 말한다. 이 『세종실록』(권113)의 기사에는 <해례본>의 앞 석장, 즉 세종의 '어제서문(御製序文)'과 '예의(例義)'와 함께 권미(卷尾)에 붙은 정인지(鄭麟趾)의 후서(後序)가 들어있어 '실록본(實錄本) 훈민정음'(이하 <실록본>으로 약칭함)이라고 불리기도 한다.

<해례본>과 <실록본> 이외에 또 하나의 훈민정음은 고(故) 박승빈(朴勝彬)씨가 구장(舊藏)했던 것으로 우리말로 풀이된 소위 '언해본(諺解本) 훈민정음', 또는 '국역본(國譯本) 훈민정음'이 있다. 이것은 전술한 바 있는「훈민정음」·「세종어제훈민정음」이란 권두의 제목으로 불리기도 하는데 본고에서는 편의상 <언해본>으로 약칭하고자 한다. 이 <언해본>은 세종의 서문과 예의(例義) 부분의 석장 반을 우리말로 풀이한 것으로 <해례본>에 비하여는 '해례(解例)'와 '정인지(鄭麟趾)의 후서'가 빠졌고 <실록본>에 비하면 정인지의 후서(後序)만 빠진 것이지만 모두 우리말로 풀이가 된 것이 앞의 두 훈민정음과 다르다는 사실을 제5장에서 살펴보았다.[48]

---

48) 이 외에도 『訓蒙字會』 권두에 이들과는 완전히 다르게 한글에 대하여 설명한 '諺文字母'가 있다. 여기서는 훈민정음, 또는 정음이란 명칭 대신에 '諺文'이란 이름으로 세종의 신문자를 불렀고 그 각각의 설명도 "ㄱ 君字初發聲, ㅋ 快字初發聲" 등이 아니라 "ㄱ 其役, ㄴ 尼隱 …"으로 설명되었다. 후자는 초성과 종성의 예를 이두, 구결 등에 자주 쓰이는 한자로 음가를 보인 것이라면 전자는 중국 전통의 36자모에 맞춘 것이라고 볼 수 있다.

이 3종의 훈민정음에서는 초성에 17자의 예(例, 자형)와 의(義, 발음)를 보이고 해례본에서는 이들의 제자에 대한 해설과 용자(用字)의 예를 든 것이다.49) 이 부분을 "略揭例義以示之 — 간략하게 예(例)와 뜻(義)을 들어 보인 것이다."라는 정인지의 후서에서 따라 '예의(例義)'라 하고 여기에서는 초성(初聲) 17자를 아(牙), 설(舌), 순(脣), 치(齒), 후(喉)의 발음 위치와 전청(全淸), 차청(次淸), 전탁(全濁), 불청불탁(不淸不濁)의 발음 방식에 따라 분류하여 그 음가를 설명하였다. 물론 이어서 중성(中聲)과 종성(終聲)에 대하여도 예의(例義)에서 같은 방식으로 언급된다.

6.1.3.1. 실록본과 언해본, 그리고 해례본에서는 초성 17자 이외에 쌍서자(雙書字)인 전탁음(全濁音) 표시자와 순음(脣音)에서 순경음자(脣輕音字)의 제자 방법을 보였다. 그리하여 이론적으로는 전탁(全濁)의 쌍서자(雙書字) 6개(ㄲ, ㄸ, ㅃ, ㅆ, ㅉ, ㅎㅎ)와 순경음자(脣輕音字) 3개(ㅸ, ㅹ, ㅱ)를 더하여 모두 26개의 초성자를 만든 셈이 된다.50) 예의(例義)에서는 17자의 경우에만 자형의 예를 보이고 전탁의 각자병서자(各字竝書字, 쌍서자)와 순경음자(脣輕音字)는 글자의 예를 보이지 않았다.

그런데 <언해본>에는 앞의 2종에 없는 문자를 추가하여 제정하여 보였다. 즉 <언해본>에는 말미(末尾)에 예의(例義)의 마지막 부분인 '入聲

---

49) 실록본에서 훈민정음의 어제 서문 및 다음에 이어지는 "ㄱ牙音, 如君字初發聲。竝書如虯字初發聲。ㅋ牙音, 如快字初發聲。…" 등과 해례본에서 어제 서문 및 "ㄱ、牙音, 如君字初發聲。竝書如虯字初發聲。…", 그리고 언해본에서 어제 서문과 그 언해, 그리고 "ㄱ는 엄소리니…" 부분을 '例義'라고 부르는 것은 정인지의 후서에 "癸亥冬, 我殿下創制正音二十八字, 略揭例義以示之, 名曰訓民正音。"의 '略揭例義以示之' 구절에서 가져 온 것이다.

50) 이론적으로는 순경음이 순음 'ㅂ, ㅍ, ㅃ, ㅁ'의 4개에 'ㅇ'를 붙여 'ㅸ, ㆄ, ㅹ, ㅱ'와 같이 4개의 순경음을 만들 수 있지만 全濁의 'ㆄ'는 인정하지 않은 것 같다. 즉 『사성통해』에 부재된 「洪武韻三十一字母之圖」에서는 다른 자모도와 달리 'ㆄ'가 삭제되었다. 후술하겠지만 이 「洪武韻 31자모도」가 바로 언해본 훈민정음의 漢音 표기 정음자이다.

加點同而促急漢音'을 "入聲은 點의 더우믄 호가지로디 섈ᄅ니라" 라고 언해한 다음에 '漢音齒聲은 有齒頭正齒之別ᄒ니−中國 소리옛 니쏘리리는 齒頭와 正齒왜 굴히요미잇ᄂ니'로 시작하는 치두음(齒頭音)과 정치음(正齒音)을 구별하여 표음하는 내용이 이어지고 앞에서 언급한 치음(齒音) 표시의 자형과 조금 다른 훈민정음의 자형을 보였다.

그 부분에서 언해문과 원문을 따로 여기에 옮겨 보면 다음과 같다.

ᅎ, ᅔ, ᅏ, ᄼ, ᄽ 字는 齒頭ㅅ 소리예 쓰고, ᅐ, ᅕ, ᅑ, ᄾ, ᄿ 字는 正齒ㅅ소리예 쓰ᄂ니, 엄과 혀와 입시울와 목소리옛 字는 中國 소리예 通히 쓰ᄂ니라. (漢音齒聲은 有齒頭正齒之別 ᅎ, ᅔ, ᅏ, ᄼ, ᄽ 字는 用於齒頭ᄒ고, ᅐ, ᅕ, ᅑ, ᄾ, ᄿ 字는 用於正齒ᄒᄂ니, 牙舌脣喉之字는 通用於漢音ᄒᄂ니라.)

언해문이 먼저 있고 다음 ( )안의 것은 본문이다. 띄어쓰기와 구두점은 필자.

이것은 한음(漢音) 표기의 경우라고 전제(前提)하였지만 치음 /ㅅ, ㅆ, ㅈ, ㅊ, ㅉ/를 치두(齒頭)와 정치(正齒)로 나누어 치두음의 표음은 /ㅅ, ㅆ, ㅈ, ㅊ, ㅉ/으로 하고 정치음은 /ㅅ, ㅆ, ㅈ, ㅊ, ㅉ/로 하여 서로 다른 글자를 5개 더 만들었다. 이론적으로는 앞에서 언급한 26자, 즉 초성 17자에 전탁자(6자)와 순경음자(3자) 이외로 치두음과 정치음을 구별하는 5개의 글자가 더 만든 것이며 이 모두를 합하면 모두 31개의 글자를 만든 것이다. <언해본>에서 '한음(漢音)'의 표기에 쓴다는 전제는 한자의 중국어 표준음, 즉 한음(漢音)을 표기하기 위한 것이라고 이해하여야 한다. 왜냐하면 우리말의 표기에는 이러한 구별이 필요 없기 때문이다.

이 31개 초성자는 위에서 논의한 『몽고자운』의 '자모(字母)'에서 파스파 문자와 대응시킨 32 자모와 관계가 있다. 또 31개 초성자는 비단 <언해본>에만 있었던 것이 아니고 최세진의 『사성통해(四聲通解)』에도 다양한 이름으로 보여주었다. 아마도 이것은 신숙주(申叔舟)의 『사성통고(四聲通攷)』에 소급(遡及)될 것이고 훈민정음 창제의 배경적 이론이었을 것이다. 다음에 이에 대하여 고찰하기로 한다.

6.1.3.2. 중국어의 한음(漢音) 표기를 위하여 만든 치두(齒頭)와 정치(正齒)의 구별을 보여주는 초성(初聲)과 이미 우리 한자음의 정리에 필요했던 순경음(脣輕音), 전탁음(全濁音)의 표기를 위하여 만든 훈민정음의 초성자(初聲字)들은 『사성통해(四聲通解)』의 권두에 「광운삼십육자모지도(廣韻三十六字母之圖)」, 「운회삼십오자모지도(韻會三十五字母之圖)」, 「홍무운삼십일자모지도(洪武韻三十一字母之圖)」란 이름으로 정리되었다. 먼저 「광운삼십육자모지도(廣韻三十六字母之圖)」를 살펴보면 다음과 같다.

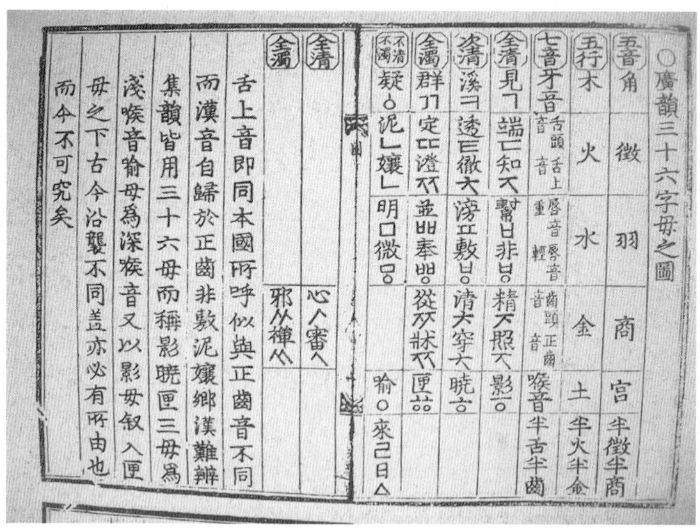

[사진 6-4] 『사성통해』 권두의 「광운삼십육자모지도(廣韻三十六字母之圖)」

이 [사진 6-4]를 도표로 정리하여 보기 쉽게 하면 다음과 같다.

五音	角	徵		羽		商		宮	半徵半商	
五行	木	火		水		金		土	半火半金	
七音	牙音	舌頭音	舌上音	脣音重	脣音輕	齒頭音	正齒音	喉音	半舌半齒	
全淸	見 ㄱ	端 ㄷ	知 ㅈ	幫 ㅂ	非 ㅸ	精 ㅈ	照 ㅈ	影 ㆆ		
次淸	溪 ㅋ	透 ㅌ	徹 ㅊ	滂 ㅍ	敷 ㅸ	淸 ㅊ	穿 ㅊ	曉 ㅎ		
全濁	群 ㄲ	定 ㄸ	澄 ㅉ	並 ㅃ	奉 ㅹ	從 ㅉ	狀 ㅉ	匣 ㆅ		
不淸不濁	疑 ㆁ	泥 ㄴ	孃 ㄴ	明 ㅁ	微 ㅱ			喩 ㅇ	來ㄹ	日ㅿ
全淸						心 ㅅ	審 ㅅ			
全濁						邪 ㅆ	禪 ㅆ			

[표 6-4] 『사성통해』권두의 「광운삼십육자모지도(廣韻三十六字母之圖)」

위의 [사진 6-4]와 [표 6-4]에서 「광운삼십육자모지도(廣韻三十六字母之圖)」는 36개의 운목자와 그에 상응하는 정음자(正音字)를 표시하였다. 오음(五音) 가운데 아음(牙音)과 후음(喉音)을 제외하고는 모두 둘로 나누었다. 특히 설음(舌音)을 설두(舌頭)와 설상(舌上)으로 나누어 설두음(舌頭音)은 전청, 차청, 전탁, 불청불탁의 4자로 '端 ㄷ, 透 ㅌ, 定 ㄸ, 泥 ㄴ'를 보였으며 설상음(舌上音)도 '知 ㅈ, 徹 ㅊ, 澄 ㅉ, 孃 ㄴ'으로 보였다. 그러나 후자는 '孃ㄴ'을 제외하고는 자형이 완전히 다르며 오히려 치음의 정치음(正齒音)과 동일하다.

이에 대하여 [사진 6-4]의 좌측 3행부터 매우 의미심장한 기사가 보인다. 이를 옮겨 우리말로 풀이하면 다음과 같다.

舌上音卽同本國所呼, 似與正齒音不同, 而漢音自歸於正齒。非敷泥孃鄕漢難辨, 集韻皆用三十六母。而稱影曉匣三母爲淺, 喉音喩母爲深。喉音又以影母紋入匣母之下, 古今沿襲不同。盖亦必有所由也, 而今不可究矣。 ―설상음은 우리

나라 말의 발음하는 바와 같아서 정치음과 비슷하지만 같지는 않은데
한음(漢音)이 스스로 정치음에 돌아 간 것이다. 非[ㅸ]와 敷[ㅸ], 泥[ㄴ]와
孃[ㄴ]는 우리말이나 한음이 모두 구별하기 어려운데 집운(集韻, 운서 이
름)에서 36모를 모두 사용하였다. 그리고 影母[ㆆ], 曉모[ㅎ], 匣모[ㆅ]의
3모는 얕게 [발음하게] 되고 후음의 喩母[ㅇ]는 깊게 [발음하게] 된다.
또 후음에서 影모[ㆆ]는 匣모[ㆅ]의 아래에 들어가 있어서 오늘에 이어
지는 옛 것과 같지 않은데 역시 의지하여 따르는 곳이 반드시 있을 것
이나 지금에는 이를 연구하여 밝히기가 불가능하다.

이것은 위에서 살펴본 설상음(舌上音)과 정치음(正齒音)의 구별이 『몽고
자운』의 파스파자 36 자모도(字母圖)에 의존하고 있음을 말한다. 즉 [사진
6-1]과 [표 6-1]에서 본 『몽고자운』 런던 초본(鈔本)의 권두에 첨부된 자
모도는 중국 전통의 36 자모도(字母圖)를 보이지만 파스파자의 자형은 설
상음의 "知 ㅌ(전청), 徹 ㆅ(차청), 澄 ㄹ(전탁)"이 치음의 정치음 "照 ㅌ(전
청), 穿 ㆅ(차청), 床 ㄹ(전탁)"과 완전히 동일하며 『사성통해』의 「광운삼
십육자모지도(廣韻三十六字母之圖)」도 설상음 "知ㅈ, 徹ㅊ, 澄ㅉ"의 훈민정음
자가 정치음의 "照ㅈ, 穿ㅊ, 狀ㅉ"과 완전히 일치한다.[51]

이것으로부터 "설상음(舌上音)이 정치음(正齒音)과 비슷하지만 서로 다른
데 '한음(漢音)'이 스스로 정치음에 돌아간 것이다(舌上音[중략], 似與正齒音不
同, 漢音自歸於正齒)"라는 구절은 『몽고자운』의 자모도(字母圖)에서 설상음과
정치음을 같은 파스파자로 표기한 것을 지적한 것임을 알 수 있으며 여
기서 우리는 '한음(漢音)'이란 것이 파스파 문자를 의미하는 것임을 알

---

[51] 『사성통해』와 『몽고자운』의 설상음과 정치음에서 『사성통해』의 경우에는 설상음이 "知,
徹, 澄, 孃"이고 『몽고자운』의 경우에는 "知, 徹, 澄, 娘"으로 '孃 : 娘'이 서로 다르고 역
시 정치음에서도 '狀 : 床'이 서로 다르다. 졸저에서는 아마도 『蒙古韻略』의 것을 인용한
것이 아닌가 하였다.

수 있다.

또 마지막 구절의 "喉音又以影母敍入匣母之下。—후음에서 影모[ㆆ]는 匣모[ㆅ]의 아래에 들어가 있다."는 것은 『몽고자운』의 자모도에서 후음 (喉音)이 보이는 이상한 서열(序列)을 거론한 것이다. 왜냐하면 [사진 6-1] 과 [표 6-1]에 보이는 몽고운(蒙古韻)의 자모도에서 후음(喉音) 전청(全淸)의 운목자가 '曉[ᅙ, ㅎ]'모(母)이고 '影[ᄛ, ㆆ]'모(母)가 차청(次淸) '匣[ᄝ, ㆅ]'모의 다음인 전탁(全濁)에 들어있기 때문이다. 이에 대하여는 다음에 상론하기로 한다.

이러한 사실은 『사성통해』 권두에 부재된 「광운(廣韻) 36자모도」가 『몽 고운략』의 「자모도(字母圖)」이거나 이를 이어받은 『고금운회(古今韻會)』, 『고 금운회거요(古今韻會擧要)』, 『몽고자운(蒙古字韻)』 등의 몽고운(蒙古韻)으로부 터 옮긴 것임을 말한다. 또 이것은 『사성통고』를 이어 받은 『사성통해』 의 기사이므로 『사성통고』를 편찬한 신숙주(申叔舟) 등 훈민정음 제정에 관여한 친간명유(親揀名儒)에 의하여 몽고운(蒙古韻)의 자모도가 참고 되었 음을 명확하게 증명하고 있다.

다만 설두(舌頭)와 설상(舌上)에서 불청불탁의 '泥[ᄛ]'와 '娘[ᄓ]'으로 파스파자가 서로 다르고 순경음(脣輕音)의 전청 '非[ᅙ]'와 차청의 '敷 [ᅙ]'는52) 역시 파스파자가 조금 다르나 전탁(全濁)의 '奉[ᅙ]'는 전청자 와 동일하다. 『사성통해』의 「광운(廣韻) 36자모도」에서 '泥[ㄴ] : 孃[ㄴ]', '非[ㅸ] : 敷[ㅸ]'로 정음자가 서로 같다. 이에 대하여 전게한 기사에서 "鄕漢難辨—우리말과 한음에서 모두 변별하기 어려운 것"으로 보았다. 이것은 『사성통해』의 권두에 소재된 「광운(廣韻) 36자모도」가 『몽고자운』

---

52) 순경음의 전청 '非 ᅙ'와 차청의 '敷 ᅙ'의 파스파자를 동일한 것으로 보는 연구자도 적
   지 않다.

등의 몽고운 자모도(字母圖)에 근거하고 있음을 확인시켜 준다.

그러면『몽고자운』는 어떠한 운서인가? 졸고(2008d)와 졸저(2009)에 의하면 금대(金代) 평수(平水)[53] 사람 왕문욱(王文郁)이 정대(正大) 6년(1229)에『신간운략(新刊韻略)』을 편찬하였는데 이 운서는『예부운략(禮部韻略)』계통으로 송대(宋代) 경덕(景德) 연간(1004~1007)에 간행된『운략(韻略)』을 남본(藍本)으로 한 것으로 속칭 <평수운(平水韻)>이라고도 불렸다. 106운으로 나누었고 반절(反切)로 발음을 표시하였으며 그 뜻을 주석하였다. 사성(四聲)도 표시하였는데 송대(宋代)의 간본은 전하는 바가 없고 역시 청대(淸代)의 초본(鈔本)만이 이용되고 있다(寧忌浮, 1994 : 128).[54]

필자가 참고한『몽고자운』의 런던초본은 이『신간운략(新刊韻略)』을 근거로 하여 주종문(朱宗文)이 교정하고 한자를 증첨(增添)한 것이다. 졸저(2009 : 89~90)에서는『몽고자운』에 주종문(朱宗文)이 증첨한 한자가 다수 있음을 밝히면서 이 양자의 관계를 살펴보았다. 주종문은『고금운회』등을 참고하여 원래에 있던『몽고자운』을 교정하고 한자를 증첨한 것이라 하였다(졸저, 2009 : 58~71). 따라서 신숙주(申叔舟) 등 친간(親揀) 명유(名儒)가 참고한 것은『몽고운략(蒙古韻略)』으로, 이 몽고운서는『광운(廣韻)』계통의『운략(韻略)』을 파스파자로 표음한 운서가 아닌가 한다.[55]

---

53) 金의 平水는 平陽이라고도 불렸으며 오늘날의 山西省 臨汾을 말한다. 王文郁이 平水人이어서 그의『新刊韻略』을 <平水韻>이라고도 부른다(寧忌浮, 1994 : 128).

54) 필자가 참고한『新刊韻略』은 북경의 국가도서관(구북경도서관)의 소자장본으로 청대 초본이다.

55) 崔世珍이 편찬한『四聲通解』의 권두 범례에 "蒙古韻略, 元朝所撰也。胡元入主中國, 乃以國字飜漢字之音, 作韻書, 以敎國人者也。 —몽고운략은 원대에 편찬된 것이다. 오랑캐 원이 중국에 들어가서 주인이 되어 나라의 글자(파스파자를 말함—필자)로 한자의 발음을 표기하여 운서를 만들고 그로써 나라 사람을 가르쳤다."라는 기사가 부재되어 있는데 이는 신숙주의『四聲通攷』에서 인용한 것으로『몽고운략』을 세종조의 신숙주 등이 참고하였음을 증언한다.

그리고 이것을 『고금운회(古今韻會)』에 근거하여 수정한 것이 『몽고자운』이며 이 운서(韻書)가 당시 파스파 문자의 교육과 과거(科擧)시험 준비에 널리 이용된 것으로 보인다(졸저, 2009 : 62~63). 그리고 런던초본의 『몽고자운』은 여기에 주종문(朱宗文)이 『고금운회거요(古今韻會擧要)』 등을 기대어 교정하고 한자를 증첨(增添)한 것으로 보아야 할 것이다.

졸저(2009 : 78)에는 『몽고운략』에서 {원본} 『몽고자운』, 그리고 런던초본에 이르기까지의 영향 관계를 吉池孝一(2008 : 143)의 도표를 이용하여 설명하였는데 이를 수정하여 여기에 옮겨보면 다음과 같다.

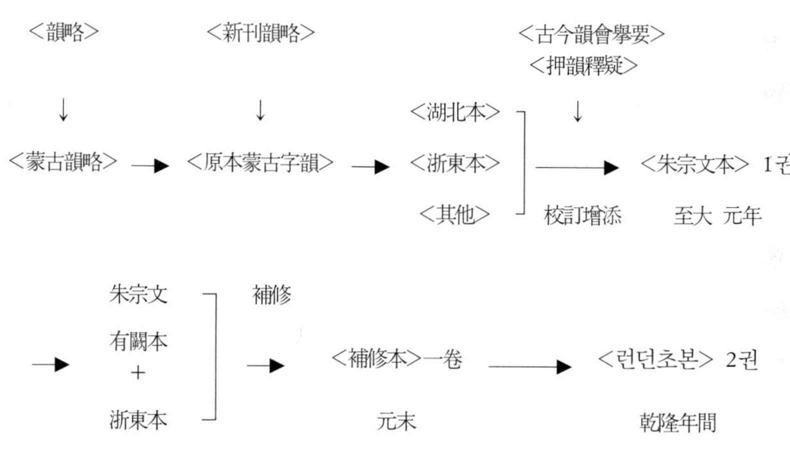

[표 6-5] 파스파자로 된 몽고운서(蒙古韻書)의 계보도(系譜圖)

이 [표 6-5]에 의하면 경덕본(景德本) 『운략(韻略)』을 남본(藍本)으로 하여 파스파자로 한자음을 표음한 『몽고운략(蒙古韻略)』이 있었고 이를 세종과 집현전(集賢殿)의 신숙주(申叔舟)·성삼문(成三問) 등 친간명유(親揀名儒)가 참고하였으며 후에 『신간운략(新刊韻略)』이나 『고금운회』를 참고로 하여 역시 파스파자로 한자음을 표음한 『몽고자운(蒙古字韻)』이 편찬된 것으로 본다. 여기에 주종문(朱宗文)이 『압운석의(押韻釋疑)』, 『고금운회거요(古今韻會擧要)』 등을 참고로 하여 교정증첨(校訂增添)한 『몽고자운』이 지대(至大) 무신(戊申, 1308)에 간행되었고 원말(元末)에 이를 다시 보수(補修)한 것이 있으며 이를 건륭(乾隆) 연간에 필사한 것이 우리가 볼 수 있는 런던초본이 될 것이다.

6.1.3.3. 『사성통해(四聲通解)』 권두에는 「광운(廣韻) 36자모도」 이외에도 「운회(韻會) 35자모도」가 이어서 소개되었다. 여기서 '운회(韻會)'란 전술한 바와 같이 『고금운회(古今韻會)』나 『고금운회거요(古今韻會擧要)』를 말할 것이고 아마도 『몽고운략(蒙古韻略)』에는 이 「운회(韻會) 35자모도」와 「광운(廣韻) 36자모도」와 함께 등재되었을 것으로 보이며 『사성통고(四聲通攷)』에 이를 옮겨 놓았던 것을 『사성통해』가 그대로 전재한 것으로 보인다. 이를 사진으로 보이면 다음의 [사진 6-5]와 같다.

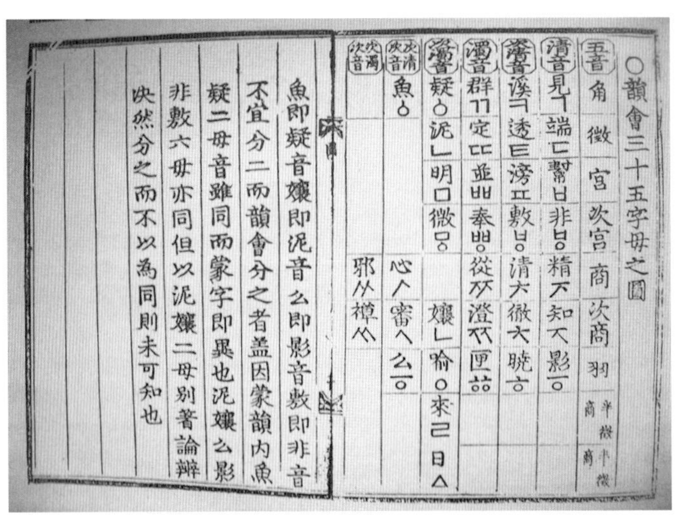

[사진 6-5] 『사성통해』 권두의 「운회삼십오자모지도(韻會三十五字母之圖)」

원대(元代) 황공소(黃公紹)의 『고금
운회(古今韻會)』는 출판된 일이 없는
것으로 알려져 있고 오늘날 전해
지는 것은 후대에 웅충(熊忠)이 『고
금운회(古今韻會)』를 축약한 『고금운
회거요(古今韻會擧要)』가 전할 뿐인데
현재 여기에는 '36자모도'가 없다.
다만 화산본 『고금운회거요(古今韻
會擧要)』(고려대 도서관 소장)의 권두에
「예부운략칠음삼십육모통고(禮部韻
略七音三十六母通攷)」라는 제목이 있고
이어서 "거고자운음동(據古字韻音同)"
이란 기사가 있어서 본래 여기에

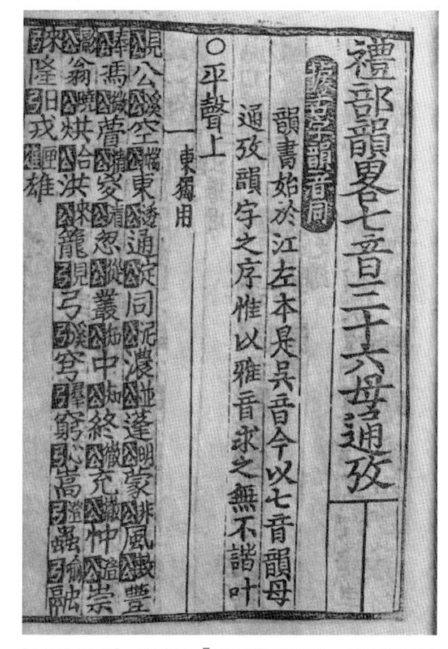

[사진 6-6] 화산본 『고금운회거요』 권두의 36
모통고(母通攷)

36자모도가 부재되었으나 후일 어떤 이유로 삭제되고 "몽고자운음동(蒙
古字韻音同)"도 "거고운자운음동(據古字韻音同)"으로 '蒙→據'로 바뀌게 된
것으로 보인다. 역시 호원(胡元)의 잔재(殘滓)를 없애려는 명대(明代)에 이루
어진 교정이었다고 판단된다. 그 부분을 사진으로 보이면 [사진 6-6]과
같다.56)

이와 같이 '삼십육자모도(三十六字母圖)'는 원대(元代) 몽고인들이 애용하
여 한자음의 파스파 문자 전사에 사용되었으며57) 아마도 『몽고운략(蒙古

---

56) "蒙古字韻音同"을 "據古字韻音同"으로 바꾼 것은 明初 明 太祖의 '胡元殘滓'의 抹殺 정책
과 관련이 있을 것이다.

57) 36자모도는 唐代 西域에서 온 신공(神珙)이란 佛僧에 의하여 「사성오음구롱반뉴도(四聲
五音九弄反紐圖)」로 나타난다. 발달된 고대 인도의 聲明學, 즉 음성학에 의거하여 조음위
치와 조음방식으로 음운을 분석하여 圖式化하는 방법이다. 6.1.2.3을 참고할 것.

韻略)』에도 칠음(七音), 즉 '아(牙)·설(舌)·순(脣)·치(齒)·후(喉)·반설(半舌)·
반치(半齒)'의 발음 위치에 따르고 전청(全淸)·차청(次淸)·전탁(全濁)·불청
불탁(不淸不濁)의 발음방식으로 나누어 36모를 배열한 파스파 문자의 자
모도(字母圖)가 첨부되어 『몽고자운(蒙古字韻)』에 이어졌고 또 『고금운회(古
今韻會)』에도 전수되었기 때문에 위와 같은 '거고자운음동(據古字韻音同)'이
란 알림과 함께 후대의 판본에서는 36자모도를 삭제한 것으로 보인
다.58)

[사진 6-5]에 보이는 『사성통해』의 「운회삼십오자모지도(韻會三十五字母
之圖)」를 보기 쉽게 표로 작성하면 다음과 같다.

五音	角	徵	宮	次宮	商	次商	羽	半徵商	半徵商
淸音	見 ㄱ	端 ㄷ	幫 ㅂ	非 ㅸ	精 ㅈ	知 ㅈ	影 ㆆ		
次淸音	溪 ㅋ	透 ㅌ	滂 ㅍ	敷 ㅸ	淸 ㅊ	撤 ㅊ	曉 ㅎ		
濁音	群 ㄲ	定 ㄸ	並 ㅃ	奉 ㅹ	從 ㅉ	澄 ㅉ	匣 ㆅ		
次濁音	疑 ㆁ	泥 ㄴ	明 ㅁ	微 ㅱ		孃 ㄴ	喩 ㅇ		
次淸次音	魚 ㆁ				心 ㅅ	審 ㅅ	幺 ㆆ	來 ㄹ	日 ㅿ
次濁次音					邪 ㅆ	禪 ㅆ			

[표 6-6] 『사성통해』 권두의 「운회(韻會) 35자모도」

「운회(韻會) 35자모도」에서는 처음부터 설음(舌音)에서 설두(舌頭)와 설상
(舌上)의 구별이 없고 설음(舌音)에는 설두음(舌頭音) "端[ㄷ], 透[ㅌ], 定
[ㄸ], 泥[ㄴ]" 뿐이다. 「광운(廣韻) 36자모도」에서 정치음(正齒音)과 자형이
일치했던 설상음(舌上音) 3자가 없어졌을 뿐 아니라 파스파 문자로 '泥

<hr>

58) 아마도 『古今韻會』나 그 『擧要』의 初版에는 파스파 문자로 대응된 「36자모도」가 사진의
위치에 부재되었을 것이나 明初 胡元殘滓의 말살 정책으로 후대 판본에서 그것이 사라
졌을 가능성이 있다.

[ㆆ] : 娘[ㅁ]'로 구분되던 것도 없어졌다. 즉 설음(舌音)에서 전청, 차청, 전탁, 불청불탁의 설두음(舌頭音)과 설상음(舌上音)의 구별이 없어져 4모가 줄었다. 이미 몽고운(蒙古韻)에서 이 두 음의 구별이 없어진 것을 말한다. 그러나 순음(脣音)의 순중(脣重)과 순경(脣輕)으로 구분되어 '궁(宮), 차궁(次宮)'으로 나뉘었고 치두음(齒頭音)과 정치음(正齒音)도 상(商)과 차상(次商)으로 구별되었다.

「광운(廣韻) 36자모도」와 다른 것은 설음(舌音)에서 '泥[ㆆ] : 娘[ㅁ]'의 구분이 없어진 대신 차상(次商, 正齒音)에 '孃[ㄴ]'모를 추가했고 설상음(舌上音)의 다른 3모(母) 대신에 '角'(ㄱ, 牙音)에서 차청차음(次淸次音)의 '魚[ㅇ]' 모와 '羽'(ㅇ, 喉音)에서 역시 차청차음(次淸次音)의 'ㅿ[ㆆ]'모의 2모를 추가 하여 1모를 줄였다. 이것은 실제로 설상음(舌上音) 4모를 모두 줄인 셈이 며 여기서 추가한 '魚[ㅇ], 孃[ㄴ], ㅿ[ㆆ]'음은 당시 북경음(北京音)에서는 구별되었을지 모르나 우리 한자음이나 고유어음에서는 실재하지 않았던 것으로 정음(正音)의 초성 표기는 '疑[ㅇ] : 魚[ㅇ]', '泥[ㄴ] : 孃[ㄴ]', '影 [ㆆ] : ㅿ[ㆆ]'로 자형(字形)이 모두 같다.

이에 대하여 이미 『사성통고』의 저자들이나 『사성통해』의 최세진도 파악하고 있었던 것으로 [사진 6-5]에 보이는 「운회(韻會) 35자모도」의 좌측에 다음과 같은 해설을 기입하였다.

魚卽疑音, 孃卽泥音, ㅿ卽影音, 敷卽非音, 不宜分二。而韻會分之者, 盖因蒙
韻內魚、疑二母音雖同, 而蒙字卽異也。泥、孃、ㅿ、影、非、敷六母亦同, 但
以泥、孃二母別著, 論辨決然分之, 而不以爲同則未可知也。ㅡ [ㅇ]魚와 [ㅇ]
疑, [ㄴ]孃과 [ㄴ]泥, [ㆆ]ㅿ와 [ㆆ]影, [ㅸ]敷와 [ㅸ]非는 둘로 나누지 말
아야 하는 것이다. 그러나 운회에서 [이를] 나눈 것은 모두 몽운 내에서
'魚[ᴔ]'와 '疑[ㄹ]'가 비록 같지만 몽고자가59) 다르다. 泥[ㄴ] : 孃[ㄴ],

ㅿ[ㆆ] : 影[ㆆ], 非[ㅸ] : 敷[ㅹ]의 6모도 같다. 다만 '泥[ㄴ] : 孃[ㅇ]'은 매
우 달라서 분명하게 나뉘어야 하는데 그렇게 하지 않고 같게 한 것은
알 수가 없다.

라고 하여 훈민정음의 언해본에서 '欲[ㅇ]'과 '業[ㅇ]'을 별개의 음운으
로 구별하였다.60)

현대 음성학의 입장에서 보면 'ㅇ(欲母)'는 구강(口腔) 내의 유성음이고
'ㅇ(業母)'는 비음(鼻音)이니 완전히 다른 음운이다. 그럼에도 불구하고 훈
민정음 제정자들이 유사한 음으로 이해한 것은 공명음이라는 점일 것이
며 생성음운론에서 보면 주요부류 자질(major features)에서 [+sonorant]
자질을 공유한 음운이기 때문일 것이다. 다만 하위(下位)자질에서는 'ㅇ
(業母)'가 [+nasal]의 자질을 가졌을 뿐이다.

그러나 파스파 문자에서는 '喩母[ᔪ]'와 '疑母[ꡨ]'는 완전히 구별되
었다. 훈민정음의 제정이 파스파 문자 제정의 단순한 모방이 아님을 보
여주는 좋은 예가 될 것이다.

다음으로 「홍무운삼십일자모도(洪武韻三十一字母之圖)」에 대하여 살펴보면
『사성통해』에 「운회(韻會) 35 자모도」에 계속해서 이 「홍무운(洪武韻) 31
자모도」가 도표로 부재되었는데 이것은 명(明) 태조(太祖)의 흠찬운서(欽撰

---

59) 『몽고자운』에서 15韻의 파스파 총목에서 '魚'는 '喩[ᔪ]'로 /ꡨ/로 표음되었다. 여기서
    /ꡨ/는[모음표시 eu, ü]로 한글로는 '[에ㅜ, 또는 위]'로 표음될 것이다.
60) 欲母의 'ㅇ'은 소위 꼭지가 없고 業母의 'ㆁ'은 꼭지가 있어 구분한다. 이에 대하여 <해
    례본> 『훈민정음』 「제자해」에서는 "[전략] 盖喉屬水, 而牙屬木, ㆁ雖在牙, 而ㅇ與相似,
    猶木之萌芽生於水而柔軟, 尙多水氣也.[하략] − 대체로 후음(喉音)은 [五行의] 수(水)에 속하
    고 아음(牙音)은 [오행]의 목(木)에 속하나 ㅇ(欲母)이 비록 아음(牙音)에 있지만 ㆁ(業母)
    와 서로 유사한 것은 마치 나무의 싹들이 물에서 나와서 부드럽고 연하며 아직 물기가
    많은 것과 같다."라고 하여 ㅇ(欲母)와 ㆁ(業母)의 유사함을 五行에서 찾았다. 아무튼 유사
    한 음운으로 보아서 牙音의 'ㆁ(業母)'는 喉音의 欲母 ㅇ에 이끌려 異體字로 제자되었다.

韻書)로서 악소봉(樂昭鳳)·송렴(宋濂) 등이 편찬한 『홍무정운(洪武正韻)』에서 채택한 31성모(聲母)를 종래의 36자모도에 맞추어 보인 것이다.

이 운서는 명(明) 태조(太祖)가 원대(元代)의 호원한어(胡元漢語)를 바로 잡으려는 언어 순화(醇化) 정책의 일환으로 편찬된 운서(韻書)이다.

그러나 한번 변한 언어를 다시 되돌리는 것은 불가능한 일이어서 이 운서(韻書)는 남경(南京) 관화(官話)를 반영한 것도 아니고 북방음(北方音)을 제대로 보인 것도 아니어서 후대에는 거의 무용지물이 되었다.

그러나 이 운서의 편찬에 참여한 사람들이 남북의 여러 곳에서 골고루 선정하는 등 여러 가지 배려 끝에 만들어진 운서이며 당시 조선(朝鮮)에는 명(明)이 인정한 유일의 흠찬운서(欽撰韻書)인 때문에 특별한 대우를 받았고 세종 대에는 이 운서에 의거하여 과거시험도 실시하였다.[61]

『사성통해』에는 「홍무운(洪武韻) 31자모도」란 제하(題下)에 다음과 같은 자모도가 부재되었다.

---

61) 『세조실록』(권21) 세조 6년 9월 庚寅 조에 "禮曹啓, 訓民正音先王御製之書, 東國正韻、洪武正韻皆先王撰定之書, 吏文又切於事大, 請自今文科初場試講三書, 依四書五經例給分。終場幷試吏文, 依對策例給分。從之。 — 예조에서 계하기를 '『훈민정음』은 선왕이 만드신 책이고『동국정운』과『홍무정운역훈』도 모두 선왕께서 정하여 편찬한 책이며 이문은 또 사대에 중요한 것입니다. 지금부터는 과거의 문과에서 초장에는 앞의 세 책을 강론하는 것으로 시험하고 사서와 오경의 예에 의하여 점수를 주며 종장에는 이문을 함께 시험해서 대책의 예에 의거하여 점수를 주겠습니다'라고 하다. 그대로 따르다."라는 기사가 있어 세조 6년(1260) 6월부터『훈민정음』,『동국정운』,『홍무정운역훈』을 과거의 출제서로 하였음을 알 수 있고 또『세조실록』(권28) 세조 8년 6월 癸酉 조에 "禮曹啓, 在先科擧時只用禮部韻。請自今兼用洪武正韻, 譯科並試童子習, 從之。 — 예조에서 계하기를 '전에는 과거를 볼 때에 예부운만을 사용하였으나 이제부터는 홍무정운을 겸용하고 역과는 동자습을 함께 시험하도록 청합니다'라고 하다. 그대로 따르다."라는 기사가 있어 세조 8년(1462) 6월부터는 과거에 홍무운을 예부운과 함께 쓰게 하였음을 알 수 있다.

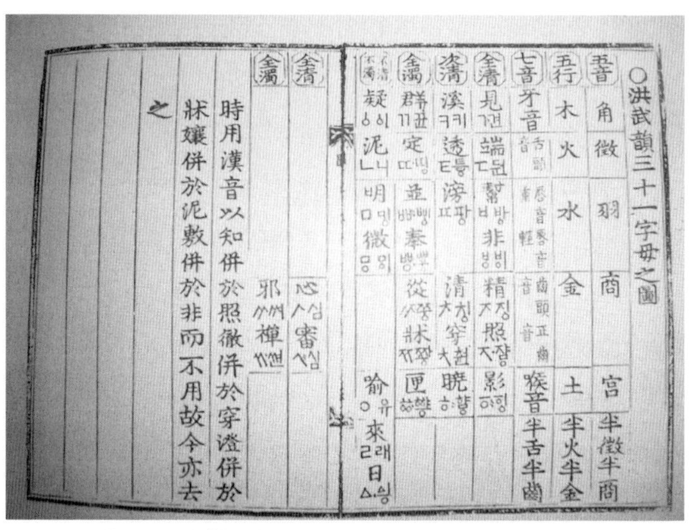

[사진 6-7] 「홍무운삼십일자모지도(洪武韻三十一字母之圖)」

역시 이를 알기 쉽게 도표로 보이면 다음과 같다.

五音	角	徵	羽		商		宮	半徵	半商
五行	木	火	水		金		土	半火	半金
七音	牙音	舌頭音	脣音重	脣音輕	齒頭音	正齒音	喉音	半舌	半齒
全淸	見ㄱ:견	端ㄷ 둰	幇ㅂ 방	非ㅸ 비	精ㅈ 징	照ㅈ·쟝	影ㆆ:힝		
次淸	溪ㅋ 키	透ㅌ 틈	滂ㅍ 팡		淸ㅊ 칭	穿ㅊ 천	曉ㅎ:향		
全濁	群ㄲ 끈	定ㄸ·띵	並ㅃ:삥	奉ㅹ 뽕	從ㅉ 쭝	牀ㅉ 쫭	匣ㆅ 향		
不淸不濁	疑ㆁ 이	泥ㄴ 니	明ㅁ 밍	微ㅱ 밍			喻ㅇ 유	來ㄹ 래	日△·싱
全淸					心ㅅ 심	審ㅅ·심			
全濁					邪ㅆ 써	禪ㅆ·션			

[표 6-7] 『사성통해』 권두의 「홍무운(洪武韻) 31자모도」

이 [표 6-7]를 보면 설상음(舌上音) 4모(母)가 없어졌고 순경음(脣輕音)에
서 차청(次淸)의 1모(母), 도합 5모(母)가 빠져 모두 36자모에서 31자모가

된 것이다. 이 31자모는 『몽고자운』의 권두에 부재된 '자모(字母)'에서 파스파 문자로 표음된 32자모와 순경음(脣輕音) 차청(次淸)의 '敷[ㆄ]'만 다르고 완전 일치한다.[62] 언해본 훈민정음의 한음(漢音) 31 초성자는 필자가 이미 졸저(2009)에서 언급한 바와 같이 『몽고자운』의 자모(字母)를 글자만 바꾼 것으로 본다.

4) 후음(喉音) 전청(全淸)의 '挹[ㆆ]'모(母)와 전탁(全濁)의 '洪[ㆅ]'모(母)

6.1.4.0. 훈민정음의 제정에 대한 많은 학설 가운데 부동의 정설은 유창균(1966)에서 주장한 한자음의 정리를 위하여 23자모를 만들었고 이 가운데 전탁자 6개를 제외한 17자가 훈민정음의 초성 17자라는 것이다. 훈민정음이 제정되고 바로 『동국정운』이 편찬되었으며 여기에서 초성 17자에 전청자를 각자병서(各字並書), 또는 쌍서(雙書)하여 표시한 전탁자 6개를 더한 '동국정운 23자모'가 해례본에서 설명된 초성자의 전부라는 것이다.

이 논저에서는 '동국정운 23자모'를 다음과 같이 도표로 보였다.

	牙音	舌音	脣音	齒音	喉音	半舌音	半齒音
全　淸	ㄱ(君)	ㄷ(斗)	ㅂ(彆)	ㅈ(卽)	ㆆ(挹)		
次　淸	ㅋ(快)	ㅌ(呑)	ㅍ(漂)	ㅊ(侵)	ㅎ(虛)		
全　濁	ㄲ(虯)	ㄸ(覃)	ㅃ(步)	ㅉ(慈)	ㆅ(洪)		
不淸不濁	ㆁ(業)	ㄴ(那)	ㅁ(彌)		ㅇ(欲)	ㄹ(閭)	△(穰)
全　淸				ㅅ(戌)			
全　濁				ㅆ(邪)			

[도표 6-8] 『동국정운』 23자모도

---

62) '敷[ㆄ]'는 『法書考』, 『書史會要』에 소개된 파스파 문자 43개에도 나타나지 않는다. 아마도 이미 잘 쓰지 않는 글자이었을 가능성이 높다. 이것을 빼면 언해본 훈민정음의 정음자와 같이 파스파자도 모두 31자가 된다.

6.1.4.1. 여기서 보이는 23자모의 운목자(韻目字)가 아음(牙音)의 '見, 溪, 群, 疑'로부터 '君, 快, 虯, 業'과 같이 모두 다르게 된 것은 임홍빈(2006) 등에서 주장된 바와 같이 세종(世宗)의 자의적(恣意的)인 변개였다. 이런 변개(變改)가 가능한 것은 아마도 『법서고(法書考)』나 『서사회요(書史會要)』에 소개된 36자모의 운목(韻目) 한자들이 자의(恣意)로 선정된 것으로 보았기 때문으로 추정한다. 그러나 이것을 전통적인 36자모도에 의거하여 설명하는 경우가 없지 않다.

예를 들면 '質韻'이나 '勿韻'의 받침은 'ㄷ'이 되어야 하는데 'ㄹ'로 바뀌는 현상을 방지하기 위하여 '質'의 발음을 '짏'로 표기하는 것을 '以影補來'라고 하였다.[63] 예를 '동국정운 서문'에서 찾아보면

[전략] 乃因古人編韻定母, 可併者併之, 可分者分之。一併一分, 一聲一韻, 皆稟宸斷, 而亦各有考據。於是調以四聲, 定爲九十一韻二十三字母, 以御製訓民正音定其音。又於質勿諸韻, 以影補來 因俗歸正, 舊習訛謬至是而悉革矣。 一 옛 사람이 운을 나누고 자모를 정한 것을 가지고 합칠 것은 합치고 나눌 것은 나누었는데 한 번 합치고 한 번 나누는 것과 한 성(聲)이나 한 운(韻)이라도 모두 임금께 아뢰어 결정을 받았으며 또 각기 상고하고 근거하는 바가 있었다. 이에 비로소 사성이 고르게 되었으며 91운 23자모를 정하였다. 임금이 지으신 훈민정음으로서 그 발음을 정하고 또 질(質), 물(勿)의 여러 운은 이영보래(以影補來)의 방법으로 속음을 바르게 하여 옛날의 잘못된 습관이 이에 이르러 모두 고쳐지게 되었다.

---

63) 이에 대한 언급을 '동국정운 서문'에서 옮겨 보면 "語音卽四聲甚明, 字音則上去無別, 質 勿諸韻宜以端母爲終聲。而俗用來母, 其聲徐緩, 不宜入聲, 此四聲之變也。 一 말 소리는 사 성이 매우 분명한데 한자음에는 상성과 거성의 구별이 없고 질운(質韻)과 물운(勿韻)의 제운은 마땅히 단모(端母-ㄷ)로서 종성(終聲=받침)을 삼아야 하는데 속되게는 래모(來 母-ㄹ)를 써서 그 소리가 느리어 입성이 되지 못한다. 이것이 사성의 변화다."라 하여 입성자에 'ㄹ' 받침을 써서 入聲의 특징인 促急함을 나타내지 못함을 지적하였다.

라는 구절이 보인다. 여기서 말하는 '以影補來'는 '來[ㄹ]'모(母)를 '影
[ㆆ]'모로서 보충한다는 뜻으로『동국정운』의 '挹[ㆆ]'과 '閭[ㄹ]'로 하여
'以挹補閭'로 하지 않고 전통 36 자모도의 '影[ㆆ]'과 '來[ㄹ]'로 설명하
였다. 이것은 실제로 훈민정음의 제정이나 동국정운의 편찬에 관여한
인사들이 모두『몽고자운』 '자모(字母)'에서 보이는 전통적 36자모 체계
에 익숙하였음을 말 수 있다.

위의 [도표 6-7]를 보면 전탁자는 대부분 전청자를 쌍서(雙書)하는 방
법으로 제자(製字)하였다. 그러나 후음(喉音)만은 차청자(次淸字)인 'ㅎ'을 쌍
서하였는데 이것은 전청(全淸)의 각자병서(各字並書)가 전탁자(全濁字)되는 훈
민정음 제자(製字)의 원칙을 위반하고 있다. 당연히 후음(喉音)도 전탁음(全
濁音)은 전청(全淸)의 'ㆆ'을 쌍서하여 'ㆀ'로 제자(製字)했어야 한다. 그러
나 실제로는 차청자인 'ㅎ'을 쌍서(雙書)하여 'ㆅ'과 같은 전탁자(全濁字)를
만들었으나 그동안 학계에서는 이에 대하여 아무런 설명도 하지 못하였다.

6.1.4.2. 앞에서『사성통해』에 부재된「광운(廣韻) 36자모도」에는 이
도표의 마지막에 "喉音又以影母叙入匣母之下 ─후음에서 影모[ㆆ]는 匣모
[ㆅ]의 아래에 들어가 있다"라는 설명이 따로 붙어 있다. 이것은 전술한
것처럼『몽고자운』의 자모도에서 후음(喉音)과 같은 이상한 서열을 지칭
한 것이다. 왜냐하면 [사진 6-1]과 [표 6-1]에 보이는 몽고운(蒙古韻)의 자
모도(字母圖)에서 후음(喉音) 전청(全淸)이 운목자가 'ㅎ 曉[ㅎ]'모(母)이고 'ㄹ
影[ㆆ]'모(母)가 차청(次淸) 'ㅂ 匣[ㆅ]'모의 다음인 전탁에 들어있기 때문
이다. 따라서 몽고운에서 전청이었던 'ㅎ 曉[ㅎ]'를 쌍서(雙書)하여 훈민정
음에서는 전탁음으로 표시한 것이다.

즉『몽고자운』 '자모(字母)'에서 후음(喉音)은 전청 '曉[ㅎ]', 차청 '匣

[圀]’, 전탁 ‘影[⼸, ⼿]’, 그리고 불청불탁 ‘喩[⼿, ⼿]’의 순서로 배열된 것으로 볼 수 있다. 즉 ‘曉’모가 전청이고 따라서 ‘曉 /ㅎ/’모를 쌍서하여 전탁자를 만들 수밖에 없었다. 이 사실로 우리는 훈민정음 초성자가 몽고운(蒙古韻)의 36자모에 의하여 결정되었음을 알게 된다.

또 『몽고자운』의 32 성모에 의거하여 언해본 훈민정음의 31 초성이 결정된 것이니 이것은 훈민정음의 초성에서 치두음과 정치음의 구별을 없애어 5개 글자를 줄였고 설두음과 설상음의 ‘泥[ⁿ]’와 ‘娘[ⁿ]’를 ‘ㄴ’으로 합류시켰으며 순경음의 전청(全淸) ‘非[ㆄ]’와 전탁의 ‘奉[ㆄ]’가 동일자로 간주하여 모두 7자를 줄여서 훈민정음에서는 [도표 6-8]에서 볼 수 있는 것과 같이 『동국정운』 23자모를 만든 것으로 본다. 그리고 여기서 다시 전탁자(쌍서자) 6개를 뺀 것이 훈민정음 초성 17자라고 볼 수밖에 없다.

5) 종합

6.1.5.1. 이제까지 훈민정음이 중국 한자 문화에 대한 북방민족의 신문자 제정과 관련하여 제정된 것임을 논의하여 왔다. 먼저 파스파 문자의 32자모는 『몽고자운』의 런던 초본(鈔本)을 통하여 권두에 실린 ‘자모(字母)’의 36모가 실제로는 파스파자로 전사된 것이 32 자모(字母)뿐이고 중복된 문자로 표기하거나 이미 없어진 음운의 표음자로 억지로 43 문자에 맞추었다고 주장하였다.

6.1.5.2. 여기서 『법서고(法書考)』와 『서사회요(書史會要)』에 명기된 파스파 문자 43이란 것은 실은 『광운(廣韻)』 등에서 결정된 전통적인 36자모에다가 유모(喩母)에 속하는, 다시 말하면 모음을 표기하는 문자 7개를

더 한 것이다. 이 사실을 『몽고자운』에 36자모도가 있고 그 오른 편에 "[파스파자 7자] 此七字歸喩母"이란 기록이 있기 때문이다. 즉 36자모에 7개의 유모(喩母)에 속하는 글자를 합하여 모두 43개 문자를 보인다는 것이다.

그러나 『법서고』와 『서사회요』의 43자는 실제로 세어보면 41자밖에 없다. 이것은 처음부터 유모(喩母)자 7개를 표시하는 파스파자가 6자밖에 없어서 전통적인 자모 36을 표기한 36자에 유모(喩母)자 6개를 더하여 42자가 되어야 하지만 순경음 차청자 1자를 더 제외하여 모두 41자로 본 것이다. 또 위의 두 책의 파스파자는 매우 불명(不明)하여서 후대에 이를 통한 파스파자의 음가 설정에 막대한 지장을 초래한 것으로 보인다. 이제 『몽고자운』의 '자모(字母)'를 통하여 좀 더 분명하게 파스파자의 자형과 그 음가를 추정할 수 있을 것임을 강조하였다.

6.1.5.3. 이어서 『월인석보』 권두에 부재된 언해본 훈민정음에서 제시한 한음(漢音) 표기의 훈민정음 31 초성자는 전혀 몽고운의 36 자모로부터 나온 32개 자모와 일치함을 밝혔다. 특히 『사성통해』에 부재된 「광운삼십육자모지도(廣韻三十六字母之圖)」, 「운회삼십오자모지도(韻會三十五字母之圖)」, 그리고 「홍무운삼십일자모지도(洪武韻三十一字母之圖)」가 각기 『몽고운략(蒙古韻略)』, 『몽고자운(蒙古字韻)』, 『고금운회(古今韻會)』, 그리고 『고금운회거요(古今韻會擧要)』 등의 자모도(字母圖)에 실렸던 파스파자를 그대로 정음자로 바꾼 것으로 추정하였다. 특히 「홍무운삼십일자모지도(洪武韻三十一字母之圖)」는 『몽고자운(蒙古字韻)』 런던 초본(鈔本)의 권두에 실린 '자모(字母)'의 파스파자 32 자모도를 그대로 정음 문자로 바꾼 것임을 밝혔다.

6.1.5.4. 이상의 『사성통해(四聲通解)』 권두에 부재된 「광운(廣韻) 36자모도」, 「운회(韻會) 35자모도」 「홍무운(洪武韻) 31자모도」를 살펴보면 「광운(廣韻)」의 것은 아마도 『몽고운략』에 첨부되었던 것으로 추정되는 「광운(廣韻) 36자모도」에 맞추어 정음자를 대응시킨 것이고 나머지 둘은 『몽고자운』의 '자모(字母)'에 보이는 파스파자의 자모도(字母圖)에 맞추어 정음자를 대응시켜 만든 것으로 결론할 수 있을 것이다.

그리고 전술한 [사진 4-1]을 도표로 보이고 여기에 한음 표기에 사용된 정음(正音)의 31자를 대비시키면 다음과 같다.

	牙音	舌音	脣音		齒音		喉音64)	半舌音	半齒音
			脣重音	脣輕音	齒頭音	正齒音			
全淸	ㄱ(見)	ㄷ(端)	ㅂ(幫)	뷩(非)	ㅈ(精)	ㅈ(照)	ㆆ(影)		
次淸	ㅋ(溪)	ㅌ(透)	ㅍ(滂)	퓽(敷)	ㅊ(淸)	ㅊ(穿)	ㅎ(曉)		
全濁	ㄲ(群)	ㄸ(定)	ㅃ(並)	뼝(奉)	ㅉ(從)	ㅉ(床)	ㆅ(匣)		
不淸不濁	ㅇ(疑)	ㄴ(泥) / ㄴ(娘)	ㅁ(明)	ㅱ(微)			ㅇ(喩) / ㅇ(么)	ㄹ(來)	△(日)
全淸					ㅅ(心)	ㅅ(審)			
全濁					ㅆ(邪)	ㅆ(禪)			

[표 6-9] 『몽고자운』 「자모」의 36자모와 〈언해본〉의 정음 31자

2. 파스파 문자의 모음자와 훈민정음의 중성(中聲)65)

6.2.0. '한글', 즉 '훈민정음'에 대하여 우리는 모두 '사상 유례가 없

---

64) 『몽고자운』의 「字母」 '喉音'에서는 전술한 바와 같이 이것의 위치가 바뀌어서 '曉, 匣, 影, 喩'의 순으로 되었다.

65) 이 부분은 'The hP'ags-pa Script : Genealogy, Evolution and Influence, The 16th World

는 독창적인 문자'를 세종이 창제(創制)하신 것으로 알고 있다. 이것은 세종 자신이 중국 성운학(聲韻學)에 대한 심오한 지식을 가졌고 집현전 학자들도 이 방면에 조예가 깊은 학자들이 적지 않았던 것으로 보이기 때문에 의문의 여지가 없는 것 같다.

세종은 최만리(崔萬理) 등의 훈민정음 반대 상소에 대한 비답(批答)에서 "[전략] 且汝知韻書乎? 四聲七音、字母有幾乎? 若非予正其韻書, 則伊誰正之乎? —또 너희가 운서를 아느냐? 사성(四聲)과 칠음(七音), 자모가 몇 개인 줄 아느냐? 만약에 내가 그 운서를 바로 잡지 않으면 누가 이를 바르게 하겠느냐?"(『세종실록』 권103, 세종 26년 2월 庚子 조)라고 하여 본인의 성운학적 지식이 대단함을 과시하고 있다.66)

최만리(崔萬理)는 당시 집현전(集賢殿)을 관리하는 가장 높은 직위인 부제학(副提學)으로서 당대 최고의 선비였으며 그도 운학(韻學)에 대한 어느 정도의 지식을 가졌을 것이나 그들을 앞에 두고 세종은 자신의 성운학적 지식을 자랑한 것은 그의 성운학적 학식이 타인의 추종이 불허할 수준에 이르렀음을 말한다. 이것은 다만 운서(韻書)만을 공부한 것이 아니고 불경(佛經)을 통하여 습득한 고대 인도의 파니니 음성학, 즉 불가(佛家)의 '성명기론(聲明記論), 비가라론(毘伽羅論)'을 통하여 음운에 대한 깊은 지식을 가졌으며 모음과 자음, 성조(聲調) 등에 대한 해박한 지식을 가졌던 것으로 추측된다. 그의 주변에는 신미(信眉), 김수온(金守溫) 형제와 같은 학승(學僧)과 불교 전문가가 있었기 때문이다.

Congress of the International Union of Anthropological and Ethnological Sciences(ICAES 2009), Kunming China, July 27-31, 2009'에서 "The Vowels of hP'ags-pɑ Script and the Middle Sound Letters of Hunmin- Jeongeum—論八思巴文字的母音字與訓民正音的中聲—"이란 제목으로 중국 昆明에서 발표한 것을 수정 보완한 것이다.

66) 이에 대하여는 洪起文(1946)을 참고할 것.

세종의 측근에서 신문자 제정에 도움을 준 집현전(集賢殿)의 소장학자들도 성운학과 불교의 성명학(聲明學)에 조예가 깊은 사람이 많았다. 집현전 학자들의 신문자에 대한 해설서로 볼 수 있는 <해례본>『훈민정음』에는 단순한 성운학적 지식을 넘는 깊은 음운에 대한 지식을 볼 수가 있다. 예를 들면 오행(五行)에 맞춘 '아(牙), 설(舌), 순(脣), 치(齒), 후(喉)'음의 초성 순서를 「제자해(制字解)」에서는 발음 위치에 따라 깊은 곳으로부터 '후음(喉音)−아음(牙音)−설음(舌音)−치음(齒音)−순음(脣音)'의 순서로 설명을 붙였다. 이러한 조음(調音)의 위치적 특징에 대한 인식은 음성학에 대한 깊은 지식이 없이는 불가능한 것이다.

6.2.0.2. 고대인도(古代印度) 문법학파의 음성연구에 의거하여 제정된 티베트 문자에서는 모음자를 자음의 부속으로 인정하고 독립시키지 않았다(졸저 : 2009). 그리고 파스파 문자에서도 모음자를 유모(喩母)에 귀속시켰는데 <해례본>의 「제자해」에서는 이를 완전히 독립시켜서 "中聲承初之生, 接終之成, 人之事也。 盖字韻之要, 在於中聲, 初終合而成音。 −중성은 초성에서 발생한 음을 이어받아 종성에 연결시켜 완성하니 사람이 하는 일과 같다. 대체로 자운(字韻)의 요체는 중성에 있어서 초성과 종성을 결합하여 음절을 형성한다."라고 하여 중성, 즉 모음의 중요성을 강조하였다.

뿐만 아니라 20세기 후반의 생성음운론(Generative phonology)에서 겨우 지각(知覺)하기 시작한 음운 분석의 최소 단위로 인정한 변별적 자질(distinctive features)을 인정하고 이들을 추출하여 훈민정음 제정자들을 이 자질들로 설명하였다. 초성자(初聲字)의 오음(五音), 전청(全淸), 차청(次淸), 전탁(全濁), 불청불탁(不淸不濁) 등의 자질이나 중성자(中聲字)의 설축(舌縮),

설소축(舌小縮), 설불축(舌不縮)과 성심(聲深), 성천(聲淺), 불심불천(不深不淺), 그리고 합벽(闔闢), 구축(口蹙) 등의 자질은 오늘날 첨단적인 변별적 자질의 이론으로도 구축하기 어려운 고도의 변별성(辨別性)을 염두에 두고 설정된 자질이라고 하지 않을 수 없다. 이것은 音素가 '변별적 자질의 묶음, 또는 총화'이라는 20세기 후반의 정의에[67) 맞도록 문자를 음소 단위로 제정하면서 그에 해당하는 변별적 자질을 소개한 것으로 이해해도 손색이 없을 것이다.

세종의 훈민정음 제정을 창제(創制)로 인정하고 이를 강조한 많은 기록에서 이 문자가 전례가 없음을 강조하였다. 예를 들면『세종실록』(권102) 세종 25년 12월조에 "是月、上親制諺文二十八字。[하략]"이란 기사의 '친제(親製－친히 만들다)'의 기사라든지 <해례본> 권말(卷末)에 부재된 정인지(鄭麟趾)의 후서(後序)에 "[전략] 我殿下天縱之聖, 制度施爲, 超越百王。正音之作, 無所祖述, 而成於自然。豈以其至理之無所不在, 而非人爲之私也。[하략] －우리 전하께서는 하늘이 내신 성인으로 제도를 베푸시는 것이 백왕을 초월하였다. 정음을 지은 것은 전에 없었던 일이고 자연스럽게 완성하셨다. 그 지극한 이치가 없는 곳이 없으니 어찌 사람이 사사롭게 만든 것이라고 하겠는가?"라고 한 '무소조술(無所祖述)'이라든지 최만리(崔萬理)의 반대 상소문 서두(序頭)에 "臣等伏覩諺文制作, 至爲神妙, 創物運智復出千古。－신들이 엎드려 보건데 언문의 제작은 지극히 신묘한 일이어서 새

---

67) 이러한 음소의 정의는 A. Martinet의 "un phonème peut être considéré comme un ensemble de traits pertinents qui se realisent simultanément"이란 정의나 R. Jakobson의 "Phoneme is a bundle of distinctive features.", L. Bloomfield의 "The phonemes of a language are not sounds but merely features of sound which the speakers have been trained to produce and recognize in the current of actual speech sound."라는 정의, 소위 내적 접근(the inner approach to phoneme)의 정의에서 자주 등장한다(이기문 · 김진우 · 이상억, 2000).

롭게 만드는 지혜의 움직임이 멀리 천고에서 나온 것 같습니다."라고 하
는 '창물운지(創物運智)' 등의 표현은 이 사업이 참으로 창조적인 것임을
강조한 것이다.

6.2.0.3. 그러나 이러한 표음문자의 제정은 훈민정음이 처음으로 볼
수는 없다. 특히 한자를 사용하는 중국의 북방에 거주하는 민족들은 문
자의 필요성을 깨달아 스스로 자민족의 언어를 표기하기 위하여 표음적
인 문자를 만들어 사용하였다. 예를 들면 티베트의 토번(吐蕃) 왕조(王朝)
의 송찬 감포(Srong-btsan sgam-po)가 톤미 아누이브(Thon-mi Anu'ibu)를 인도
에 파견하여 인도의 음성학을 배우게 한 다음에 티베트 문자를 제정하
여 자국의 언어와 주변 민족어의 기술에 성공하였다(제3장의 3.1.0~3.1.4
참조).

이후에 거란(契丹)의 요(遼) 왕조(王朝)나 여진(女眞)의 금(金) 왕조(王朝)의
태조(太祖)들이 신문자를 제정하여 이를 자신들의 추종 세력에게 교육하
고 시험하여 관리에 임명함으로써 신구 세력의 교체에 성공한 다음에
몽골제국의 칭기즈 칸이라든지 원(元) 왕조(王朝)의 쿠빌라이 칸 등 유라
시아 대륙의 북방에 거주하는 교착적 문법 구조를 가진 언어의 민족들
은 한자 이외의 많은 문자를 창제하여 사용한 일이 있었다(제3장의 3.2.0~
3.2.8, 3.3.0~3.3.2, 3.5.0~3.5.4 및 제4장을 참조). 특히 우리와 밀접한 관계에
있었던 몽고의 원(元)에서 제정한 파스파 문자로부터 훈민정음은 많은
영향을 받았다.

이미 우리의 선조들도 예부터 한글이 몽고자와 관련이 있다는 주장을
하는 연구자들이 있었고[68] 서양에서는 미국 컬럼비아대학의 게리 레쟈
드(Geri Ledyard) 교수에 의해서 훈민정음이 파스파자의 영향을 받았다는

연구 논문이 학계에 보고되었다.[69] 1966년에 버클리 캘리포니아 대학
(University of California, Berkeley)의 학위논문으로 제출된 이 논문은 대부분
의 서양학자들에 의하여 인정되어 서양에서는 한글이 파스파 문자의 영
향으로 만들어진 것이라고 믿게 되었다.

동양에서는 중국 사회과학원(社會科學院) 민족연구소의 주나스트(照那斯圖)
박사가 슈안데우(宣德五) 교수와 함께 照那斯圖·宣德五(2001a, b)를 발표하
여 역시 훈민정음이 파스파자의 영향을 받았다고 보았다. 특히 照那斯圖
(2008)에서는 훈민정음의 초성(初聲) 기본자 5개도 모두 파스파 문자의 변
형 내지 모방이라는 주장을 하였다. 즉 그는 훈민정음 기본자 5개를 그
와 대응되는 파스파자 5개를 다음과 같이 비교하였다.

　ㄱ － 𖩮　[k]　　　　ㅅ － 𖩮　[s]
　ㄴ － 𖩮　[n]　　　　ㅇ － 𖩮　[∅]
　ㅁ － 𖩮　[m]

이러한 비교 끝에 'ㄱ'은 파스파자 '𖩮'의 오른 쪽 위의 꺾어진 것을
본뜬 것이고 'ㄴ'은 '𖩮'의 왼쪽 아래의 둥근 것을 곧게 하여 왼쪽 아래
의 꺾어진 형태로 구부린 형식이라고 하였다. 'ㅁ'은 '𖩮'의 왼쪽 아래
꺾어진 원형의 획을 네모나게 한 형식이며 'ㅅ'은 '𖩮'의 왼쪽 아래 꺾
어진 것을 바르게 세운 형식이라고 보았다. 마지막 'ㅇ'은 파스파자의

---

68) 예를 들면 朝鮮시대 李瀷(1681~1763)의 『星湖僿說』에서 주장한 파스파 문자 영향설을
　　비롯하여 柳僖(1773~1837)의 『諺文志』에서는 蒙古字로부터 훈민정음의 문자가 만들어
　　졌음을 주장하였다.
69) 이 논문은 1965년 말에 학위논문으로 제출되었던 "The Korean Language Reform of
　　1446,"을 말하는 것으로 1998년 3월에 한국의 국립국어연구원 연구총서 2호로 신구문
　　화사(서울)에서 간행되었다. 참고문헌 Ledyard(1966)을 참고할 것.

‘ᗑ’의 왼쪽 아래의 터진 곳을 막은 형식이라고 설명하였다.70) 따라서 동양에서도 한글이 파스파자의 모방이라는 주장이 매우 널리 퍼졌다.

그러나 상술한 주나스트의 주장은 자형을 무리하게 비교하여 억지로 맞춘 것으로 볼 수밖에 없다. 더구나 “ㅇ−ᗑ[∅]”의 대응은 전혀 맞지 않는 것인데 그 이유는 다음과 같다. 훈민정음의 ‘欲母 ㅇ’는 ‘業母[ㆁ]’와 위의 점 하나의 차이밖에 없는 유사한 자형(字形)이다. 이것은 훈민정음 제정자가 욕모(欲母)의 ‘ㅇ’과 업모(業母)의 ‘ㆁ’과 유사하다고 보았기 때문이다. 후대에 이 구별이 없어진 것은 처음부터 이 둘을 같은 음운으로 인식한 때문이다. 더구나 세종 28년(1446)에 간행된 <해례본>의 「제자해(制字解)」에서는 이 기본자 5개가 발음기관을 상형(象形)하여 제자(制字)한 것임을 분명히 밝혀두었다.

6.2.0.4. 지금까지 Ledyard(1966, 1997, 2008)와 照那斯圖·宣德五(2001a, b), 照那斯圖(2008)의 주장에 대하여 한국학자로서 뚜렷한 반론을 제기한 바가 없다. 그것은 파스파 문자와 훈민정음 간의 관계에 대한 국내의 지식이 불충분했기 때문이다. 필자는 15년 전에『몽고자운』전편을 대영(大英)도서관으로부터 영인하여 받아서 파스파 문자의 연구와 더불어 오래 동안 훈민정음과 비교하여 왔다.

이것을 졸고(2008a, b)로 발표하였으며 2008년 11월 17일 한국학중앙연구원에서 개최한 ‘훈민정음과 파스파 문자 국제학술 워크숍(International Workshop on Hunminjeongeum and hPags-pa script)에서 전술한 두 학자, 미국

---

70) 이에 대한 원문을 옮겨보면 “ㄱ這是八思巴字母ᖡ的右上角, 卽其橫和竪的90度轉折筆划. ㄴ這是八思巴字母ᗐ的左下圓筆直下的左下角轉折形式 [중략]. ㅁ這是八思巴字母ᗩ的左下角圓形筆畫的方化形式 [중략]. ㅅ這是八思巴字母ᗄ的左下角的直立形式, 或是左半部左右兩个斜筆. [중략] ㅇ這是八思巴字母ᗑ的左下部的封口形式”(照那斯圖, 2008)와 같다.

의 게리 레쟈드 교수와 중국의 주나스트 교수와 함께 훈민정음과 파스파 문자의 제정에서 보이는 영향 관계를 토론하였다. 이것이 훈민정음, 즉 한글의 파스파자 모방설에 대한 최초의 본격적인 학술적 대응이었다고 본다. 본고에서는 주로 파스파자의 모음자 제정과 훈민정음의 중성자와의 관계를 살펴보기로 한다.

1) 파스파자의 발명

6.2.1.0. 제4장에서 파스파자는 원(元) 세조(世祖) 쿠빌라이 칸이 서장(西藏)의 라마승(喇嘛僧) 팍스파(八思巴)를 시켜 만든 것으로 이 몽고(蒙古) 신문자(新文字)는 지원(至元) 6년(1269)에 세조(世祖)의 조령(詔令)으로 반포(頒布)되었음을 살펴보았다. 그 제정 목적 가운데 하나가 중국어 학습에서 한자음의 표준음을 학습하기 위하여 발음기호로 만든 것이다(졸저 : 2009). Poppe(1957 : 2~3)에서 파스파 문자의 제정 이유에 대하여 Pozdněev (1895~1908)가 주장한 2가지 이유와 Vladimirtsov(1932)가 주장한 1가지 이유, 도합 3가지를 들었다.71) 그 가운데 두 번째 이유가 중국 한자를 전사(轉寫)하기 위하여 파스파 문자를 제정하였다는 것이다.

6.2.1.1. 이것은 쿠빌라이 칸의 파스파 문자 반포(頒布)의 조령(詔令) 가운데 "所以特地命令, 國師八思巴創制蒙古新字, 譯寫一切文字。希望能語句通順地表達淸楚事物而已。 −그러므로 국사 파스파에게 몽고신자를 창제하라고 특명을 내려서 모든 문자를 [파스파자로] 바꾸어 쓰라고 하였다.

---

71) 포페 교수는 이에 대하여 Pozdněev, Лекціи по исторіи монгольской литеатуры, читанныя... въ 1895/96 акдемическомъ году, St. Petersburg, 1906, p.172.와 Vladimirtsov, Монгольские литератуные языки, p. 8. Id., Монгольский меж дунаодный алфавит XIII века, p. 32에서 인용하였음을 밝혔다.

그리하여 능히 언어가 순조롭게 통하고 각지의 사물이 바르게 전달되기를 바랄 뿐이다."라는 구절과 관련이 있는데 한자를 포함한 모든 문자의 발음을 전사하기 위하여 파스파 문자를 제정한 것임을 강조한 것이다.

특히 파스파 41자를 『광운(廣韻)』 36자모와 유모(喩母)자 6개에 맞추어 제정한 것임을 제4장의 4.4.2와 4.5.1에서 고찰하였다. 이러한 고찰을 통하여 이 문자의 제정이 한자의 학습을 위한 발음 기호임을 분명하게 한다. 한자의 정확한 표음을 위하여 사용하기에는 몽고 위구르 문자는 매우 부적절하며 비록 그것이 표음문자이기는 하지만 구절 단위의 표기를 위한 문자로써 한자의 각개 음절을 표음하기에는 맞지 않았기 때문이다.[72]

이렇게 만들어진 파스파 문자는 당시 한자의 표준 운서인 『광운(廣韻)』 계통의 『예부운략(禮部韻略)』과 그 방계(傍系) 운서를 대본으로 하여 파스파자로 역사(譯寫)한 몽고운(蒙古韻), 바로 『몽고운략(蒙古韻略)』이나 『몽고자운(蒙古字韻)』과 같은 운서를 편찬하였다. 파스파 문자에 대하여 아직도 밝혀지지 않은 부분이 많다. 그래도 파스파자의 전모(全貌)를 살필 수 있는 것은 현전 유일의 몽고운인 『몽고자운』의 런던초본(鈔本)이다. 여기에서는 파스파 문자의 모음자에 대하여 상술한 『몽고자운(蒙古字韻)』의 <런던초본>을 통하여 고찰하고자 한다.

2) 파스파字의 36자모(字母)의 유모자(喩母字)

6.2.2.1. 파스파자의 母胎가 된 티베트 문자에서 모음자는 따로 만들

---

72) 이 부분에 대한 포페의 "[전략] Pozdneyev(Pozdněev) expressed the opinion that the preparation of these translations would inevitably have come up against great difficulties by virtue of the unsuitability of the Uigur script to transcribe Chinese characters."라는 주장을 참고할 것.

지 않았다. 다만 모음이 다른 경우에는 자음자의 위나 옆에 구분부호
(diacritical mark)를 붙였다. 牙音(velar sound)에 해당하는 연구개음의 모음자
를 제4장 [사진 4-6]으로 보인 바 있다. 이 [사진 4-6]에 의하면 티베트
문자에서 [ka]에 대한 'ki, ku, ke, ko'의 모음자들은 자음자 [k]의 위와
아래에 붙는 구분부호로 표시되었다(제4장 4.5.0 참조).

그러나 파스파자에서는 모음자들을 독립시켰다. 즉 전술한 바와 같이
『몽고자운』의 「자모(字母)」에는 중국 전통의 36자모표와 그에 대응하는
파스파자를 제4장의 [사진 4-4]와 제6장의 [사진 6-1]로 보인 것이다.

6.2.2.2. 다음으로 [사진 4-4]와 [사진 6-1]의 오른 쪽에서 볼 수 있
는 "ꡙ ꡜ ꡄ ꡦ ꡧ ꡁ 此七字歸喩母"의 6자와 유모(喩母) 'ꡝ'를 포함해서
7개 파스파 문자는 모음을 표기하기 위하여 만든 것으로 본다.73) 이것
은 [사진 4-4, 6-1]과 [사진 4-8]에서 보이는 바와 같이 실제로는 파스파
자가 모두 6자인데 7字로 보았다. 그것은 유모(喩母) 'ꡝ'를 포함하여 모
두 7자라는 뜻이다. 이에 대하여 그동안 중국과 구미학자들 사이에 6자
인가 7자인가에 대하여 많은 논란(論難)이 있었다.

필자는 이것이 유모(喩母)자 'ꡝ'를 포함하여 7자의 문자를 말한다고
보았다. 최세진(崔世珍)의 『훈몽자회(訓蒙字會)』의 권두에 부재된 「언문자모
(諺文字母)」의 예에서 이미 앞에 나온 예는 다시 쓰지 않는 경우가 있어
'ꡝ'를 포함한 7자로 보아야 한다고 주장하였다. 또 나이지(羅以智)의 「발
몽고자운(跋蒙古字韻)」에 36성모에 유모(喩母)에 들어가는 7모를 합하여 모
두 43모라고 하였다. 그러나 『몽고자운』을 보면 유모(喩母)의 파스파자가

---

73) 이러한 주장은 拙稿(2008a, b)에서 처음으로 거론되었다.

6자이어서 42자가 된다(제4장 4.5.0 참조).

3) 파스파자의 7개 母音

6.2.3.0. 『몽고자운(蒙古字韻)』에서는 모두 15운(韻)으로 나누었다. 그리고 [사진 4-7]에 보인 '총목(總目)'에 "一東부터 十五麻"에 이르기까지 15운(韻)의 운목(韻目) 한자와 그 발음을 적었다.

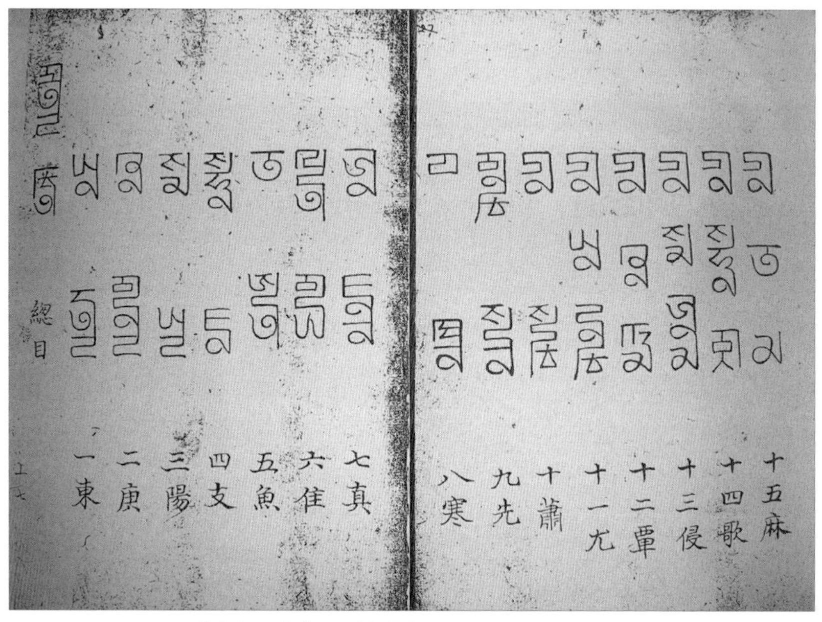

[사진 6-8] 『몽고자운(蒙古字韻)』 15운 총목(總目)[74]

이 [사진 6-8]의 '15운(韻) 총목(總目)'을 로마자로 전사(轉寫)하고 한글 표음을 곁들여 표로 보이면 다음과 같다.

---

74) 이 사진은 제4장의 [사진 4-7]과 같은 것인데 제4장을 다시 참고하는 번잡을 피하기 위하여 전재한 것이다.

八思巴字 한글전사	이 ʔi	ㅿㅣ źi	삼 sam	사히[75)] sahi	우 u	러ㅡ lëü	치 tshi	바 pa	긹 giw	씨 ši	씨 이 šiʔi	씨ㅿㅣ šiži	씨삼 šisam	씨사 히 šisahi	씨 우 šiu
漢字音 한글전사	둥 duŋ	겸 géiŋ	앙 aŋ	지 tži	워 'éu	게ㅏ gea	진 tśin	햔 ɤan	센 sén	셸 séw	잉 ŋiw	땀 tam	침 tshim	고 go	마 ma
漢字 數字	一	二	三	四	五	六	七	八	九	十	十 一	十 二	十 三	十 四	十 五
韻目字	東	庚	陽	支	魚	佳	眞	寒	先	簫	尤	覃	侵	歌	麻

[표 6-10] 『몽고자운(蒙古字韻)』의 15운(韻)

이 표를 보면 몽운(蒙韻)에서는 15운(韻)을 표시하기 위하여 'ㆆ[u],
ㄷ[ɛ, 혹은 ė], ᄱ[a], ㆆ[i], 늚[ėu, ü], 돗[eo, ö], ㅈ[o]'의 7모음을
문자로 표시하였다.[76)]

6.2.3.1. 이것은 제4장의 4.5.1.에서 고찰한 것처럼 전설모음(前舌母音)
/i, ü, ɛ/와 후설모음(後舌母音) /u, o, a/로 나눌 수 있고 모음조화(母音調和)
에 관여하지 않는 /i/를 빼면 /i, ü, ɛ/와 /u, o, a/가 서로 동화(同化)를 이
루는 전형적인 구개적(口蓋的) 모음조화(母音調和, palatal harmony)를 보여주
는 모음체계의 모음들을 보여 준다. 중세(中世) 몽고어(蒙古語)에서 /i/가 중
세(中世) 한국어(韓國語)에서처럼 모음조화에 관여하지 않는 것은 이미 앞

---

75) 이것의 파스파字 표기는 '[sahi]'와 같은데 照那斯圖(1988)에서는 이를 잘못 쓴 것으로
보았다. [사히]의 한글 전사는 파스파자를 轉字한 것이다. 十四의 '씨사히'도 같다.

76) '어[ɛ, ė]'와 '에[e]'자의 설정에 대하여 服部四郞(1984)에서는 "[전략] この韻書におい
て、蒙古語資料のパクパ字eに当たる字は、それとほぼ形が同じであるけれども、同じ
くėに当たると、私が以下に述べる根據にじょって考える字は、私は、昭和21年(1946
年)の拙著において、これをɛで翻字した。[하략]－이 韻書(『몽고자운』을 말함－필자
주)에서 몽고어 자료의 파스파 字 e에 해당하는 글자는 거의 자형이 유사하지만 같은 ė
에 해당하는 것은 필자가 다음에 언급하는 근거에 의해서 고찰한 글자는 자형이 많이
다르다. 필자는 1946년에 쓴 졸저 『元朝秘史の蒙古語を表はす漢字の研究』(龍文書局, 昭
和21年 9月)에서 이것을 ɛ로 翻字하였다－"(服部四郞 : 1984b/225)라고 하여 /ė/를 /ɛ/로
고쳤다.

에서 논의하였다.

이와 같은 몽고어의 7모음을 파스파자에서 인정하고 한자의 한어음(漢語音)을 표음하기 위하여 어떻게 문자를 제정하였는지는 『몽고자운(蒙古字韻)』에서 찾아볼 수 있는데 『몽고자운』 15운(韻)에 의거하여 파스파 문자를 로마자로 전사하여 보면 제4장의 [표 4-4]와 같다.

[표 4-4]에 의하면 이 15운에서 /u, e, a, i, ay, o, ē/의 7개 파스파자의 모음을 추출(抽出)할 수 있고 이 문자를 재구(再構)한 모음으로 /u, ə, a, i, æ(ay) ɔ, e/의 7개를 찾을 수 있다. 이것은 『몽고자운』에서 권두에 부재된 '자모(字母)'의 말단(末端)에 "ᄋ ᄒ ᄀ ᄌ ᄐ ᄂ 此七字歸喩母"라고 하여 'ᄋ[i], ᄒ[u], ᄀ[iu̯, ü], ᄌ[o], ᄐ[eu, ö], ᄂ[e]'자와 '유모(喩母)'의 'ᄴ(ᄡ)[ɑ]'을 합하여 7개 모음자(母音字)를 제자(製字)한 바탕이 된 것으로 본다. 이것은 전설모음 /i, ü, e/와 후설모음 /u, u̯, o, ɑ/의 구조를 보인다(제4장 4.5.1).

6.2.3.2. 이것은 服部四郞(1984b)에서 주장한 7모음과 'ᄀ[u̯, ü]'만 다르고 나머지는 같다. 그러나 'ᄋ[i]=i, ᄒ[u]=u, ᄀ[u̯]≠ɛ, ᄌ[o]=o, ᄐ[eu, ö]=ü, ᄂ[e]=e, ᄴ(ᄡ)[ɑ]=ɑ'로써 전설 저모음 /ɛ/가 후설 고모음 [u̯]로 대응되어 『몽고자운』의 '자모(字母)'쪽의 문자 제정이 균형 잡힌 모음 체계를 보이지 못한다. 服部四郞(1984b)이 [u̯]를 /ɛ/로 본 것은 이러한 모음체계(母音體系) 상의 문제를 감안한 것이다.

4) 파스파자의 8개 모음(母音)

6.2.4.0. 반면에 Poppe(1957)에서는 이와는 달리 파스파 문자의 모음 문자로 모두 8개를 들었다. 제4장의 [사진 4-10]의 파스파 문자도(母音)

를 보면 포페 교수는 파스파 모음 문자로 /a, o, u, e, ė, ö, ü, i/ 8개를 재구하고 [사진 4-9]에서와 같이 자음 속에도 /y, ɥ/가 있어 모음과 그에 준하는 음운으로 10개를 인정하였다.77) 이것은 전설(前舌)의 /e, ė, ö, ü, i, y/와 후설(後舌)의 /a, o, u, ɥ/를 인정한 것이다.

최근 일본의 연구회에서 규정(規定)된 파스파 문자의 자모표(字母表)를 제안한 吉池孝一(2005 : 9)에서는 모음자로 /u, o, i, ė, e/만을 인정하고 대부분의 언어에서 모음으로 존재하는 /a, a/나 Poppe(1957 : 24)에서 제안한 /ü, ö/의 구분자(區分字)를 인정하지 않았다. Poppe 교수의 파스파 문자는 몽고어(蒙古語) 표기에서 보이는 전설 대 후설의 원순모음을 구별하여 적는 것으로 인식한 것이고 Yoshiike(吉池)씨는 이 구분을 인정하지 않은 것이다.

6.2.4.1. 파스파 문자도 훈민정음처럼 표기 대상에 따라, 즉 몽고어인가 아니면 중국어 한자음 표기인가에 따라 문자가 바뀌고 같은 문자라도 그 음가가 다르게 된다. 파스파 문자는 몽고어음과 중국어음에 따라 다르고 산스크리트어나 티베트어의 발음을 표기하기 위하여 별도의 문자를 사용하기도 한다.

포페 교수가 제시한 파스파자의 모음자(母音字) 가운데는 두 자가 겹친 것이 있다. 제4장의 4.5.2에 의하면 'ö[𖼺]'와 'ü[𖼻]'는 '모음표시[𖾑]+전설 e[𖼒]+o[𖼆]'와 '모음표시[𖾑]+전설 e[𖼒]+u[𖼈]'로 세 글자가 결합한 것으로 보아야 한다. 또 모음표지 [𖾑]가 없는 'ö[𖼺], [𖼺]'와 'ü[𖼻]'는 e[𖼒]+o[𖼆. 𖼆]'와 'e[𖼒]+u[𖼈]'를 결합한

<hr>

77) 자음에 들어 있는/y, ɥ/는 吉池孝一(2005 : 9)에서는 반모음으로 처리하였다.

문자들이다

이러한 2~3문자를 결합하여 전설 모음을 표기하는 방법은 훈민정음에서도 '외[ö]'는 'ㅇ[모음]+ㅗ[o]+ㅣ[y]'가 결합한 예이고 '위[ü]'는 'ㅇ[모음]+ㅜ[u]+ㅣ[y]'의 결합으로 표음된 문자다. 지금까지 이러한 제자 방법을 몰랐던 것은 그동안의 파스파 문자 연구가들이 한글 문자에 대한 지식이 결여되었기 때문이다. 한글의 문자구조로 보아야 비로소 파스파자의 올바른 자형을 이해할 수 있다.

포페 교수의 파스파 8모음 체계에 보이는 [ü, ö]는 모음 [o, u]에 전설모음자 [e]를 붙여 전설 모음 /ö/[⊏ +[∧. ↑], /ü/[⊏ +ㆆ]을 표시한 것이다. 중세 몽골어에서 전설 대 후설의 대립 모음인 /o : ö/, /u : ü/는 서로 모음조화를 이루고 있어 조사나 어미에서 모음의 자동적 교체를 보이기 때문에 몽고(蒙古) 외올자(畏兀字)에서는 'o : ö, u : ü'의 구별이 없으나 파스파 문자에서는 이를 구별하여 'ㅈ(o) : ⅠК (eo, ö)', 'ⅠG (u) : ⅠⓈ (eu, ü)'로 적은 것이다.[78] 즉 후설모음 [o, u]에 전설모음자 [e]를 붙여 전설 모음 [ö, ü]을 표시한 것이다.

6.2.4.2. 지금까지는 『몽고자운』에서도 훈민정음처럼 중성자(中聲字)를 별도로 제자하여 제시하지 않은 것으로 알려졌다. 그러나 전술한 바와 같이 졸고(2009c, d)와 졸고(2011)에 의해, 『몽고자운』 권두 '자모(字母)'의 말단에 붙어 있는 "ⓐ ㆆ ⊇ ㅈ ⊇ ㄴ 此七字歸喩母"가 중성자에 해당하는 유모(喩母)자로서 모음자들이었다는 사실이 밝혀진 바 있다. 위 논문들에서

---

78) 'ⅠК '나 'ⅠⓈ'의 'ⓊⅤ'는 여기서는 훈민정음의 중성자에 붙는 'ㅇ(欲母)'와 같은 것이어서 [a]의 음가를 갖는 것이 아니다. 포페씨의 잘못으로 볼 수밖에 없다. 여기서 파스파를 연속하여 쓸 때에는 橫書하여 연결시켰다. 縱書할 때의 字形을 옆으로 뉘여 연결시킨 것이다. 한자씩 쓸 때에는 縱書하여 쓴다. 以下 같다.

는 훈민정음이 파스파자 ‘ᇲ[i], ᇙ[u], ⊇[iu̯, ü], ᅎ[o], ⊇[eu̯, ö], ⊑[e]’자와 ‘유모(喩母)’의 ‘ᄫ(ᄱ)[a]’을 합하여 7개 모음자(母音字)로 제자된 것으로 보았다. 또 이것과 훈민정음의 11개 중성자(中聲字)가 연관이 있다고 보는데 훈민정음의 재출자(再出字) 4개(요, 야, 유, 여)를 제외한 기본자와 초출자의 7개 중성자(中聲字) ‘ᄋ[ɔ], 으[ɯ], 이[i], 오[u], 아[a], 우[ü], 에[ɛ, ä]’는 『몽고자운』의 유모자(喩母字) 7개에 의거한 것이라고 추정한다.[79]

5) 파스파자 유모(喩母) ᄫ(ᄱ)의 음가(音價)와 훈민정음의 욕모(欲母)

6.2.5.1. 본서에서는 제4장의 4.5.3에서 元代 파스파 문자가 한자음을 표기할 때에는 훈민정음(訓民正音)의 욕모(欲母)[ㅇ]에 해당하는 유모(喩母)[ᄫ(ᄱ)]를 두고 여기에 다시 /ᇲ[i], ᇙ[u], ⊇[iu̯, ü], ᅎ[o], ⊇[eu̯, ö],[80] ⊑[e]를 제정하여 모두 7개의 모음자를 제정한 것으로 보았다.

그리하여 ‘ᄫ(ᄱ)[a]’는 전술한 바와 같이 모든 서장문자(西藏文字)가 음절 문자로서 [a]를 음절 말에 갖고 있음으로 파스파자에서도 이것이 [a]를 나타낸다고 보았다.[81] 그러나 유모(喩母)이기도 하므로 ‘ᄫ(ᄱ)’는 [a]의 음가를 갖는 동시에 다른 모음자, 즉 유모(喩母)의 글자와 같이 쓰

---

79) 이에 의거하면 파스파자의 모음자와 훈민정음의 중성자는 대체로 다음과 같은 모음체계를 의식하고 문자를 제정하였다고 추정할 수 있다.

훈민정음 중성 체계　　　　파스파자 모음자

80) 이 문자의 음가에 대하여는 지금까지 믿을 만한 연구가 없다. 필자는 照那斯圖(2003 : 23)에 맞추어 이렇게 재구해 본 것이다.

81) 吉池孝一(2005 : 10)에서는 파스파 문자에 “母音 /a/를 나타내는 문자는 없다”라고 하였으나 이것은 이 문자를 잘못 이해한 것으로 보인다.

일 때에, 예를 들면 /ö/의 'ꡦ, ꡦ'와 '/ü[ꡞꡥ]'의 'ꡧ'는 그 음가
가 [null]로서 모음자란 표시, 즉 [+syllabic]이란 자질을 보여준다. 즉
이때의 ꡧ(ꡧ)는 생성음운론에서 말하는 성절성(成節性) 자질(資質, [+syllabic])
의 성절 모음을 표시하는 것으로 훈민정음의 'ㅇ(欲母)'로 생각할 수 있
다. 다만 단독으로 쓰일 때에는 그 음가가 [a]인 것이다.[82]

6.2.5.2. 훈민정음이 중성자(中聲字)를 단독으로 쓸 때에 '욕모(欲母)'의
'ㅇ'를 중성자(中聲字) "ㆍ, ㅡ, ㅣ, ㅗ, ㅏ, ㅜ, ㅓ, ㅛ, ㅑ, ㅠ, ㅕ" 등에 붙
여 "ᄋᆞ, 으, 이, 오, 아, 우, 어, 요, 야, 유, 여"와 같이 쓰는 이유에 대하
여는 <해례본>의 어디에도 설명이 없다.[83] 이것은 이미 파스파 문자에
서 쓰인 방법이므로 다시 이에 대하여 설명할 필요를 느끼지 않은 것으
로 볼 수밖에 없고 이것은 파스파 문자가 고려 후기, 조선 초기에 한반
도의 지식층들에게 널리 알려졌음을 전제로 하는 것이다.

그러나 자음 단독으로 발음되는 경우나 반모음 다음에 /a/를 붙여 발
음한다. 예를 들면 /ꡥ, g/는 [ga], /ꡂ ꡲ, gi/는 [gǐa]로 발음되는데 이러
한 표음 방법이 파스파 문자를 음절문자로 오해하기에 이른다. 『몽고자
운(蒙古字韻)』에서도 운(韻)의 총목(總目) 중에 'ꡌ ꡂ'는 [pa]로 읽을 수밖에
없다. 즉 순중음(脣重音) 전청(全淸)의 성모(聲母) '幫[ꡂ]'모를 [pa]로 발음

---

82) 예를 들면 『蒙古字韻』의 파스파자 표기 "ꡳꡧ[mong] ꡡꡘ[rol] ꡦ꡷[tsahi] ꡜꡧꡞꡋ
['win]"의 마지막 '[韻, ꡜꡧꡞꡋ] ['win]'에서 'ꡧ'는 蒙韻의 36字母 가운데 喩母字로서 音
價가 [a]가 아니라 /∅, null/을 표음하며 訓民正音의 初聲字 欲母 'ㅇ'와 같은 것이다. 이
발음 朝鮮의 한글로 '윈'으로 전사할 수 있다(4.5.2 참조).

83) 이에 대하여 <해례본>의 「합자해(合字解)」에 "初中終三聲, 合而成字."를 그 규정으로 보
려는 경우가 있다. 그러나 이것은 한자음의 훈민정음에서 '御 엉', '世 솅'와 같이 발음이
되지 않는 欲母(ㅇ, null)를 종성으로 붙여 초성, 중성, 종성을 갖추게 한다는 뜻이지 중
성자에 欲母(ㅇ)를 初聲으로 붙이는 것을 말하는 것은 아니다. '이, 아' 등의 표기는 결코
"初中終三聲"의 合字가 아니기 때문이다.

하는 경우다. 여기서 우리는 <언해본>의 「세종어제훈민정음(世宗御製訓民正音)」에서 "ㄱ는 엄쏘리니 君군ㄷ字쫑 처엄 펴아나는 소리ㄱㅌ니라"에서의 'ㄱ는'이 '[ka]는', 또는 '[ki]는'으로 읽힐 수 있는 가능성을 찾을 수 있다.

6) 훈민정음의 중성자와 파스파자의 유모자

6.2.6.1. 이상 파스파자의 유모자(喩母字), 즉 모음자에 대하여 고찰하였다. 파스파자는 남아있는 자료가 적어서 그에 대한 연구가 완벽하다고 할 수 없다. 일찍이 포페 교수가 "다양한 연구자들의 노력에 의하여 적지 않은 업적이 있음에도 불구하고 시대적으로 다른 때에 편집된 파스파 문자의 기록물들이기 때문에 만족스럽게 연구되었다고 보기 어려우며 표기가 부정확하고 오류투성이어서 아직 많은 부분이 해독도 안된 것이 있다(Even though quite a few works by various investigators have been devoted to the ḥP'ags-pa script, it can not be regarded as having been satisfactorily studied, inasmuch as monuments in it, edited as they were at different times, have still not been read they ought to be, and translations of various parts of them are erroneous and inexact.)."(Poppe, 1957 : 1)라고 주장한 것처럼 파스파 문자는 아직도 해독조차 제대로 되지 않고 해결하지 못한 많은 문제가 남아있는 문자라고 할 수 있다.

그런데 파스파자가 제정된 지 170여년 후에 이 문자를 모델로 하여 제정한 훈민정음, 즉 한글은 파스파 문자가 갖고 있는 미해결의 문제에 대하여 많은 힌트를 제공하는 것으로 보았다. 이에 근거하여 이 발표는 파스파 문자의 모음자에 대하여 한글의 중성자를 근거로 하여 몇 가지 사실을 주장하였다.

6.2.6.2. 첫째는 파스파 문자가 한자의 중국어 표준음을 표음하기 위하여 제정되었으며 기본적으로 7개의 단모음을 표음하는 문자를 만들어 『몽고운략』이나 『몽고자운』에서 유모자(喩母字)로 36자모도(字母圖)에 넣었다고 본다. 위에서 언급한 『몽고자운』 36자모표의 우편(右便) 하단(下段)에 쓴 "ꡝꡖ   此七字歸喩母"의 6자와 유모(喩母) 'ꡝ'를 합하여 7개 파스파 문자는 중국의 표준 한자음을 전사하는데 필요한 7개 모음자로 보았다.

6.2.6.3. 둘째는 이 모음자들이 훈민정음에 영향을 주어 11개 중성자 가운데 기본자와 초출자(初出字) 7개가 파스파 문자에 의거하여 마련된 것으로 보았다. 나머지 4개의 훈민정음 중성자는 i계 이중모음임을 <해례본>에 분명히 밝혀놓았다. 그리고 이들을 조합하여 만든 훈민정음의 많은 중성자(中聲字)들, 즉 모음자들이 파스파 문자에서 이미 시도된 전설모음 문자와 후설모음자를 결합하여 이중모음들을 표음하는 방식으로 제자(制字)된 것이라고 주장하였다.

6.2.6.4. 셋째는 지금까지 이 유모(喩母) 'ꡝ'자에 대하여 논의된 내용에 대하여 비판적으로 검토하면서 다음 사실을 주장하였다. 즉 파스파 문자에서 유모(喩母) 'ꡝ'의 음가는 [a]이거나 [null, Ø]로써 후자의 경우 훈민정음의 욕모(欲母) 'ㅇ'과 같으며 한글에서는 '이[i], 아[a, ɑ], 오[o, u], 으[ŭ, ɯ]'처럼 모음자를 단독으로 쓸 때에는 반드시 붙이는 기호라고 본 것이다. 또 파스파 문자의 유모(喩母) 'ꡝ'자나 훈민정음의 욕모(欲母) 'ㅇ'은 현대 생성음운론에서 주장하는 [+syllabic]의 자질을 표시로서 성절모음임을 나타낸다.

3. 『몽고자운』의 파스파 운미자(韻尾字)와 훈민정음의 종성(終聲)[84]

6.3.0.1. 제4장에서 중국 북방민족의 언어와 문자의 사용에 대하여 살펴보았다. 제4장의 4.1.1에서 원(元) 세조(世祖) 쿠빌라이 칸은 '토번(吐蕃)'에 원정(遠征)했을 때에 팍스파(八思巴)란 라마승(喇嘛僧)을 데려와 몽고인들이 한자를 학습하는 데 필요한 발음기호를 만들게 하였고 이것을 이용하여 몇 개의 운서(韻書)를 만들었음을 살펴보았다(졸저, 1990 : 137). 그동안 이것을 갖고 파스파 문자의 제정은 토번(吐蕃)의 라마승(喇嘛僧) 팍스파에 의한 것으로 알려졌다.

이 가운데 널리 알려진 것은 『몽고운략(蒙古韻略)』이지만 이 운서(韻書)는 오늘날 실전되어 전하지 않고 이와 더불어 역시 원대(元代)에 편찬된 『몽고자운(蒙古字韻)』은 청대(淸代)에 필사된 초본(鈔本)이 대영도서관에 보전(保全)되어 겨우 그 전모(全貌)를 살펴볼 수 있다. 졸저(2009)는 바로 이 운서에 대한 연구로서 이 운서를 통하여 파스파 문자에 대한 좀 더 명확한 사실들을 밝혀낼 수 있었다.

팍스파 라마는 원(元) 세조(世祖) 쿠빌라이 칸(忽必烈汗)의 명령에 따라 토번(吐蕃) 왕국에서 제정한 서장(西藏) 문자, 즉 티베트 문자를 근거로 원(元) 제국(帝國)을 위한 새로운 문자를 제정하였는데 이것이 파스파 문자로서 고려와 조선시대에는 첩아진(帖兒眞), 첩아월진(帖兒月眞, dörbeljin)으로 불리던 문자이다.

---

84) 이 부분은 동일 제목으로 2011년 7월 30일에 일본 京都大學 人文研에서 열린 제3회 역학서학회에서 기조강연으로 발표하고 『譯學과 譯學書』(역학서학회) 제3호(2012) pp.5～34에 게재한 것을 수정 보완한 것이다.

6.3.0.2. 원(元)은 중국 북방민족의 하나인 몽고족이 중원(中原)을 정복
(征服)하고 세운 제국(帝國)이어서 몽고어로 자르구치(札魯忽赤)라 불리는 단
사관(斷事官)이나 다르구치(達魯花赤, Darguchi)라고 불리는 관리의 우두머리
는 몽고인들이 맡았다(4.0.4 참조).

따라서 이러한 원대(元代)에 한인(漢人)들은 몽고인들을 도우는 하급 관
리로 등용될 뿐이고 한인(漢人)들이 관리(官吏)가 되는 길은 오로지 비칙치
(必闍赤, Bichigchi), 또는 怯里馬赤(Kelemechi)가 되어85) 몽고어의 통역을 맡
거나 한자로 기록하는 일을 하면서 서장(庶政)에 참석하는 일이었다. 이
를 위하여 그들은 몽고어와 몽고문자의 학습에 전력을 경주(傾注)하게 된
다(4.0.5 참조). 이때의 몽고 문자는 칭기즈 칸(成吉思汗) 때에 사용이 시작
된 몽고외올자(蒙古畏兀字)와 쿠빌라이 칸(忽必烈汗) 시절에 제정된 파스파
문자이었다.

중앙아시아 스텝의 대부분을 정복하고 금(金)마저 멸망시킨 칭기즈 칸
(成吉思汗)은 위구르의 나이만(乃蠻, Naiman)을 정복(征服)한 다음 포로로 잡
은 타타퉁아(塔塔統阿, Tatatonga)를 시켜 위구르 문자로 몽고어를 기록하게
하였고 이를 몽고 제국(帝國)의 통치 문자로 삼았다. 그러나 이 문자는 한
자의 발음을 기록하기에는 매우 부족한 문자였다. 거기다가 몽고 제국
에는 요(遼)의 거란문자를 비롯하여 금(金)의 여진 문자도 사용되었고 한
자도 여전히 한인(漢人)들 사이에서는 통용되었다.86) 이러한 복잡한 문자
의 사용이 하나의 국자(國字)를 제정하여 문자를 통일할 필요를 느끼게
한 것 같다고 보기도 한다(羅常培 · 蔡美彪, 1959).87)

---

85) 怯里馬赤(Kelemechi)는 말을 통역하는 '口譯'이었고 必闍赤(Bichechi)는 '筆譯'을 담당하는
　　'譯史'였다. 제4장의 4.0.5 참조..

86) 예를 들면 熱河에서 출토된 칭기즈 칸의 聖旨牌는 前面을 한자로, 그리고 後面에는 거란
　　문자로 쓰였다고 한다(제4장 4.1.0 참조)

1) 파스파 문자

6.3.1.1. 원래 문자가 없던 몽고족이 중원(中原)을 정복하고 전대미문(前代未聞)의 대제국(大帝國)을 건설하면서 몽고인들은 통치(統治)를 위한 통일된 문자가 필요했던 것이며 이러한 제국의 통치문자로 등장한 것이 파스파 문자이다. 즉 남송(南宋)을 멸망시키고 중국에 원(元)을 건국한 세조(世祖) 쿠빌라이 칸은 토번(吐蕃)의 팍스파(八思巴)란 나마교(喇嘛敎)의 승려(僧侶)에게 한자음을 표음할 수 있고 몽고어도 기록할 수 있는 문자를 만들도록 명령하였다. 즉 염상(念常)의 『불조역대통재(佛祖歷代通載)』(권21)「왕반(王磐) 팍스파행장(八思巴行狀)」에 의하면 중통(中統) 원년(元年, 1260)에 쿠빌라이 칸으로부터 국사(國師)로 임명된 다음 바로 국자(國字)의 제정에 착수한 것으로 보인다.

그는 고향인 티베트로 돌아가 티베트 문자에 의거하여 새로운 문자를 만들었으니 이것이 바로 파스파 문자로 불리는 몽고자(蒙古字)이며 글자 모양이 사각(四角)이므로 첩아진(帖兒眞), 첩아월진(帖兒月眞, dörbeljin)으로도 불린다. 『원사(元史)』(권202) '석로 팍스파(釋老八思巴)'조에 의하면 이 문자는 지원(至元) 5년(1268) 경에 완성되어 그 이듬해인 지원(至元) 6년(1269)에 쿠빌라이 칸의 조령(詔令)으로 반포되었다고 한다.

이 조령(詔令)을 보면 파스파 문자의 제정이 몽고족(蒙古族)의 주변 민족들이 모두 문자를 갖고 있는데 자신들만이 문자가 없고 또 몽고어를 기록하는 데 한자(漢字)나 위구르 문자를 빌렸으나 불편하기 그지없어 이제 몽고 신자(新字)로 기록할 것을 명한다는 내용이다.[88] 졸저(2009)에서는

---

87) 제4장에 인용된 중국 居庸關의 懸板은 한문, 西夏文, 維爾兒文, 티베트문, 몽고 위구르문, 그리고 파스파문으로 되었다. 당시 얼마나 다양한 문자가 중국에서 사용되었는지를 보여 준다.

이 조령(詔令)의 내용에 의거하여 파스파 문자의 제정 목적이 중국 한자음을 전사(轉寫)하기 위한 것임을 강조하였다.

이것은 쿠빌라이 칸의 조령(詔令) 가운데 "所以特地命令國師八思巴, 創制蒙古新字, 譯寫一切文字, 希望能語句通順, 地表達淸楚事物而已。 —그러므로 국사(國師) 파스파에게 몽고신자를 창제하라고 특명을 내려서 모든 문자를 역사(譯寫), 즉 번자(飜字)하여 기록하라고 하였다. 그리하여 능히 언어가 순조롭게 통하고 각지의 사물이 바르게 전달되기를 바랄 뿐이다."라는 구절과 관련이 있는데 여기서 역사(譯寫, transcription)란 말의 의미는 발음을 기록하는 것이므로 한자를 포함한 모든 문자의 발음을 전사하기 위하여 파스파 문자를 제정한 것임을 밝힌 것이다.

6.3.1.2. 특히 파스파 41자를 『광운(廣韻)』 36자모와 유모(喩母) 7자에 맞추어 제정한 것은 이 문자가 한자의 학습을 위하여 그 발음의 표기를 위한 것임을 분명하게 한다. 한자의 정확한 표음을 위하여 사용하기에는 몽고 위구르 문자는 매우 부적절하며 비록 그것이 표음문자이기는 하지만 구절 단위의 표기를 위한 문자여서 한자의 각개 음절을 표음하기에는 맞지 않았기 때문이다.[89]

---

88) 이 詔令은 쿠빌라이 칸이 파스파字, 즉 蒙古新字를 만든 意圖를 알 수 있게 한다. 이러한 파스파字, 즉 國字의 제정 목적은 바로 훈민정음의 창제에도 적용될 수 있으며 <해례본> 『훈민정음』에 부재된 鄭麟趾의 後序에 그대로 반영된다. 이에 대하여는 졸고 (2008b)를 참고할 것.

89) 이것은 쿠빌라이 칸의 파스파 문자를 반포하는 詔令에서도 "凡使用文字的地方、都沿用漢字楷書及畏兀文字、以表達本朝的語言。 —[지금에] 쓰이는 문자는 모두 한자의 해서나 위구르 문자를 사용하여 이 나라의 말을 표시하였다—"라는 기사가 있고 실제로 위구르 문자(畏兀字)의 표기에 대한 주의가 있어서 이미 몽고 帝國의 초기에 이 문자에 대한 불만이 높았음을 알 수 있다. 즉 몽고의 묑케(Mönke, 蒙哥)가 즉위하기 전까지 『大學衍義』 등의 유교 경전을 몽골어로 번역하는 문제에 대하여 위구르자의 표기법에 대한 연구를 실시하였고 '國史'를 편찬하라는 勅令에서도 이 문자의 표기에 대한 문제를 지적하였다.

몽골 제국(帝國)의 제4대 황제인 묑케(蒙哥)가 1251년에 즉위하기 전에 중국인 학자 조벽(趙璧)이90) 몽고어를 배워서 『대학연의(大學衍義)』를 몽고 어로 번역하였고 이것으로부터 중국 고전을 번역하며 후일 원(元) 제국 (帝國)의 역사를 편찬하기 위한 준비위원이 결성되는 계기가 되었다. 이 때의 사용문자는 말할 것도 없이 몽고 위구르 문자였다. Pozdneyev(1906 : 166)에서는 위와 같은 작업으로부터 몽고위구르자(蒙古畏兀字)의 불편함이 인정되어 새로운 문자 제정의 동기가 되었다고 주장하였다.91)

필자는 졸고(2008a, b)에서 조선시대 훈민정음의 제정과 마찬가지로 몽 고인의 한어(漢語) 교육에서 가장 문제가 되는 한자의 발음의 학습을 위 하여 파스파자(字)가 제정된 것임을 주장하였다. 한족(漢族)이 아닌 다른 민족이 표준 한어(漢語)를 학습할 때에 가장 문제가 되는 것은 한자의 발 음이다. 중국어를 하는 한족(漢族)들은 뜻을 알면 그에 해당하는 발음이 따라 오지만 외국인이 한어(漢語)를 학습할 때에는 이를 기록한 한자의 발음을 별도로 배워야 한다.

6.3.1.3. 또 한어 학습에서 한자 교육은 여러 방언의 서로 다른 발음 을 익혀야 한다. 제4장 4.2.3에서 주장한 바와 같이 원대(元代)에도 서울 인 대도(大都, 지금의 북경 지역)의 한아언어(漢兒言語)나 서북(西北) 방언의 통 어(通語, 또는 凡通語), 오아(吳兒)의 개봉(開封) 방언음 등이 각기 서로 달라서 정확한 발음 하나하나를 발음 기호로 표기하지 않으면 효과적인 한어(漢 語), 즉 중국어의 교육은 어렵게 된다. 몽고 제국(帝國)에 관련되는 여러

---

90) 제4장 주23 참조.
91) 이에 대하여 Poppe(1957 : 2)에서는 Pozdneyev의 생각이 위구르 문자가 한자 발음 전사 에서 부정확하며 또 불편함을 들고 이런 조건에서 새 문자의 필요성이 대두되었다고 보 았다. 제4장 주24 참조.

민족의 언어를 기록하려는 것도 파스파자(字)를 제정한 중요한 동기가 되겠지만 필자는 몽고인들의 중국어 학습에서 한자의 여러 중국어 발음 표기를 위한 기호의 필요성이 보다 직접적인 파스파자의 제정 동기라고 생각한다.92)

2) 파스파 문자에 의한 한어(漢語)와 몽고어의 교육

6.3.2.0. 팍스파(八思巴) 라마(喇嘛)가 적어도 지원(至元) 5년(1268)에는 이 문자를 완성하여 시험 삼아 사용하다가 원(元) 세조(世祖) 쿠빌라이 칸의 인정을 받아 지원(至元) 6년(1269)에 원(元) 제국(帝國)의 공용 문자로 반포 되었다. 그리고 파스파 문자는 몽고 제국의 통치문자로 인정되어 반포(頒布)된 같은 해 7월에는 모든 지역에서 몽고자학(蒙古字學)의 학교가 설치 되어 이 문자의 교육이 실시되었다(제4장 4.3.1).

6.3.2.1. 제4장에서는 『원전장(元典章)』(권31) 「예부(禮部)」(卷4), '학교(學校) 몽고학(蒙古學)' 조에 수록된 지원(至元) 8년(1271) 정월(正月)에 발표된 성지(聖旨)를 인용하여 첫째, 각 로(路)에 몽고자학(蒙古字學)이란 학교를 설치하고 경사(京師)에 국자학(國子學)을 설치할 뿐만 아니라 제왕(諸王)들의 산하에 있는 천호(千戶)까지도 몽고자(蒙古字)를 교수하며 몽고 귀족 및 몽

---

92) 이러한 주장은 졸저(2009 : 157)에 "둘째는 중국 한자음을 전사하기 위하여 파스파 문자를 제정하였다는 것이다. 이것은 쿠빌라이 칸의 詔令 가운데 '所以特地命令國師八思巴, 創製蒙古新字, 譯寫一切文字, 希望能語句通順, 地表達淸楚事物而已。 ―그러므로 국사(國師) 파스파에게 몽고 신자를 제정하라 특명을 내려서 모든 문자를 역사(譯寫), 즉 번자(繙字)하여 기록하라 하셨다. 그리하여 능히 언어가 순조롭게 통하고 각지의 사물이 바르게 전달되기를 바랄 뿐이다'라고 하여 한자를 포함한 모든 문자의 발음을 전사하기 위하여 파스파 문자를 제정한 것임을 강조하였다"라는 구절을 말한다. 이것에 대하여 학계의 많은 贊反 兩論이 있었을 것이다.

고와 한족(漢族)의 통치자나 관리의 자제(子弟) 중에 우수한 사람들을 입학시켜 몽고자를 학습하게 명령한다는 것이다.

둘째, 황제(皇帝)는 몽고자를 학습하면 일신의 부역(賦役)을 면제하거나 실력에 의하여 관직(官職)을 주는 유인책으로 몽고자의 학습을 당시 지식인들에게 호소한 것이다. 심지어 한인(漢人)이나 남인(南人)의93) 관원들 자손이나 제질(弟姪)들도 국자학(國子學)에 입학하여 몽고자를 학습하게 하였다는 것이다. 이는 몽고 국자(國字)를 보급하여 통치문자로써 널리 이용하게 하려는 것이다.94)

셋째, 지원(至元) 8년(1271)의 성지에 적시된 바와 같이 성부대원(省部臺院)의 상주문(上奏文)이나 관청의 문서, 중서성(中書省)의 부보(符寶), 성부대(省部臺)의 모든 인신(印信), 그리고 병마(兵馬) 조달의 차자(箚子) 등을 모두 반드시 몽고자로 쓰게 하였다.95) 나이지(羅以智)의 '발몽고자운(跋蒙古字韻)'에서도 "頒行諸路, 皆立蒙古學。此書專爲國字漢文對音而作, 在當時固屬通行本耳。 —[이 문자를] 제 로(路)에 반포하여 사용하게 하고 모두 몽고 학교를 세웠다. 이 책 [『몽고자운』]은 [당시에] 오로지 국자(國字, 파스파 문자)로 한자의 발음을 적기 위하여 만들어진 것으로 당시에 있어서는 널리 통행하는 책에 속하였다."라고 하여 파스파자가 원(元) 제국(帝國)의 제로(諸路)에 세운 몽고 학교에서 한자의 한어음(漢語音)을 학습하는 데 발음기호의 역할을 하였으며 이 문자로 몽고운, 즉 『몽고운략(蒙古韻略)』이나

---

93) 南人은 북방의 漢兒가 아닌 吳兒의 漢族을 말함.

94) 元 나라에서 漢人이 출세할 수 있는 길은 앞에서 언급한 怯里馬赤(Kelemechi)가 되어 통역을 담당하거나 闍闍赤(bichechi)가 되어 서시로 일하는 길 뿐이다. 따라서 漢人들은 열심히 몽고어와 몽고문을 학습하였다.

95) 이에 대하여는 제4장 4.3.1.에서 인용한 『元史』(권101) 「兵志」 제4 '站赤'조의 기사를 참조할 것.

『몽고자운(蒙古字韻)』과 같은 발음 사전을 만들 때에 발음 기호로서 사용되었음을 알 수 있다.

6.3.2.2. 이렇게 교육된 신문자는 과거(科擧)시험으로 검증된다. 원대(元代) 과거시험에 대하여는 별로 알려진 것이 없으나 과거를 위한 몇 운서(韻書)에서 시험 방법에 대하여 기록하였다. 『신간운략(新刊韻略)』(5권)은96) 정대(正大) 6년(1229)에 쓴 하한(河間) 허고도(許古道)의 서문에 의하면 왕문욱(王文旭)이 평수운(平水韻)의 새로운 예부(禮部) 운서를 교수(校讎)하고 주석을 조금 더 하여 간행한 것으로 주로 과거 시험에 대비하는 거자(擧子)들을 위한 책이다.

권두 하한(河間)의 서문 다음에 공거(貢擧) 삼시(三試)의 정식(程式)이 있고 "장표회피자양(章表廻避字樣)"이 있어 이 운서가 과거에 필요한 참고서임을 알 수 있다. 이어서 "임자신증분호점획정오자(壬子新增分毫點劃正誤字)"가 있어 유연(劉淵)의 『신간배자예부운략(신간배자예부운략)』에서 새롭게 정한 분획(分劃)과 가점(加點)의 정자(正字)와 오자(誤字)를 사성(四聲)에 따라 수록하였다. 역시 과거 시험에서 정자(正字)를 쓰도록 하기 위한 것이다.

또 이 책의 권두에 수록된 '고시정식(考試程式)'에 의하면 '몽고인(蒙古人), 색목인(色目人)'과 '한인(漢人), 남인(南人)'이 각기 다른 기준으로 시험을 출제하고 채점하였다고 하여 신분과 종족(種族)에 따라 차별을 둔 시험이었음을 말한다. 즉 몽고인과 색목인의 경우는 제1장(場)에서 '경문오조(經問五條)'의 시험이 있어 "대학(大學), 논어(論語), 맹자(孟子), 중용(中庸)" 등의 사서(四書) 내에서 질문하여 시험하고 의리(義理)가 정명(精明)하고 문사(文

---

96) 이 자료는 중국 國家圖書館 소장본을 참고하였다. 이 자료를 영인하여 보내주신 北京 中央民族大學의 太平武 교수에게 감사를 드린다.

詞)가 전아(典雅)하면 선발하는데 책은 <주씨장구집주(朱氏章句集注)>를 쓴다고 하였다.97) 제2장(場)에서는 시무(時務)에서 출제하는데 시무에 관한 책론(策論)으로 2백자 이상을 쓰게 하였다.

반면에 한인(漢人)과 남인(南人)들의 제1장(場)은 '명경(明經)'의 시험으로 '경의이문(經疑二問)', '경의일도(經義一道)'를 시험하고 제2장에서는 '고부, 조, 고, 장, 표(古賦、詔、誥、章、表)'에서 한번 시험하고 제3장(場)에서는 '책(策)'을 시험하되 '경사시무(經史時務)'에서 출제하며 책론(策論)은 1천자 이상의 길이가 되어야 한다고 하였다.98) 당연히 몽고인・색목인에 비하여 한인(漢人)과 남인(南人)이 불리하게 되었다.99)

6.3.2.3. 『몽고자운(蒙古字韻)』은 『신간운략(新刊韻略)』과 같이 몽고인과 색목인들이 과거를 보기 위하여 한어를 학습할 때에 사용할 교재이었음은 더 말할 나위가 없을 것이다. 원대(元代) 한인(漢人)들이 『신간운략』으로 과거 준비를 했다면 몽고 색목인들은 『몽고자운』으로 역시 과거를 준비한 것이다. 여기에 두 운서의 용도가 일치함을 볼 수 있고 왜 『몽고자운』의 권말(卷末)에 '교정자양(校正字樣)'과 '회피자양(廻避字樣)' 160여 자가 부재되었는지 이해할 수가 있을 것이다.

즉, 『신간운략』에서 예부(禮部)에서 새로 정한 한자 점획(點劃)의 올바른

---

97) 『新刊韻略』에서 이 부분을 옮겨보면 "考試程式 ○蒙古色目人[중략] ○漢人南人, 第一場、明經 經疑二問, '大學論語孟子中庸內設問, 義理精明文詞典雅爲中選, 用朱氏章句集注。'[하략]"과 같다.

98) 역시 『신간운략』에서 이 부분을 옮겨보면 "考試程式 ○蒙古色目人[중략] 第二場, 策 '以時務出題, 限二百字以上。' [중략] ○漢人南人[중략], 第三場, 策一道 '經史時務內出題, 不矜浮藻, 惟務直述, 限一千字以上。'"이라 하여 몽고인이나 색목인에 비하여 한인(漢人)들은 훨씬 더 많은 분량의 답안 작성을 요구하였다.

99) 『新刊韻略』(중국 국가도서관 소장)의 해당 부분에 대한 사진이 졸저(2009 : 61)에 전재되었다.

자형(校正字樣)과 '장(章), 표(表)'에서 기휘자(忌諱字)들을 정리한 회피자양(廻避字樣)을 붙여 거자(擧子)들로 하여금 과거시험에 필요한 지식을 얻게 하였는데 『몽고자운』도 같은 취지에서 한 것이다.

3) 훈민정음에 미친 파스파 문자의 제정

6.3.3.0. 졸저(2009)에서는 훈민정음이 파스파 문자의 제정으로부터 영향을 받은 것임을 주장하였다. 왜냐하면 새로 만든 정음자로 한어 표준음을 표음한 『홍무정운역훈(洪武正韻譯訓)』의 축소판으로 신숙주(申叔舟)가 이를 축소하여 편찬한 『사성통고(四聲通攷)』를 중종(中宗)조 최세진이 증보하여 『사성통해(四聲通解)』를 편찬하였는데 이 책의 권두(卷頭)에 「광운삼십육자모도(廣韻三十六字母圖)」, 「운회삼십오자모도(韻會三十五字母圖)」, 그리고 「홍무운삼십일자모도(洪武韻三十一字母圖)」가 게재(揭載)되었을 것으로 추정하였다. 이 가운데 '홍무운(洪武韻) 31자모도(字母圖)'는 『몽고자운』의 권두에 파스파 문자로 전사된 36자모도와 일치하며 앞의 두 자모도는 아마도 『몽고운략』의 권두에 수록된 36자모도일 것으로 보여서 『사성통해』는 물론이고 이의 저본인 『사성통고』나 『홍무정운역훈』이 모두 몽고운서를 근거로 하여 편찬된 것으로 보았다(6.1.3.2. 참조).

또 한자음의 조선어음, 즉 동음(東音)을 최세진이 정리하여 편찬한 『훈몽자회(訓蒙字會)』의 편운 방법이나 발음 전사가 훈민정음 제정 이후 편찬된 『동국정운(東國正韻)』과 유사하며 훈민정음의 제자(制字) 원리(原理)를 비롯하여 초성(初聲), 중성(中聲), 종성해(終聲解)와 합자해(合字解), 그리고 용자례(用字例)를 설명한 {해례본} 『훈민정음』(이하 <해례본>)도 몽고운, 즉 『몽고운략』, 『몽고자운』의 것과 유사한 방식으로 문자 제정의 원리를 설명하고 있다(졸저, 2009 : 294~296).

6.3.3.1. 따라서 지금까지 훈민정음이 독창적으로 창제되었다는 통념(通念)에 의문을 갖게 된다. 졸저(2009)의 주장이 사실이라면 훈민정음이 조선 한자음(東音)을 분석하여 그 하나하나의 음운을 문자로 만들었다고 보는 그동안의 통설(通說)을 다시 한 번 검토하게 된다. 즉 음운학자도 아닌 세종이 당시 음운을 일일이 분석하고 그 하나하나를 새로 만든 문자로 대응시켰다는 종래의 주장은 정상적인 상식을 가진 연구자라면 일단은 의심을 갖게 마련이다. 그보다는 주변 민족의 기존 표음문자에 의거하여 초성(初聲)과 중성(中聲), 종성(終聲)으로 나누고 그 각각에 새로운 기호를 마련한 것이 정음 문자이며 그것으로 우리 한자음을 되도록 정확하게 표음하려고 한 것이라고 보는 것이 보다 합리적이다.

6.3.3.2. 졸고(2008a, c, d, 2009a)는 훈민정음 초성(初聲) 17자와『동국정운』 23자모가『몽고자운』의 파스파 문자 31자모에서 온 것으로 모두 한자음(漢字音)의 자모(字母, 聲母)이며 결국은 음절 초(onset) 자음(子音)을 말하는 것으로 보았다. 또 졸고(2009c)와 본장의 앞절, '2) 훈민정음의 중성(中聲)과『몽고자운』의 유모자(喩母字)'에서는 훈민정음의 중성(中聲) 11자는『몽고자운』 자모도에서 우측에 표시된 7개의 유모자(喩母字)를 기반으로 한 것임을 주장하였다. 즉 훈민정음 11자의 중성은 결국 ㅣ계 이중모음자인 재출자(再出字)를 제외하면 기본자 3개와 초출자(初出字) 4개로 된 7개의 단모음자(單母音字)를 말하는 것으로 이것은 파스파의 유모자(喩母字) 7개와 일치한다고 보았다.

유모자(喩母)에 속한다는 6개의 파스파자와 더불어 유모자(喩母字) 'ᛒ'를 더 하여야 모두 7개의 파스파자가 되며 이 7개 파스파자들은 모두 모음자를 말한다. 즉 한자의 운(韻) 가운데 운복(韻腹), 또는 유섭(紐攝)에 해당한다. 더욱이 양모음과 음모음의 대립은 중세몽고어의 모음조화에 맞춘 것으로 고대 한국어에서 모음조화(母音調和)의 존재는 증명하기 어려운 음운 현상임을 예로 들었다.100)

이어서 본절(本節)에서는 훈민정음의 종성(終聲)이 『몽고자운』의 권두에 보이는 「몽고자운총괄변화지도(蒙古字韻總括變化之圖)」(『몽고자운』 런던초본 上 4엽앞)에 제시한 파스파자의 입성(入聲) 운미자(韻尾字)를 근거로 하여 17초성이 모두 종성(終聲)이 된다는 '종성부용초성(終聲復用初聲—종성은 초성을 다시 쓴다)'이라는 예의(例義)의 규정과 해례(解例) 종성해(終聲解)의 '팔종성가족용(八終聲可足用—8개 종성으로 충분히 쓸 수 있다)'라는 해설이 나온 것이라는 주장을 펴려는 것이다.

4) 『몽고자운』의 「몽고자운 총괄변화지도(總括變化之圖)」

6.3.4.0. 천하 유일본으로 영국 런던의 대영도서관에 수장(收藏)된 『몽고자운』은 청대(淸代) 건륭(乾隆) 연간에 필사된 것이다. 그러나 이 초본(鈔本)을 통하여 원(元) 지대(至大) 무신(戊申, 1308)에 편찬된 『몽고자운』의 진면목을 볼 수 있다.

이 원대(元代) 운서는 파스파 문자가 제정되고 나서 그 문자를 이용하여 한자(漢字)의 표준음을 주음(注音)한 것으로 『예부운략』 계통의 운서인 『운략(韻略)』을 파스파 문자로 번역한101) 『몽고운략(蒙古韻略)』이 먼저 있었고 그 후에 『신간운략』을 근거로 하여 주종문(朱宗文)이 이를 수정한 『몽고자운(蒙古字韻)』이 있었음을 주장하였다(졸저, 2009).

---

100) 고대 한국어에 모음조화가 없었다는 주장은 Martin(2000 : 1~23)을 비롯하여 서구의 많은 알타이학자들에 의하여 제기되었다. Vovin(2010 : 11) 참조.
101) 여기서 飜譯은 한자 발음의 注音을 말한다(졸고, 1995).

『몽고자운』 초본(鈔本)의 권두에는 '자모(字母)'라는 제하에 중국 전통의 36자모표를 파스파 문자로 대응시킨 자모도(字母圖)가 부재되었다(제4장 [사진 4-4] 참조). 이 자모도에 의거하여 필자는 파스파자의 초성, 즉 음절 초에 나타나는 자음으로 32개를 인정하고 그 각각에 문자를 대응시켜 마스파자의 초성자를 제정하였고 이 '자모(字母)'의 오른쪽 끝에 유모(喩母)에 귀속하는 파스파자 6개자를 부재하였는데 이 6개의 파스파자와 유모(喩母)자를 합하여 7개의 중성자를 만들었다고 보았다. 이에 대하여는 제4장에서 상세하게 논의하였다.

6.3.4.1. 파스파 문자가 종성(終聲)에 해당하는 음절 말 문자의 제정에 대하여는 아무도 언급한 바가 없다. 그러나 역시 『몽고자운』에는 초본(鈔本)의 권두에 「몽고자운 총괄변화지도(總括變化之圖)」를 게재하였다. 그동안 이것이 정확하게 무엇을 의미하는지 이해하지 못한 것이 사실이다.

『몽고자운』 런던 초본(鈔本)의 권두에는 상권 4엽 앞에 「몽고자운총괄변화지도(蒙古字韻總括變化之圖)」(이하 '변화도'로 약칭)가 게재되었다. 그동안 이 변화도는 막연히 당시 한자음의 입성(入聲) 운미(韻尾)를 표시한 것으로만 알려졌다.

[사진 6-9]에서 볼 수 있는 것처럼 변화도 원(圓)의 하단에 왼 쪽으로부터 "噷口ᠵᠨ[m], 撲ᠵ[p], 本音ᠴ[ʔ], 噷口ᠵᠨ[ph], 黑▨[h], 頂舌兒ᠵᠨ[r], 轉舌兒工[l], 刻ᠺᠨ[kh], 克ᠺᠨ[k] 忒ᠲ[t], 赤ᠵ[dz], 四ᠨᠵ[s], 卅ᠴ[z]"와 같은 13개의 파스파 문자가 기입되었다.

이것은 앞에 든 『몽고자운』의 36자모의 파스파 문자와 비교해 보면 전혀 문자가 다른 것이 2개나 있으나[102] 대체로 한자의 음절 말 자모(字

---

102) '黑▨'와 '轉舌兒工'의 파스파 문자 '▨'와 '工'는 어디에서도 찾아볼 수 없는 자형이다.

母)들을 표시한 것이다. 이것을
발음기호로 전사해 보면 [m, p,
ʔ, pʻ, h, r, l,, kʻ, k, t, dz, s, z]
와 같다.103)

이것은 훈민정음자로 더 정
확하게 전사되는데 이를 정음
자로 옮겨보면 [ㅁ, ㅂ. ㆆ, ㅍ,
ㅎ, ㄹ1, ㄹ2, ㅋ, ㄱ, ㄷ, ㅈ,
ㅅ, ㅆ]와 같다.104) 이 운미자
(韻尾字)들에는 몽고어의 음절 말
에 음운으로 존재하며 파스파
문자로도 제정된 [ㅇ, ŋ], [ㄴ,

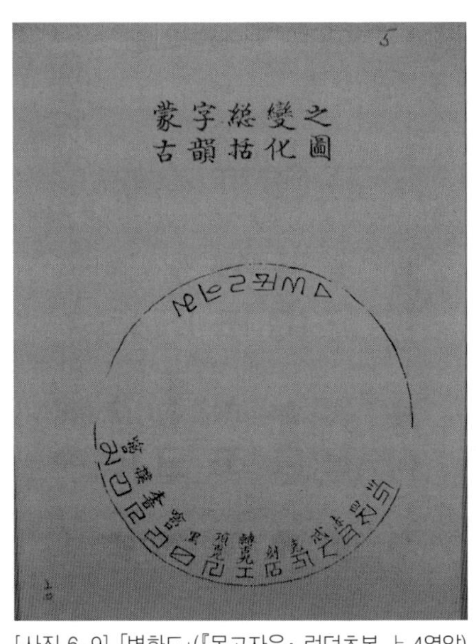

[사진 6-9] 「변화도」(『몽고자운』 런던초본 上 4엽앞)

n]이 缺如되었다. 아마도 필사할 때에 잘못된 것으로 보인다.

[사진 6-9]의 변화도 상단에 거꾸로 된 6개의 파스파자가 보인다. 이
를 옮겨보면 왼쪽으로부터 "ꡝ[m], ꡋ[k], ꡘ[ŋ], ꡤ[w], ꡜ[ʔ], ◁
[o/u]"가 보인다. 여기서 'ꡤ[w]'와 '◁[o/u]'는 특별한 설명이 요구된다.
이 두 파스파자는 모두 합구(合口)의 원순성([+rounded]) 자질을 나타내는
기호로서 후자는 모음적인 원순성, 그리고 전자는 자음적인 원순성을
표음한다. 훈민정음에서는 'ꡤ[ㅱ]', '◁[ㅗ/ㅜ]'로 표시하였다. '◁[o/u]'
는 위에 'ꡝ[i]', 'ꡜ[e]'를 붙여 각각 '◁[ü]', '◁[ö]'를 만든다(졸고,

아마도 필사할 때에 誤寫한 것으로 보인다. 그리고 '本音 ꡘ'도 '疑 ꡘ'의 誤寫로 보는
것이 옳을 것 같다.
103) 파스파 문자의 전사는 전혀 졸저(2009 : 189~191)의 방식에서 翻字(nominal phonetic
value)에 의거하였다.
104) 'ㄹ1'은 [r], 'ㄹ2'는 [l]을 말함.

2009c).

[사진 6-9]의 변화도의 하단에 보이는 13개의 운미자(韻尾字)들은 원대(元代)의 표준 한음으로 알려진 당(唐)·송대(宋代)의 통어음(通語音)의 입성(入聲)들, 더 정확하게 말하면 『광운(廣韻)』 계통의 『예부운략(禮部韻略)』이 보여준 입성음(入聲音)들이고 상단의 6개음은 당시 대도(大都)의 구어(口語), 즉 한아언어(漢兒言語)에서 구별되는 입성(coda)의 발음으로 보인다. 이미 당시 북경 발음에서는 음절말에서 [m, k, ŋ]의 자음과 폐쇄 음절을 보여주는 /ꡖ/ [ʔ], 그리고 원순성을 보여주는 /ꡓ/[w], /◁/[o/u]만이 변별적이었음을 말한다.105) 현대 북경음(北京音), 즉 보통화(普通話)에서는 입성(入聲) 운미(韻尾) [k]도 사라졌다.

6.3.4.2. 실제로 『몽고자운』의 권두에 부재된 총목(總目)에는 이 운서(韻書)의 15운(韻)을 보였다. 즉 "1東, 2庚, 3陽, 4支, 5魚, 6佳, 7眞, 8寒, 9先, 10蕭, 11尤, 12覃, 13侵, 14歌, 15麻"에서 운미(coda)로는 모음의 합구(合口) 여부와 자음으로는 평상거성(平上去聲)에서 [n, m, ŋ]만이 구별될 뿐이다.106) [4支, 15麻]는 제치음(齊齒音)으로 비원순 모음이며 "5魚, 14歌"는 '◁[o/u]'를 갖는 합구음(合口音)이다. "1東, 2庚, 3陽"은 운미(韻尾)가 [ŋ]이고 '6佳'는 운미에 'ꡖ[ʔ ㆆ]'을 가졌다. "10蕭, 11尤"에서는 운미에 'ꡓ[w, ㅸ]'를 가졌으며 "7眞, 8寒, 9先"은 운미에 'ꡋ[n, ㄴ]'을 가졌고 "12覃, 13侵"은 'ꡏ[m, ㅁ]'을 가졌다.

105) 이[◁ o/u]는 원순 모음 [ꡟ u, ꡡ o] 다음에, 그리고 韻尾 [ꡏ m]과 함께 'ꡟ◁, ꡡ◁'와 같이, 또는 '◁ꡏ[ㅗ/ㅜㅁ]으로 나타난다.

106) 다만 15麻의 入聲에서 운미에 [ꡊ t]를 보일 뿐이다.

6.3.4.3. 원대(元代) 몽고인들이 한어(漢語)의 음절을 성운학(聲韻學)에서
와 같이 성(聲, onset)과 운(韻, rhyme)으로 2분하지 않고 운(韻)을 다시 음절
핵(音節核, nucleus)과 운미(韻尾, coda)로 나누어 본 것은 Naiman(乃蠻)의 위구
르인 타타퉁아(塔塔統阿)가 위구르 문자로 몽고어를 기록할 때에 이미 터
득하고 있었던 것으로 보인다. 졸저(2009 : 112~119)에서 위구르 문자가
소그드문자(Sogdische alphabet)에서 왔으며 소그드 문자에서는 음절 초
(initial, onset)에 16개 문자, 음절 중간(medial, nucleus)에 18개 문자, 그리고
음절 말(final, coda)에 17개 문자를 사용하여 이미 초(初), 중(中), 종성(終聲)
의 구별을 하고 있었음을 밝혀놓았다.[107]

5) 훈민정음의 종성과 『몽고자운』의 「총괄변화지도(總括變化之圖)」

6.3.5.0. 훈민정음에서는 초성(初聲) 17자, 중성(中聲) 11자, 도합 28자

---

107) 이에 대하여 졸저(2009)에서는 "이 문자의 근원으로 『원사(元史)』에 등장한 '나이만(乃
蠻)'의 위구르 문자에 대하여 지금까지의 연구(Klaproth, 1812, Pelliot, 1925)에 의하면
역시 많은 사실들이 밝혀지지 않은 채 연구가 중단된 상태다. 그러나 Poppe(1965)에서
는 위구르 문자가 소그드 문자에서 왔다고 본다. 즉 Poppe(1965 : 65)에 'By far the
larger number of Ancient Turkic texts, namely those of later origin (IX~X centuries),
are written in the so-called Uighur script. The latter developed from the Sogdian
alphabet, to be exact, from what the German scholars called "sogdishe Kursivschrift",
i.e., Sogdian speedwriting. the Uighur transmitted to the Mongols. — 매우 많은 고대 투
르크어 자료, 다시 말하면 후기 자료(9세~10세기)가 소위 말하는 위구르 문자로 쓰였
다. 후자[위구르 문자]는 소그드 문자의 자모에서, 정확하게 말하면 소그드 문자의 속기
체(速記体, Kursivschrift)에서 발달한 것이다. 위구르 문자는 후대에 아마도 12세기 후반
을 지나서 몽고에 전달되었다.'라고 하여 소그드 문자에서 위구르 문자가 나왔고 그것이
다시 몽고에 전달된 것으로 보았다. 또 포페 교수는 소그드인이 현재 구소련의 타지크
스탄(Tadjikstan)이나 우즈베크스탄(Uzbekistan)의 인접지역에서 한 세기 동안 살았던 이
란(Iran) 사람들이라고 하고 소그드 문자는 고대 투르크에서 오로지 8세기경의 불경(佛
經)에만 쓰였고 다른 문헌에는 거의 사용되지 않았다고 한다. [중략] 위구르 문자로 쓰
인 가장 오래된 자료는 8세기경 원래 마니키아어(Manichean)의 유고(遺稿)들이고 불교
문학 작품들도 9~10세기경에 위구르 문자로 작성되었다. 다음은 소그드 문자와 초기
위구르 문자의 자모를 비교한 것이다(졸저, 2009 : 112~114)"라는 설명을 참조할 것.

의 문자를 제정하였다. 물론 이때의 초성에는 각자병서(各字竝書)의 쌍서자 [ㄲ, ㄸ, ㅃ, ㅆ, ㅉ, ㆅ]는 포함되지 않으며 한음(漢音) 표기를 위한 치음(齒音)에서의 정치(正齒)와 치두(齒頭)의 구별, 설음(舌音)에서의 설두(舌頭)와 설상(舌上)의 구별은 물론 들어가지 않는다.108) 중성 11자에는 기본자 3개와 초출자(初出字) 4개, 재출자(再出字) 4개, 모두 11자인데 재출자는 ㅣ계 이중모음을 말한다.

종성(終聲)에 대하여는 훈민정음의 세종이 친제한 것으로 알려진 에의(例義)에서 "終聲復用初聲"이라 하여 초성 17자를 모두 쓰는 것으로 하였고 해례(解例)에서는 "八終聲可足用"이라 하여 8개의 終聲 [ㄱ, ㄴ, ㄷ, ㄹ, ㅁ, ㅂ, ㅅ, ㅇ]만을 인정하였다. 이에 대하여 김완진 외(1997)에서는

해례 '종성해(終聲解)'에 "聲有緩急之殊。故平上去其終聲, 不類入聲之促急。不淸不濁之字其聲不厲, 故用於終則宜於平上去。全淸次淸全濁之字, 其聲爲厲, 故用於終則宜於入。所以ㅇㄴㅁㅇㄹㅿ 六字爲平上去聲之終, 而餘皆爲入聲之終也。然ㄱㅇㄷㄴㅂㅁㅅㄹ 八字可足用也。 -소리에는 느리고 빠름의 차이가 있다. 그렇기 때문에 평성, 상성, 거성의 받침은 입성의 촉급한 것과 다르다. 불청불탁의 자들은 그 소리가 거세지 않아 평성, 상성, 거성의 받침으로 쓰이는 것이 마땅하지만 전청이나 차청, 불청불탁의 자들은 그 소리가 거세어서 받침으로 쓰이면 입성이 되는 것이 마땅하다. 그래서 'ㅇㄴ ㅁㅇㄹㅿ'의 6자를 평성, 거성, 상성의 받침으로 쓰고 나머지 모두는 입성의 받침으로 쓴다. 그러니 'ㄱㅇㄷㄴㅂㅁㅅㄹ'의 8자로서 가히 족하게 쓸 수가 있다."라는 기사가 있어 입성, 즉 폐음절(閉音節)의 경우 불청불탁자만이 받침에서 변별적이고 나머지 전청, 차청, 전탁

108) 훈민정음 초성 17자에 全濁의 쌍서자 6개를 더하면 동국정운 23자모가 되고 여기에 漢音을 표음하기 위하여 만든 舌上音 4개와 正齒音 5개를 더 추가하면 <세종어제 훈민정음>의 32字母가 되는데 이것은 『몽고자운』 32 파스파 자모와 일치한다(제5장, 졸고, 2008c).

자들은 모두 입성(入聲)의 받침으로 쓰이기는 하지만 중화(中和)되어 이 위치에서 'ㄱ, ㄷ, ㅂ, ㅅ'만이 변별됨을 말하고 있다.

라고 하여 음절 말 위치에서 8개의 자음만이 변별력을 가지며 이것을 인식한『훈민정음』해례에서는 "팔종성가족용(八終聲可足用)"으로 본 것이다.

6.3.5.1. 필자는 세종의 '종성부용초성(終聲復用初聲)'의 생각이 자음과 모음으로 음운을 분석해 온 종래의 서양 음운론과 일맥상통하는 것으로 본다. 즉 음절은 '자음+모음(CV), 자음+모음+자음(CVC)'의 구조를 염두에 둔 것이다. 반면에 '팔종성가족용(八終聲可足用)'의 생각은 20세기말에 서양에서 유행하는 비단선음운론(non-linear phonology)의 음절음운론(Syllable phonology)과 같은 생각이다. 즉 음절 초(onset)에서의 초성(初聲)과 음절 중간(medial, nucleus)에서의 중성(中聲), 그리고 음절 말(coda)에서의 종성(終聲)을 구별한 것이다.

이에 대하여 전게한 김완진 외(1997)에서는 훈민정음 제정에 관련된 집현전 학자들의 음절 구조에 대한 의식은 다음과 같다고 보았다.

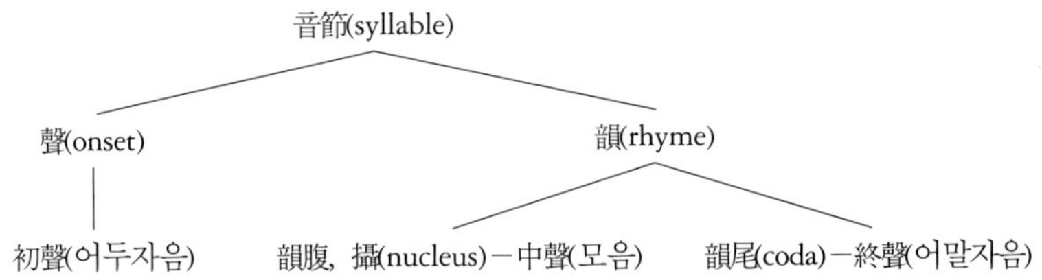

이와 같은 음절 구조에 대한 인식은 파스파 문자의 제정에서 의식한 것과 크게 차이가 없을 것으로 보인다.

실제로 『몽고자운』의 권두에 실린 「몽고자운 총괄변화지도(總括變化之圖)」의 하단 13개 입성 운미자들은 종래 <예부운략> 계통의 문서음의 입성 운미(韻尾)를 표기하기 위한 것이고 상단의 6개 운미자는 당시 북경음의 운미를 표기하기 위한 것임을 알 수 있다. 원대(元代) 북경음의 운미에 대하여는 이미 『중원음운(中原音韻)』에서 6개 입성운미만을 인정하고 있었다.

이에 대하여 <해례>의 '종성해'에서 전술한 "所以ㅇㄴㅁㅇㄹ△ 六字爲平上去聲之終, 而餘皆爲入聲之終也."라는 주장은 역시 6개 운미를 인정하는 것이다. 『몽고자운』권두의 「총괄변화도」의 6개 운미에서 영향을 받은 것으로 볼 수밖에 없다. 그러나 훈민정음에서는 조선 한자음, 즉 동음(東音)에서 분명하게 분별되는 /ㄱ/과 /ㄷ/을 더 추가하여 8종성(終聲)을 인정하게 된다.

6.3.5.2. 이상 『몽고자운』 런던 초본(鈔本)의 권두에 부재된 「몽고자운 총괄변화지도(總括變化之圖)」에서 보이는 두 계열의 파스파 문자에 대하여 훈민정음의 종성(終聲)과 연결하여 고찰하였다. 그동안 막연히 파스파 문자의 입성운미(入聲韻尾) 표기자로만 알려진 「변화도」의 파스파 문자들이 실은 당시 중국 한자음의 운미음(韻尾音)을 표기하는데 사용한 문자들이었으며 이것은 훈민정음의 종성(終聲) 제자에 깊은 영향을 준 것으로 보았다.

즉 『몽고자운』 권두의 변화도에 보이는 동그라미의 하단에 왼 쪽으로부터 "嚼口ꡉ[m], 撲ꡎ[p], 本音ꡃ[ʔ], 嚼口ꡙ[ph], 黑ꡣ[h], 頂舌兒ꡘ[r], 轉舌兒工[l], 刻ꡁ[kh], 克ꡀ[k] 忒ꡉ[t], 赤ꡐ[dz], 四ꡖ[s], 卅ꡕ[z]"와 같은 13개의 파스파 문자가 기입되었고 상단에는 왼쪽으로부터 거꾸로

된 “ㅈ[m], ㅎ[k], ㄹ[ŋ], ㅃ[w], ㅄ[ʔ], ◁[o/u]” 등 6개의 파스파자가
보인다. 후자는 원대(元代) 당시 한자음의 북경 발음에서 구별되는 6개의
운미음(韻尾音)이며 전자는 『광운』 계통의 한자의 운서음에서 구별되는
13개의 운미자(韻尾字)로 보았다.

6.3.5.3. 이것으로부터 조선에서 한글 발명자들은 훈민정음의 종성(終
聲)에 대한 인식을 정리하게 된 것으로 추정된다. 그리하여 『훈민정음』
에서는 「예의(例義)」의 “종성부용초성(終聲復用初聲)”이라 함은 17개 초성을
모두 종성, 즉 운미(韻尾) 자음(子音)이 있다고 본 것이다. 이것은 『몽고자
운』 권두의 「몽고자운 총괄변화지도(總括變化之圖)」에서 하단의 13개 운미
음을 표기한 파스파자에서 온 것이라고 할 수 있지 않을까 한다. 즉 조
선 한자음(東音)에서는 초성 17개의 운미음, 즉 종성이 구별된다고 본 것
이다.

반면에 <해례>의 ‘종성해’에서는 우리말에 “팔종성가족용(八終聲可足
用)”이라 하여 8개의 음절 말 자음, 즉 종성 “ㄱ, ㄴ, ㄷ, ㄹ, ㅁ, ㅂ, ㅅ,
ㅇ”만이 구별된다고 하였다. 그러나 변화도의 상단에 거꾸로 쓰인 6개
의 파스파 문자는 원대(元代) 북경 한자음, 즉 한아언어(漢兒言語)의 운미에
서 구별되는 자음을 말한 것이고 그로부터 조선어에서는 8개의 받침,
즉 종성으로 충분하다고 본 것이다.

이 시대에 아세아에서 널리 사용된 소그드 문자에서 온 위구르 문자
등에서는 음절 단위로 표기하되 각 음절을 성모(聲母, onset), 섭(攝, medial),
운미(韻尾, coda)로 나누어 문자를 제정하였다. 파스파 문자도 같은 방법으
로 36자모에 맞춘 성모(聲母, onset)와 유모(喩母)라고 부른 7개의 섭(攝,
medial), 그리고 「총괄변화(總括變化圖)」에서 보인 운미(coda)로 나누어 파스

파 문자를 분류하였다.

따라서 성모(聲母, 36)와 유모(喩母, 7)를 합한 43개 문자를 제정하였으나 제4장의 [표 4-1]에서 제시한 바와 같이 성모(聲母) 가운데 이미 당시 구별이 어려운 정치음(正齒音)자와 설상음(舌上音)자의 3개가 중복되어 이를 제하고 또 유모(喩母)가 중복되어 계산되므로 1개를 빼면 모두 39개 문자를 제정한 셈이다.

6.3.5.4. 여기서 유모(喩母)자, 즉 모음을 표기한 7개의 파스파자를 제하면 모두 32개의 자모, 즉 음절 초의 자음이 인정된다. 『사성통해(四聲通解)』에 부재된 '홍무운(洪武韻) 31자모도'에 보이는 31개의 훈민정음자는 실제로 이러한 파스파 문자의 32개 자모를 기반으로 한 것이다.[109] 반면에 『법서고(法書考)』와 『서사회요(書史會要)』 등에 보이는 파스파 43자는 설상음(舌上音)과 정치음(正齒音)을 구별하고 유모(喩母)를 이중 계산한 것이다. 즉 중국 전통의 36자모와 유모(喩母)자 7개를 합친 수자이다(졸고, 2008a,b 및 2009c).

그러나 파스파 문자에서 인정한 입성운미의 13자는 모두 음절 초의 자모를 다시 썼으며 이는 훈민정음에서도 종성(終聲)으로 초성(初聲)을 다시 쓴다고 한 것으로 보아 파스파 문자와 동일한 발상임을 알 수 있다. 다만 <광운>계 운서음에서 운미를 13개 자음으로 보았으나 훈민정음에서는 조선 한자음에서 운미의 종성이 초성 17자가 모두 구별되는 것

---

109) 『사성통해』의 권두에는 '광운 36자모도'를 위시하여 '운회 35자모도', 그리고 '홍무운 31자모도'가 부재되었다. 그동안 이것이 무엇을 의미하는지 명확하게 알지를 못하였는데 졸고(2008a,b,c) 등에서 이것이 『蒙古韻略』, 『蒙古字韻』 등에 게재되었던 36字母圖이었음을 밝혔다. 주지하는 바와 같이 『사성통해』는 훈민정음 제정 당시 신숙주가 편찬한 『四聲通攷』를 모방한 것으로 漢音 표기를 위하여 제정한 홍무운 31자모는 파스파자의 32자모에 의거한 것이었다(졸고, 2009c).

으로 보았다. 즉 <해례>에서는 8개의 종성만이 구별됨을 인정하고 그 예를 조선어의 고유어로 보였다.

이와 같은 현상은 훈민정음이 초, 중, 종성으로 구별하고 초성과 중성은 별도의 문자를 제정하였으나 종성(終聲)은 초성을 다시 쓴다고 한 것이 파스파 문자로부터 영향을 받았음을 분명하게 증언하는 것이다.

제7장 결론

7.0. 이상 훈민정음과 파스파 문자에 대하여 '한자와 중국어 및 동북아 제 민족 언어의 문자표기', '티베트 문자의 제정과 북방민족의 표음문자', '원대 파스파 문자의 제정', '훈민정음의 창제', '훈민정음 제정자(制定字)와 파스파 문자'로 나누어 고찰하였다. 이 연구는 그동안 국제 문자학계에서 끊임없이 제기되어 온 훈민정음과 파스파 문자와의 연관성을 분명하게 밝히기 위한 것이었다.

우리나라가 지정학적(地政學的)으로 중국의 한자문화와 연접하여 있어서 고대(古代)시대의 문자 생활에서도 중국의 영향을 받게 되었다. 고도로 발달한 중국의 고대 문화를 배경으로 하여 한자(漢字)는 동북아 지역에서 가장 강력한 문자로 군림(君臨)하면서 중국어는 물론 주변에 있는 많은 소수민족족의 언어를 표기하는데 사용되었다.

한반도에서도 한문으로 사물을 기술하거나 역사를 서술하였으며 한자를 빌려 표기하는 방법도 고안(考案)하여 사용하였다. 그러나 이것이 매우 불편하고 임시방편적인 것이어서 드디어 훈민정음을 창제하여 사용하기에 이른다. 그러나 훈민정음의 제정보다 170여년 이른 시기에 몽고족의 원(元)에서는 파스파 문자를 제정하여 몽고어 표기와 한자 표음에 사용하였다. 본서에서는 한반도에서의 문자사용과 신문자(新文字) 제정의 배경으로 유라시아지역의 여러 문자, 특히 파스파 문자의 제정을 중점적으로 살펴보았고 그것이 훈민정음에 어떤 영향을 주었는지 고찰하였다.

본장에서는 각장(各章)의 이러한 논의에서 얻어진 결론을 종합하여 요약하기로 한다.

1. 한자와 중국어 및 동북아 제 민족 언어의 문자표기

7.1.0. 제2장 '한자와 중국어 및 동북아 제 민족 언어의 문자표기'에서는 한반도(韓半島)에서의 문자사용을 역사적으로 고찰한 것으로 동북아지역에 거주하는 많은 민족들이 중국의 한자문화에 이끌려 역사시대 이후에 한자를 빌려 표기하는 일이 많았음을 논의하였다.

7.1.1. 한반도에서도 예외는 아니었다. 위만조선(衛滿朝鮮) 시대부터 한반도에 유입되기 시작한 한자는 한사군(漢四郡)시대에 이 지역에 들어 온 한인(漢人)들에 의하여 통치(統治) 문자로서 자리를 잡았고 그 영향으로 고구려, 백제, 그리고 신라의 삼국(三國)시대에는 국초(國初)부터 한자를 사용하여 국사(國史)를 기술하기에 이르렀다.

7.1.2. 그러나 한자(漢字)는 고립적(孤立的)인 중국어 표기를 위하여 자생적으로 발달한 문자여서 교착적(膠着的) 문법구조의 언어들, 특히 고대 한국어를 기록하기에는 매우 불편하였다. 그러므로 삼국(三國)은 한자를 이용하여 자국어를 표기하는 방법을 다양하게 고안하였다. 고구려에서는 한자를 변형하여 표음적인 문자를 만들어 자국어를 표기하기 시작하

였는데 이러한 한자를 변형하여 새로운 문자를 제정하는 것은 발해(渤海)로 전승되었다. 이로부터 발해는 고유한 발해 문자를 발달시켰으나 오늘날에 전하는 자료가 매우 부족하여 그 전모를 밝히지 못함을 지적하였다.

7.1.3. 반면에 발해(渤海)의 고토(故土)에 강력한 왕국을 건설한 거란(契丹)의 요(遼)에서는 한자로부터 본격적으로 표음적인 고유문자를 만들어 사용하였고 이 왕국의 뒤를 이은 여진족(女眞族)의 금(金)도 한자를 변형시킨 여진(女眞) 문자를 제정하여 사용하였다. 제2장에서는 이렇게 한자를 변형(變形)시켜 새 문자를 만드는 방법을 고구려(高句麗)가 시작하였다고 추정하였다. 그리하여 발해(渤海)를 거쳐 요(遼)의 거란문자, 금(金)의 여진문자로 발달하였으며 일부는 고려(高麗)에 도입되어 고려의 고유문자설이 제기된 것으로 보았다. 고려의 고유문자설은 졸저(2011 : 165)에서 자세히 논의되었다.

7.1.4. 신라(新羅)는 이와는 달리 한자로는 교착적 문법구조의 신라어에서 표기가 불가능한 고유명사, 즉 인명(人名), 지명(地名), 관직명(官職名)과 문법형태, 즉 활용(活用) 어미 및 곡용(曲用) 조사(助詞)를 한자의 음(音)과 새김(釋)을 빌려 표기하는 차자표기 방법을 고안하여 사용하였다. 신라에서는 한자의 자형을 변형시키는 방법은 아직 도입되지 않았다. 다만 신라어 표기에 동원되어 원래의 발음과 뜻이 바뀐 한자들을 향찰(鄕札)이라 불러서 원래의 한자와 구별하였다.

7.1.5. 이러한 신라의 한자의 차자 표기 방법은 고려(高麗)에도 계승되

었다. 그러나 이때에는 고구려 계통의 한자 자형변경 표기 방법도 전승되었기 때문에 고려에서는 이 방법을 가미하여 구결(口訣)을 약자(略字)로 표기하게 된다. <구역인왕경(舊譯仁王經)>의 자료에서 볼 수 있는 것처럼 고려는 약자의 사용과 석독(釋讀) 구결(口訣)의 표기 방법도 발달시켰다. 이 방법이 일본으로 전달되어 일본의 가나(假字) 문자를 완성시켰다고 보았다.

훈민정음은 이와 같은 한자 표기가 어디까지나 임시방편인 것임을 자각하고 우리말 표기에 알맞은 문자를 제정한 것으로 본 것이다.

2. 티베트 문자 및 북방민족의 제 문자와 향찰(鄕札) 구결(口訣)

7.2.0. 제3장에서는 중국 한자의 영향에서 벗어나기 위하여 애초에 새로운 표음 문자를 제정하는 중국 북방민족의 전통에 대하여 고찰하였다. 그 시작은 7세기 경 토번(吐蕃)의 송찬 감포에 의하여 인도로 유학을 보내어 고대 인도의 발달한 음성학을 배우고 돌아온 톤미 아누이브(Thon-mi Ani'bu)가 티베트 문자, 즉 서장(西藏) 문자를 제정(制定)함으로부터 시작되었다. 이 문자가 티베트어를 매우 잘 기술(記述)하였을 뿐 아니라 주변의 다른 언어 표기에도 성공하여 중국의 북방민족, 특히 한자 문화권에 잘 적응하지 못하는 교착적 문법 구조의 알타이 민족들은 나라를 건국하면 신문자(新文字)를 제정하는 관례(慣例)를 만들게 되었다.

7.2.1. 앞에서 언급한 거란(契丹) 문자는 요(遼) 태조(太祖) 야율아보기(耶律阿保機)의 명(命)에 의해서 대소(大小) 문자가 시차를 두고 제정되었고 금

(金) 태조(太祖) 아구타(阿骨打)가 거란문자와 같이 여진(女眞) 대자(大字)를, 그리고 희종(熙宗) 대에 여진 소자(小字)자를 제정하도록 한 것도 같은 맥락이다.

이어서 중앙아시아의 스텝 지방을 석권(席捲)하고 대제국(大帝國)을 세운 몽고의 칭기즈 칸(成吉思汗)이 위구르 문자를 들여와 몽고(蒙古) 외올(畏兀)자를 만들게 하고 역시 몽고의 원(元)을 건국한 쿠빌라이 칸(忽必烈汗)이 파스파 문자를 만들게 하였으며 만주족의 청(淸)나라에서 태조(太祖) 누르하치(奴兒哈赤)가 몽고 외올자를 빌려 만주문자를 제정하게 한다.

이들은 모두가 알타이어계 언어에 속하는 언어이며 한자문화와 대적(對敵)하는 중국의 북방민족들이다. 이들은 신문자를 제정하여 자신들을 추종하는 세력에게 이 문자를 교육하고 시험하여 관리(官吏)로 선발(選拔)함으로써 지배 계급의 물갈이를 가져왔다. 훈민정음의 제정에서도 신문자를 제정하고 얼마 안 되어 과거 시험에 이를 부과(賦課)하여 같은 효과를 얻으려 하였다.

7.2.2. 제3장에서는 특히 파스파 문자의 모델이었던 티베트 문자의 제정과 제자 원리, 그리고 문자 운용에 대하여 상세하게 고찰하였다. 이것은 파스파 문자의 제정과 관련하여 여러 가지 사실을 알려주기 때문이다. 더욱이 고대 인도의 성명학(聲明學), 즉 비가라론(毘伽羅論)에 대하여 고찰하고 파스파 문자의 36자모(字母) 제정(制定)이 이러한 이론에 근거하였음을 밝혔다. 다만 티베트 문자에서는 모음자를 만들지 않고 자음자의 상하, 좌우에 구별부호(diacritical mark)를 붙여 표시하였음을 집중적으로 고찰하였다.

7.2.3. 거란문자는 대자(大字)와 소자(小字)가 시차(時差)를 두고 제정되
었다. 제3장에서는 거란(契丹) 문자의 구조에 대하여 고찰하고 한자로부
터 얻어낸 378개 거란문자의 원자(原字)를 추출하여 이로부터 어떻게 표
음적인 거란어의 표기가 가능한지를 예를 들어 설명하였다. 다만 거란
문자는 1980년 이후 소자와 대자가 판별(判別)되고 전면적인 해독이 가
능하게 되었지만 아직도 의미를 완전하게 파악하지 못하는 문자들이 있
음을 지적하면서 문자 해독에 앞서서 거란어의 재구가 시급함을 역설하
였다.

7.2.4. 여진(女眞)문자도 거란문자와 같이 대자(大字)와 소자(小字)가 각
기 제정되었다. 그러나 여진문자는 여진어에 대한 지식의 결여와 자료
의 부족으로 아직 초보 단계의 해독밖에 가능하지 못함을 유감으로 생
각하였다. 일부 여진문자의 자료로 알려진 것도 사실은 거란소자(契丹小字)
이었다는 것이 알려져 여진문자를 연구하는 사람들에게 충격을 주었다.

사료(史料)에 의하면 거란(契丹)이나 여진(女眞) 문자로 쓰인 문헌이 많이
있음에도 불구하고 오늘날 거의 문헌 자료가 남지 않은 것은 명대(明代)
에 호원(胡元)의 잔재(殘滓)를 없애려는 정책에 의하여 파스파 문자로 된
문헌뿐 아니라 거란과 여진의 두 문자로 된 문헌 자료도 철저하게 파괴
되었기 때문이다. 그러므로 오늘날 남아있는 중국 북방민족의 문자로
된 자료는 금석문(金石文)이 거의 전부라고 할 수 있다. Ligeti나 Poppe와
같은 서양의 연구자들의 파스파 문자 연구에서 많은 오류가 나타나는
것은 그들의 연구가 문헌 자료에 의한 것이 아니라 금석문 자료에 의한
것이기 때문임을 원인의 하나로 꼽을 수 있다.

7.2.5. 제3장에서는 파스파 문자의 제정 이전 4~50년 전에 사용된 몽고 외올(畏兀)문자의 제정에 대하여 상세하게 살펴보았다. 칭기즈 칸이 나이만(Naiman)을 정복하고 태양 칸의 신하인 타타퉁아(塔塔統阿)를 붙잡아 몽고어를 기술할 수 있는 몽고(蒙古) 외올(畏兀)자를 만들게 하였다. 타타퉁아는 위구르 문자를 근거로 하여 몽고어를 기술할 수 있는 표음문자를 만들었는데 이 문자는 몽고어 기록에는 문제가 없으나 한자음을 표기하기에는 매우 불편한 글자였다. 이 외올(畏兀)문자는 오늘날 몽고(蒙古) 인민공화국(人民共和國)의 공식 문자다.

3. 원대(元代) 파스파 문자의 제정

7.3.0. 제4장에서는 파스파 문자의 제정에 대하여 고찰하였다. 주지하는 바와 같이 파스파 문자는 지원(至元) 5년(1268) 경에 티베트의 나마승(喇嘛僧) 팍스파(hP'ags-pa)에 의하여 만들어져 몇 번의 시험을 거쳤으며 그 이듬해(1269)에 원(元) 세조(世祖)의 조령(詔令)으로 반포된다.

이 조령(詔令)에 의하면 한자(漢字)와 몽고 위구르자(蒙古畏兀字)를 쓰고 있는 당시 원(元) 제국(帝國)으로서는 두 문자가 몽고어를 기록하거나 제국의 여러 언어를 표기하기가 모두 불편하기 때문에 다음 세대를 위하여 제국에 통용하는 코이네의 문자로서 파스파 문자를 만든 것임을 알 수 있다. 조령(詔令)에 나타난 이러한 파스파 문자의 제정에 관련된 기본 정신은 훈민정음 창제의 취지와 유사하다.

7.3.1. 원(元) 제국의 국가경영은 매우 독특하였다. 몽고인들에 의하여

정복된 원(元) 제국이 중원(中原)의 한족(漢族)들과 색목인(色目人)들을 통치하는 방법은 몽고인을 관(官)으로 하여 서정(庶政)을 감독하고 실제 백성들의 관리는 원(元)에 추종하는 한인(漢人)과 색목인을 리(吏)에 임명하는 관리(官吏) 제도에 의한 것이었다.

당시 한인(漢人)들이나 색목인(色目人)들이 출세하는 길은 통역을 담당하는 게레메치(怯里馬赤, Kelemechi), 또는 문서를 번역하는 비치에치(闍闍赤, Bichechi)가 되어 몽고인의 자르구치(札魯忽赤, Jarghuchi)나 다르구치(達魯花赤, Darguchi)를 보좌하는 길뿐이었다. 따라서 이들은 몽고어와 몽고문자를 열심히 학습하였다.

원(元)에서는 제로(諸路)에 몽고자학(蒙古字學)을 세우고(『원사(元史)』, 至元 6년 7월 己巳조) 경사(京師)에 국자학(國子學)을 설치하여 이 문자를 교육하였다(『원전장(元典章)』 권31). 그리고 관청에서 발급하는 중요 문서와 인신(印信), 각종 포마(鋪馬), 차자(箚子)는 파스파 문자로 쓰게 하였고 무엇보다도 원대(元代)의 지폐인 중통초(中統鈔) 등에 이 문자로 액면가가 기재되어 누구라도 이 문자를 익히지 않으면 생활이 어렵게 되었다.

7.3.2. 파스파자는 원(元) 세조(世祖)의 반포(頒布) 조령(詔令)에 의하면 41개의 글자를 제정한 것으로 되었다. 그러나 『몽고자운』의 '자모(字母)'에 의하면 초성에 36자, 유모(喩母)에 속하는 7자(字), 도합 43자를 만든 것이 된다. 이로 인하여 성희명(盛熙明)의 『법서고(法書考)』와 도종의(陶宗儀)의 『서사회요(書史會要)』에서 43성모(聲母)로 소개된 것은 바로 43개 파스파 문자를 제정하였다는 말이었다.

그러나 귀유모(歸喩母) 7자라는 '자모(字母)'의 유모자(喩母字)는 삼십육자모(三十六字母)의 유모(喩母) [ꡧ]를 포함하므로 실제로는 6자여서 모두 42

자가 된다. 조령(詔令)의 41자는 여기에서 한 글자 순경음(脣輕音) 전탁(全濁)의 /奉/모 [ꙮ]를 인정하지 않은 것으로 보인다. 『몽고자운』에서는 이 글자가 순경음 전청(全淸)과 동일하다.

거기다가 설음(舌音)의 설상음(舌上音) 3개와 치음(齒音)의 정치음(正齒音) 3개의 파스파자 [ᢡ, ꙮ, ꙯]가 완전 일치하여 3개가 줄고 순음(脣音)의 순경음(脣輕音)에서 전청자와 전탁자가 [ꙮ]로 동일하여 역시 1개가 줄어들어 모두 38개의 파스파자를 만든 셈이 되었다.

지금까지 파스파 문자에 대하여는 앞서 말한 『법서고』와 『서사회요』에 부재된 36자모도(字母圖)에 의거하였는데 어쩐 일인지 이 자모도가 매우 많은 오류를 보여준다. 실제로 Ligeti(1948, 1973) 및 Poppe(1957, 1965), 照那斯圖(1988) 등에서 많은 오류가 나타나는 것은 이 잘못된 두 책의 파스파 문자를 그대로 인용하였기 때문이다.

파스파 문자는 졸저(2008)에서 주장한 것처럼 『몽고자운』의 런던초본(鈔本)의 것이 가장 신빙할 만하다. 비록 이것이 청대(淸代) 건륭(乾隆) 연간의 필사본이고 역시 필사할 때에 몇 가지 오류가 있었지만 파스파 문자를 제정하고 그 문자로 당시 한자의 발음을 정리한 몽고의 운서인 만큼 가장 권위 있고 정통성을 가졌으며 파스파자에 대하여 가장 정확한 자료라고 본다.

『몽고자운』의 '자모(字母)'에서 보여준 유모(喩母)에 속하는 7자는 모음자로서 중성(中聲)에 해당한다. 그러나 이 자모도(字母圖)에서 "ꙮꙮ꙯꙯ ꙯꙯ 此七字歸喩母"라 하여 7자를 제시하였다고 하였지만 실제로는 6개 자뿐으로 36자모의 유모(喩母) [ꙮ]를 넣어야 7자가 된다. 따라서 여기서도 36+7이 아니라 +6이므로 한 글자가 빠져서 모두 38개 문자를 만든 것인데 이것은 성모(聲母), 즉 초성(初聲)으로 인정되는 31개 글자와 유모

(喩母)에 속하는 모음자, 즉 중성(中聲)으로 보아야 할 7자(喩母자 포함)를 말하는 것이다.

제4장에서는 『몽고자운』에 의거하여 그동안 자음(子音)으로 인정한 파스파자 36개의 음가를 일일이 재점검하고 그의 번자(飜字, Nominal phonetic value)의 음가(音價)와 照那斯圖·楊耐思(1987)에서 시도된 재구(再構)자의 음가, Poppe(1957)에서 주음(注音)한 파스파자의 음가 등을 비교 검토하였다.

7.3.3. 지금까지 파스파 문자의 모음자에 대하여는 Poppe(1957)에서 8개 모음자를 인정하였으나 『몽고자운』에서는 앞에서 본 것처럼 유모(喩母)자로 모음자 7개만 제시하였다. 이러한 『몽고자운』 '자모(字母)'에서 보여준 유모(喩母)자 7개가 모음자를 말한 것이고 이것이 중세(中世) 몽고어의 7개 단모음을 문자화한 것이라는 주장은 졸고(2009c, 2011)에서 처음으로 주장되었다.

뿐만 아니라 Poppe(1957)에서 재구한 파스파자의 /ö/와 /ü/의 '[ᢛ]'와 '[ᢛ]'가 실제로는 '[ᢛ]+[ᢗ]+[ᢙ]', '[ᢛ]+[ᢗ]+[ᢙ]'로 분석되어서 한글의 /외/, /위/와 같이 '[ㅇ]+[ㅗ]+[ㅣ]', '[ㅇ]+[ㅜ]+[ㅣ]'처럼 3개 글자가 결합한 것임을 밝혔다. 여기서 파스파자 [ᢛ]는 한글의 /ㅇ/와 같이 성절모음 표시이고 [ᢗ]는 전설중모음의 /e/자이며 [ᢙ]와 [ᢙ]는 후설원순모음 /o/, /u/를 나타내는 문자다. 한글과는 달리 전설모음이 뒤가 아니라 앞에 연결되어 후설모음을 전설모음으로 바꾼 것이다. 따라서 실제로 만든 파스파자의 모음자는 모두 5개라고 할 수 있다. 이것은 훈민정음을 통하여 파스파 문자를 이해한 좋은 예로 볼 수 있다.

7.3.4. [ᇰ]는 유모(喩母)인데 훈민정음의 욕모(欲母) /ㅇ/처럼 음가가 없거나 아니면 몽고어의 [ɑ]로 발음된다. 이에 대한 이해가 부족하여 服部四郞(1984a, b, c)처럼 잘못된 해석이 나올 수가 있다. 이 논문의 잘못에 대하여 졸고(2011)에서 충분하게 설명하였으며 [ᇰ]가 음절 초에 올 때는 음가가 없고 다만 다음의 글자가 성절성(成節性, +syllabic)의 모음임을 나타낸다는 사실을 밝혔다. 역시 훈민정음을 통하여 이해할 수 있는 부분이다.

『몽고자운』 '자모(字母)'에서 보여준 또 다른 특이한 점은 후음(喉音)의 배열이다. 웬일인지 이 자모도(字母圖)에서는 후음(喉音)의 전청(全淸)으로 '曉'모를 인정하고 이어서 차청(次淸)에 '匣'모, 전탁(全濁)에 '影'모를 둔 것이다. 전통적인 36자모도는 '影'모가 전청으로 되는 것이 일반적이다. 이것은 『몽고자운』의 특징적인 현상으로 차후 훈민정음 제정에 영향을 준다.

4. 훈민정음의 창제

7.4. 제5장에서는 훈민정음의 창제에 대하여 그동안의 주장과 좀 다른 입장에서 검토하였다. 훈민정음보다 170여년 전에 제정된 파스파 문자는 그 문자 제정과 사용에 대한 아무런 자료도 없지만 훈민정음은 문자의 제자(製字)로부터 사용에 이르기까지 각기 예를 들어 설명하였다. 어제 서문(序文)과, 예의(例義), 해례(解例), 그리고 정인지(鄭麟趾)의 후서(後序)를 모두 갖춘 <해례본>을 비롯하여 한문 중심이 <실록본>, 그리고 『월인석보』의 권두에 부재된 <언해본>까지 있어 그 문자 제정의 경위나

실제의 해례(解例), 즉 자형과 음가를 잘 알 수 있다.

7.4.0. 훈민정음 앞의 세 해설서에 의하면 세종 25년(1443) 계해(癸亥) 12월에 완성되었으며 세종의 친제(親制)로 알려졌다. 처음에는 파스파 문자처럼 한자음 표음에 사용되다가 정의(貞懿) 공주가 이를 이용하여 구결(口訣)의 변음토착(變音吐着)의 어려운 문제를 해결하면서 고유어 표기에도 이용된다.

'변음토착(變音吐着)'이란 한자의 발음과 다른 구결 토(吐)의 문제인데 예를 들어 'ᄒᆞ고'를 '爲古'로 토를 단 경우에 '古'는 발음이 동일하지만 '爲'는 석독(釋讀)을 하였기 때문에 발음이 바뀌어 '위고'가 아니라 'ᄒᆞ고'가 된다. 구결(口訣) 토(吐) 가운데는 이러한 변음토착의 구결자가 적지 않다. 이러한 변음(變音)의 토(吐)들은 한자를 능숙하게 알고 있는 선비들에게 매우 괴로운 일이었는데 이를 훈민정음으로 기술하자 모든 문제가 해결되었다. 세종이 자신이 만든 문자가 이렇게 쓸모가 많아지자 당연히 기뻐하여 상을 내렸을 것이다.

여기에서 신문자는 세종에 의하여 친제(親制)되었고 세종 25년에 처음으로 공개하였으며 한자음의 정리를 위한 것이었으나 구결(口訣) 토(吐)의 표기를 통하여 점차 고유어 표기에도 이용하기 시작하였음을 알 수 있다.

7.4.1. 수정한 한자음과 고유어를 새로 만든 문자로 표기하는 실험은 수양대군(首陽大君) 등이 돌아가신 소헌왕후(昭憲王后)의 추천(追薦)을 위하여 시작한 『석보상절(釋譜詳節)』에서 시도되었다. 세종도 중간 중간 이 작업을 점검하였고 스스로 『월인천강지곡(月印千江之曲)』을 지으면서 직접 신문자의 사용을 확인하여 본다. 이렇게 세종이 직접 시험을 거친 훈민정

음은 앞의 두 책을 합본한 『월인석보(月印釋譜)』의 권두에 붙여 간행(刊行)
함으로써 신문자의 반포(頒布)를 대신한다.

7.4.2. 여기서 우리는 신문자에 대한 용어의 정리가 필요하다. 훈민
정음(訓民正音－백성에게 가르칠 바른 소리)은 동국정운식 한자음 정리에 사용
된 문자이고 정음(正音－바른 소리)은 항상 속음(俗音)과 대응하여 사용되므
로 한자음의 중국어 표준 발음을 표음한 문자를 말하는 것으로 보아야
할 것이다. 한자는 표의문자(表意文字)이기 때문에 문자만으로 그 발음을
알 수가 없다. 또 중국은 국토가 광활하고 많은 방언(方言)이 존재하므로
하나의 한자에 여러 한자음이 존재하였다. 따라서 중국에서는 중원(中原)
을 통일하여 국가를 세우면 먼저 통치를 위하여 표준음의 규정이 필요
하였다.

정음(正音)은 바로 각 왕조(王朝)가 규정한 표준음을 말한다. 예를 들면
『광운(廣韻)』 계통의 운서로 송(宋) 왕조(王朝)가 정한 『예부운략(禮部韻略)』
등의 한자음이 바로 정음(正音)으로 과거(科擧)에서 통용되는 발음이다. 훈
민정음 제정 당시에는 명(明) 태조(太祖)의 칙찬(勅撰) 운서인 『홍무정운(洪
武正韻)』을 규정음이라 한 것으로 생각하고 신문자로 표음하여 『홍무정운
역훈(洪武正韻譯訓)』이란 이름으로 단종(端宗) 3년(1455)에 간행된다. 이와 같
이 한자의 한어(漢語) 표준음을 기록하는 신문자는 정음(正音)이라 하였다.

7.4.3. 그러나 우리의 고유어와 우리 한자음, 즉 동음(東音) 표기에 사
용된 글자는 언문(諺文)이다. 우리말은 자신의 것을 상대방에 대하여 낮
추어 말하는 겸양법이 발달하였다. 그리하여 자신에 속한 가족들, 예를
들면 아들과 딸을 타인에게 지칭할 때에는 보통 '제 자식놈', '제 딸년'

으로 부른다. 이러한 겸양의 표현이 중국의 한어(漢語)에 대하여 우리말을 언어(諺語)라고 한 것이고 이 말을 적는 글이란 뜻의 '언문(諺文)'이 사용된 것이다. 결코 우리말이나 신문자를 얕잡아 보아 만든 말이 아니다.

『훈몽자회(訓蒙字會)』의 '언문자모(諺文字母)' "俗所謂反切二十七字―속되게 말하는 반절 27자"는 고유어 표기에 쓰인 글자를 말하는 것이고 언문자모는 아마도 이 책의 전신(前身)인 『초학자회(初學字會)』에 부재된 것을 옮겨 온 것으로 보았다. 『세조실록(世祖實錄)』(권14) 세조 4년(1458) 10월 기사(己巳) 조의 기사에 "頃者判書崔恒、參議韓繼禧, 以諺文註初學字會[하략]―근래에 판서 최항과 참의 한계희가 언문으로 <초학자회>을 주석하려 하였으나[하략]"에서 보이는 <초학자회>의 언문 주석은 바로 신문자로 우리 한자음, 동음(東音)을 표기한 것을 말한다.

7.4.4. 따라서 세종이 창제한 신문자는 표기 대상에 따라 『동국정운』에 쓰인 '훈민정음(訓民正音)'과 『석보상절』, 『월인천강지곡』, 『월인석보』, 그리고 『초학자회』에 쓰인 '언문(諺文)', 그리고 『홍무정운역훈(洪武正韻譯訓)』에 쓰인 정음(正音)으로 구별하여 훈민정음 제정 당시부터 명명한 것으로 보인다. 대한제국(大韓帝國) 시대에는 일시적으로 '국문(國文)'이란 명칭도 있었으며 일제 강점기(强占期)에 국문이란 말 대신에 한글이란 명칭이 생긴 것이다.

맨 처음 제정된 훈민정음은 한자음의 정리를 위한 문자였다. 우리말의 음운을 초성(初聲), 중성(中聲), 종성(終聲)으로 나누어 문자를 제정하였는데 모두 23개의 초성과 29개의 중성을 만들어 52개 문자를 만들었다. 아마도 파스파 문자 43에 맞춘 것이 아닌가 한다. 23개의 초성은 17개 초성에다가 6개 전탁자(全濁字)를 합한 것이다. 29개 중성자는 기본자 3

개, 초출자 4개, 재출자 4개, 도합 11개 중성자를 만든 다음 상합(相合)의
글자들을 더 한 것이다.

즉, 동출자(同出字) 상합 4개(ㅘ, ㅝ, ㆇ, ㆊ), 1자 중성(中聲)에다가 /ㅣ/ 상
합자(相合字) 10개(/ㆎ, ㅢ, ㅚ, ㅐ, ㅟ, ㅔ, ㅚ, ㅒ, ㆌ, ㅖ/, /ㅣ/는 다시 결합할 수 없
다), 그리고 2자(字) 중성과 /ㅣ/ 상합자 4개(ㅙ, ㅞ, ㅙ, ㅞ), 모두 18개의 상
합자를 11개 중성자에 더 하여 모두 29개 중성자를 만들었다. 이 중에
는 고유어는 물론 동국정운식 한자음이나 한어음(漢語音) 표기에도 전혀
쓰이지 않은 것이 있다. 기계적으로 음양(陰陽)에서 상생(相生)의 결합을
보인 것이다.

특히 이 중성자들은 서로 대립적으로 존재한다고 보아 20세기의 음운
에 대한 구조적 이해와 유사한 대립 체계를 인정하였다. 그리하여 <해
례본>에서는 'ㆍ : ㅡ, ㅗ : ㅜ, ㅏ : ㅓ, ㅛ : ㅠ, ㅑ : ㅕ'의 대립(對立) 쌍
(雙)을 인정하고 /ㅣ/는 이러한 대립에서 중립적(中立的)임을 하도(河圖)의
생위성수(生位成數)의 이론으로 설명하였다.

7.4.5. 초성은 훈민정음에서 17자를 만들었으나 동국정운식 한자음
을 기술하려고 전탁자(全濁字) 6개(ㄲ, ㄸ, ㅃ, ㅆ, ㅉ, ㆅ)를 더 하여 23자모
를 만들었다. 그러나 언문(諺文)에서는 후음(喉音) 전청(全淸)의 /ㆆ/를 빼고
16자로 하여 「언문자모(諺文字母)」에서 "俗所謂反切二十七字"라 하여 16개
의 초성만을 인정하였다. 그러나 <해례본> '용자례(用字例)'에서는 /ㆆ/
대신 /ㅸ/을 17자의 하나로 예를 들고 설명하였다.

한자의 한어음(漢語音)을 표음하기 위한 정음자(正音字)는 동국정운 23자
모에서 순음(脣音)의 순중음(脣重音)과 순경음(脣輕音)을 구별하여 4개(/ㅸ, ㆄ,
ㅹ, ㅱ/)를 더 인정하고 치음(齒音)에서 치두음(齒頭音, /ㅈ, ㅊ, ㅉ, ㅅ, ㅆ/)과 정

치음(正齒音, /ㅈ, ㅊ, ㅉ, ㅅ, ㅆ/)을 구별하여 5개의 글자를 더 만들었다. 즉 한어음(漢語音)을 표기하기 위하여 정음자로 모두 32개의 글자를 인정한 것이다.

5. 훈민정음 제정자(制定字)와 파스파 문자

7.5. 제6장은 본서의 결론에 해당하는 부분이다. 즉, 2, 3, 4, 5장에서 파스파 문자의 제정과 그 배경, 그리고 훈민정음의 창제를 살펴보았다. 그리고 이러한 지식을 통하여 이 두 문자의 제정이 서로 어떤 관계에 있는가, 다시 말하면 훈민정음의 창제가 파스파 문자의 제정으로부터 어느 정도의 영향을 받았는지 고찰한 것이다.

훈민정음이나 파스파 문자가 모두 초·중·종성(初·中·終聲)으로 나누어 문자를 제정하였다. 제6장에서는 어떻게 음절 초 자음(Initial consonants, onset)을 분석하여 초성자(初聲字)를 제정하였고 운(韻)의 핵(nucleus)인 모음을 어떻게 추출하여 중성자(中聲字)를 만들었으며 한국어와 몽고어의 음절구조 특징으로부터 일어나는 종성제약(coda restriction)을 어떻게 이해하여 두 언어의 종성(終聲)을 인식하고 문자를 제자(製字)하였는지 고찰하였다.

7.5.1. 먼저 정음(正音)은 제5장에서 한어음(漢語音) 표기를 위하여 초성(初聲) 31개를 만들었다고 하였다. 즉 동국정운 23자모(字母)에 순경음(脣輕音) 3자(字), 치두음(齒頭音)과 정치음(正齒音)을 구별한 5자(字)를 더 만들어 31자(字)를 제자한 것으로 보았다. 순경음은 원래 4자(/ㅸ, 퐁, 뺑, 묑/)여야 하지만 차청(次淸)의 '/퐁/'를 인정하지 않아서 3자로 한 것이다.

파스파자의 어두 자음을 나타내는 글자에 대하여는 여러 학자들이 논의를 거듭하였으나 필자에게는 납득하기 어려운 자음자(子音字)의 재구여서 동의하기 어려웠다. 모두가 금석문(金石文)의 파스파자로부터 채취하여 재구한 것이기 때문이다. 본서의 제4장에서는 『몽고자운(蒙古字韻)』의 '자모(字母)'에 보인 36자 가운데 글자 모양이 일치하는 4자를 제외한 32자를 파스파자의 어두 자음(子音)을 나타내는 문자로 보았다.

이 '자모(字母)'에서는 설음(舌音)의 설상음(舌上音) 전청(全淸), 차청(次淸), 전탁자(全濁字)와 치음(齒音)의 정치음(正齒音) 전청, 차청, 전탁자가 자형(字形)에서 똑 같이 [ꡩ, ꡪ, ꡫ]로 완전 일치를 보이기 때문에 이들을 동일 음운(音韻)으로 인식하고 하나의 문자만을 제자(製字)한 것으로 보았다. 그리고 순경음(脣輕音)의 전청의 '非모[ꡤ]'와 전탁의 '奉모[ꡤ]'도 거의 유사하다([사진 6-1]과 [표 6-1] 참조). 따라서 이 4자를 동일한 것으로 보면 36자에서 이를 제하고 32자를 제자한 것이 된다.

다만 정음(正音)에서 31자를 제자한 것으로 본 것은 순경음(脣輕音)에서 차청(次淸)[/퓽/]을 인정하지 않은 것이다. 『사성통해』에 부재된 <광운(廣韻)>, <운회(韻會)>, <홍무운(洪武韻)>의 자모도(字母圖)에서 순경음 전청과 차청이 모두 /ㅸ/으로 되어있어 /퓽/를 인정하지 않았음을 알 수 있다([사진 6-4, 6-5, 6-6] 참조). 아마도 파스파자의 순경음 전청과 전탁이 동일한 문자인 것과 관련이 있는 것으로 보인다.

그렇다면 파스파자의 자모(字母) 32개와 정음(正音) 31개 초성(初聲)은 설음(舌音)에서 설두음(舌頭音)의 불청불탁자 '泥모[ꡋ]'와 설상음(舌上音)의 불청불탁자 '娘모[ꡬ]'가 구별되어 각각 다른 글자로 제자되었지만 정음(正音)의 제자에서는 '泥모[ㄴ]'과 '孃모[ㄴ]'을 동일하게 보고 같은 자로 한 것([사진 6-4, 6-5] 참조)에서 1자의 차이가 난 것 같다. 정음(正音)에서는 설음(舌音)에서 설두음(舌頭音)과 설상음(舌上音)을 구별하되 설상음은 정치음과 같은 것으로 보거나 불철불탁에서는 설상이 설두와 같은 것으로 인식한 것 같다.

7.5.2. 『사성통해』에는 권두에 「광운(廣韻) 36자모도(字母圖)」, 「운회(韻會) 35자모도」, 그리고 「홍무운(洪武韻) 31자모도」가 부재되었다. 지금까지 아무도 이 자모도에 대하여 논의한 연구자는 없다.

뿐만 아니라 현전하는 『광운(廣韻)』의 어떤 판본에도 36자모도는 없고 『고금운회(古今韻會)』나 『고금문회거요』에도 35자모도는 물론 36자모도도 보이지 않는다. 역시 현전하는 『홍무정운(洪武正韻)』의 어떤 판본에도 31자모도는 물론 36자모도도 붙어있지 않다.

본서의 제6장에서는 『사성통해』의 세 자모도(字母圖)가 아마도 앞의 두 개는 『몽고운략(蒙古韻略)』에 부재되었던 것을 신숙주(申叔舟)의 『사성통고(四聲通攷)』에서 옮겨온 것이고 세 번째 「홍무운(洪武韻) 31자모도」는 『몽고자운(蒙古字韻)』의 것을 옮긴 것으로 추정하였다. 「홍무운」이라고 한 것은 정음(正音)의 모델이 된 운서가 사실은 명(明)의 흠찬운서(欽撰韻書)인 『홍무정운(洪武正韻)』이라고 위장한 것으로 보인다. 아무래도 한자와 완전히 다른 문자를 만든 것에 대하여 명(明)을 의식하지 않을 수가 없었을 것이다.

『몽고운략』은 『광운(廣韻)』 계통의 『운략(韻略)』을 저본으로 하여 한자음을 파스파자로 주음(注音)한 것이고 역시 『고금운회』에 의거하여 수정하였기 때문에 광운(廣韻) 36자모도(字母圖)」와 「운회(韻會) 35자모도」가 거기에 부재되었을 것으로 보는 것이다. 「홍무운(洪武韻) 31자모도」([사진 6-7])를 『몽고자운』의 '자모(字母)'([사진 6-1])와 비교하면 정음자와 파스파자의 차이만 있지 오음(五音) 사성(四聲)의 분류가 거의 일치한다. 다만 후음(喉音)의 전청, 차청, 전탁의 순서만 다를 뿐이다.

『몽고자운』 '자모'의 후음(喉音)은 [표 6-1]에서처럼 전청 '曉母[ᅘ]', 차청 '匣母[ᄫ]', 전탁 '影母[ᄅ]'의 순서이다. 이것을 정음으로 바꾸면 '曉母/ㅎ/', 차청 '匣母/ㆅ/', 전탁 '影母[ㆆ]'의 순서일 것이다. 동국정운 23자모에서 전탁자(全濁字)들을 전청자를 쌍서(雙書, 혹은 各字竝書)하여 만든다. 예를 들면 /ㄲ, ㄸ, ㅃ,ㅆ, ㅉ/의 /ㄱ, ㄷ, ㅂ. ㅅ, ㅈ/가 모두 전청자이다. 그러나 『동국정운』 23자모에서는 후음(喉音)에서만 차청자의 '虛母(ㅎ)'를 쌍서하여 전탁자를 만들었다.

앞에 전탁자는 전청자를 쌍서한다는 원칙에 의하면 당연히 동국정운의 후음 전청의 '挹母[ㆆ]'를 각자병서(各字竝書)하여 'ㆀ'으로 되어야 했으나 실제로 전탁(全濁)은 '洪母[ㆅ]'와 같다. 이에 대하여 지금까지 아무도 설명하지 못했는데 이것은 『몽고자운』의 분류에 의하면 '曉母/ㅎ/'가 전청이므로([산진 6-1]과 [표 6-1] 참조) 이를 쌍서(雙書)한 것으로 보아야 설명이 가능하다. 『사성통해』의 「홍무운 31자모도」에서 이 순서를 고친 것은 후대의 일이다.

7.5.3. 정음(正音)의 중성(中聲)과 파스파자의 유모(喩母)자를 비교하면 더욱 정음(正音)이 파스파 문자의 제정과 깊은 관련이 있음을 알 수 있다. 먼저 파스파자의 모음자는 『몽고자운』의 '자모(字母)'에서 도표의 오른쪽 중단(中段)에서 하단에 이르기까지 "ᅙ ᄛ ᅐ ᅐ ᄐ 此七字歸喩母"라고 제시되었다.

여기서 "此七字歸喩母―이 7자는 유모에 귀속되다"라고 하여 7자라고 하였지만 실은 6자뿐이고 실제로는 36자모표에 들어있는 '喩母[ᄊ]'까지 포함해서 7자라는 것이다. 이것이 실제로 파스파자의 7개 모음자로서 모두 '/Ⳑ[a], ꡡ[i], ꡗ[u], ꡊ[o], ꡅ[iṳ, ü], ꡃ[eṳ, ö], ꡂ[e]'이다.

『몽고자운』의 '자모(字母)'에 보이는 귀유모(歸喩母) 7자가 파스파 문자의 7개 모음자를 보인 것이라는 주장은 졸고(2009)에서 처음으로 제창되었고 졸고(2011)에 의하여 일본 학계에 보고되었다. 후자의 논문은 여러 전문가의 오랜 심사 끝에 일본의 <동경대학(東京大學) 언어학논집(言語學論集)>의 권두 논문으로 게재되었다. 이 논문이 발표되고 1년이 넘었지만 아직 아무런 반론(反論)이 없는 것으로 보아 학계에 인정을 얻은 것 같다.

훈민정음에서 중성자(中聲字)는 모두 11개를 제자(製字)하였다. 기본자 3자(ㆍ, ㅡ, ㅣ), 초출자 4자(ㅗ, ㅏ, ㅜ, ㅓ), 재출자 4자(ㅛ, ㅑ, ㅠ, ㅕ)가 그것이다. 그러나 재출자는 "起於ㅣ"라 하여 ㅣ계 이중모음으로 보았으므로 단모음자는 7자를 인정한 것이다. 이것은 아무래도 파스파 문자에서 모음을 나타내는 7개 유모(喩母)자와 연관이 있을 것이다. 그리고 제5장에서 살펴본 바와 같이 중성자 11개 이외에 상합자(相合字) 18개를 더 만든 것은 파스파 문자의 모음자 결합 방법과 관련이 있을 것이다.

앞의 7.3.3에서 언급한 파스파자의 /ö/와 /ü/의 'ꡝꡗ[모음+eo]'와 'ꡝꡡ[모음+eu]', 그리고 ꡟꡡ[eu], ꡟꡗ[eo]가 실제로 세 글자, 또는 두 글자의 결합이라는 사실로부터 /ㅣ/와 1자 중성자와의 상합자(相合字)가 가능하다는 것을 훈민정음 제정자들에게 일깨워 주었을 것이다. 그리하여 'ㆎ, ㅢ, ㅚ, ㅐ, ㅟ, ㅔ, ㅚ, ㅖ, ㆇ, ㆉ'의 제자를 가능하게 하고 이어서 동출(同出) 상합(相合)의 'ㅘ, ㆇ, ㅝ, ㆊ'자와 /ㅣ/와의 결합으로 /ㅙ, ㅞ, ㆈ, ㆋ/가 가능하다고 본 것이다.

따라서 훈민정음의 11개 중성자는 재출자를 제외하면 7개 단모음자로 볼 수 있고 이것은 파스파 문자의 귀유모(歸喩母)자, 즉 모음자 7개와 관련이 있으며 당시 한국어의 단모음이 7개였다는 주장이나 이 7개 모음이 고대 한국어, 즉 동음(東音)의 모음에서 전후 대립에 의한 모음체계를 이루었다는 주장은 다시 검토해야 할 것이다. 그런 의미에서 김완진 (1978)에서 제안한 고대국어의 5개 단모음설은 주목할 만한 이론이라고 할 수 있다.

7.5.4. 끝으로 훈민정음의 종성(終聲)과 파스파자의 운미(韻尾)에 대하여 검토하였다.『몽고자운』런던초본의 권두에 실린「몽고자운 총괄변화지도(總括變化之圖)」([사진 6-9])에는 둥근 원(圓) 안의 상하(上下)에 파스파자가 쓰였다. 이것을 종래에는 막연히 입성(入聲)자의 표기로 알았지만 상단(上段)에 거꾸로 쓰인 6개의 파스파자와 하단(下段)에 바르게 쓰인 13개의 파스파자가 무엇인지는 아무도 설명하지 못했다.

졸고(2011b)와 본서의 제6장 제3절에서 처음으로 이 두 부류의 파스파자에 대하여 검토하고 후자의 13개 파스파자가 전통적인 한어(漢語) 한자음의 운미(韻尾)자들이며 전자의 6개 파스파자는 당시 원(元)의 수도(首都)였던 대도(大都)의 한아언어(漢兒言語)에 나타나는 운미음(韻尾音)임을 밝혔다. 다만 필사할 때에 오류(誤謬)가 있어 정확하게 13개 운미자와 6개 운미를 재구하기 어렵다고 하였다.

훈민정음에서는 종성(終聲)을 세종의 예의(例義)에서는 '종성부용초성(終聲復用初聲—종성은 초성을 다시 쓴다)'라 하여 초성 17자가 모두 종성, 즉 받침으로 쓸 수 있다고 하였다. 그러나 <해례본> '종성해'에서는 '팔자종성가족용(八字終聲可足用—8개 종성자로 족히 쓸 수 있다)'고 하여 8개의 음절말(coda) 자음, 즉 '/ㄱ, ㄴ, ㄷ, ㄹ, ㅁ, ㅂ, ㅅ, ㅇ/'만으로 족하다고 하였다.

그러나 <해례본> '종성해'에 "所以ㅇㄴㅁㅇㄹ△ 六字爲平上去聲之終, 而餘皆爲入聲之終也。"이라 하여 입성(入聲) 운미(韻尾)는 /ㄱ, ㄷ, ㅅ/뿐으로

보았다. 따라서 훈민정음의 종성은 입성 운미만을 가리키는 것이 아님
을 알 수 있다. 종성(終聲)이란 음절 말(coda) 위치에서 내파되지 않는 자
음을 말한 것이다. 현대한국어에서 '/ㄷ, ㅅ/'도 구별이 되지 않는다. 한
국어의 음절구조 조건이 음절 말 위치에서 변한 것이다.

6. 마무리

이상 훈민정음과 파스파 문자에 대하여 제정의 경위와 동기, 목적, 반
포와 교육 등에 대하여 고찰하고 또 문자의 체계와 제자의 원리, 음가,
이체자 등에 대하여 논의하였다. 이 연구는 파스파 문자의 제정과 문자
체계, 문자 운용 등으로 훈민정음과 관련된 사항을 살펴보았다. 많은 부
분에서 훈민정음이 파스파 문자의 원리에 의지하였음을 밝혔고 또 반대
로 독창적인 면도 적지 않았음을 주장하였다.

모두(冒頭)의 제1장 서론에서 언급한 대로 한글의 발명, 즉 훈민정음의
창제에 대하여 너무 많은 가설과 억측, 그리고 황당한 주장이 있어서 오
히려 그 진실을 호도(糊塗)하고 있음을 지적하였다. 이 연구도 그 가운데
하나가 되지 않기를 바라며 동학제현(同學諸賢)의 많은 질정(叱正)을 바란다.

그리고 아직도 훈민정음의 창제와 그 문자의 운용에 대하여 많은 것
들이 분명하지 않고 또 알려진 많은 일들이 앞뒤가 맞지 않고 있음을
독자 제위와 같이 걱정하며 새로운 자료와 새로운 시각의 연구가 뒤를
이어 보다 정확하게 사실이 밝혀지기를 바라는 마음 간절하다.

姜信沆(1973), 『四聲通解 研究』, 新雅社, 서울.

______(1978), 『李朝時代의 譯學政策과 譯學者』, 塔出版社, 서울.

______(1984), "世宗朝의 語文政策," 『世宗文化研究』 II, 韓國精神文化研究院, 서울.

______(1987), 『訓民正音 研究』, 成均館大學校 出版部, 서울.

경북대학교출판부(1997), 『月印釋譜 第四』, 慶北大學校 出版部, 대구.

金敏洙(1955a), "한글 頒布의 時期─세종 25년 12월을 주장함─," 『국어국문학』(국어
　　　국문학회), 제14호, pp.57~69.

______(1955b), "『釋譜詳節』解題, 『한글』(한글학회), 제112호, pp.149~159.

______(1980), 『全訂版 新國語學史』, 一潮閣, 서울.

김병제(1984), 『조선어학사』, 과학·백과사전출판사, 평양.

김양진(2006), "『용비어천가』의 훈민정음 주음 어휘 연구," 정광 外 『역학서와 국어사
　　　연구』, 태학사, pp.443~486.

金完鎮(1963), "國語母音體系의 新考察," 『震檀學報』(震檀學會) 제24호 pp.63~99. 이
　　　논문은 김완진(1971)에 재록됨.

______(1971), 『國語音韻體系의 研究』, 一潮閣, 서울.

______(1975), "訓民正音 子音字와 加劃의 原理," 『語文研究』(한국어문교육연구회), 7·
　　　8호, pp.186~194. 이 논문은 김완진(1996) pp.346~357에 재록되었음.

______(1978), "母音體系와 母音調和에 대한 反省," 『어학연구』 14-2호, pp.127~139.

______(1983), "훈민정음 제자 경위에 대한 새 고찰." 『김철준박사회갑기념사학논총』
　　　서울 : 지식산업사. 이 논문은 김완진(1996) pp.358~376에 재록되었음.

______(1984), "훈민정음 창제와 관한 연구," 『韓國文化』 5, pp.1~19. 이 논문은 김완
　　　진(1996) pp.377~399 재록되었음.

______(1996), 『음운과 문자』, 신구문화사, 서울

金完鎮 外 2人(1997), 金完鎮·鄭光·張素媛, 『國語學史』, 韓國放送大學校 出版部, 서울.

김현 역(1972), 『構造主義란 무엇인가』, 文藝出版社, 서울. J. B. Fages, Comprendre le
　　　structualisme, 1968의 번역.

金薰鎬(1998), "西洋宣敎師 音韻資料에 反映된 明·淸官話," 『中國人文科學』 제17집,

pp.39~56.

______(2000), "漢語普通話에 影響을 준 淸代官話,"『中語中文學』(韓國中語中文學會), 제26집, pp.597~613.

南廣祐(1966),『東國正韻式 漢字音 硏究』, 韓國硏究叢書 제6집, 韓國硏究院, 서울.

______(1973),『李朝漢字音의 硏究』, 東亞出版社, 서울.

도르멜(2008a), Rainer Dormels : "세종대왕 시대의 언어정책 프로젝트 간의 연관 관계,"『제2차 한국어학회 국제학술대회 발표요지』(2008 '한글' 국제학술대회, 일시 : 2008년 8월 16~17일, 장소 : 고려대학교 인촌기념관) Session 1 '한글과 문자' pp.27~37.

______(2008b), Rainer Dormels : "訓民正音과 八思巴文字 사이의 연관관계-洪武正韻譯訓 분석에 따른 고찰-",『訓民正音과 파스파 文字 국제 학술 Workshop』(주최 : 한국학 중앙연구원 주최, 일시 : 2008년 11월 18일~19일, 장소 : 한국학 중앙연구원 대강당 2층 세미나실, Proceedings) pp.115~136.

朴炳采(1983),『洪武正韻譯訓의 新硏究』, 高麗大學校 民族文化硏究所, 서울.

方鍾鉉(1948),『訓民正音通史』, 一誠堂書店, 서울

沈在箕(2012), "世宗과 訓民正音(3)",『月刊 한글+漢字문화』(전국漢字敎育추진총연합회) 제156호(2012년 7월호) pp.40~44.

兪昌均(1966),『東國正韻硏究』, 螢雪出版社, 서울

______(1973),『較定 蒙古韻略』, 成文出版社, 台北

______(1978),『蒙古韻略과 四聲通解의 硏究』, 螢雪出版社, 大邱

______(2008),『蒙古韻略』과『東國正韻』,『訓民正音과 파스파 文字 국제 학술 Workshop』(주최 : 한국학 중앙연구원 주최, 일시 : 2008년 11월 18일~19일, 장소 : 한국학 중앙연구원 대강당 2층 세미나실, Proceedings) pp.101~110.

李基文(1961),『國語史槪說』, 民衆書館, 서울, 改訂版(1972).

______(1967), "韓國語 形成史,"『韓國文化史大系』V, 고려대 민족문화연구원, 서울.

______(1968), "모음조화와 모음체계",『이숭녕선생송수기념논총』, 을유문화사.

______(1972a),『國語音韻史 硏究』, 韓國文化硏究院, 서울.

______(1972b),『改訂 國語史槪說』, 民衆書館, 서울.

______(1976), "최근의 訓民正音硏究에서 提起된 몇 問題,"『震檀學報』(震檀學會), 42호, pp.187~190.

______(1998),『新訂版 國語史槪說』, 태학사, 서울.

______(2008), "訓民正音 創制에 대한 再照明,"『韓國語硏究』제5호, pp.5~45.

이기문·김진우·이상억(2000), 『개정증보판 국어음운론』, 학연사, 서울.

李敦柱(1990), 『訓蒙字會 漢字音 研究』, 弘文閣, 서울.

______(2002), "신숙주와 훈민정음," 『신숙주의 학문과 인간』, 국립국어연구원.

李東林(1970), 『東國正韻研究』, 東國大學校 大學院, 서울.

______(1974), "訓民正音創製經緯에 對하여―俗所謂 反切二十七字와 相關해서―," 『국어국문학』(국어국문학회), 제64호, pp.59~62.

李崇寧(1965), "崔世珍 研究", 『亞細亞學報』 제1집.

______(1981), 『世宗大王의 學問과 思想』, 亞細亞文化社, 서울.

任洪彬(2006), "한글은 누가 만들었나 : 한글 창제자와 훈민정음 대표자", 『국어학논총』(이병근선생 퇴임기념), 태학사, pp.1347~1395.

______(2008), "訓民正音 創制와 관련된 몇 가지 問題", 『훈민정음과 파스파 문자 국제학술 Workshop』(2008년 11월 18일~19일에 열린 한국학중앙연구원 주최 International Workshop on Hunminjeongeum and hPags-pa script 의 proceedings, pp.163~195

______(2011), 千田俊太郎 譯, "訓民正音創製者と音價表示の代表字に關する問題,". 『朝鮮學報』(일본 朝鮮學會) 제222집(平成 24년 1월), pp.(1)~(50).

鄭光·鄭丞惠·梁伍鎭(2002), 『吏學指南』, 태학사, 서울.

鄭然粲(1972), 『洪武正韻譯訓의 研究』, 一潮閣, 서울.

拙　稿(1983), "빌렘 마테지우스의 機能構造言語學", 『덕성어문학』(덕성여대국문과) 창간호 pp.6~36.

______(1995), "飜譯老朴凡例의 國音·漢音·諺音에 대하여", 『大東文化研究』(成均館大 大東文化研究院), 제30집, pp. 185~308

______(1999), "元代漢語の<舊本老乞大>", 『中國語學研究 開篇』(早稻田大學 中國語學科), 제19호, pp.1~23

______(2001), "淸學書 <小兒論>攷", 『韓日語文學論叢』(梅田博之敎授 古稀記念), 太學社, 서울, pp.509~532.

______(2002a), "『月印釋譜』 編刊 再考," 「國語史資料學會」 제12차 定期學術大會(2002년 2월 4일, 대구교육대학교) 발표요지, 이 논문은 "<月印釋譜> 編刊에 대한 再考,"란 제목으로 『국어사 연구』(국어사학회), 제5호, pp.20~45에 수록되었고 졸저(2009)에 재록되었음.

______(2002b), "훈민정음 中聲字의 음운대립," 『문법과 텍스트』(서울대학교출판부) pp.31~46, 이 논문은 졸저(2009)에 수록되었음.

______(2002c), "成三問의 학문과 조선전기의 譯學", 『語文研究』(韓國語文敎育研究會), 제30권 제3호, pp.259~289

______(2003a), "韓半島における漢字の受容と借字表記の變遷" 「日韓漢字・漢文受容に
　　　　　關する國際學術會議」 主題講演, 2003년 7월 24-25일 日本 富山大學 人
　　　　　文學部, 日韓漢字・漢文受容研究會 주최.

______(2003b), "朝鮮漢字音の成立と變遷", 일본 中國語學會 제53회 전국대회 심포지
　　　　　움 "漢字音研究の現在" 主題發表, 2003년 10月25日 일본 早稻田大學 大
　　　　　隈講堂.

______(2003c), "韓半島에서 漢字의 受容과 借字表記의 變遷", 『口訣研究』(口訣學會) 제
　　　　　11호, pp.53~86.

______(2006a), "吏文과 漢吏文", 『口訣研究』(口訣學會) 16호 pp.27~69.

______(2006b), 새로운 자료와 시각으로 본 훈민정음의 創製와 頒布", 『언어정보』(고려
　　　　　대학교 언어정보연구소), 제7호, pp.5~38.

______(2008a), "<蒙古字韻>의 八思巴 문자와 訓民正音", 『제2차 한국어학회 국제학
　　　　　술대회 발표요지』(2008 '한글' 국제학술대회, 일시 : 2008년 8월 16-17
　　　　　일, 장소 : 고려대학교 인촌기념관) Session 1 '한글과 문자' pp.10~26.

______(2008b), "『蒙古字韻』과 八思巴 文字－訓民正音 제정의 이해를 위하여－", 제1
　　　　　차 세계 속의 한국학 연구 국제학술토론회, 2008년 10월 25~26일, 중
　　　　　국 북경중앙민족대학, 중국 중앙민족대학 한국학－조선학 연구중심 주
　　　　　최.

______(2008c), "훈민정음 자형의 독창성－『몽고자운』의 八思巴 문자와의 비교를 통하
　　　　　여－", 한국학중앙연구원 주최 『훈민정음과 파스파 문자 국제학술 Workshop
　　　　　(International Workshop on Hunminjeongeum and hPags-pa script)』
　　　　　(2008년 11월 18일, 한중연 세미나실)의 발표요지.

______(2008d), "解題 『蒙古字韻』", 『몽고자운』, [영인, 해제], 한국학 중앙연구원, 서울.

______(2009a), "訓民正音の字形の獨創性－『蒙古字韻』のパスパ文字との比較を通して－",
　　　　　『朝鮮學報』(일본 朝鮮學會) 第211輯(平成21年4月刊), pp.41~86.

______(2009b), "『蒙古字韻』과 八思巴文字－훈민정음 제정의 이해를 위하여－", 『세계
　　　　　속의 한국(조선)학 연구 국제학술토론회 논문집』(北京 : 민족출판사) pp.
　　　　　24~63, 『세계 속의 한국(조선)학 연구』는 「제1차 세계 속의 한국학 연
　　　　　구 국제학술토론회」(일시 : 2008년 10월 25~26일, 주최 : 중국 중앙 민
　　　　　족대학 한국학－조선학 연구중심, 장소 : 北京 政協賓館 大會議室)에서
　　　　　발표한 논문 가운데 선발하여 간행한 것이며 이 논문은 이 학술회의에
　　　　　서 기조 발표한 것이다.

______(2009c), The Vowels of hP'ɑgs-pɑ Script and the Middle Sound Letters of
　　　　　Hunmin-Jeongeum, Korean Hangul (論八思巴文字的母音字與訓民正音的

中聲), The hP'ɑgs-pɑ Script : Genealogy, Evolution and Influence, The 16th World Congress, The International Union of Anthropological and Ethnological Science, Kunming, China, July 27~31, 2009.

______(2010), "契丹・女眞文字と高麗の口訣字," 『日本文化研究』(동아시아일본학회), 第36輯, pp.393~416, 이 논문은 國際ワークショップ「漢字情報と漢文訓讀」(日時 : 2009年 8月 22日(土)~23日(日), 場所 : 札幌市・北海道大學人文・社會科學總合敎育硏究棟 W408)에서 일어로 발표한 것을 수정 보완한 것이다.

______(2011a), "훈민정음 초성 31자와 파스파자 32 자모", 『譯學과 譯學書』(譯學書學會), 제2호, pp.97~140.

______(2011b), "<蒙古字韻>喩母のパスパ母音字と訓民正音の中聲", 『東京大學言語學論集』(東京大學 言語學科) 제31호, pp.1~20.

______(2011c), "『몽고자운』의 파스파 韻尾字와 훈민정음의 終聲", 제2차 譯學書學會 기조강연 장소 : 일본 京都大學 人文科學硏究所 講堂, 일시 : 2011년 7월 30일.

______(2012), "고려본 <龍龕手鏡>에 대하여", 『국어국문학』(국어국문학회) 제161호, pp.237~279. 이 논문은 「<龍龕手鏡>에 대한 국제 워크숍」(일시 : 2012년 5월 25일, 장소 : 고려대 민족문화연구원)에서 기조 강연한 것을 수정 보완하여 게재함.

拙　著(1990), 『朝鮮朝 譯科試券 硏究』, 大東文化硏究院(成均館大學校附設), 서울.

______(2002), 『譯學書 硏究』, 제이앤씨, 서울.

______(2004), 『역주 原本老乞大』, 김영사, 서울.

______(2006), 『훈민정음의 사람들』, 제이앤씨, 서울.

______(2009), 『몽고자운 연구』, 博文社, 서울.

______(2011), 『삼국시대 한반도의 언어 연구』, 博文社, 서울.

洪起文(1946), 『正音發達史』上・下, 서울신문사出版局, 서울.

太田辰夫・佐藤晴彦(1996), 『元版 孝經直解』, 일본 汲古書院, 東京. 이하 일본어의 五十韻順.

尾崎雄二郎(1962), "大英博物館本 蒙古字韻 札記," 『人文』 제8호, pp.162~180.

遠藤光孝(1994), "『四聲通解』所據資料編纂過程," 『論集』(靑山學院大學) 제35호 pp.117~126.

龜井　孝・河野六郎・千野榮一(1988), 『言語學大辭典』, 第1卷 「世界言語編」上, 三省堂, 東京.

金文京　外(2002),『老乞大－朝鮮中世の中國語會話讀本－』,　金文京・玄幸子・佐藤晴彦
　　　　譯註, 鄭光 解說, 東洋文庫 699, 平凡社, 東京.

河野六郎(1940), "東國正韻及び洪武正韻について",『東洋學報』(일본 東洋文庫), 27권 4
　　　　호.

＿＿＿＿＿(1959), "再び東國正韻について",『朝鮮學報』(日本朝鮮學會) 14호.

＿＿＿＿＿(1964～65), "朝鮮漢字音の研究",『朝鮮學報』(일본 朝鮮學會), 第31～35號.

＿＿＿＿＿(1968),『朝鮮漢字音の研究』, 天理大學 出版部, 天理.

河野六郎・千野榮一・西田龍雄(1989) 編,『言語學 大辭典』上・中・下, 三省堂, 東京.

＿＿＿＿＿＿＿＿＿＿＿＿＿＿(2001) 編,『言語學 大辭典』別卷「世界文字辭典」, 三省
　　　　堂, 東京.

志村良治(1995),『中國中世語法史研究』中文版, 中華書局, 北京

田中謙二(1961), "蒙文直譯体における白話について,"京都大學人文科學研究所 元典章研
　　　　究班排印本『元典章の文體』(校定本 元典章 刑部第1冊 附錄), 京都, pp.4
　　　　～52.

＿＿＿＿＿(1962), "元典章における蒙文直譯體の文章",『東方學報』(京都大學人文科學研究
　　　　所), 第32冊 pp.47～161.

＿＿＿＿＿(1965), "元典章文書の構成,"京都大學人文科學研究所 元典章研究班排印本『元
　　　　典章の文體』(校定本 元典章 刑部 第1冊 附錄), pp.187～224.

中村雅之(1994), "パスパ文字漢語表記から見た中期モンゴル語の音聲",『KOTONOHA』
　　　　第 1 호 pp.1～4.

＿＿＿＿＿(2003), "四聲通解に引く蒙古韻略について,"『KOTONOHA』, 제9호 pp.1～4

長澤規矩也(1933), "元刊本成齋孝經直解に關して,"『書誌學』(日本書誌學會) 第1卷 第5
　　　　號, pp.20～38. 이 논문은 후일『長澤規矩也著作集』제3권「宋元版の研
　　　　究」에 수록됨.

＿＿＿＿＿(1983), "元刊本成齋孝經直解に關して", 長澤先生喜壽記念會 :『長澤規矩也著
　　　　作集』「宋元版の研究」(東京, 汲古書院), 제3권(昭和 58, 1983), pp.90～
　　　　92.

西田龍雄(1987), "チベット語の変遷と文字", 長野泰彦・立川武藏 編 :『チベットの言語
　　　　と文化』, 冬樹社, 東京.

野間秀樹(2010), "『ハングルの誕生-音から文字を創る-』, 平凡社新書 平凡社, 東京.

花登正宏(1997),『古今韻會擧要研究－中國近世音韻史の一側面－』, 汲古書院, 東京.

服部四郎(1946),『元朝秘史の蒙古語を表はす漢字の研究』, 龍文書局, 東京

＿＿＿＿＿(1984a), "パクパ字(八思巴字)について-特にeの字とėの字に關して-(一)" "On
　　　　the ḥPhags-pa script-Especially Concerning the letters e and ė-(I)",

1984년 5월에 완성한 논문을 服部四郎(1993：216~223)에서 재인용.

________(1984b), "パクパ字(八思巴字)について-特にeの字とėの字に關して-(二)" "On the ḥPhags-pa script-Especially Concerning the lettes e and ė-(II)" 1984년 6월에 완성한 논문을 服部四郎(1993：224~235)에서 재인용.

________(1984c), "パクパ字(八思巴字)について-再論-" "On the ḥPhags-pa script-the Second Remarks-" 1984년 10월에 완성한 논문을 服部四郎(1993：236~238)에서 재인용.

________(1986), "元朝秘史蒙古語のoおよびöに終わる音節を表わす漢字のシナ語音の簡略ローマ字轉寫," "The Broad Roman Transcription of the Chinese Sounds of the Chinese Characters Representing the Mongolian Syllables Ending in -o in the Yüan-ch'ao Mi-shih," 1986년에 완성한 논문을 服部四郎(1993) 제2권 pp.202~227에서 재인용.

________(1993), 『服部四郎論文集』卷3, 三省堂, 東京.

前田直典(1973), 『元朝史の研究』東京大學出版會, 東京.

村山七郎(1948), "ジンギスカン石碑文の解讀", 『東洋語研究』4輯, pp.59~95, 이의 독일어판. Murayama(1950) Shichiro Murayama："Über die Inschrift ayf dem 'Stein des Cingis'", Oriens 3, pp.108~112.

山口瑞鳳(1976), "『三十頌』と『性入法 』の成立時期をめぐって," 『東洋學報』57号.

吉池孝一(2004), "跋蒙古字韻 譯註," 『KOTONOHA』(古代文字資料館) 22号 pp.13~16.

________(2005), "パスパ文字の字母表," 『KOTONOHA』(古代文字資料館) 37号 pp.9~10.

________(2008), "原本蒙古字韻再構の試み," 『訓民正音과 파스파 文字 국제 학술 Workshop』(주최：한국학 중앙연구원 주최, 일시：2008년 11월 18~19일, 장소：한국학 중앙연구원 대강당 2층 세미나실, Proceedings) pp.141~160.

吉川幸次郎(1953), "元典章に見えた漢文吏牘の文體", 京都大學人文科學研究所 元典章研究班排印本 『元典章の文體』(校定本 元典章 刑部 第1冊 附錄), pp.1~11.

江愼修・孫國中(1989), 點校 『河洛精蘊』, 學苑出版社, 北京. 이하 가나다順.

寧忌浮(1992), "蒙古字韻校勘補遺", 『內蒙古大學學報』(1992.8), pp.9~16.

________(1994), "『蒙古字韻』與 『平水韻』," 『語言研究』(1994.2), pp.128~132.

金光平・金啓綜(1980), 『女眞語言文字研究』, 文物出版社, 北京.

羅常培・蔡美彪(1959), 『八思巴文字與元代漢語』[資料匯編], 科學出版社, 北京.

董同龢(1968), 『漢語音韻論』, 廣文書局, 臺北.

蘇啓慶(1994), "元代蒙古人的漢學," 蘇啓慶, 『蒙元史新研』, 允晨文化公司, 臺北, pp.95~
　　　216.

蘇振申 總編校(1980), 『中國歷史圖說』, (一)「先史時代」, 民國 68년(1980), 新新文化出
　　　版社有限公司, 臺北.

林　燾(1987), "北京官話溯源", 『中國語文』(中國語文雜志社, 北京), 1987~3, pp.161~
　　　169.

呂叔湘(1985), 『近代漢語指代詞』, 學林出版社, 上海.

______(1987), "朴通事里的指代詞," 『中國語文』(中國語文雜誌社), 1987-6, 北京.

余志鴻(1983), "元代漢語中的後置詞 '行'", 『語文研究』 1983-3, 北京. pp.1~10

______(1988), "蒙古秘史的特殊語法," 『語文研究』 1988-1, 北京.

______(1992), "元代漢語的後置詞系統", 『民族語文』 1992-3, 北京.

王　力(1958), 『漢語史稿』, 科學出版社, 北京.

______(1985), 『漢語語音史』, 社會科學出版社, 北京.

李德啓(1931), "滿洲文字之起源及其演變," 『國立北平圖書館刊』 5卷 6期(民國 20년 11~
　　　12월), 뒤에서 pp.1~18, 도표 16.

李得春(1988), "『四聲通解』今俗音初探," 『民族語文』 1988-5, 北京. pp.29~41.

張　帆(2002), "金朝路制再檢討－兼論其在元朝的演變－", 『燕京學報』(燕京研究院), 2002
　　　-12, pp.99~122.

鄭再發(1965), 『蒙古字韻跟跟八思巴字有關的韻書』, 臺灣大學文學院文史叢刊之十五, 臺
　　　北.

照那斯圖(1981), 『八思巴字百家姓校勘』, 中國社會科學院出版社, 北京.

______(1988), "有關八思巴字母ē的几个問題", 『民族語文』 1988-1, 北京. pp.1~17.
　　　이 논문은 1987년 9월 25일에 열린 내몽고대학 국제학술토론회에서 발
　　　표한 논문이다.

______(2001), "＜訓民正音＞的借字方法", 『民族語文』(社會科學院民族研究所) 第3期,
　　　pp.336~343.

______(2003), 『新編 元代八思巴字 百家姓』, 文物出版社, 北京0

______(2008), "訓民正音基字與八思巴的關係", 『훈민정음과 파스파 문자 국제학술
　　　Workshop』(International Workshop on Hunminjeongeum and hPags-pa
　　　script), pp.39~44.

照那斯圖・宣德五(2001a), "訓民正音和八思巴字的關係探究－正音字母來源揭示－", 『民
　　　族語文』(중국社會科學院 民族研究所) 第3期, pp.9~26.

______(2001b), "＜訓民正音＞的借字方法", 『民族語文』(社會科學院 民族研究
　　　所) 第3期, pp.336~343.

照那斯圖·薛磊(2011), 『元國書官印匯釋』(中國蒙古學文庫), 遼寧民族出版社, 沈陽.

照那斯圖·楊耐思(1984), "八思巴字研究", 『中國民族古文字研究』, 中國民族古文字研究會, pp.374~392.

__________(1987), 『蒙古字韻校本』, 民族出版社, 北京.

周法高(1973), 『漢字古今音彙』, 香港 中文大學, 香港.

周有光(1989), "漢字文化圈的文字演變", 『民族語文』(民族研究所), 1989-1(1989年第1期) pp.37~55.

陳慶英(1999), "漢文'西藏'一詞的來歷簡說", 『燕京學報』(燕京研究院, 北京大學出版社) 新六期(1999년 5월) pp.129~139.

陳 垣(1928), "史諱舉例", 『燕京大學 燕京學報』(燕京大學燕京學報編輯委員會), 第4期 (民國17年 12月), pp.537~652.

______(1928), 『史諱舉例』, 燕京大學燕京學報編輯會, 北京. 이것은 『燕京學報』 第4期(民國17年 12月) pp.537~651를 단행본으로 한 것임.

______(1996), "元西域人華化考", 劉夢溪 編, 『中國現代學術經典·陳垣卷』, 石家莊：河北敎育出版社, 石家莊.

清格爾泰(1997), "關於契丹文字的特點", 『아시아 諸民族의 文字』(口訣學會 編), 태학사, 서울.

清格爾泰 외 4인(1985), 清格爾泰·劉風翥·陳乃雄·于寶林·邢夏禮, 『契丹小字研究』, 中國社會科學出版社, 北京.

洪金富(1990), 『元代蒙古語文的敎與學』, 蒙藏委員會, 臺北.

Asher(1994), R. E. Asher ed., *The Encyclopedia of Language and Linguistics*, Pergamon Press.

Bacot & Toussaint(1940), J., F. W. Thomas Bacot & Ch. Toussaint : *Documents de Touen-houang relatifs à histoir du Tibet*, Paris [DTH].

Bonaparte(1895), Prince Roland Bonaparte : *Documents de l'époque Mongols des XIIIe et XIVe siécles*, Paris, 1895.

Bu ston rin chen grub(1729~33), *bDe bar gshegs pa'i gsal byed chos kyi 'byung gnas gsung rab rin po che'i mdzod*, sDe dge edition, 203 fols. [SRD]

Bühler(1980), Georg Bühler : *Indian Paleography*, Oriental Books Reprint, Delhi.

Clauson and Yoshitake(1929), Sir Gerard Clauson & S. Yoshitake : "On the Phonetic Value of the Tibetan Characters' and ḥ and the Equivalent Characters in the ḥP'ags-pa Alphabet", *JRAS* 1929, pp. 843~862.

de Saussure(1922), Ferdinand de Saussure : *Cours de la linguistique générale*, 최승언 역

(1990), 『일반언어학 강의』, 민음사, 서울.

Dragunov(1930), A. Dragunov : *The ḥP'ags-pa Script and Ancient Mandarin*, Izvestija Akademii Nauk, SSSR, (1941년 北京 勤有堂書店 影印本 참조).

Diringer(1948), D. Diringer : *The Alphabet : A Key to the History of Mankind*, Vol. 2, Hutchinson, London.

Fages(1968), J. B. Fages : *Comprendre le Structualism*, 1968, Paris. 김현 역(1972), 『構造主義란 무엇인가』, 文藝出版社, 서울.

Finch(1999), Roger Finch : "Korean Hangul and the hP'ags-pa scriptx", in Juha Janhunen and Volker Rybatzki ed., *Writing in the Altaic World*, Studia Orientalia 87, Helsinki.

Gale(1912), J. S. Gale : "The Korean alphabet", *Transactions of the Korean Branch of the Royal Asiatic Society of Korea*, vol. 4, Part I, pp.13~61.

Grierson(1919), G. A. Grierson : *Linguistic Survey of India*, Vol. 8, 1990년 재판.

Haenisch(1940), E. Haenisch : *Steuergerchtsame der chineisischen Klöster unter der Mongolenherrschaft*, Eine kulturgeschichtliche Untersuchung mit Beigabe dreier noch unveröffentlichter Phagspa-Inschiften, Berichte über die Verhandlungen der Sächsischen Akademie der Wissenschaften zu Leipzig, Philologisch-Historische Klasse 92 (1940), pp.1~74

Huth(1896), G. Huth : *Geshichte des Buddhismus in der Mongolei*, Part 2, Strassburg, 1896

Jean(1987), Georges Jean : *L'écriture : mémoire des hommes*, Gallimard, 日文飜譯, 矢島文夫監修 『文字の歷史』 知の再發見 雙書 01, 東京 : 創元社

Joos(1957), Martin Joos ed. : *Readings in Linguistics* I : The Development of Descriptive Linguistics in America 1925-56, Chicago : The Univ. of Chicago Press.

Kim(1983), Kim, Jin-p'yong, "The letter forms of Han'gul, Its Origin and Process of Transformation", In the Korean National Commission for UNESCO ed., *The Korean Language*(Seoul : 시사영어사), pp.80~102.

Kim-Renaud(1997), Young-Key Kim-Renaud, ed., *The Korean alphabet : Its history and structure*, Honolulu : University of Hawaii Press.

Klaproth(1812), J. von Klaproth : *Abhandlung über die Sprache und Schrift der Uiguren*, Berlin.

Ladefoged(1975), Peter Ladefoged : *A Course in Phonetics*, 2nd ed.(1982), New York

Laufer(1907), Berthold Laufer : "Skizze der Mongolischen Literatur", *KSz* 7:191.

Ledyard(1966), Gari Ledyard : *The Korean language reform of 1446*—The Origin, Background, and Early History of the Korean Alphabet, Unpublished Ph. D dissertation, University of California. 이 논문은 한국에서 출판되었다(Ledyard, 1998).

______(1997), Gari Ledyard : "The international linguistic background of the correct sounds for the instruction of the people", Kim-Renaud (1997), pp.31~88.

______(1998), Gari Ledyard : *The Korean language reform of 1446*, 신구문화사, 서울 국립 국어연구원 총서 2.

______(2008), The Problem of the 'Imitation of the Old Seal' : Hunmin Chŏng'ŭm and hPags-pa, *International Workshop on Hunminjeongeum and hPags-pa script*, 2008년 11월 18일~19일, 한국학중앙연구원 대강당, 豫稿集 pp.11~31.

Lévi-Strauss(1958), C. Lévi-Strauss : *Anthropologie structural*, Paris.

Lie(1972), Hiu Lie : *Die Mandschusprachkunde in Koewa*, Bloomington.

__(1997), Hiu Lie : "女眞文字 研究의 現況과 課題," 口訣學會編『아시아 諸民族의 文字』, 태학사, 서울, pp.131~148.

Ligeti(1948), L. Ligeti : "le Subhāṣitaratnanidhi mongol, un document du moyen mongol", *Bibliotheca Orientalis Hungarica* VI, Budapest.

______(1956), L. Ligeti : "Le Po kia sing en écriture 'Phags-pa", *AOH*(Acta Orientalia Scientiarum Hungaricae, Budapest) 6(1~3, 1956) pp.1~52.

______(1962), L. Ligeti : "Trois notes sur l'écriture 'Phags-pa", *AOH* 13(1, 1962) pp.201~237.

______(1973), Louis Ligeti : *Monuments en écriture 'Phags-pa* ; Pièces de chancellerie en transcription chinoise, Budapest, Vol. I, 1972 ; Vol. II, 1973.

Narkyid(1983), Nagawangthondup Narkyid : "The Origin of the Tibetan script" in E. Stein-kellner & H. Tauscher (eds.) *Contribution on Tibetan Language, History and Culture, Arbeitskreis für Tibetische und Buddhistische Studien,* Universität, Wien.

Pauthier(1862), G. Pauthier : "De l'alphabet de P'a-sse-pa", *JA,* sér. V, 19:8(Janv, 1862), pp.1~47.

Pelliot(1925), Paul Pelliot : "Les systèmes d'écriture en usage chez les anciens Mongols", *Asia Major,* vol. 2 : pp.284~289.

Poppe(1933), N. Poppe : *Бурят-монгольское языкознание,* Leningrad.

_____(1954), N. Poppe : *Grammar of Written Mongolian*, Otto Harrassowitz, Wiesbaden.

_____(1955), Nicholas Poppe : *Introduction to Mongolian Comparative Studies*, Suomalais-Ugrilainen Seura, Helsinki.

_____(1957), N. Poppe : *The Mongolian Monuments in ḥP'ags-pa Script*, Second Edition translated and edited by John R. Kruger, Otto Harrassowitz, Wiesbaden.

_____(1965), N. Poppe : *Introduction to Altaic Linguistics*, Otto Harrassowitz, Wiesbaden.

Pozdněev(1895~1908), A. M. Pozdněev : *Lekcii po istorii mongoĺskoĭ literatuturï*, vol. I-III, St. Peterburg.

Ramstedt(1911), G. J. Ramstedt : "Ein Fragment mongolischer Quadratschrift", *JSFOu* 27(3) pp.1~4, 이 논문은 Pentti Aalto : "The Mannerheim Fragment of Mongolian 'Quadratic' Script", Stud. Orient. Fenn. 17(7), 1952, pp.1~9와 동일하다.

Rossabi(1988), Morris Rossabi : *Khubilai Khan, His Life and Times*, Berkeley, Univ. of California Press.

Sampson(1985), Geoffrey Sampson : *Writing Systems —A linguistic introduction—*, Hutchinson, London.

Saussure(1916), *Cours de la linguistique générale*, Geneva, 1961. 최승언 역(1990); 『일반언어학 강의』, 민음사, 서울.

Saunders(1971), J. J. Saunders : *History of Mongol Conquest*, London : Routledge and Kegan Paul.

Schmidt(1829), I. J. Schmidt : *Geschichte der Ost-Mongolen und ihres Fürstenhauses verfasst von Ssængnæng Ssetsen Chungtaischi*, St. Petersburg-Leipzig, 1829.

Trubetzkoy(1939), N. S. Trubetzkoy : *Grundzüge der Phonologie*, Travaux de Circle linguistique de Prague VIII, 2 aufl.

Twaddell(1935), William Freeman Twaddell : On defining the phoneme, *Language Monograph*. No. 16. In Joos(1957), pp.55~79.

Vladimirtsov(1921), Boris Ya. Vladimirtsov : *Монгольскій сборникъ разсказовъ изъ Pañcatantra*, Peterograd.

_____________(1929), Boris Ya. Vladimirtsov : *Сравительная грамматика монгольского письменного языка и халхаского наречия*, Vvedeni i fonetica, Leningrad.

_____________(1931), Boris Ya. Vladimirtsov : "Монгльский международный алфавит XIII", века, *KPV* 10:32.

_____________(1932), Boris Ya. Vladimirtsov : "Монгольские литературиые языки", *ZIV* 1:8

저자 소개

정 광

서울대학교 문리과대학 국어국문학과 졸업
고려대학교 문과대학 국어국문학과 명예교수

훈민정음과 파스파 문자

초판 인쇄 2012년 9월 20일
초판 발행 2012년 9월 30일

지은이 정 광
펴낸이 이대현
편 집 이소희
펴낸곳 도서출판 역락
　　　　서울 서초구 반포4동 577-25 문창빌딩 2층
　　　　전화 02-3409-2058(영업부), 2060(편집부)
　　　　팩시밀리 02-3409-2059
　　　　이메일 youkrack@hanmail.net
　　　　등록 1999년 4월 19일 제303-2002-000014호

ISBN 978-89-5556-010-7 93710
정 가 26,000원

* 잘못된 책은 교환해 드립니다.